21世纪公共管理系列教材

公共管理学

（精编版）

王乐夫　蔡立辉◎主编

中国人民大学出版社
·北京·

“21世纪公共管理系列教材”专家指导小组成员

（以姓氏笔画为序）

主要作者简介

王乐夫：中山大学政治与公共事务管理学院教授、博士生导师；第五届国务院学位委员会公共管理学科评议组第二召集人，教育部社会科学委员会委员。主要研究领域为公共管理理论与实践、领导科学。

蔡立辉：博士，中山大学政治与公共事务管理学院教授、博士生导师；全国政策科学研究会副会长，教育部新世纪优秀人才。主要研究领域为公共管理理论与方法论、公共部门绩效评估、电子政务。

丁　煌：博士，武汉大学政治与公共管理学院教授、博士生导师；教育部新世纪优秀人才。主要研究领域为公共管理理论、公共政策。

黄健荣：博士，南京大学政府管理学院教授、博士生导师，获英国纽卡斯尔大学博士学位。主要研究领域为公共管理理论与实践、公共政策与决策分析。

周敬伟：博士，四川大学公共管理学院教授、博士生导师，获美国得克萨斯大学博士学位。主要研究领域为公共管理理论与方法论、公共政策。

倪　星：博士，中山大学政治与公共事务管理学院教授、博士生导师；教育部新世纪优秀人才。主要研究领域为公共组织与绩效管理。

陈天祥：博士，中山大学政治与公共事务管理学院教授、博士生导师；教育部新世纪优秀人才。主要研究领域为公共人力资源管理。

出版说明

现代意义上的公共行政与公共管理的研究和教育开始于20世纪初的西方。时至今日，随着公共管理职业化的发展，公共行政和公共管理的研究和教育事业在西方发达国家方兴未艾。从20世纪80年代开始，适应公共管理改革与发展和培养公共管理人才的需要，我国的公共行政与公共管理研究和教育，在经历了发展的挫折之后，开始了恢复和重建的工作。经过20多年的发展，特别是公共管理一级学科的设置和我国公共管理硕士（MPA）专业学位研究生教育的启动，以及高校公共管理本科专业的大量开设，公共管理已成为当代中国社会科学和管理科学领域教学与研究的一个充满生机活力和具有远大发展前景的学科。

为了适应新形势发展的需要，更好地研究、指导、管理高等学校公共管理的教学科研工作，2001年4月，教育部公共管理类学科教学指导委员会成立，并于2001年12月在广州召开了第一届全委会。参会委员就学科发展方向、课程设置问题进行了充分的讨论，很多委员认为应根据新形势下学科发展的需要，对目前公共管理类的课程设置进行调整，按计划年内拿出调整方案。目前，公共管理本科教育发展很快，编写反映本学科最新研究成果、与时俱进的、具有创新性的、高质量的本科教材迫在眉睫。

在教育部公共管理类学科教学指导委员会的指导、支持下，在对很多院校的公共管理类本科专业课程设置进行调研和对一些院校的课程设置情况、设置方向进行座谈的基础上，结合现有的教育部关于公共管理类本科四个方向（行政管理、公共事业管理、劳动与社会保障、土地资源管理）的课程设置情况，中国人民大学出版社组织全国著名专家，计划从2003年上半年开始，在两年内，陆续出版21世纪公共管理系列本科教材和教育部“十五”规划教材。

本套教材涉及公共基础课、专业基础课和选修课三部分的20多门课程。本套教材立足本科教学的需要，从本科教育的特点出发，从公共管理和公共行政教育的特点出发，在教材编写和内容安排上，强调基础知识、基本理论、基本技能；同时，也尽可能地体现创新性、前沿性的特点。

参加本套教材编写的有中国人民大学、北京大学、清华大学、复旦大学、中山大学、厦门大学、武汉大学、吉林大学、东北大学、西北大学等国内十几所著名大学的具有丰富教学和科研经验的教授专家，我们期望通过这种强强联合、优势互补、资源共享的方式，出版高质量的、权威性的精品教材。此外，为了保证教材的质量，更好地反映公共管理本科教学的特点，中国人民大学出版社邀请有关专家成立了21世纪公共管理系列教材专家指导小组。

公共管理的实践是不断变化和发展的，变革与发展是当代世界范围内公共管理的主题。随着公共管理实践的不断发展，公共管理学科研究的范围、主题和内容也在不断地发展和变化。这就要求公共管理教育以及相关的教材在方方面面都应该不断地更新。我们还会根据变化了的环境和要求，对教材的编写工作以及教材本身作适当调整。望广大读者不断反馈信息，对这套教材提出批评、建议，以便于我们不断修订、完善。

中国人民大学出版社

前 言

在学界同仁的关心下，我们完成了公共管理学科核心课程教材——《公共管理学（精编版）》的编写工作，本书是普通高等教育“十一五”国家级规划教材、“十二五”普通高等教育本科国家级规划教材《公共管理学》的精编版。在本书出版之际，我们感慨万千。

我们认为，与撰写专著相比，编写教材的要求更高。严格说来，教材不应是编写者个人的创造或成果，而是应该通过编写工作把教材所涉及领域中最优秀、最前沿和最新的研究成果反映到教材中来，通过编写工作来梳理思路使教材内容更加清晰，通过编写工作来构建一个完整的、系统的、对读者具有指导作用的体系。因此，教材内容的取舍、逻辑结构的编排、知识体系的构建，都不应取决于编写者个人的偏好。正是在这种意义上，教材编写要求更具规范性和严谨性。编写过程也并不是简单地拼凑，而是必须要有开阔的学术视野和深邃的辨识能力。摆在读者面前的这本教材，在这方面作了积极探索，充分体现了结构体系的系统性、知识梳理的条理性、理论阐释的前沿性、内容组织的全面性、问题分析的多学科性和问题解决的可操作性等特点。

我们认为，一个学科的规范自教材编写开始。公共管理学科在我国还是一个新兴学科，如何建立起这个学科应有的学术规范，包括学科的概念范畴体系、价值体系、研究方法和知识体系，都应该在教材中得到体现。我国以往在编写和出版教材时，试图通过教材编写来促进学术规范形成的意识还不强，本教材在这方面作了一些探索。

我们认为，任何一本教材都应该有其特定的体系和知识边界，而不是本学科所有知识理论的汇集，既要体现与学科中其他课程之间的内在联系，又要有其特定的知识结构体系。我们为这部教材所构建的知识结构体系，是作为公共管理一级学科的公共管理学，而不同于以往的行政管理学教材。这本教材体现了公共管理价值与工具的有机结合、公共管理基本理念与具体管理环节的有机结合；既有系统理论知识的熏陶，又有实际问题分析和解决能力的培养与训练。

综上所述，与其说这本教材是编写者编撰而成，还不如说是国内外公共管理理论研究和实践的总结，教材编写广泛受惠于国内外许多专家学者的研究成果，清华大学薛澜教授、中国人民大学张成福教授、厦门大学陈振明教授为本教材的编写提供了大力指导，教材吸收了他们的成果。中国人民大学出版社及编审刘晶女士，为本教材的出版给予了大力支持。在教材出版之际，我们谨向公共管理学术界的各位同仁和为教材编写提供了支持帮助的同志，表示最衷心的感谢。

本教材由中山大学、南京大学、武汉大学、四川大学、华南理工大学的部分教授合作完成。主编王乐夫教授、蔡立辉教授负责草拟大纲、统稿和定稿工作。各章的撰稿人分别是：蔡立辉（第 1 章、第 8 章、第 9 章、第 12 章、第 13 章）；丁煌教授（第 2 章）；倪星教授（第 3 章）；王乐夫教授、殷国良副教授（第 4 章）；黄健荣教授（第 5 章）；陈天祥教授（第 6 章）；牛美丽副教授（第 7 章）；周敬伟教授、蔡立辉教授（第 10 章）；蔡立辉教授、吴克昌教授（第 11 章）。在 2008 版的基础上，我们根据最新的理论成果和公共管理实践，进行了修改、补充，以及内容的提炼和精简，使内容更加清晰。在修改、补充及内容提炼的过程中，于刚强博士、刘晓洋博士、吴旭红博士做了大量的文字工作，在此深表感谢。

在编写过程中，受研究水平和时间所限，书中不足之处在所难免，恳请专家、读者批评赐教。

目　录

第1章

导　论

什么是公共管理？对这个基本问题的回答构成了我们对公共管理学科体系的理解。国内外学者都对这一问题进行了探讨。本章结合国内外学者的研究，着重介绍了理解公共管理的分析框架、学科及其理论体系、学科特点。

重点问题

- 公共行政与公共管理的关系
- 公共管理学的概念范畴、研究对象和内容
- 公共管理学的研究途径与方法
- 公共管理学的学科特征

1.1　公共管理学概述

1.1.1　公共管理的含义

与西方国家不同的是，在中国，公共管理不仅是一种理论形态、一种管理公共事务的活动，同时还是一个独立的学科。因此，我们只有从公共管理的内涵入手才能从理论形态上、管理公共事务的活动上和学科意义上准确地理解公共管理。

1991 年美国召开了第一次全国公共管理学术研讨会（The National Public Management Research Conference），1993 年由波齐曼（Barry Bozeman）整理、编辑出版了大会研究成果《公共管理：艺术的现状》（*Public Management*：*The State of the Art*）论文集。

1993年美国召开了第二次全国公共管理学术研讨会，由唐纳德·凯特尔（Donald F. Kettl）和布里顿·米尔沃德（H. Brinton Milward）整理、编辑出版了大会研究成果《公共管理的现状》（*The State of Public Management*）论文集。这两本论文集对公共管理的含义进行了阐述。

波齐曼在《公共管理：艺术的现状》一书中，通过总结所收入论文的观点，指出学者们关于公共管理所达成的共识包括：第一，关心规范研究和规范理论；第二，焦点集中在公共管理和公共组织的明确特征尤其是政治影响上；第三，问题焦点甚于过程焦点；第四，强调组织脉络背景和经验知识；第五，关注战略和多元组织问题。①

波齐曼和斯特拉斯曼（Jeffrey D. Strassman）1990年合作撰写的《公共管理战略》被认为是第一部较完整的公共管理教科书。在谈到该书为什么使用“公共管理”而非“公共行政”的概念时，他们说原因在于公共管理涉及以往公共行政所无法包含的两个核心问题：一是战略问题，即关于公共组织的外部环境和它们更广泛的使命和目标问题；二是公共管理不仅在政府机构的背景下出现，也在其他公共机构的背景下出现，而公共行政总是与官僚机构相联系。他们还认为，公共管理注重组织的外部管理，而公共行政着眼于内部管理。②

唐纳德·凯特尔认为，公共管理运动发展起来的公共管理途径是一种全新的途径，它既不同于以往的公共行政途径，也不同于政策分析中的执行研究途径。凯特尔综合了20世纪80年代公共管理的研究成果，将公共管理的特点归纳为以下几个方面③：

第一，排斥公共行政和执行研究。公共管理从一开始就明确拒绝公共行政和政策执行研究这两种传统。这从主要的公共管理学者很少是公共行政学家或政治学家这一点就可以得到证明。公共管理学者来自于各种学科背景，倾向于推进原有的知识背景而产生新的见识。他们把公共行政学和政策执行研究抛在一边，因为他们认为前者对政策和管理没有多大指导意义，而后者则给人们描绘出一幅政策及项目很少起作用的暗淡的、令人失望的图画。其实，公共管理更多的是从商学院的战略研究中成长起来的。

第二，是一种乐观的规范研究领域。与政策执行研究致力于研究取得项目或政策目标的不可能性不同，公共管理致力于研究如何产生结果。政策执行研究的发起者普雷斯曼（Jeffrey L. Pressman）和韦尔达夫斯基（Aaron Wildavsky）在《执行》一书中认为，联邦的项目起作用是令人惊奇的事④；林恩（L. E. Lynn）在《管理公共事务》中则这样说，“政策执行者对于政府绩效的获得是关键的”⑤。

第三，以高层管理者的战略决策为焦点。公共管理分析的单位是公共部门的高层管理

---

① James L. Perry, “Public Management Theory: What is it? What should it be?”, in Barry Bozeman (ed.), *Public Management: The State of the Art*, San Francisco: Jossey-Bass Publishers, 1993, pp. 16–19.

② Barry Bozeman and Jeffrey D. Strassman, *Public Management Strategies*, San Francisco: Jossey-Bass, 1990, p. 4.

③ Donald F. Kettl, “Searching for Clues About Public Management: Slicing the Onion Different Way”, in Barry Bozeman (ed.), *Public Management: The State of the Art*, San Francisco: Jossey-Bass Publishers, 1993, pp. 55–68.

④ Jeffrey L. Pressman and Aaron Wildavsky, *Implementation*, Berkeley: University of California Press, 1973, 1979, 1984, p. 73.

⑤ L. E. Lynn, *Managing Publics Business*, New York: Basic Books, 1981, p. 107.

者的行为。在公共管理者看来，公共管理是要给公共管理者坚定的支持以使他们取得结果，高层管理者的工作是决定战略；公共行政学主要的任务是寻找行政原则——这些原则对实践者很少有指导作用；政策执行研究则似乎认为执行难以有结果。

第四，通过案例研究来发展知识。公共管理研究通过一种粗略的演绎方法，通过与商学院相类似的决策案例和公共管理者的个人经验来寻找真知灼见。公共管理者认为，难以做出预测和发展出模式，但可以靠观察来了解什么东西能起作用，什么东西不起作用，并从观察中提出管理者所能运用的命题，最终的目标是确定规范，以指导公共管理者的行为。

第五，为管理研究取得与政策研究相同的立足点而努力。在公共政策学院中，政策分析已取得支配地位。这不仅是因为经济学往往在其中起主导作用，而且还因为政策被当做更重要的问题，公共管理在政策分析中是次要角色。但是，成功的政策创新表明，它们很少是由政策分析的综合研究所产生的。相反，由于管理者最了解情况，管理实际更为重要。因此，公共管理者自觉地为取得与经济学和政策分析的同等地位而努力。

布里顿·米尔沃德认为，公共管理与社会科学理论有着而且应该有着或紧密或松散的联系；它研究的是基于实践经验的方法（experience-based prescription）和管理技术。公共管理中的所有问题都与绩效和管理有关，绩效的意义在于公共组织或非营利组织如何在各种形势背景条件下改善与提高纳税人所要求的效率与有效性；管理则是指在一个赋予公共管理者以充分权力的活动领域中，对公平、关心和责任产生作用的一种新的安排，包括采取私有化、公私合伙和承包等方式。①

詹姆斯·佩里（James L. Perry）在《公共管理理论：它是什么？它应该是什么？》一文中明确提出，"简而言之，公共管理理论应该提供关于公共管理者在各种变化的形势条件下如何做出行为的有用的、实用的普遍性原理。'有用的和实用的'这个词表示公共管理理论必须是有实用价值和以问题为导向的（problem-oriented）"②。根据詹姆斯·佩里的观点，公共管理理论就是为公共管理者实施有效管理的技术，以及遇到问题和在不同情形下的管理应变能力、获得解决问题的方法提供普遍实用的原理与方法，以便增加管理绩效。公共管理理论要做到这一点就必须提供行动理论和规范理论：行动理论有助于公共管理者了解或解释他们所处的社会环境背景和潜在干预的功效；规范理论则给予公共管理者思考和认识他们应该如何行动的能力。公共管理研究应将这两种理论有机结合。公共管理理论与公共管理实践的关系，就像"医生和病人"：医治病人的过程典型地包含了诊断、治疗和疗效观察，并依赖于最初的疗效来决定是停止治疗还是再来一个疗程。如同医生一样，公共管理者寻找各种情形的一般规律，确定因果关系模式，辨别出恰当的行为方式，选取一种合适的行为措施加以实施。对于公共管理者来说，这个过程所遇到的不确定性比医生遇到的要多得多。

胡德（Hood）认为："公共管理即'国家的艺术'，能够松散地被定义为如何设计和

---

① Donald F. Kettl, Brinton H. Milward (ed.), *The State of Public Management*, Baltimore and London: The Johns Hopkins University Press, 1996, pp. 307-310.

② James L. Perry, "Public Management Theory: What is it? What should it be?", in Barry Bozeman, *Public Management: The State of the Art*, San Francisco: Jossey-Bass Publishers, 1993, pp. 16-19.

运作公共服务部门并且细化政府执行部门的工作。”①

雷尼（Hal G. Rainey）的《理解和管理公共组织》一书于1991年出版，这是一本关于公共组织及其管理的综合性教科书。雷尼认为，公共管理学应着重研究如下三个重要问题②：第一，公共组织和管理者的类型之间存在什么样的区别？以往关于公共官僚体制的文献的讨论过于一般化，往往集中在公共组织和管理者的共同性质上，低估了它们的不同，也很少加以区别。公共管理已有这方面的尝试性研究，必须大力加强。第二，公共管理所要研究的“政治环境”指的是什么？这些脉络背景如何影响公共组织及其管理？这些脉络背景的关键因素和变项又是什么？既然公共管理被假定是在一种明确的政治和制度的背景上发生的，那么，关于背景这几个问题就必须弄清楚。第三，说公共部门的管理目标是“模糊不清的”是什么意思？目标模糊又是如何影响公共组织及其管理的？人们往往将公共组织和私人组织比较而得出前者目标模糊的结论，但有几个调查表明，对于目标清晰和绩效期望问题的回答，公共管理者与工商企业管理者的答案并没有什么大的不同。所以，这个问题必须加以进一步的研究。

林恩在《公共管理中的理论》一文中着重讨论公共管理的概念框架或理论，包括代理关系（委托—代理理论），市场、等级和小集团，有限理性和认知风格，集体行动的逻辑和博弈论，组织重构，网络模式，垃圾桶模式，管理工具等。③

弗利耶（Ewan Ferlie）等人在《行动中的新公共管理》一书中列举了新公共管理必须研究且具有争论的主题：第一，公共部门与私人部门之间的差别和相似性；第二，组织变迁；第三，正在变化着的公共管理主体的角色与关系；第四，公共服务组织的战略顶层。④

在国际学术界，也有学者认为公共管理与公共行政学派、政策分析学派已取得并驾齐驱的地位。欧文·休斯（Owen E. Hughes）在《公共管理与行政》一书中认为，公共行政、公共政策和公共管理都是对公共部门的研究，是三种不同的范式或途径，他把从传统公共行政模型转换而来的新范式称为“新公共管理范式”或“管理主义”。⑤ 他还认为，公共行政、公共政策和公共管理之间也是相关的。然而，在美国公共部门研究中，这三个学派的学者之间的学术联系很少，它们有各自的追随者，有各自的学术会议和杂志。⑥

但事实上，作为一种新范式（paradigm）的“公共管理”，迄今尚未成熟，公共管理的主要代表人物胡德也不得不在他的著作《国家的艺术：文化、修辞学和公共管理》中承认，“虽然近些年来公共管理引来了大量的讨论，在世界上有许多关于‘范式变化’的讨

① Christpher Hood, *The Art of the State*: *Culture*, *Rhetoric*, *and Public Management*, Claredon Press, Oxford 1998, p. 3.

② Hal G. Rainey, Important Research Questions, In Barry Bozeman (ed.), *Public Management*: *The State of the Art*, San Francisco: Jossey-Bass Publishers, 1993, pp. 9-12.

③ L. E. Lynn Jr., Theory in Public Management", In Barry Bozeman (ed.), *Public Management*: *The State of the Art*, San Francisco: Jossey-Bass Publishers, 1993, pp. 13-15.

④ Ewan Ferlie etc., *The New Public Management in Action*, Oxford: Oxford University Press, 1997, p. 33.

⑤ Owen E. Hughes, *Public Management and Administration* (Second Edition), St. Martin's Press, Inc., 1998, p. Vi.

⑥ Ibid., p. 7.

论。但是，还没有形成关于分析公共管理的普遍同意或接受的基本知识”①。

从国外学者关于“公共管理”（public management）的论述中我们发现，公共管理至今还没有形成一种独立的范式，它是公共行政（public administration）中重视公共组织或非营利组织实施管理的技术与方法、重视公共项目与绩效管理、重视公共政策执行的理论派别和分支学科。它是80年代中后期，在当代社会科学和管理科学的整体化趋势以及公共部门管理实践特别是“新公共管理”运动的推动下，以公共部门管理问题的解决为核心、融合多种学科相关知识和方法所形成的一个知识框架。公共管理在实施管理的主体、管理活动的内容与范围、管理目标等一些基本的原则和管理理念方面，仍然与公共行政保持一致。

由此，公共管理学的概念是：公共管理学是公共行政的一个分支学科，是研究以政府行政组织为核心的各种公共组织管理公共事务的活动及其技术、方法的学问。

1.1.2　公共管理学的概念范畴

范畴（category）就是基本的概念体系。公共管理学的理论体系就是由公共管理理念和基本范畴（或者基本概念体系）所组成。公共管理学作为公共行政学的分支学科，公共行政学的基本范畴及概念体系，必然对公共管理学产生重要影响。

公共管理学的基本范畴是公共管理本质特性最集中的反映。概括起来，“公共”（public）是公共管理学的基本范畴。以公共为核心，公共管理（public management）、公共行政（public administration）、公共政策（public policy）、公共事务（public affairs）、公共物品（public goods）、公共服务（public services）、公共部门（public sector）、公共治理（public governance），共同构成公共管理学的基本概念范畴体系。

1. 公共管理与公共行政

Administration（行政、管理）和management（管理）是两个含义相近的词，以至于人们经常将这两个词互换加以使用，例如“business administration”（商业管理）和“administrative behavior”（管理行为）。但事实上，这两个概念的含义是有明显差异的。公共行政的概念必须回答和解决由谁来进行公共行政、公共行政活动的内容与范围以及如何行政这三个问题，即公共行政的主体问题、公共行政的内容与范围问题，以及公共行政的行为方式问题。

在学术界，关于公共行政、公共管理之间关系的理解，主要有三种不同的观点：第一，认为公共管理是公共行政的一个学派，认为公共管理在实践上，就是以市场化和企业精神为主要特征的公共行政改革；公共管理在理论上，就是为改革提供支持的理论与观点，主要包括管理主义、新泰勒主义和全面质量管理理论、绩效管理理论等。第二，认为公共管理是公共行政的替代品，将公共管理看做一种不同于公共行政和公共政策的新途径、新范式或新的学科框架，即公共行政—公共政策—公共管理。第三，认为公共管理是公共行政的属概念，公共管理范围更为广泛、公共行政只是其

① Christopher Hood, *The Art of The State: Culture, Rhetoric, and Public Management*, Oxford University Press, 1998, “Preface”, p. Vi.

中的一部分。

从目前国际学术界关于公共行政、公共管理的研究来分析，主流的观点认为公共管理作为独立的范式还没有出现，公共管理还是公共行政中关于公共行政项目设计、组织结构化、政策和管理计划，经由预算系统的资源配置、财政管理、人力资源管理、项目评估和审计的应用方法论方面的一个分支学科。奥特（J. S. Ott）、海德（Albert C. Hyde）和沙夫里茨（Jay M. Shafritz）1991 年主编的《公共管理精华读物》中明确指出："公共管理是更广泛的公共行政领域的一个主要部分……公共管理的焦点是作为一种职业的公共行政和作为这种职业实践者的公共管理者……公共管理集中关注那些可以用来将思想和政策转变为行动的管理工具、技术、知识和技巧。这些工具的能力包括职位分类、招募和选择程序、影响管理、预算分析和规划、监督技巧、长期或战略计划、项目和组织评估、反馈和控制机制（特别是通过信息管理系统的反馈和控制机制）、合同管理、项目管理和组织重构等等。"① 因此，公共管理是公共行政学中一个涉及技术和方法的子领域，关注的是效率、责任制、目标的获取和大量的其他管理方法和技术问题。罗森布鲁姆（D. H. Rosenhloom）在《公共行政学：管理、政治和法律的途径（第五版）》中认为，公共行政是管理的、政治的和法律的理论的应用和为全社会或社会的一部分履行规制和服务职能而执行立法的和司法的政府法令的过程。② 这是一种相当广泛的含义，涵盖了所有的公共部门及其管理活动。

因此，我们认为，公共管理学是公共行政的一个分支学派，是公共行政中重视公共组织或非营利组织实施公共管理的技术与方法、重视公共项目与绩效的管理、重视公共政策执行的理论派别。它在实施公共管理的主体、公共管理活动的内容与范围、公共管理的目标等一些基本的原则和管理理念方面，仍然与公共行政保持一致。在某种程度和范围内，公共管理与公共行政可以互相替代；但公共管理并不能替代公共行政的全部。

公共管理与公共行政之间的差别在于公共行政更加重视"设计"，公共管理则更加重视实现公共行政目标的具体"运作"过程；公共行政更加强调政治的、法律的和行政的手段，公共管理则更加强调管理的、经济的手段；公共行政更加关注过程、程序和遵照别人的指示办事以及内部取向，公共管理更加关注结果、对结果的获得负个人责任和外部取向。③ 公共管理理论吸取了现代经济学和私营管理的理论与方法，包括从"理性人"的假设中获得绩效管理的依据；从公共选择与交易成本分析理论中获得政府公共部门应以顾客为导向，提高公共服务的效率、服务质量、公共责任和社会公众满意程度的依据；从成本—收益分析中获得确定政府绩效目标、测量与评估政府绩效的依据；从私营管理中吸取管理的具体方法，提出在公共部门的管理中也应引进市场与竞争机制、采取绩效管理、目标管理、组织发展、人力资源开发、推行服务承诺制、决策与执行分开等方法。公共管理的出现给公共行政注入了新的活力，使公共行政获得了实现其目标的新手段，从而极大地

---

① J. S. Ott, Albert C. Hyde and Jay M. Shafritz (eds), *Public Management: the Essential Reading*, Chicago: Lyceum books/Nelson-Hall, 1991, p. IX.

② D. H. Rosenhloom, *Public Administration: Understanding Management, Politics and Law in the Public Sector*, The McGraw-Hill Companies, Inc., 1998, p. 6.

③ 参见蔡立辉：《公共管理范式：反思与批判》，载《政治学研究》，2002 (3)。

推动了公共行政的自我发展。

但是，在中国，公共管理不仅是一个独立的学科概念，而且是大于公共行政的学科概念。公共管理是管理学门类下属的一个一级学科；而公共行政（行政管理）是公共管理下属的一个二级学科。

2. 公共管理与公共产品

为社会提供公共产品和公共服务，是公共管理的重要内容，公共管理活动离不开公共事务的管理、公共产品与公共服务的提供，以及采取什么样的提供方式会更加有效。

公共选择学派的创始人布坎南把公共产品界定为“任何由集体或社会集团决定，为了任何原因，通过集体组织提供的产品或服务”。

萨缪尔森等所著的《经济学（第 12 版）》认为，与来自于纯粹的私人物品的效益不同，来自于公共产品的效益牵涉到对一个人以上的不可分割的外部消费效果。相比之下，如果一种产品能够加以分割，因而每一部分能够分别按竞争价格卖给不同的个人，而且对其他人没有产生外部效果的话，那么，这种物品就是私人物品。公共产品常常要求集体行动，而私人物品则可以通过市场被有效率地提供出来。[①]

斯蒂格利茨的《经济学》认为，公共产品是这样一种物品，在增加一个人对它分享时，并不导致成本的增长（它们的消费是非竞争性的），而排除任何个人对它的分享都要花费巨大成本（它们是非排他性的）。[②]

世界银行发布的《1997 年世界发展报告：变革世界中的政府》认为，公共产品是指非竞争性的和非排他性的物品。非竞争性是指一个使用者对该物品的消费并不减少它对其他使用者的供应，非排他性是指使用者不能被排除在对该物品的消费之外。这些特征使得公共产品的消费进行收费是不可能的，因而私人提供者就没有提供这种产品的积极性。[③]

综上所述，公共产品也称为公共商品、公共物品或公共品，是指用于满足社会公共消费需要的物品、劳务或服务，是具有消费的非竞争性和非排他性、自然垄断性以及收费困难等特征的物品。与公共产品相对应的是私人物品（private goods），即具有消费上的竞争性和排他性等特征的物品。公共产品的上述特征以及规模效益大、初始投资量大的特点，使得私人企业或市场不愿意提供、难以提供或虽提供却难以做到有效益。

以萨缪尔森为代表的福利经济学家认为，由于公共产品具有非排他性和非竞争性的特征，所以通过市场方式提供公共产品，实现排他性是不可能的或者成本是高昂的，并且在规模经济上缺乏效率。在福利经济学家们看来，政府提供公共产品比市场方式即通过私人提供具有更高的效率。20 世纪 60 年代末 70 年代初，新自由主义经济学思潮兴起，它怀疑政府作为公共产品唯一供给者的合理性。戈尔丁、布鲁贝克尔、史密兹、德姆塞茨以及科斯等人从理论和经验两方面论证了公共产品的私人供给的可能性。德姆塞茨和戈尔丁则从技术的角度讨论了私人提供公共产品的可能性，即如果存在排他性技术，则私人可以很好

---

① 参见［美］保罗·A·萨缪尔森、威廉·D·诺德豪斯：《经济学（第 12 版）》，1194 页，北京，中国发展出版社，1992。

② 参见［美］斯蒂格利茨：《经济学》，147 页，北京，中国人民大学出版社，1997。

③ 参见世界银行编著：《1997 年世界发展报告：变革世界中的政府》，26 页，北京，中国财政经济出版社，1997。

地供给某些公共产品。例如，高速公路作为一种准公共产品，在入口处可以设收费站，因此高速公路可以通过私人投资、私人收费的方式来兴建。[①] 因而，一般由政府或其他公共部门提供，而私人物品的效用边界清楚，市场是提供此类产品的最佳方式。

在认识公共产品时必须注意：第一，由于私有制国家也有公共产品，公有制国家也有私人物品，因此，公共产品和私人物品的划分不是由社会制度决定的，与社会制度没有必然联系。第二，在不同社会中，由于受社会制度和社会发展程度的影响和制约，公共产品的范围存在着客观的差别，例如，森林、土地、矿产资源等在私有制国家完全可以成为私人物品，公共性并不确定，而在公有制国家则成为公共产品，具有较强的公共性，往往是通过法律予以明确规定的。第三，在市场经济条件下，公共管理更强调公共部门的重点不是直接提供公共产品，而是强调公共部门如何为保证公共产品的有效供给营造环境。

3. 公共管理与公共政策

公共政策与公共管理既密切相关，又存在区别。公共政策与公共管理相互联系、相互作用：第一，公共政策与公共管理具有相同的基本属性——公共性，关注的都是社会公共利益，涉及的都是社会公共事务领域，都以解决社会公共问题为手段提高公众生活质量为目标；而且，虽然两者运行过程的最终结果的表现不同，即公共政策过程的运行表现为观念形态的形成与完善，而公共管理过程的运行表现为客观的物质交换过程，但两者都有一个由确认问题到制定方案，最后实施和评估的相同的实施过程。第二，公共政策与公共管理相互作用，公共政策以调节公共利益为目的，公共政策需要通过公共管理系统才能得以贯彻实施；在公共管理过程中，高层级管理常常要制定有关公共政策，而直接运用公共政策来管理公共事务是中、低层公共管理的常见方式。因此，公共政策指明了公共管理的基本方向，是公共管理的必要前提和重要方式，具有一定的公共管理职能；而公共政策又依赖具体的公共管理活动去执行、去实现，在一定层面上，公共管理行为与相关公共政策是合二为一的。

公共政策与公共管理又是存在区别的。就其政策的属性及其针对社会公共事务的内涵而言，公共政策是一种与人类社会的生存和发展相联系的历史现象；就学科而言，公共政策是第二次世界大战后首先在西方兴起的专门学科，是一个独立的研究领域；就功能而言，公共政策主要是制定社会生活各方面的秩序和行为规则，它通过对社会的政治、经济和文化等各方面的规定和引导，在总体上为一个社会中人们的生活和社会发展创造必需的环境，即是人们生活的一种外在条件；公共管理则是具体通过实施公共管理行为与活动来提高公众的社会生活质量和实现公共利益。

4. 公共管理与工商企业管理

当代公共管理的一个显著特点就是将工商企业管理的一些经验、方法和理论引入到公共管理之中。因此，作为人类社会的管理活动来说，公共管理与工商企业管理之间存在着相通之处，都包括计划、组织、指挥、协调、人事、预算和控制等在内的一般的管理职能；但由于管理所要达成的目标不同、管理对象及内容不同、管理行为的依据不同，又使它们之间存在着差异，是既相互联系又相互区别的两类管理活动。

公共管理与工商企业管理的差别主要表现在：第一，管理性质的不同，公共管理是国

---

① 参见陈振明：《公共管理学》，6页，北京，中国人民大学出版社，2005。

家、政府以及其他公共组织的职能、活动范围，与公共利益相关，具有广泛的社会公众参与，以行使公共权力为基础，是一个公共领域。工商企业管理是工商企业或者个人对从原材料购买、加工生产到销售等活动所进行的管理，是工商企业自己的事，主要遵循市场价值规律，是企业内部的事务领域。第二，公共管理与工商企业管理的使命不同，公共管理以服务公众、实现公共利益和维护公共秩序为目的，以效率、民主、公平为价值；工商企业管理以营利为目的，注重效率和利润。第三，责任的性质、范围不同，与工商企业管理相比，公共管理更强调公共责任、社会责任。第四，管理的广泛性、复杂性的程度不同，公共管理的对象范围更为广泛、复杂，绩效评估更加困难。

5. 公共治理与善治

“公共治理”（public governance）与“善治”（good governance）是公共管理的核心概念。治理问题是20世纪90年代以来国际社会科学界尤其是公共管理界研究的热点之一。世界银行1992年度的报告就以“治理与发展”为标题；经济合作与发展组织（OECD）1996年度公共管理发展报告的题目是“转变中的治理”；《国际社会科学杂志》1998年专门用了一期来探讨治理问题。治理概念的定义繁多，可泛指任何一种活动的协调方式，包括最小国家的治理、公司治理、新公共管理、善治、社会—控制系统和自组织网络六种不同的用法。

世界银行在20世纪80年代末用“治理危机”来概括非洲国家在发展过程中面临的主要问题。在这里，治理被等同于单个国家的可统治性，是“为了发展而在一个国家的经济与社会资源的管理中运用权力的方式”。90年代后，世界银行提出了“善治”口号，合法、法治、负责、透明、有效的政府构成了善治的基本要素，成为规范政治权力的主要标准。有人把治理视为公民社会的“自组织的组织间网络”，认为这是一种没有政府的治理，在公共资源管理、社区服务和跨国的地区性政策网络中普遍存在。全球治理委员会也认为：“治理是或公或私的个人和机构管理共同事务的诸多方式的总和。它是使相互冲突或不同利益得以调和并采取联合行动的持续过程。”

1.2 公共管理学的研究对象

公共管理学的研究对象是要进一步解决公共管理学研究什么的问题，包括从公共管理的产生中进一步认识它与公共行政、公共政策的关系，从公共管理与公共行政学、公共政策的关系中进一步认识公共管理学的特征，从而科学地认识现阶段公共管理作为分支学科的学科定位还是独立范式的学科定位。

1.2.1 公共管理的兴起

1. 公共行政的反思

（1）公共行政的发展演进。

从历史的观点来看，公共行政学自产生后100多年以来，经历了许多重大发展阶段、形成了许多理论流派。但迄今为止构成公共行政学研究背景的文化的、社会的和心理的因素没有变，共同体信念没有变。从 19 世纪末到 20 世纪 60 年代，公共行政学经历了传统公共行政学（traditional public administration）和行为科学公共行政学（behaviorism public administration）两个发展阶段。在这两个发展阶段上，虽然使用了不同的概念、理论、方法与研究模型，但公共行政研究都根植于领导艺术、经济效率与政党关系等方面；以管理学为其理论基础，科学管理在公共行政学理论中占据了主导地位[①]；都高度重视公务员专长与技能的训练与培养，以效率、效益为导向的技术视野是这两个阶段公共行政的标志，但忽视了平等与公正的问题。这两个阶段所不同的是传统公共行政学着重从制度、体制的构架与研究上寻求提高公共行政效率的途径。所以，威尔逊、泰勒、法约尔、韦伯、古利克、厄威克等着重研究的是公共行政的组织结构与原则，以及分工、层级节制体系、法令规章及工作标准，把专业分工原理广泛地引入公共行政之中，提出了职能化、专业化管理的原理；总结概括出了管理幅度和管理层次原理；倡导“理性化—法律化”的组织形态，强调公共行政运作应以法律为规范。行为科学公共行政学着重从人和组织行为对效率的影响上寻求提高公共行政效率的途径。所以，以巴纳德为代表的社会系统学派，以西蒙为代表的决策理论学派，以波齐曼、凯特尔、普雷斯曼、韦尔达夫斯基等为代表的公共政策分析与执行学派综合运用人类学、社会学、心理学等学科方法分析公共行政行为及其活动，使公共行政研究从体制结构的研究转向了公共行政行为的研究，将公共行政所关注的问题由体制结构转移到了公共项目（public program）及其产生的结果（consequence）上。

以经济和效率为公共行政的基本目标，忽视了公共行政所应负的广泛的社会责任，其结果是在前所未有的经济发展时代，长期存在着普遍失业、贫穷、疾病、无知和绝望，从而构成了对现有政治制度的根本威胁，导致了各种社会危机、对政府的不信任和民权运动高涨。政策科学和公共行政学集合在一起，以塔尔科特·柏森斯、卡斯特、罗森茨韦克、高斯、雷格斯等为代表的学者采用系统分析方法，从整个公共行政活动及其与环境的相互作用中探寻公共行政的解决途径和公共行政内部各个部分之间的关系，致力于谋求公共行政与其环境之间及公共行政内部各部分之间的动态的、具体的一致性，以保证公共行政的高效能、高效率。这种研究强调公共行政适应环境的权变观念与生态观念，使公共行政学发展到系统权变公共行政学时期。60 年代后期，以弗雷德里克森（Frederickson）为代表的新公共行政学（new public administration）理论派，发展了社会公平理论，认为经济和效率不是公共行政的核心价值，核心价值应是社会公平（social equity），主张将“效率至上”转为“公平至上”；强调公共行政组织变革的终极目标是建立民主行政之模型，强调公共行政的顾客导向，将顾客的需求作为行政组织存在和发展的前提与行政组织设计方案应该遵循的目标。[②]

20 世纪 70 年代出现和兴起的政策科学（policy science）与公共政策分析（public policy analysis），成为了公共行政中的主流学派。为了适应公共行政部门对政策执行和政策

---

① H. G. Frederickson, “Social equity and public administration: A symposium”, *Public Administration Review*, 1974, 34: 1-51.

② H. G. Frederickson, Toward a New Public Administration (1971), *Classics of Public Administration*, Hartcourt Brace College Publishers, Fort Worth: Texas, 1997, p. 58.

管理的要求，以普雷斯曼和韦尔达夫斯基为主要代表，谋求政策科学、政策分析与公共行政的结合，使政策科学与政策分析转而重点研究政策执行和公共项目（public programs），而不再重点研究机构（institution）。正如凯特尔（Donald F. Kettl）所说，政策执行研究将问题的焦点由结构与过程转移到公共项目及其所产生的结果上。[①]

总之，从科学知识的发展来说，当代公共行政学随着信息时代和知识经济的来临，人们从多角度、多侧面来认识公共行政，各学科之间相互交叉、相互渗透的明显趋势，导致了公共行政学多元式的综合（merger of pluralism）研究方式。[②] 这种研究方式强调各学科之间理论与方法的互补，运用各学科理论及其研究方法来解释与解决公共行政中实际存在的问题，这些不同的理论与方法都是在同一公共行政学范式下理论研究与实践活动的自我调整。例如罗森布鲁姆提出公共行政就是运用管理的、政治的和法律的方法来履行对整个社会及各个部分进行规则管理和提供公共服务的职能[③]；以戴维·奥斯本、特德·盖布勒为代表的企业家政府理论（entrepreneurial government theory），主张把企业或私营部门经营的一些成功的管理方法移植到政府公共部门中来；以胡德等为代表的新公共管理理论，从现代经济学和私营管理理论与方法中吸取要素，形成了自己的理论基础。公共管理的P途径和B途径逐渐汇合，形成了公共管理这个新兴的分支学科。

（2）公共行政的反思。

为了迎合工业革命后社会对政府管理效率的需求，作为公共行政学的奠基人，威尔逊（Woodrow Wilson）认为执行宪法比制定宪法更要困难。为了使政府不走弯路，他把政府划分为两个领域（spheres）即“政治”与“行政”，他认为就政府应当做什么而言，政治领域就是由大多数选举出来的代表来决定各种选择；行政领域就是政府贯彻执行经过合法程序所通过的各种规定，这种执行过程不是政治干预。根据威尔逊的观点，政治与公共政策的形成有关；行政与公共政策的执行有关。在此基础上，他进一步阐发了公共行政应当从政治中分离出来的基本思想：“第一，行政学科应当建立在单一的组织原型的基础上，它能普遍运用于一切政治制度；第二，任何良好的行政科学必须使它自己从政治学领域中分离出来；第三，行政科学的指导价值是效率；第四，有效的公共行政要求政府权力有单一的领导中心。”同时，他还认为建立独立的公共行政学的目的就是“使政府不走弯路，使政府专心处理公务和少作政治干预，加强和纯洁政府的组织机构，为政府的尽职尽责带来美誉”。威尔逊的这些思想奠定了公共行政学的理论基础，并对后来公共行政学的发展产生了重大影响。

从功能主义的角度来说，威尔逊关于政治—行政二分法（the politics-administration dichotomy）的思想，虽然理论与实践已证明政治与行政是不可分的，但这对于公共行政学从政治学中分离出来成为独立的学科和形成公共行政学范式，以及调和发展民主与追

---

① Donald F. Kettl and Brinton H. Milward, *The State of Public Management*, Baltimore and London, The Johns Hopkins University Press, 1996, p. 3.

② Jack Rabin, Bartley W. Hildreth, and Gerald J. Miller, *Handbook of Public Administration*, Marcel Dekker, Inc., 1989, p. 21.

③ David Rosenbloom, Public Administration Theory and the Separation of Powers, *Public Administration Review*, 1983.

求行政效率、行政专业化所产生的冲突具有十分重要的意义。因为民主宪政的内涵要求民众的控制和参与，这就会与行政效率理论和专业化理论相冲突。行政效率理论和专业化理论强调的是系统化的规则与内部程序，这在相当大的程度上不同于民主化的监控。在当时的社会条件下，威尔逊所面临的基本难题就是如何调和这两种思想或观念。正是从解决这一基本难题出发，威尔逊提出了把政府划分为“政治”与“行政”两个领域。

继威尔逊之后，1926年怀特（Leonard White）编撰了美国第一本公共行政学教科书《行政学导论》（*Introduction to the Study of Public Administration*）。这本书的核心观点是：第一，行政是一个单独的过程，无论从哪一级角度看，其基本特征是大致相同的；第二，行政研究应当建立在管理的基础上，而不应当建立在法律的基础上；第三，行政由一门艺术转化为一门科学的趋势日益具有重要意义；第四，行政已经成为而且将继续是现代政府的中心问题。[①] 怀特的这本书使公共行政学成为了一个单独的研究领域，并具有较为完整的学科体系，标志着这门学科的基本形成。但值得提出的是，在美国，公共行政研究与专业培训的增长发生在20世纪30年代和40年代。[②]

20世纪60年代中期以后，公共行政学明显地表现为两种取向：一种是以弗雷德里克森等人为代表的新公共行政学，它强调民主取向的公共行政学，强调社会公平与公正；另一种是政策分析或政策科学（policy analysis or public sciences），其根源可以追溯到1951年拉斯韦尔（H. Lasswell）等主编的《政策科学》一书，60年代末和70年代初迅速成长，在七八十年代成为与公共行政学相抗衡的学派。[③] 公共政策学院和商学院的推动，特别是前者对政策执行的研究培育出了公共政策途径。

由此分析，效率、公平公正、民主、秩序等共同构成了公共行政的价值体系，从而使公共行政的研究表现出两种价值取向：一种是秉承管理学和经济学的传统，关注效率，强调工具理性；一种是秉承政治学和法学的传统，关注民主、社会公平，强调对公共权力的制约和限制。公共行政从产生到20世纪60年代，是以第一种为研究取向的；新公共行政学是以第二种为研究取向的。20世纪70年代由公共政策学院和商学院发展而来的公共管理分支，表现出强烈的管理主义取向。例如，佩里和克雷默（Perry and Kenneth L. Kraemer）在《公共管理：公共的和私人的观点》一书中在界定什么是公共管理时明确表示，他们关于公共管理的灵感来自威尔逊的“公共行政学研究”，并将威尔逊的思想基础归纳为如下四个方面：第一，以政府作为主要的组织脉络背景；第二，以执行功能作为合适的焦点；第三，以发现有效管理的原则和技术作为发展管理能力的关键；第四，将比较作为该领域研究取得进展的方法。[④] 所以说，公共管理学是新泰勒主义的复兴，或者说是古典行政学的回归。

---

① Leonard White, *Introduction to the Study of Public Administration*, Macmillan, New York, 1926.

② Richard J. Stillman Ⅱ, “The Study of Public Administration in the United States: ‘The Eminently Practical Science’”, “The Study of Administration”, *Public Administration: Concepts and Cases* (Seventh Edition), Boston New York: Houghton Mifflin Company, 2000, p. 18.

③ 参见陈振明：《公共管理学》，10页。

④ James L. Perry and Kenneth L. Kraemer, *Public Management*: Public and Private Perspectives, Palo Alto, CA: Mayfield, 1983, p. 1.

这样，无论是政策分析途径还是公共管理途径，都可以看做对公共行政学途径的补充与发展。在20世纪二三十年代所形成的并在60年代中期以前一直居于支配地位的公共行政学是建立在科层制理论和政治—行政二分法的基础上的，它将自己的研究对象主要集中于行政组织或官僚体制上，以组织的内部取向，注重机构、过程和程序以及行政原则的研究，并以行政效率作为追求的最高目标。在与厄威克（Lyndall Urwick）合编的《行政科学论文集》中，古利克（Luther Gulick）将公共行政学的基本原则概括为“POSDCORB”，即计划（planning）、组织（organizing）、人事（staffing）、指挥（directing）、协调（coordinating）、报告（reporting）和预算（budgeting）七个原则或原理。[①]

第二次世界大战后，传统的公共行政学受到了来自各个方面尤其是政治学行为主义的批判。在这些批判者中有西蒙（Herbert A. Simon）、达尔（Robert A. Dahl）、阿普比（Paul H. Appleby）、诺顿·朗（Norton E. Long）和沃尔多（Dwight Waldo）等。行为主义革命从对体制（官僚机构）的研究转向对政治行为的研究，使公共行政学失去了在政治学中的中心地位。然而，至今行政学的根基并未真正动摇，新的范式并未确立。尽管西蒙猛烈地抨击行政学的政治—行政二分法及其行政原则，并提出一种以决策为中心的行政理论，但他最终并未摆脱行政学框架的束缚。

2. 公共管理的产生

20世纪80年代，公共管理途径在美国大学的公共政策学院和商学院逐渐成长起来。波齐曼和凯特尔等学者对此作了清楚的说明。波齐曼在《两种公共管理概念》一文中说：在70年代末的美国大学中，几乎同时出现了两种明显不同的公共管理途径：一种是来自公共政策学院的政策途径（the policy approach），简称为P途径；另一种是来自商学院并受传统公共行政学影响的商业途径（the business approach），简称为B途径。[②]

在波齐曼看来，公共政策分析或政策科学是一种以政策研究定向，重视定量分析方法尤其是经济学分析手段的一种新学科，公共政策学院部分地是以与旧的公共行政学院决裂的方式创建起来的。然而，这种新学院或新学派很快发现了自己的局限性：停留于政策制定或规划的研究而忽视政策执行的研究；实际的公共部门管理很少要求正式的定量分析或重大的政策设计，却对政策执行或政策管理有更多的要求。公共政策学院需要某些与公共行政学相类似，但又与这个旧的学科有区别的东西。公共管理正是在70年代开始兴起的执行研究热潮中，作为这种解决办法而出现的。

普雷斯曼和韦尔达夫斯基所发起的政策执行研究，将项目作为基本的分析单位，机构方面的重要性不再由它自身所决定，而是由它与公共项目绩效的相关性所决定。许多执行研究的学者将执行研究看做一种新的东西（既不同于政策制定研究，也不同于传统的行政研究）。凯特尔认为，执行研究从两个方面推动了公共管理的形成：第一，执行研究将问题的焦点由组织（尤其是结构和过程）转移到公共项目及其产生的结果上。执行研究把项目放到了核心地位并要求研究组织如何对项目作出贡献。更重要的是，执行研究首次使绩

---

① Luther Gulick and Lyndall Urwick, *Papers on the Science of Administration*, New York: Institute of Public Administration, 1937, p. 13.

② Barry Bozeman, “Two Concepts of Public Management”, in Barry Bozeman (ed.), *Pubic Management: The State of the Art*, San Francisco: Jossey-Bass Publishers, 1993, pp. 1-6.

效问题变成了争论的焦点。管理绩效问题超出传统行政学所能解释的范围，这就正如哈格罗夫（Erwin C. Hargrove）所说：在政策方案和政策结果的链条中缺少一个环节，那就是绩效管理。第二，执行研究超出了公共行政学以及政治学的范围，而达到了更广泛、更综合的跨学科的程度。正是这种由组织结构与过程向项目与绩效的焦点转移的趋势以及不同学科学者的共同努力，促成了公共管理学的兴起。①

在这个过程中，工商企业管理的研究者们为公共管理学的产生作出了贡献。他们将工商管理和经济学的概念、理论和方法应用于公共部门管理的研究中，并仍然关注组织结构和强调以过程为取向，主张在公共部门中引入私营部门的管理经验和模式，并把焦点集中在战略和组织管理上。

1991 年美国的第一次全国公共管理学术研讨会，是公共管理学作为一个新的分支学科产生的标志。大会论文集——《公共管理：艺术的现状》，可以看做公共管理学派的“宣言”。这次会议的主要动机是“把不同公共管理途径的信徒们团结起来”，目的是：（1）评估公共管理学科的现状；（2）发表和交流最新最好的公共管理研究成果；（3）通过弄清理论、研究和方法论的分歧来推动公共管理的发展；（4）为公共管理学者之间的交流创造便利条件。最后，会议达到预期的目的，取得了巨大的成功。②

20 世纪 90 年代，公共管理学逐步成为与公共行政、公共政策分析一起共同进行公共部门研究的三大途径。欧文·休斯在《公共管理导论（第二版）》一书中认为，公共行政、公共政策和公共管理都是对公共部门的研究，是三种不同的范式或途径，它们之间也是相关的。③

1.2.2 公共管理学的研究对象

1. 确定研究对象的基本思路

作为公共行政学的分支学科，公共管理学的研究对象、研究范畴和方法论体系决定了公共管理学研究的固有规律。公共管理学应按照学术活动固有规律来开展其研究活动，才能揭示公共管理现象、各种公共管理关系及其发展的规律性。

公共管理学以公共管理活动为基本对象，是研究以政府为核心的公共组织管理什么、如何进行管理、各种关系以及发展规律的学问。从这个角度看，公共管理学不是对公共行政学的否定，而是对公共行政学的积极发展。从研究对象来说，公共管理学不再像公共行政学那样更多地将自己限制在对政府行政机关的研究上，而是把研究范围扩展到其他非政府的公共组织方面。从研究焦点来说，公共管理学从以往公共行政学的“内部取向”转变为“外部取向”，由重视机构、过程与程序的研究转到重视项目、环境、战略与绩效的研究。从研究方法来说，公共管理学要改变以往以规范研究为主的做法，重视

① Donald F. Kettle and Brinton H. Milward, *The State of Public Management*, Baltimore and London, the Johns Hopkins University Press, 1996, p. 4.

② Barry Bozeman (ed.), *Public Management: The State of the Art*, San Francisco: Jossey-Bass Publishers, 1993, pp. xii-xiv.

③ Owen E. Hughes, *Public Management and Administration* (Second Edition), St. Martin's Press, Inc., 1998, p. 7.

量化方法与案例方法的应用，广泛吸收经济学、管理学和政策分析方法等学科的理论与技术手段。

公共管理学的发展，离不开更开放的学术视野和更广阔的学科发展平台。我们主张公共管理是经济学、管理学乃至社会学等多学科融合的结果，但政治学、行政学仍然是公共管理学的学科基础。切断公共管理学与政治学、行政学的内在联系，极容易导致把公共管理看做纯技术化的"管理主义"倾向。公共管理学应该是价值理性与工具理性的有机统一体，不仅要解决"如何做"的问题，也要解决"为谁做"的问题；不仅要回答在实践中出现的各种公共事务和社会问题如何解决的"管理"问题，同时更要回答"为何做"和"为谁做"的"公共"问题。

公共管理学研究既遵循学术规范，研究和探讨各种公共管理现象、关系及其发展规律，同时又服务于公共管理的实践活动，实践性是公共管理学的生命力之所在，公共管理学研究应重视实践、注重现实。因此，公共管理学研究的目标也必然包括两个方面：在学科理论与学科建设方面，研究各种公共管理现象、关系及其发展规律；丰富和发展公共管理学的理论与研究方法；健全和完善公共管理学学科体系与基本范畴体系；健全和完善公共管理学教育体系和人才培养体系，开展公共管理教育和专业人才培养。在为公共管理实践服务方面，着力于为解决公共管理现实问题、提高公共管理绩效、促进公共管理体制机制创新提供可供选择的理论、方法和操作规程。

因此，公共管理学是一门综合运用各种科学知识和方法来研究公共管理活动及其规律的学科，它的目标是促使公共组织尤其是政府组织更有效地执行公共政策、提供公共物品和提高公共管理绩效。

2. 公共行政学的研究对象与体系

公共行政学的基本理论是人们对各种行政现象、行政关系及其发展规律的系统认识与说明。因此，随着人们认识与实践的发展，公共行政学的基本理论也就有不同的表达方法。例如，罗伯特·登哈特（Robert B. Denhardt）认为，公共行政学理论来源于公共组织理论、政治学理论、社会学理论、经济学理论、伦理学理论等，由此出发，他把公共行政学理论概括为：(1) 政治与行政；(2) 官僚机构与民主政治；(3) 组织与管理；(4) 理论与实践；(5) 公共组织理论。① 美国的杰克·雷宾（Jack Rabin）等教授编写的《公共行政手册》(*Handbook of Public Administration*) 一书中，把公共行政学的基本理论概括为：公共组织理论、公共预算与财政管理理论、公共人事行政理论、联邦与政府间关系理论、公共政策与分析理论、公共决策理论、比较公共行政理论、公共行政的法律规则理论、公共行政教育理论、司法行政理论、行政发展理论、行政环境理论等。② 美国的詹姆斯·佩里（James L. Perry）教授在他1996年编写的《公共行政手册》一书中，把公共行政学的基本理论概括为：公共组织理论、行政责任理论、公共政策的制定与执行理论、公

① Robert B. Denhardt, "Five Great Issues in Organization Theory", Jack Rabin, Bartley W. Hildreth and Gerald J. Miller, *Handbook of Public Administration*, *Public Administration and Public Policy*/35, Marcel Dekker, Inc., 1989, p. 105.

② Jack Rabin, Bartley W. Hildreth and Gerald J. Miller, *Handbook of Public Administration*, *Public Administration and Public Policy*/35, Marcel Dekker, Inc., 1989.

共预算与财政管理理论、人力资源管理理论、公共行政伦理理论、公共行政技术与方法论。[①] 公共行政学者霍哲（Holzer）教授和盖布雷林（Gabrielian）博士将100年来美国公共行政学总结为五大理论：诚实、党派及像企业一样的政府；经典管理模式；政治与政策制定；人类行为；项目的有效性。[②]

与研究对象相联系，关于公共行政的概念，德怀特·沃尔多在其早期研究《什么是公共行政?》中认为，公共行政存在着“两种典型定义：第一，公共行政是为达到政府目的而对人与物质的组织与管理；第二，公共行政是管理国家事务的艺术与科学”。他认为，关于公共行政学是艺术还是科学的争论，其原因在于“‘公共行政’这个词有两种用法”，“一是知识探索的一个领域、一门学科或一种研究；二是一个过程或一种行为——管理公共事务。这两种含义紧密相关，却又各不相同”[③]。他还认为，公共行政学是“研究公共行政这一特定过程的学问”，而“公共行政就是政府持续不断地活跃着的业务工作，这种业务工作是通过一系列组织和管理程序，同法律的执行联系起来”[④]。

F. A. 尼格罗和 L. G. 尼格罗认为：公共行政学研究政府的公共行政活动，而公共行政可以分解为如下内容：“(1) 是公共机构中的一个协作性集体的努力；(2) 它遍布于三大政府部门（行政、立法和司法）及它们之间的相互关系之中；(3) 它在公共政策的形成过程中发挥重要作用，因而是政治过程的一个部分；(4) 在许多主要方面与私人行政不同；(5) 在为社区服务方面与大量的私人团体和个人有着密切联系。”[⑤]

理查德·J·斯蒂尔曼二世（Richard J. Stillman Ⅱ）编写的公共行政学教材《公共行政：概念与案例》(*Public Administration: Concepts and Cases*)，列举了12种关于公共行政的概念，并指出：这些公共行政概念中一般都包含了如下几个方面：第一，公共行政是指政府行政部门的活动，当然，它也与立法和司法部门相联系；第二，公共行政必须明确地表达和执行公共政策；第三，公共行政包含着涉及与协调人的行为和人的努力的广泛问题；第四，公共行政在许多方面不同于私域管理；第五，公共行政担负着提供公共产品和公共服务的职责；第六，公共行政执行法律的活动必须以法律为基础。[⑥]

我国的“行政管理”理论与西方公共行政学理论在理论的具体内容上存在较大区别。“行政管理”理论在公开出版的教科书中一般都包括行政环境理论、行政组织理论、行政领导理论、行政决策理论、行政职能理论、行政执行理论、人事行政理论、财务行政理论、行政法制理论、行政道德理论、行政监督理论、行政发展与改革理论等。

我国学术界关于行政、公共行政的认识可划分为两个阶段。第一个阶段是从20世纪80年代行政学在我国的恢复到1997年国务院学位委员会提出研究生专业目录的修改。在

---

① James L. Perry, *Handbook of Public Administration* (Second Edition), San Francisco: Jossey-Bass Publishers, 1996.

② 参见张梦中：《美国公共行政学百年回顾》(上)，载《中国行政管理》，2000 (5)。

③ 彭和平等编译：《公共行政学经典著作选读》，273～274页，北京，国家行政学院出版社，1992。

④ [美] 德怀特·沃尔多：《公共行政学》，见 [美] 斯蒂尔曼：《公共行政学》，上册，10页，北京，中国社会科学出版社，1988。

⑤ F. A. Nigro, L. G. Nigro, *Modern Public Administration*, Happer & Row Publishers, New York, 1989, p. 11.

⑥ Richard J. Stillman Ⅱ, *Public Administration: Concepts and Cases* (Seventh Edition), Boston New York: Houghton Mifflin Company, 2000, p. 3.

这个时间里，我国的行政管理学是作为政治学的一个分支学科进行专业设置的；相关概念“行政”、“行政学”、“公共行政”、“行政管理”、“行政管理学”，在含义上没有明确区别，都是指政府行政机关依法对国家公共事务、政府内部和社会公共事务的管理。

第二个阶段是从1997年研究生专业目录提出修改一直到现在。在这段时间里，由于中国社会主义市场经济、社会改革的日益深入和政府职能的转变，并由于国际经济一体化、全球化的趋势日益明显，西方国家以政府改革为核心的“新公共管理运动”的思想理论大量传入中国，以政府管理为核心内容的行政管理概念已经不适应我国社会发展的要求，改变原有行政管理的主体范围、管理对象范围、管理方式以及行政理念的趋势日益强烈。学术界用公共管理来取代行政管理的现象普遍存在，表面上说的是公共管理，但实际上还是以往“行政管理”概念下的那一套。

显然，与公共行政学相比，尽管政府行政机关仍是公共管理学研究的核心主体，但其他公共组织的管理活动也同时纳入了公共管理学的研究范围之中。

3. 公共管理学的理论体系

我们按照公共管理主体、公共管理价值、公共管理资源与公共管理手段等基本范畴及其内在逻辑联系，建构的公共管理学的理论体系包括公共管理主体、公共管理价值与规范、公共资源管理、公共危机管理以及公共管理技术与方法、公共管理改革与发展。具体包括：

一是公共管理主体理论，主要内容包括公共组织理论、公共领导理论。

二是公共管理价值与规范理论，主要内容包括公共政策、公共管理伦理、公共责任、公共管理法律和公共管理监督。

三是公共资源管理理论，主要内容包括公共人力资源管理、公共预算与公共财政管理、政务信息资源管理。

四是公共危机管理以及公共管理技术与方法，主要内容包括公共危机管理、传统行政管理方法、当代公共管理治理的新工具（市场化工具、工商管理技术和社会化手段）、公共部门绩效评估。

五是公共管理改革与发展理论，主要内容包括公共部门改革、公共治理新模式。

4. 公共管理学的学科特征

《公共管理：艺术的现状》和《公共管理的现状》这两本论文集对公共管理学的特征作了相当充分的讨论。凯特尔认为，公共管理运动所发展起来的公共管理途径既不同于公共行政学途径，也不同于政策分析中的执行研究途径。公共管理途径试图从案例分析和实践经验中汲取可以广泛应用的经验教训。凯特尔综合了20世纪80年代公共管理学的代表性著作，对公共管理学的学科特征进行了较全面的归纳，主要表现为[①]：

（1）研究对象与范围的特征。公共管理学并不像公共行政学那样，将自己主要局限于政府行政机关特别是官僚机构的研究上，而是把研究对象扩大到立法机关、司法机关等其他政府机关和非营利组织或第三部门甚至私营部门的公共的方面。

---

① Donald F. Kettl, “Searching for Clues About Public Management: Slicing the Onion Different Way”, in Barry Bozeman (ed.), *Public Management: the State of the Art*, San Francisco: Jossey-Bass Publishers, 1993, pp. 55-68.

（2）跨学科和综合性的特点。公共管理学的研究者来自不同的学科，他们充分吸收了当代各门科学的理论和方法，特别是经济学的理论和方法，并日益与工商管理学相融合。因此，公共管理学具有更广泛的学科知识框架，更具跨学科、综合性的特点。

20世纪70年代以来，政策科学与经济学、工商管理学、政治学以及公共行政学等学科日益相互融合，最终导致公共部门管理领域新途径的出现。公共管理学者来自于公共行政学、经济学、政策分析、管理学等学科领域；公共管理学突破了公共行政学的学科界限，把当代经济学、政策科学、管理学、政治学和社会学等学科的相关知识和方法融合到公共管理之中；它在保留传统公共行政学、政策科学的某些主题基础上，在研究领域及主题上有重大的突破与创新，涉及诸如公共物品、外部性、公共服务供给、理性人、交换范式、制度选择、公共选择、政府失败、多元组织等大量新主题；公共管理学更多地从经济学的途径来研究公共管理尤其是政府管理问题，常常被人们称为"以经济学为基础的新政策管理理论"或"市场导向的公共行政学"。

（3）具体研究问题的特征。公共管理学将研究焦点由传统公共行政学的"内部取向"转变为"外部取向"，从重视机构、过程和程序研究转到重视项目、结果与绩效的研究，这使得战略管理、公共管理的政治环境、项目执行、绩效评估、公共责任制及公共管理伦理这样一些在公共行政学中没有的或不被重视的主题成为公共管理学的核心主题。

同时，公共管理学也涉及大量的公共行政学没有涉及的其他主题，如公共物品、公共选择、集体行动的逻辑、委托—代理、产权、交易成本、交换范式、制度安排与创新、政府失败、准市场、学习型组织、多元组织、认知风格、管理网络、管理工具、成本核算、信息管理系统等。

（4）公共管理学既是实证的，又是规范的。公共管理学既是实证的，重视经验研究、重视从经验中汲取知识和重视以问题为导向；又是规范的，提倡研究"应该不应该"的问题，用以规范公共管理行为。因此，案例分析成为公共管理的一种核心研究方法，这就有别于公共行政学过多地局限于规范研究，囿于普遍适用的"行政原则"的探讨。

（5）更具现实性。公共管理学将自身建立在当代公共部门管理的实践尤其是政府改革的实践基础上，是从这种实践中产生的新理论体系，反过来成为指导这种实践的模式。与公共行政学相比，它更具有现实性。

1.3 公共管理学的研究途径和方法

1.3.1 公共管理学的研究途径

公共行政学在其发展的不同阶段，采取了不同的研究途径或研究方法。早期的公共行政学者主要采用制度或法理的研究途径（形式主义的研究方法），侧重于对政府制度、机构、法规方面的研究；20世纪20年代，受"科学管理革命"的影响，公共行政学都采用了所谓的"原则"研究途径，注重对一般的行政管理原则的探索和概括。三四十年代，受政治学"行为主义革命"的影响，公共行政学推崇经验科学的研究方法，把观察、实验、模拟、抽样、访谈、调查一类的方法用于对行政行为的研究；二战后尤其是五六十年代之后，公共行政学者广泛地运用运筹学、系统分析、损益分析、案例研究、计算机模拟等新的研究方法及手段。

与公共行政学相联系，美国著名学者波齐曼认为，公共管理学研究可分为两种途径，即公共政策途径和企业管理途径。

波齐曼在作为《公共管理：艺术的现状》导言的“两种公共管理概念”中则力图将P途径和B途径加以综合，认为公共管理途径应具有如下特征：(1) 既关心战略，又关心过程，但以一种外部的焦点为取向；(2) 在强调“硬”知识（管理方法、技术尤其是定量分析技术）的同时，继续关注“软”知识（管理的政治环境、价值等）；(3) 以资深公共管理者（中层和高层管理者）为方向；(4) 给公共管理中“公共的”下更广泛的定义，以便将非营利组织、私人企业的公共方面包含其中；(5) 关注理论和规范研究。①

P途径强调的是与政策分析的渊源关系，认为公共管理必须与公共政策的形成与制定密切相关。但P途径的公共管理对政策分析强调计量分析与经济学的应用的思路不满，更看重政治和管理的层面。具体地说，P途径的公共管理有如下特征：第一，着眼于高层管理者以及他们所进行的政策研究；第二，重视非量化和实务的取向，推崇通过个案研究来发展相关知识；第三，强调与政策分析结合，进行具有前瞻性的规范性的理论研究。

B途径重视的不再是内部行政管理的机制与过程，而是受管理主义的影响，主张效法企业，以企业管理的方法来提升公共部门的服务质量，新公共管理思潮是其代表。在这一派的理论中，许多概念是直接从企业管理借鉴过来的，如民营化、企业型政府、全面质量管理、绩效评估等。具体来说，B途径的公共管理的特征是：第一，偏爱企业管理的原则；第二，对公、私部门的差异不作严格区分；第三，除了重视策略管理及组织间的管理外，还强调对公共管理的过程进行管理；第四，在研究方法上也偏爱诸如实验设计之类的量化方法。

按照波齐曼的说法，公共管理这两个来源或途径有其各自的体制与职业上的背景或基础，P途径主要来自公共政策学院，并流行于公共政策分析与管理学会中，其研究成果（论文）最常见于《公共政策分析与管理》杂志；而B途径主要来自商学院，并为管理科学学院的公共部门管理学部以及美国公共行政学会所使用，其研究成果最常见于《管理科学评论》、《管理科学院刊》和《公共行政评论》等杂志。波齐曼将这两种途径加以比较，认为两者具有某些共同点，如以组织外部定向（即关心行政机构以外的东西），强调政治因素在管理中的作用；重视规范研究并关心改善管理绩效，主张从经验中学习，尤其是偏好案例分析法。这两种途径又各有所长：P途径重新认识政策分析对于公共管理的重要性，学习实践者的经验，重视吸取经验教训并加以传播，促进政治执行官与资深管理者的对话；而B途径更强调以研究和理论取向，应用和融合不同学科的理论、方法和技术，发展一种以公共管理与私人管理相比较为基础的综合框架，注重战略管理，关心过程问题，

① Barry Bozeman (ed.), *Public Management: The State of the Art*, San Francisco: Jossey-Bass Publishers, 1993, p. 5.

把焦点集中在职业化的公共管理者而非政治执行官身上。[①]

作为公共管理的不同组成部分，P途径和B途径之间的差异也是明显的，但它们之间也有很多共同之处，例如：它们的眼光并不局限于行政机关内部，而将关注的焦点放到公共部门与外在环境的关系上；它们都尊重政治因素在管理中扮演的角色，都重视经验性的材料。

戴维·H·罗森布鲁姆在《公共行政学：管理、政治和法律的途径（第五版）》一书中认为，公共行政学的研究有三种主要的研究途径，即管理途径（包括传统的管理途径和新公共管理途径）、政治途径和法律途径。他说："公共行政的研究有三条相对分明的途径，各自对公共行政有不同的阐述。一些人把公共行政视作一种管理行为，与民营部门的运作相类似；另外一些人则强调公共行政的公共性，从而关注其政治的层面；还有一些人注意到了主权、宪法和管制实践在公共行政中的重要性，从而将公共行政视为一种法律事务。三种不同的研究途径对于公共行政的运作，倾向于强调不同的价值和程序、不同的结构安排，也用不同的方法看待公民个人，而每一种途径对于如何发展公共行政的知识也有各自不同的主张。更为复杂的管理途径又可以分为两派：传统的管理途径和当代以改革为导向的'新公共管理'。"[②]

经济学途径是公共管理学研究的一个重要途径。它采用经济学的理论假定、概念框架、分析方法及技术来看待公共管理问题。在当代公共管理及公共政策学科中，最有影响的经济学途径是公共选择理论和新制度学派。莱恩在《公共部门：概念、模型与途径》（第三版）一书中认为，公共部门中的政策制定与执行的过程是通过来自公共选择、新制度经济学、政策执行、管理与评估等不同领域的模型或途径来进行研究的。

作为一种公共政策的研究途径，公共选择理论假定：政治行动者个人（不管是决策者还是投票者）都被自利的动机所引导而选择一项对其最有利的行动方案。公共选择理论是20世纪70年代发展起来的一种"新政治经济学"或"政治的经济学"理论，80年代以后被广泛地应用于公共管理和公共政策领域。公共选择理论将"经济人"假说、交换范式和方法论个人主义应用到政治和公共政策领域。

新制度主义或新制度学派是一种新的、影响在不断加强的公共政策研究途径。它强调制度在政治生活中的决定性作用，认为制度自身是人类设计的产物，是工具性指向的个人的目的结果；制度之所以在社会中存在，是因为它们可以克服社会组织中的信息障碍并减少交易成本；在社会中，两种能最小化交易成本的组织是市场和等级制（官僚制）；作为持续不断的正式或非正式的规则，制度规定行为角色、约束行为和形成期望，因而它们不仅增加或减少交易成本，而且也形成偏好。

1.3.2 公共管理学的研究方法

公共管理学是一门实践性、应用性的学科，从学科归属来看，它既是一个独立的研究

---

① Barry Bozeman (ed.), *Public Management: The State of the Art*, San Francisco: Jossey-Bass Publishers, 1993, pp. 5-6.

② ［美］戴维·H·罗森布鲁姆等：《公共行政学：管理、政治和法律的途径（第五版）》，40～41页，北京，中国人民大学出版社，2002。

领域，又是公共行政学的一个重要分支学科。公共管理学在方法上的突出特征是强调用跨学科研究途径来研究公共管理问题，提倡以问题为中心的研究方法，既保留了公共行政学一些行之有效的研究方法，又注意随时吸收当代科学方法的新成果。

1. 实践抽象法

社会管理是人类社会最基本也是最古老的管理职能，在长期的公共管理实践中，人们已形成一些较稳定、定型化的行之有效的操作方式或思考方式。因此，如果将这些经验式的程式加以总结、概括和抽象，就可以形成一定的公共管理理论。这种对管理实践进行总结、概括和抽象，以获得新的公共管理理论的方法，就是实践抽象法。

实践抽象法主要是通过分析公共管理人员怎样进行实际操作，如他们如何确立问题，如何搜集信息去分析问题，如何寻求、判别与选择解决问题的种种方案，如何实施最优的方案等，找出公共管理过程或某一个环节中带有规律性的东西，从而抽象出公共管理的理论、原则、方法等，用以指导新的公共管理实践。实践抽象法的基本取向，是从实践中来，再回到实践中去的不断反复。

2. 实体分析法

公共管理中的实体分析法，就是在进行公共管理研究时，将公共管理的主体即公共组织，如政府公共部门、非营利组织和准政府组织等，作为一个实体来看待，重点分析该实体存在和发展的前提条件及其与环境的关系，从而获得这一实体活动的条件和规律等的认识。运用这一研究方法的一个前提条件，是要熟悉、了解政府部门和相应的非政府组织及其行为过程，了解法律、政策等要素。例如，制约公共管理机构的主要因素、公共管理机构的目的、所开展的活动、所拥有的资源和权限、所面临的主要问题等。实体分析法，可以形成一套理论和技术，帮助公共管理人员去分析本部门关于管理目的、制约因素、资源和权限以及面临的主要问题等情况，从而制定并实施相应的管理方案和措施，提高管理的效率。

3. 实验法

实验法的本质是通过设计模拟实验，将事物的各个因素、事物的发展过程再现出来，以找到这种事物在真实世界中的各种数据及面貌。使用这一方法的必备条件是，实验环境必须是经过周密设计，排除与实验无关因素干扰的可控环境，实验按计划有步骤地进行，实验结果通常必须进行科学的统计和分析。在实验中，为了得出精确可靠的实验结果，可以进行反复实验和对比实验。

实验法最初来自自然科学。自然科学中的实验分析可以做到精确；社会科学中的实验做不到这一点，因为它涉及人的行为，而人的行为在许多情况下是难以真正准确地加以预测的。因而严格地说，社会科学中的实验分析更多的只是一种准实验分析。公共管理学中实验分析更多的是准实验分析，通过选择某些对象或领域，甚至人为地提供某些条件，推行管理实验或政策试验，以取得经验，全面推广或铺开。

实验法也是公共管理研究中的一个重要方法。在公共管理研究中，可以通过选择特定的对象或领域，甚至人为地提供某些条件，进行管理实验或政策实验，以取得在更大范围推行某一类公共项目、实施某一种改革甚至整个公共管理体制改革的经验。实验法可以采用典型实验法和跟踪实验法进行研究。

4. 系统分析法

就本质而言，系统分析是一种根据客观事物所具有的系统特征，从事物的整体出发，着眼于整体与部分、整体与层次、整体与结构、结构与功能、整体与环境等的相互联系和相互作用，求得优化的整体目标的现代科学方法。公共管理学中使用系统分析法的目的，是要帮助人们理解公共管理系统及其与社会环境的关系；鼓励对公共管理系统的各个组成部分、公共管理过程的各个环节进行同时的研究；引导人们注重这一系统中的结构、层次与功能；促使人们从不同的角度提出问题，开拓新的知识领域。系统分析法的内容包括整体分析、环境分析、结构分析、层次分析、相关分析等。

20 世纪 60 年代以后发展起来的系统分析法为公共行政学理论与管理知识的汇合、为各种公共行政学理论流派的统一创造了机会。系统分析法给人们提供了一种从整个公共行政活动及其与环境的相互作用中看待公共行政的途径，也为研究公共行政内部各个部分之间的关系提供了指导。同时，系统理论还为公共行政适应环境的权变观念与生态观念提供了基础。运用这种研究方式着重研究的是公共行政与其环境之间的相互关系和公共行政内部各部分之间的相互关系以及确定关系模式即量变形态；致力于谋求公共行政与其环境之间及公共行政内部各部分之间的动态的、具体的一致性，以保证公共行政的高效能、高效率。在这方面最主要的代表人物是塔尔科特·柏森斯、卡斯特、罗森茨韦克、高斯、雷格斯等。

5. 比较分析法

比较分析法，通常是指把所要研究的对象与不同的或相似的事物在不同阶段的情况或同一阶段的情况等进行比较，通过鉴别事物之间的异同及其制约因素等，加深对事物的认识，找出事物的本质或规律性的东西。比较分析法可分为横向比较法和纵向比较法。纵向比较法就是通过对同一国家或地区在不同的历史时期对公共管理所包含的特定的社会公共事务管理模式和方法等的比较，从历史演变的角度，对公共管理的不同变化和特点进行比较，寻找出这种变化的历史原因和实质，加深对现阶段公共管理的认识。横向比较法就是通过对不同国家和地区同一时期或不同时期公共管理系统和过程的分析，发现各国家或地区在不同时期的公共管理特色，尤其是总结发现其成功的经验或失败的教训，从而择优弃劣、取长补短，为提高我国的公共管理水平提供有益的借鉴。公共管理学中的比较分析要求研究者对不同国家或地区的公共管理系统及过程加以比较，要求对同一个国家或地区在不同历史时期的公共管理系统及过程加以比较，从中既找到公共行政学一般的或普遍的理论，又发现各国家或地区在不同时期的公共管理特色，丰富整个公共管理学的理论及方法理论体系。

6. 多学科交叉式的综合研究方式

随着信息时代和知识经济的来临，人们也开始不断地从多角度、多侧面来认识事物，各学科之间相互交叉、相互渗透的趋势十分明显，导致了公共管理学多学科交叉式的综合研究方式。这种研究方式强调各学科之间理论与方法的互补，运用各学科理论及其研究方法来解释与解决公共管理中实际存在的问题。

7. 案例分析法

案例分析的要点是对已经发生的公共管理事件，分析者尽可能从客观公正的观察者立场加以描写或叙述，以脚本等形式说明一个事件有关的情况，力图再现与事件相关的当事人的观点、所处的环境，供读者评判。这种方法的重点是强调人际关系、政治等因素对管理过程的影响，而不是抽象推理或细节刻画，因而它特别适应公共管理学及工商管理学研究的需要。案例分析既是公共管理学科的一种重要研究方法，又是一种重要的教学形式。

本章小结

1. 公共管理是政府的基本职能之一，公共管理学以公共组织特别是政府的公共管理活动作为研究对象。它的理论形态随公共管理实践的发展而改变。从 20 世纪 80 年代末 90 年代初开始，原来实行计划经济体制的国家纷纷向市场经济体制转轨，市场经济体制成为全球占压倒性多数的经济体制。我国的公共管理学研究必须紧密结合转型期公共管理的实践，研究转型期公共管理的现实问题，使公共管理理论更好地为公共管理实践服务。

2. 公共管理学所具有的学科特征并没有超出公共行政学基本理论的特征与范围，作为公共行政学的分支学科，公共管理学与公共行政学在一些基本方面保持着一致，但公共管理学与公共行政学、公共政策一道，成为研究公共领域公共部门管理的重要途径。在我国，公共管理是一个学科概念，公共行政（行政管理）是其下属的二级学科。

3. 公共管理学在研究方法上特别强调用跨学科研究途径来研究公共管理问题，提倡基于实践的研究和以问题为导向。另外，实践抽象法、实体分析法、实验法、系统分析法、比较分析法、案例分析法等方法，也都是公共管理学的一些行之有效的研究方法。

关键术语

公共管理学　　公共行政　　公共政策　　政治—行政二分　　B 途径　　P 途径

复习思考题

1. 分析公共管理与公共行政之间的内在联系与差别。

2. 关于公共行政、公共管理的研究，存在着以下几种观点：第一，有人认为公共管理是公共行政的一个学派；第二，有人认为公共管理在实践上就是以市场化和企业精神为主要特征的公共行政改革，在理论上就是为改革提供支持的理论与观点，主要包括管理主义、新泰勒主义、全面质量管理理论、绩效管理理论等；第三，有人认为公共行政已经发展到公共管理范式阶段，公共管理已经成为一个独立的范式。请分析评价以上的观点。

3. 关于公共行政的研究，历来存在着两种不同的取向：一种是秉承政治学和法学的传统，关注民主、社会公平等价值，强调公共权力的制约和限制；另一种是秉承管理学和经济学的传统，关注效率问题，强调公共行政的工具理性。请你分别列举两种不同研究取向的代表人物及其理论观点，并加以分析评价。

4. 比较分析公共行政学研究途径与公共管理学研究途径的差异。

第2章

公共管理的理论发展

有人认为公共管理和公共行政可以相互替代，用什么名称只反映使用者的偏好，内容并没有本质的区别。例如，美国行政学者梅戈特博士就认为："公共行政与公共管理名称之别有时候只是不同大学历史文化特征的反映，没有本质区别。"① 有人认为，"'公共管理'一词涉及的范围似乎比内部行政的范围更加广泛……公共管理不一定……只发生在组织机构的内部。'公共行政'一词几乎完全和政府官僚制结为一体"②。还有人把公共管理视为公共行政下面的一个较低层次的技术性领域。③ 尽管学界对公共管理存在着不同的看法，但我们不难发现，公共管理与公共行政之间具有内在的联系。本章正是围绕上述问题进行阐述的。

重点问题

- 公共行政、公共管理的历史演进过程及其理论流派
- 公共管理与公共行政的联系与区别
- 公共行政理论的内容与代表人物
- 公共选择理论、新公共管理理论、公共治理理论和新公共服务理论的主要内容

① 张梦中：《美国公共行政（管理）历史渊源与重要价值取向——麦克斯韦尔学院副院长梅戈特博士访谈录》，载《中国行政管理》，2000（11）。

② Barry Bozeman，Jeffrey D. Straussman，*Public Management Strategies*（Jossey-Bass，1990），p. 4.

③ Cole Blease Graham and Steven W. Hays，Management Functions and Public Administration POSDCORB Revisited，in Ott J. Steven，Albert C. Hyde and Jay M. Shafritz（eds），*Public Management：The Essential Readings*（Lyceum Books/Nelson-Hall，1991），p. 13.

2.1　公共行政理论的演进

公共行政从 1887 年成为独立的学科以来，经历了发展演进的过程，形成了许多理论流派。20 世纪 80 年代之后，从公共行政学中逐步衍生出公共管理分支。

2.1.1　公共行政理论的初创

1887 年，威尔逊在《政治学》季刊上发表《行政学研究》（The Study of Public Administration）一文，标志着公共行政作为一门独立的学科的产生。

1. 威尔逊的政治—行政二分法

威尔逊在《行政学研究》一文中阐述了政治—行政二分的理论。[①] 在威尔逊之前的很长一个时期，作为公共行政学研究对象的行政概念一直是包含在政治概念之中的。那时，“麻烦之处几乎全部集中在政府结构上面，因此结构问题就成了吸引人们思考的焦点。在当时很少或完全没有公共行政的问题，至少没有引起行政官员注意的问题。那时政府的职能很简单，因为生活本身就是简单的”。所以，那时候既不可能有一套完整的行政管理理论，也不可能有一门独立的公共行政学。

然而，到了威尔逊所处的时代——19 世纪末 20 世纪初，资本主义已进入了上升阶段，随着经济和社会的快速发展，社会公共事务日益增多，政府的职能不断扩大，而且更加复杂、更加困难，就像威尔逊所说的那样，“没有任何一种政府职责而今不是变得复杂化起来，尽管它当初曾经一度是很简单的，政府曾经仅仅由少数人主宰，而现今它却由大批大批的人主宰”。“政府的职能在逐日变得更加复杂和艰难，它们并且在数量上也同样在大大增加。行政管理当局在把它的手伸向每一处地方以执行新的任务。”如果说我们“在以往许多世纪当中就可以明显地看出政府活动方面的困难在不断汇集起来，那么在我们所处的世纪则是眼看着这些困难正在堆积成无与伦比的高峰”。因此，威尔逊认为，当时的美国仅就文官制度进行改革是不够的，“当号称文官制度改革的运动，在实现它的第一个目标之后，将会进一步努力不只是求得‘人事’方面的改进，并且还要改进我们政府机关的组织机构与工作方法：因为问题很明显，这些机关的组织机构与工作方法，是继‘人事’问题之后，亟须加以改进的对象”，因为“我们的政府正如同一个身强力壮的小伙子一样，其机能已经得到扩张，其身材已经长大，但同时却在动作上变得笨拙了。它的精力和它的年龄的增长，跟它所具有的生活技能相比较，已经彻底不相适应。它得到了力量，但却没有学会举止的方法。因此，虽然从机构发展的顺利和健康状况方面着眼，跟欧洲诸国相比，我们的优越性是很大的，但现在我们却已经面临着需要进行更加仔细的行政调整和需要具有更加丰富的行政知识的时刻”。这里，威尔逊清楚地认识到：随着国家经济和社会事务的发展以及政府职能的扩大，“与制定一部宪法相比较，贯彻一部宪法变得愈来愈困难了”，政府的行政管理工作迫切地需要有科学的理论予以指导，以“力求使政府不走弯

① 参见［美］威尔逊：《行政学研究》，载《国外政治学》，1988（6）。

路，使政府的事务减少一些不成体统的样子，加强和纯洁政府的组织机构，并使其各种职责都获得尽责的美名”。

为此，威尔逊提出应在对政治与行政这两个概念进行正确区分的基础上将公共行政从政治学中分离出来，进行独立研究。在他看来，“公共行政是政府工作中极为显著的一部分，它就是行动中的政府；它就是政府的执行，政府的操作，就是政府工作中最显眼的部分，并且具有与政府本身同样悠久的经历”。行政不同于政治，“公共行政是置身于‘政治’所特有的范围之外的。公共行政的问题并不属于政治问题。虽则公共行政的任务是由政治加以确定的，但政治却无须自找麻烦地去直接指挥行政管理机构”。“政治是政治家的特殊活动范围，而公共行政则是技术性职员的事情。政策如果没有公共行政的帮助就将一事无成，但公共行政并不因此就是政治。”“公共行政的领域是一种事务性的领域。公共行政作为政治生活的一个组成部分，仅仅与企业办公室所采用的工作方法是社会生活的一部分一模一样，仅仅与机器是制造品的一部分一模一样。但是公共行政却同时又大大高出于纯粹技术细节的那种单调内容之上”，所以，威尔逊特别强调，作为一门科学，公共行政学应对公共行政的各个方面开展理论研究，使行政学的理论既有深度又有广度，形成“公共行政比较高深的理论”，在他看来“行政学研究的目标，在于首先要弄清楚政府能够适当而且成功地承担的是什么任务，其次要弄清楚政府怎样才能够以尽可能高的效率和尽可能少的金钱或人力上的消耗来完成这些专门的任务”；“行政学的目的就在于把行政方法从经验性实践的混乱和浪费中拯救出来，并使它们深深植根于稳定的原理之上”。

2. 韦伯的官僚制理论

马克斯·韦伯（Max Weber）是德国著名的社会学家、政治经济学家和官僚集权理论的奠基人，被誉为“组织理论之父”。他提出的官僚制理论（bureaucracy theory）从组织体制的角度为传统公共行政理论的创立提供了理论框架。

韦伯的官僚制理论是基于他对由不同权威结构决定的组织类型分析而提出和建立的。韦伯认为，任何一种组织都是以某种形式的权威作为基础的，在权威制度下，下级把上级发布的命令看做合法的。“行政管理班子对统治者（或统治者们）的服从，可能纯粹出自习俗，或者纯粹由于情绪，或者受到物质利害关系，或者受到思想动机（价值合乎理性）所约束。这类动机在很大程度上决定着统治的类型。”① 正是根据这种权威合法化的方式并基于三种合法的权威，他区分了“神秘化组织”、“传统组织”和“合理化—合法化组织”三种不同的组织形式，其中每一种组织形态都意味着其独特的管理机构或管理体制。

在韦伯看来，“神秘化组织”中行使权威的方式是基于领导者个人的人格这种所谓的“超凡魅力”，它以对个人的崇拜、迷信为基础，组织成员对命令的服从，仅仅是基于领导者个人的感召力和煽动力。“在魅力型的统治情况下，服从具有魅力素质的领袖本人，在相信他的这种魅力的适用范围内，由于个人信赖默示和楷模榜样而服从他。”② 因此，这种组织内在的基础并不稳固，常出现“人存政举，人亡政息”的现象。而“传统组织”中命令和权威的基础是先例和惯例。“如果一种统治的合法性是建立在遗传下来的（‘历来就存

① ［德］马克斯·韦伯：《经济与社会》（上），238页，北京，商务印书馆，1997。

② 同上书，241页。

在的'）制度和统治权力的神圣的基础之上，并且也被相信是这样的，那么这种统治就是传统型的。"[①] 从前经常发生的事情被看做神圣的东西，并由此确定了各种团体的权利和期望。这种组织类型的权威明显地具有世袭性、封建性和绝对性的特点。至于"合理化—合法化组织"，其权威行使的基础是组织内部的各种规则，人们对权威的服从是由于有了依法建立的等级体系。此时的权威必须在组织中担任一定的领导职务，被领导者对权威的服从实质上是对组织规则的服从，领导者与被领导者之间在法律地位上显然是平等的，各自都要受到组织规则的约束。"在依照章程进行统治的情况下，服从有合法章程的、事务的、非个人的制度和由它所确定的上司——根据他的指令的正式合法性和在他的指令的范围内服从他。"[②]

韦伯认为，在基于三种权威而形成的这三种组织类型中，与传统权威相适应的组织类型效率较差，因为其领导者不是按能力来挑选的，其管理单纯是为了保存过去的传统而行事。基于超凡魅力权威而形成的组织则过于带感情色彩并且是非理性的，其管理工作不是依据规章而是依据神秘或神圣的启示来进行的。而只有合理合法的权威才能作为行政组织的基础。所以，在韦伯看来，只有这种与合理合法权威相适应的组织形式才是"理想的官僚制"，这也是韦伯倍加推崇的组织形式。"纯粹的官僚体制的行政管理，即官僚体制集权主义的、采用档案制度的行政管理，精确、稳定、有纪律、严肃紧张和可靠，也就是说，对于统治者和有关的人员来说，言而有信，劳动效益强度大和范围广，形式上可以应用于一切任务，纯粹从技术上看可以达到最高的完善程度，在所有这些意义上是实施统治形式上最合理的形式。"[③]

韦伯认为，作为一种理想的行政组织形式，"官僚制"具有以下基本特征：

（1）合理的分工。组织以法规的形式严格根据分工的要求规定每一职位均有特定的权责范围，这样不仅有利于组织成员通过训练掌握专门的技能，更有利于提高组织的工作效率。

（2）层级节制的权力体系。在官僚制组织这样的一个等级实体中，这种层级节制的权力体系可以使组织中的每一个成员都能够确切地知道从何处取得命令以及把命令传达给何人，它有助于克服组织管理中的混乱现象，提高组织的工作效率。

（3）依照规程办事的运作机制。官僚制组织通常要根据合理合法的原则制定一整套规则和程序来规范组织及其成员的管理行为，以保证整个组织管理工作的一致性和明确性。

（4）形式正规的决策文书。在实行官僚制的组织中，一切重要的决定和命令都应形成正式文件下达，并且要记录在案，用毕归档，这样既可以防止工作的随意性，又有利于下级组织及其成员明确职责权限，还便于加强必要的控制，以利于组织有效地实现其目标。

（5）组织管理的非人格化。在实行官僚制的组织中，管理工作是以法律、法规、条例和正式文件等来规范人的行为的，公私分明，对事不对人，人们在处理公务时只应考虑合法性、合理性以及有效性，而不应考虑任何私情关系。

---

① ［德］马克斯·韦伯：《经济与社会》（上），251 页。

② 同上书，241 页。

③ 同上书，248 页。

（6）适应工作需要的专业培训机制。随着社会的进步和科学技术的发展，建立在高度分工和专业化基础之上的官僚制组织必须为其成员提供各种必需的专业培训，以便使其具备和增强处理事务和解决问题的能力，进而提高行政效率和服务质量。

（7）合理合法的人事行政制度。对于官僚制组织的人事行政问题，韦伯用了较多的篇幅予以阐述，其核心思想就是，官僚制组织的人事行政必须遵循任人唯贤、注重实绩、奖勤罚懒、依法办事的基本原则。

其实，韦伯的官僚制理论与威尔逊的政治—行政二分法是一致的：政治领域（政策制定）与行政领域（政策执行）之间的区分，是一种在行政过程中积极摒弃非理性因素干扰的努力，它重视行政应具有独立的地位，在行政独立自主的前提下，将职业化、专业技能和功绩制的价值观等理性标准引入行政管理过程，追求行政管理的客观化、科学化和理性化。也就是说，威尔逊的政治—行政二分法和韦伯的官僚制理论都认同公共行政的完善取决于从行政公务中积极地排除政治性因素。公共行政的高效运作要依靠来自客观实际的可靠性法规的技术应用，采取一套逻辑的、严格的和机械性的行为方式。威尔逊的政治—行政二分法和韦伯的官僚制理论的提出为公共行政学成为一门独立的学科提供了理论支撑。

3. 泰勒的科学管理理论

泰勒（F. W. Taylor）被称为“科学管理之父”。泰勒的科学管理理论对公共行政的科学化和技术化具有推动作用。19世纪末，在以美国为代表的西方发达国家，工业化发展已经达到了相当高的程度，一方面是生产规模和科学技术的迅速发展，社会物质财富迅速增加；另一方面是竞争的日益加剧，人们缺乏管理现代化大工业的方法和技术，劳动生产率增长缓慢，同时劳资关系日趋紧张，工人缺乏生产积极性。如何真正有效地提高劳动生产率，已经成为各个企业共同关心的问题。在这种情况下，人们提出了许多不同的解决办法，有人主张改进机器设备，也有人主张改变工资报酬制度。泰勒在长期调查研究的基础上主张实施新的科学化的管理方法和制度，提出了他的科学管理理论。

在泰勒看来，科学管理的根本目的是提高劳动生产率，而要提高劳动生产率，就必须在工厂企业推行“科学管理”，包括实行预先计划；用科学的方法挑选工人；对工人进行科学教育和培训以使他们掌握标准化的操作方法，使用标准化的工具、机器和材料，在标准化的作业环境中，完成经测算规定的工作定额；管理部门和工人之间保持密切友好的合作关系等。泰勒所倡导的科学管理理论最终形成了一场波及整个西方工商企业管理界的科学管理运动。

尽管泰勒所开创的科学管理理论是针对企业管理而提出的，但是政治与行政的分离强调行政管理事务的非政治化，使得行政事务在这一点上“仅仅与企业办公室所采用的工作方法是社会生活中的一部分一模一样，仅仅与机器是制造品的一部分一模一样”[①]，也就是说，使得行政领域运用科学管理的原理和原则成为可能。所以，当最初产生于工厂管理实践中的科学管理理论逐步成为企业管理的基本原则之后，也逐渐运用到政府管理实践之中。泰勒提出的关于建立管理目标、管理控制标准、管理程序化、科学选拔、培训和安排人员、组织分工和协作，明确权责，调动人员积极性，提高工作效率，在管理中使用科学

① ［美］威尔逊：《行政学研究》，载《国外政治学》，1988（6）。

方法等一系列理论和方法，具有一定的普遍性，不仅适用于企业，也适用于政府行政管理。这些理论后来被行政学者概括、改造并上升为行政管理学理论，构成现代行政管理理论的重要组成部分。

在泰勒提出科学管理理论不久，不仅美国政府将其提供的科学原理和方法应用于政府的行政管理、精简政府、调整机构并促进了政府工作的改革，提高了行政效率，而且有许多行政管理研究者也开始重视通过科学管理来寻求政府行政效率的问题。例如，曾经担任美国全国办公室管理协会会长的威廉·亨·莱芬韦尔（1876—1934）就率先把泰勒的科学管理的原则成功地运用于机关办公室的管理工作中并结集出版了许多有关办公室科学管理的著述；泰勒的亲密合作者莫里斯·卢埃林·库克（1872—1960）也曾成功地把科学管理原理运用到市政管理工作中；美国著名行政学家伦纳德·D·怀特（Leonard D. White）则进一步用科学管理理论研究政府行政管理。因此，美国行政学家波齐曼评论说，科学管理"在公共行政的实践和政府研究中具有很大的影响……由于对科学管理和科学原则的信奉迅速扩展并使其流行的正统做法，公共行政和公共行政人员的影响达到了顶峰……科学管理在1910—1940 年期间一直对公共行政起着支配作用"①。

泰勒的科学管理理论，一方面，彻底改变了在此之前管理的非专业性和个性化特征，建立了专业化和普遍化的管理原则和方法，将个人经验和人格化的管理推向科学理性的、专业化的、普遍化的管理；另一方面，科学管理原理在追求"最佳工作方法"、管理标准化和程序化、管理权威和结构的建立以及强调等级控制等方面，其本身就是与理性官僚制相一致的。按照科学管理原理形成的层级式管理结构就是官僚制组织结构。

2.1.2　公共行政理论的建构

作为传统公共行政理论初创时期的代表人物，威尔逊、韦伯以及泰勒等人都从不同的侧面，在一定程度上，在各自的领域为传统公共行政理论的创立作出了巨大的贡献。但是，我们也应该看到，他们对传统公共行政的研究还不能说是全面的、系统的，他们各自所深入研究的领域，或者是政府管理的边缘，或者只是政府管理理论中的一个部分。他们的研究成果还只是为传统公共行政理论体系的最终形成框定范围、积累素材、提示方法和奠定基础。而真正对于传统公共行政理论体系的建构任务则主要是通过其后怀特的系统化公共行政理论、古利克和厄威克的科学化公共行政原则以及福莱特（Mary P. Follett）的动态化公共行政理论等环节逐步完成的。

1. 怀特的系统化公共行政理论

伦纳德·D·怀特坚信公共行政存在着一些具有普遍适用性的理论原则，他第一次将公共行政思想系统化、理论化，使之成为一门比较完整的学科体系。怀特认为，在范围广泛的行政事务和纷繁复杂的行政现象中，必须运用科学的方法来建立知识系统和理论原则，以便为政府及其公务员的公共行政和执法活动提供行为规范和理论指导。怀特对公共行政理论的系统化努力主要体现在其 1926 年所撰写的《公共行政研究导论》（*Introduction to the Study of Public Administration*）。这是世界上第一本公共行政教材，第一次对

① ［澳］欧文·E·休斯：《公共管理导论（第二版）》，40 页，北京，中国人民大学出版社，2001。

行政组织进行了系统、全面的阐述，为行政组织理论的发展提供了一个基本框架。该书前两章讨论了行政的范围、性质、行政学的由来以及行政与各个方面的关系问题；中间的主体部分，怀特用了15章的篇幅重点探讨了组织和人事两大内容；在最后4章中，怀特分别讨论了行政条例与规章和行政监督问题并对行政发展的趋势进行了展望。

综观这本公共行政的奠基之作，我们不难发现，怀特通过自己的努力将行政实践的理论总结和各种政府管理研究成果熔为一炉，他颇具特色地提出了建立公共行政理论体系的四个基本假定，他认为：第一，行政具有共性，“行政为单一之程序，无论何处所见到之重要特质，均大体相同”；第二，管理是公共行政的实践基础，“行政之研究应始自管理之基础，而不宜始自法律之依据”；第三，公共行政是科学，是实践的技术，即“行政在大体上，仍系一种技术，但于转变之为一科学之重要趋势上，极端重要”；第四，公共行政十分重要，“行政业已成为，且将继续为现代政府问题之中心”①。公共行政的目的就是追求经济和效率，这四个假定反映了怀特对公共行政的基本看法和基本研究方法，正是在这四个基本假定的基础上，他从公共行政的研究对象与范围、行政环境、行政组织、行政协调、人事行政、行政伦理、行政法规以及行政监督等诸方面对公共行政的基本理论框架进行了系统的建构。正是由于怀特在《公共行政研究导论》一书中完成了公共行政研究系统化这样一个历史性任务，公共行政才在他手中真正获得了作为一门独立学科的地位，该书被公认为世界上第一本公共行政教科书和公共行政正式诞生的标志，正因为怀特提出了公共行政理论框架使传统公共行政思想成为系统化、理论化的知识体系，他也因此被誉为公共行政的奠基人。

然而，应当指出的是，尽管怀特开创性地提出了一个系统化的公共行政理论框架，但他只是提供了公共行政这门新兴学科的概貌，只是完成了公共行政理论体系建构的第一步，而相对完整的公共行政理论体系则是通过古利克和厄威克的科学化公共行政原则以及福莱特的动态化公共行政理论等相关内容的充实而建构起来的。

2. 古利克和厄威克的科学化公共行政原则

伦纳德·D·怀特为公共行政的发展提供了一个系统化的理论框架；古利克和厄威克着重于具体公共行政问题的探讨，提出了公共行政原则，大大充实了公共行政学的理论体系。

卢瑟·古利克认为，行政可以被界定为一种价值中立的活动并因此可以成为科学分析的合法主题。他十分渴望将科学方法应用于行政问题，他相信，科学方法和科学精神同样可以应用于对人类行为的研究，就公共行政而言，古利克把科学方法视为“以能力取代无知、以专业人员取代非专业人员、以专家取代杂而不精者、以日益加剧的分化和专门化取代华而不实、以素有训练的行政人员取代训练无素的新手”② 的一种途径。在他看来，对行政进行科学研究的目的在于发现“行政原则”或永远不变的“行政规则”，通过提炼和简化，这些原则或规则可以用来解决实际的行政问题。古利克对行政原则的探究是结合其

① ［美］怀特：《行政学导论》，1～2页，北京，商务印书馆，1947。

② Luther Gulick，*The National Institute of Public Administration*（National Institute of Public Administration，1928），p. 52.

对行政组织结构改革的分析来进行的。古利克认为，行政改革应该有一套新的指导“原则”。美国政府最初所依据的原则源于对行政权力的反感和对代议制的渴望，而经验已经证明这些原则有缺陷。选举许多官员和经常进行选举，既没有产生好的政府也没有产生民主政府；权力制衡系统所导致的不是“更大的驱动力而是更多的制动器”；多头领导的机构使政府系统丧失了负责且有力的领导；而且不熟练的人已经证明了既不能处理好重要的行政事务也不能胜任重要的技术工作。为此，古利克强调，现在所需要的是一个既能够制定计划又能够执行民主政策的行政部门，他还提出了行政改革应该遵循 11 项指导原则。①

简言之，行政分支机构应该被整合并置于坚强有力的行政部门领导之下，这些坚强有力的行政部门拥有一个能够对整个工作过程实施有效监督的权威行政首长。古利克把行政机关所具有的职能总结为 POSDCORB 这个首字母缩略词，这个缩略词的字母代表行政机关的职能，即计划（planning）、组织（organizing）、人事（staffing）、指挥（directing）、协调（coordinating）、报告（reporting）和预算（budgeting）。在他看来，行政组织应该围绕着这些职能来建立，而且他认为，只有行政机关才应该履行这些职能。

厄威克基于古利克的上述观点对公共行政原则的系统化作了更具有普适性的归纳。厄威克一直致力于探求更为广泛的公共行政原则并使其获得公认，进而建立起专门的公共行政知识体系。他提出的对行政组织普遍适用的原则包括：第一，目标原则；第二，人员与组织结构相适应的原则；第三，一人管理原则；第四，专业参谋和一般参谋共存的原则；第五，授权原则；第六，责权相符原则；第七，明确性原则；第八，控制幅度原则，控制幅度是指每一个上级直接领导的下属的数目。厄威克认为，一个行政领导者直属的下级人员数量应有一定的限度，宜小不宜大。他在《行政的要素》一书中指出，每一个上级领导者直接领导的下级人员不应超过五人，至多不能超过六人，这是因为领导者所必须监督控制的不仅仅是每一个单一的下属人员，而且还包括各个下属人员之间复杂的相互关系是否协调。他说，如果下级人员的人数以算术级数增加，那么需要由上级领导者加以注意的下级人员之间相互关系的排列和组合则是以几何级数增加的。所以，行政领导者直接管辖和控制的下属人数不应超过一定的限度。

3. 福莱特的动态化公共行政理论

在福莱特之前的很长一个时期，公共行政主要关注的是组织结构、规章制度等所谓“正统”的公共行政研究，而对公共行政中人及其行为因素对行政效率所具有的影响缺乏必要的重视。福莱特在坚信一定有若干适用于公共行政各方面的基本原则的前提下发现政府行政官员都面临着诸如组织、领导、控制、权力、参与和冲突等这样一些问题，她从人的角度，运用心理学的研究方法对人的问题在公共行政中的重要性进行了探讨。福莱特是在科学管理理论和行为科学理论之间起着桥梁作用的美国管理学家。

福莱特是最早系统而深入研究公共行政中人的问题的学者。她认为，群体生活能使人产生出一种强烈的情感，因而人在群体中的思想和行动，无法再由自己控制。在经常和同伴联系的情况下，人将受群体影响的支配。由此，她指出，群体具有一种“额外价值”，

---

① Luther Gulick，Principles of Administration，*National Minicipal Review* 14，No. 7 (July 1925)：400.

具有一种生命，正是这种价值、这种生命才是社会人行为的真正的基础。福莱特还非常重视群体内人际关系的协调，她认为协调是管理的核心。为了做好协调工作，应该遵守“交互联系”的原则、直接接触的原则、早期进行的原则和连续过程的原则。福莱特对人的研究还反映在她对权威问题的看法上，她认为人都是很敏感的，只有在环境的逻辑和事实的需要下，才肯接受权威。然而，组织中上下级关系却并非经常建立在“需要”的基础上，因此很容易伤害人们的感情，为此，权威的运用应纯粹根据情境需要来进行，不能滥用。这就是她所谓的“情境规律”。福莱特还认为，所谓“最终权威”的说法是不正确的，因为每个人在自己的工作范围内都具有“最终权威”，而行政首长手中的最终权威，实际上是许多个小权力的综合。福莱特希望在权威问题上消除大小的意义，消除不必要的滥用，从而使群体、组织内部形成一种真正合作的精神。

其实，福莱特的兴趣主要集中在组织运作的一般问题上，其中最基本的两个问题是：你想让人们做的是什么？如何科学地对于人们的工作和社会交往给予控制和引导？为了回答这两个问题，她特别注意对包含在人际关系中的基本动机的分析，尤其是很注意对一个人在他本身所处组织群体中的种种反应作出分析。她的著作试图提供一种全新的公共行政观，其中，组织、权力和领导等问题都是从人的角度来对待的。她是首先意识到使用心理学工具的管理学家之一，尽管心理学在当时还是一门相当新的学科。在她看来，根本的问题在于使人和组织协调起来，管理者必须努力理解这些组织是怎样构成的，它们为什么和怎样结成一个有共同经验和目标的整体，以至于使组织的总目标成为组织所有成员的共同目标。其思想的基本点在于“伙伴关系”这一概念，她主张，在一个民主的社会里，管理的首要任务是创造一种环境和形势，使人们自愿地、主动地给予合作，这可以说是其理论贡献的核心内容，她的公共行政思想明显地呈现出一种动态性的特征。

然而，如同福莱特批评以前的所谓“正统”的公共行政理论因忽视了管理对象的心理方面而具有片面性一样，她自己在公共行政和一般管理方面的许多主张也同样遭到了各种各样的批评，但尽管如此，她对于公共行政理论所作出的贡献还是“创造性的、真正的先见之明”，她在冲突、整合、协调、控制、权威以及领导等方面提出的思想主张使人们不能不承认她在行政管理一般原则的许多方面所作出的有益探索，而且我们也不能不承认其思想和理论的核心是正确的、无可指责的。正如梅特卡夫和厄威克所评价的那样：“她提出的思想观念不仅超出了她所处的时代，也超过了现代思想家”[①]，她的研究为人们提供了一种动态的行政管理理论，为正统的公共行政理论和行为主义公共行政理论之间作了沟通，因而也有人将她视为这两种理论之间的过渡人物，视为在公共行政的“正统”时期与以行为主义行政理论为主要特征的批评和转变时期起着连接作用的桥梁。

2.1.3 公共行政理论的转型

公共行政研究发展到 20 世纪二三十年代被称为公共行政学的“正统时期”，这一时期的行政学者对公共行政学研究通常都持有某些共同的信念。到了 20 世纪 40 年代，这种正统的公共行政学便逐渐受到一些人的批评，其中对于传统公共行政理论向现代公共行政理

① H. C. Metcalf, L. F. Urwick, eds., *Dynamic Administration* (Pitman, 1941), p. 9.

论的转型最具有决定性影响的批评意见来自著名的公共行政学家赫伯特·A·西蒙和德怀特·沃尔多，史称“西沃之争”[①]。

1. 西蒙的批评与公共政策学派的出现

赫伯特·A·西蒙是西方管理决策学派的创始人之一，《行政行为：行政组织的决策过程研究》（*Administrative Behavior*：*A Study of Decision Making Processes in Administrative Organization*）是其主要代表作。

西蒙对传统行政学理论的批判主要是从所谓的“行政原则”和政治—行政二分法这两个方面进行的。自威尔逊提出要建立一门独立的行政科学起，许多公共行政学者都在致力于探寻和建立公共行政管理的一般原理或普遍原则，特别是到了 20 世纪二三十年代，公共行政学界普遍认为行政学是一门科学，从科学研究中可以引出一些行政原则，而且行政学家们曾提出一些至今仍为许多行政学者所提到的行政原则。例如，怀特就坚信公共行政管理存在着一些具有普遍适用性的理论原则，威洛比也曾明确地提到：“在行政管理方面，存在着某些与构成任何科学的原则相类似的、普遍适应的基本原则……”[②]，而厄威克则更为直接地指出：“正如存在着某些支配着建造桥梁的技术原则一样，也存在着某些支配着人们‘出于任何目的进行交往活动的原则’。”[③] 而且他还与古利克等人在著名的《行政科学论文集》中提出了行政管理的若干原则。西蒙认为传统行政学家所提出的每一条行政原则都可以找到另一条看来同样合理的原则，虽然这两条原则导致相反的意见，但是在理论上我们却不能指出哪一条原则是正确的，因此，这些原则如同一般的谚语一样，虽然它们相互矛盾，但是它们彼此却可以并行不悖，所以这些“行政原则”并非真正的科学原则，它们只能被称之为“行政谚语”。西蒙专门以人们常常谈到的“专业分工”、“统一指挥”、“控制幅度”和“根据目标、程序、服务对象、地点划分组织”四项原则为例作了具体阐释。传统的行政学研究方法既然只能得到谚语，而不能得出行政原则，因此在研究方法上就必须寻求新的途径，即只有提出新的研究方法才能建立真正的行政原则，这便是西蒙将传统的行政原则称之为行政谚语的真实含义所在。

西蒙对传统公共行政学另一方面的批判是与他所倡导的行为主义研究方法联系在一起的。在学术研究上严格区分事实与价值因素是现代行为主义社会科学家在研究方法上的基本主张，行为主义学派的社会科学家们在学术上所采取的价值中立态度即是以事实与价值的区分为基础的。在行政学研究中，西蒙更是以二者的区别为其方法论的出发点，这种区分本是关于整个学术研究的，但是它在西蒙的行政学方法理论中却有着特殊的意义，即与

---

① 沃尔多与西蒙在关于公共行政的本质方面进行了长达半个世纪的争论，对公共行政学的发展产生了重大的影响。两人的争论始于沃尔多在《美国政治科学评论》[1952 (1)] 上发表了一篇题为《民主行政理论的发展》的论文中的一个引注对西蒙的逻辑实证主义方法论的批评，西蒙在该期刊的下一期即对沃尔多的批判进行反击，从此掀起了长大半个世纪的“西沃之争”。两人围绕公共行政学的学科定位、研究方法和价值取向展开了激烈的争论，西蒙主张引入逻辑实证主义，重建一门更加精致、更有效率的行政科学。沃尔多注重将民主等规范价值引入公共行政中，强调公共行政学就是一种政治理论。这场争论一方面正式结束了公共行政学的古典时期，使得公共行政学面临可怕的身份危机；另一方面深刻影响了随后半个多世纪公共行政学的研究走向，其所争论的问题至今依然是公共行政理论与实践的中心问题。

② Jay M. Shafritz, Albert C. Hyde, *Classics of Public Administration*, The Dorsey Press, 1987, p. 181.

③ Ibid., p. 181.

他所提出政治（政策）与行政的区分具有密切的关系。

早期公共行政学家自威尔逊起都认为政治与行政可以明确区分开，政治是决定应该做什么，即决定政策。西蒙则放弃了这种严格区分的主张，他认为，从决策与执行的观点来区分政治与行政并不妥当，因为行政也必须作决策。在他看来，传统行政学的讨论都只注意“执行”，即“行动”或“做”，而不注意行动或做之前的“决策”。因此，公共行政理论必须同时包括如何有效地做的原则与如何正确地做决策的原则，而且从政府行政机关的实际情况来看，政治（决定政策）与行政（执行政策）也是互相关联而无法严格区分开的。西蒙是从价值与事实之区分的观点来看待政策问题与行政问题的区别的。在他看来，关于判断价值问题与事实问题正确与否的标准是不同的，前者是基于人的主观价值，而后者则是基于客观的、实证的真实性。西蒙认为政策问题与行政问题的区分与价值—事实的区分有着密切的关系。政策问题与行政问题都包括价值与事实这两种因素，但是，就政策问题而言，价值因素在其中占有重要地位，衡量决策正确与否的标准主要取决于立法人员的主观价值；而对于行政问题来说，事实因素则在其中占据着重要的地位，所涉及的价值问题主要是反映社会价值，所以衡量其决策正确与否的标准主要在于客观、实证的真实性。西蒙的这种政策（政治）与行政区分说，其目的并不在于作为立法机关与行政机关职权的区分准则，而是在于区分政策问题与行政问题的性质，从而确定行政学或行政行为的研究对象。

正是基于对传统公共行政在上述两个方面的问题所提出的批评，西蒙试图从行为主义出发，以“决策”为基本概念提出一组概念工具，研究公共行政问题，构建一个全新的公共行政理论体系。寻求新的概念工具是行为主义学派社会科学家的普遍主张，应用新的概念从事实际研究是行为主义学派的学者与传统学者在方法论上的显著差异之一。西蒙认为：“在一门科学能够创立原则之前，首先必须具备某些概念。……因此，公共行政理论的首要任务就是要建立一系列能够从理论角度描述行政问题的概念。”① 在他看来，传统公共行政“对公共行政的描述患有肤浅、过分简单和不现实的毛病”②，“在这个研究领域里，我们至今还没有充分恰当的语汇和概念方面的工具，当然也就谈不上用它们来现实而深刻地刻画行政组织，哪怕是简单的行政组织。……在我们得以建立任何永恒的行政‘原则’之前，我们首先要能够在文字描述上精确地说明行政组织的面貌和运转状况”③。为此，他选定“决策”作为基本的概念框架来研究公共行政，他认为，决策活动是行政活动的典型活动，行政组织目标的实现程度取决于管理者对其下属决策的影响程度，对一个组织状况科学且恰当的描述应该是对组织中每一个人做什么决策以及做决策受到何种影响的描述，决定行政效率高低的最简单办法是看行政组织中每一个人决策的理性程度，行政程序就是决策程序，就是划分组织中每一个人应做哪一部分决策的程序。

西蒙对传统公共行政的批判和对科学研究新方法的探究主要体现在其著名的《行政行

---

① Herbert A. Simon, *Administrative Behavior: A Study of Decision-making Processes in Administrative Organization*, Macmillan Co., 1957, p. 37.

② Jay M. Shafritz, Albert C. Hyde, *Classics of Public Administration*, The Dorsey Press, 1987, p. 175.

③ Herbert A. Simon, *Administrative Behavior: A Study of Decision-making Processes in Administrative Organization*, Macmillan Co., 1957, pp. XIV-XVI.

为——行政组织决策过程的研究》一书中，美国著名行政学家德怀特·沃尔多认为该书“代表着与行为主义相关联的观点和方法对公共行政所做的直接而强有力的冲击”①，西蒙在该书中不仅广泛引用了心理学、社会学等其他学科的研究成果，开拓了公共行政研究的新视野，使公共行政研究由狭隘的单一学科的概念框架迈向了跨学科研究的科际整合之路，而且为后来研究行政现象的学者们提供了一个非常重要的研究途径，即决策研究方法。他使学者们对行政组织的研究焦点由对制度、法制、结构等静态层面的研究转变到对决策过程的动态研究。自从西蒙提出决策研究途径以来，公共行政学界已日渐正视决策的重要性，甚至有人主张用“公共政策”来取代“公共行政”，这种以公共政策为主导的公共行政研究潮流已经成为 20 世纪 70 年代公共行政的主流，以至于后来衍生出公共政策这个新的学科，使公共政策成为公共部门研究的一个途径。

2. 沃尔多的批评与新公共行政学的勃兴

德怀特·沃尔多是自 20 世纪 40 年代以来一直活跃在西方公共行政学舞台上的另一位极具影响力的行政学家，《行政国家》（*The Administrative State*）是其主要代表作。他对传统公共行政的批判主要是从以下三个方面进行的：

第一，沃尔多认为，传统公共行政的政治—行政二分法，无论是作为一种对现实的描述，还是作为一种对行政行为的规定，都是不恰当的。在他看来，这种二分法的目的是试图通过使民选官员负责制定政策而行政人员只是去执行政策来解决官僚制与民主制之间的冲突，于是，民主制本身则被解释为有效地关注公众的需要。但沃尔多认为，传统的公共行政实际上并不符合民主制的理想，尽管民主被视为合乎需要，但它并不是行政所关注的中心问题而且它也不赞同效率核心原则。传统的行政管理运动反对“离心的民主”并且试图通过提出政治与行政的分离和依靠所谓的“集权教条”与“整合原则”作为解决效率问题的方法来实施它自己的“向心的民主”。

政治—行政二分法还有一个目的，那就是试图解决价值问题。它认为政治体系要确立价值观并为行政设定目标。沃尔多认为这种观点并不坦率，因为它忽视了行政学应该包括更多复杂现象的愿望，结果公共行政就有“窜犯政策或政治领域”② 的危险。在沃尔多看来，传统行政学家所提出的现实问题并不是政治与行政是否应该分离的问题，而是行政应将其决定价值观和政策的功能扩大到何种程度的问题，然而，传统公共行政学家并没能为这个问题提供合适的答案。而沃尔多自己的观点是应该鼓励行政权力和政治权力之间的合作而不是被分离权力之间的对抗。在这个问题上，沃尔多试图用某种新的观点取代政治—行政二分法。在他看来，政治与行政不是可以分离的领域，而是相关的领域甚或就是一个统一的领域。沃尔多并没有自命可以解决将政治与行政联系起来的问题，他实际上是表明朝着一种专业观点发展可能是有益的。他认为，这种专业观点应该承认公共行政可以被描述为一套连锁的价值观，而不是一种僵化的范式或教条，因此它也应该来源于各个方面的思想和方法；这种专业观点应该有一种取自民主价值观的道德成分；而且，这

① ［美］德怀特·沃尔多：《公共行政学》，见［美］斯蒂尔曼：《公共行政学》，上册，21 页。

② Dwight Waldo, *The Administrative State: A Study of the Political Theory of American Public Administration*, Ronald Press, 1948, p. 51.

种专业观点应该将经济理性、政治理性以及社会理性的概念同正在发挥重要作用的“公共利益”概念结合起来，以免公共行政失去其道德意味并进而退化为纯粹的“政府行政”。

第二，沃尔多也批评了传统公共行政的组织范式。他不仅批评了传统组织理论的理性主义倾向，而且还指出传统行政学过分地强调了组织之间的共性或所谓的原则。就寻求共性而言，沃尔多认为，传统的组织理论忽视了作为“行政实质”的具体性。在他看来，建立组织的目的不应是符合一般的原则，而应是能够解决问题，组织实际上所采取的形式和过程应该适合它所面对的具体情境。沃尔多断言，传统组织理论所规定的一般组织形式和组织过程很难适应具体情境或不断变化的环境。他还认为，传统的组织原则所依据的是一种将“客观事物自然秩序”的科学描述性概念同道德必然性概念结合在一起的规律概念。他说，即使传统的组织“原则”是以经验观察为基础并且能够告诉我们客观存在的事物，那也未必就能够规定事物应有的存在方式。另外，沃尔多声称传统公共行政忽视了组织的非理性的方面和非正式的方面，韦伯的官僚制组织就是如此。在他看来，韦伯过分地强调了官僚制组织的功能方面，忽视了组织的非正式方面和社会情感方面，并且把高于知识的职位奉为等级权威的基础。

第三，沃尔多还反对传统公共行政学家过于重视效率的做法。在他看来，这种做法的最初目的是想要取代一种说教式的公共行政研究。不过，沃尔多认为效率概念本身就充满着道德含义，因为对“技术效率”的追求可以转变为对“社会效率”的追求。沃尔多还认为尽管效率本身不是价值，但是效率只有在自觉持有的价值观念框架内才是有用的概念。就是说，我们必须考虑效率的对象，因为我们不能假定有效地达到“任何”目的都是合乎需要的。

沃尔多对传统公共行政的批判，是击中了要害的，它较为准确地指出了传统公共行政理论的主要缺陷，成为新公共行政学研究的先导。

“新公共行政学”是一批青年行政学者对传统行政学提出挑战而形成的“新”理论，是相对于“传统公共行政”而言的，它是西方公共行政学界为了回应20世纪60年代末70年代初以美国为代表的西方国家连续出现的一系列社会、经济与政治危机和此起彼伏的政府改革呼声，特别是传统公共行政理论面临的严峻挑战而形成的一个运用全新的研究方法并且强调以公共行政的“公共”部分为研究重心的公共行政理论流派，乔治·弗雷德里克森是最主要的代表。与传统公共行政理论不同，新公共行政学不仅认为公共行政应当以经济的、有效的方式为社会提供高质量的服务，而且更强调把社会公平作为公共行政所追求的目标。它包括以下基本内容：

（1）对传统公共行政“效率至上”观的反思和批判。

新公共行政学主张公共行政不仅仅是执行政策的工具，而且还是对广大民众生活的各个方面都具有决定性影响的重要因素，它担负着广泛的社会责任。反观传统公共行政理论将效率当做基本价值，强调非人性化和客观化的所谓理性效率，促使组织对人与人之间的互动采取机械性的控制，个人只是惯性地服从并且专注于生产或工作过程，人与人之间变成了工具般地相互操纵，以追求有效率地完成组织目标；而个人则失去了自我反思和自我了解的意识，缺乏创造精神和人格的健康发展，甚至造成组织成员与服务对象之间的疏远和隔离，进而失去了组织应该表现出的社会价值和责任。鉴于传统公共行政理论“效率至上”原则固有的缺陷，新公共行政学采取解释学和批判理论的模式进行研究，以期超越传统公共行政学的所谓“理性模式”，它主张公共行政组织通过“了解”和理想情境的沟通对话来促使公共行政与其服务对象——人民产生诚挚的互动，以通过增加其对广大人民的需求作出积极反应来抵消传统公共行政理论下的无效率观，引导社会价值，进而实现公共行政的民主政治责任与义务。也就是说，与传统公共行政理论不同，新公共行政学强调建立规范价值，关注人民需要，提高社会性效率，以改善人类的生活，实现行政管理工作的最终目标。

（2）对社会公平价值观的提倡。

在传统公共行政理论的视野中，经济特别是效率无可置疑地是公共行政的出发点和终极目标。而新公共行政理论家则认为，实现以较少的投入换取较大的产出即经济和效率目标固然是公共行政的价值追求和目标之一，但绝不是其核心价值，更不是唯一的价值准则和终极目标。传统的公共行政机关在执行立法和提出计划时，常常以牺牲社会的平等来强调效率和节约，与其说它照顾一般利益，倒不如说它照顾特殊利益，它以献身于争取公众福利和民众的面貌出现，但实际上却反其道而行之。而新公共行政理论则强调，公共行政的核心价值在于社会公平，在于促进公民社会所拥有的、以社会公平为核心的基本价值。对于“社会公平”的含义，新公共行政学作了更为具体的解释，并且将其视为公共行政的“公共目的”，正如弗雷德里克森所言：“社会公平包含着对包括组织设计和管理形态在内的一系列价值取向的选择。社会公平强调政府提供服务的平等性；社会公平强调公共行政者在决策和组织推行过程中的责任与义务；社会公平强调公共行政的变革；社会公平强调对公众要求做出积极的回应而不是以追求行政组织自身需要满足为目的。……总之，倡导公共行政的社会公平是要推动政治权力以及经济福利转向社会中那些缺乏政治、经济资源支持，处于劣势境地的人们。”① 这种新公共行政理论体系将使为全社会，尤其是为社会的最少受惠者提供公平的公共服务这个“社会公平”价值全面运用到公共行政的理论与实践中。

（3）对传统政治—行政二分法的突破。

传统公共行政的产生是建立在对政治—行政二分法的基本假设之上的，政治—行政二分法观念使行政学研究局限在一个非常狭窄的领域内，尤其把研究焦点放在行政机关预算、人事、组织以及大量其他的所谓“中性”问题上，相反却很少重视与社会、政治密切相关的政策制定与政策分析等问题的研究，致使公共行政游离于社会政治现实之外，远远不能满足解决社会问题、处理社会危机的需要。

新公共行政学致力于突破传统公共行政的思维框架，认为：第一，政治—行政分离只是一种理论虚构，而在现实的政治与行政运行中行政体系游离于政策制定之外的状况根本不存在。事实已经证明，传统的政治—行政二分法在现实的政治生活中是行不通的，因为具体的政策方案往往都是由行政机构及其行政人员制定并通过行政机关人力、物力、财力规划得以落实或实施的。而这个过程本身无疑就是一种对各种权力、价值、利益进行交换或分配的过程，亦即一种政治决策的过程。在民主社会中，对行政人员决策地位的认识应

① H. G. Frederickson，*New Public Administration*，The University of Alabama Press，1980，pp. 6–7.

该采取积极的态度，这样有助于提高行政机关及其行政人员的自觉意识，即除在执行政策中尽职尽责外，更应以主动的态度设计政策议程，并且善于运用裁量权来发展公共政策，使政策能够更加有效地解决社会问题。第二，公共行政的研究应适应现代社会的要求，跳出研究行政程序的狭窄圈子，用更加广阔的视野、开放的行政系统观念来研究行政组织运作中遇到的社会问题，尤其是动荡不安时期的相关问题。由于公共政策的形成过程也就是行政组织与相关问题发生联系的过程，因此，新公共行政学将当今与未来公共行政发展的焦点主要定位于如何发展公共政策上。在促进公共利益、建构民主行政的目标下，公共政策与行政组织的演进、公共政策的制定、公共政策的分析与评估以及公共政策的执行等一系列问题便成为当代公共行政的热门课题，从而引起了政策研究的热潮。

（4）对动态、开放组织观的强调。

与传统公共行政注重研究行政组织本身，特别是研究政府内部的组织与管理不同，新公共行政学把政府的内部行政管理置于次要地位，它运用行政生态学的广阔视角去认识组织的运作和对行政现象的分解。他们认为，公共行政组织中存在着分配过程、整合过程、边际交换过程和社会情感过程这四种基本的运作过程。正是基于上述对公共行政组织运作过程的动态、开放的认识，新公共行政学认为，当代公共行政发展的动力来源于对行政组织进行变革的需要，因为：第一，公共行政组织是承担各种公共服务的具体提供者，显然，公共行政组织结构和功能状况与公共服务的质量密切相关；第二，由于传统组织理论所强调的官僚层级制体系与制度规范仍在公共行政组织建设中起着重要作用，因而，公共行政组织的结构趋于呆板、僵化，与激变的社会环境形成巨大反差，使公共行政组织无法对所发生的社会变化作出迅速而有效的反应；第三，现有公共行政组织将自身利益扩张看成组织发展目标，忽视其服务对象——公众的需要，强调组织效率，忽视公民平等自由的权利，尤以忽视缺乏政治、经济资源支持的最少受惠者权利为甚，这使公共行政组织运行偏离了航道，违背了民主政治的基本准则。

可见，公共行政组织的改革势在必行，而公共行政组织变革正是当代公共行政发展的核心内容。为此，新公共行政学提出了公共行政组织设计方案应该基于的两个目标：第一，顾客导向的组织形态，即将公众（接受公共服务的顾客）的需求作为组织存在和发展的前提；第二，应变灵活的组织形态，即加大组织结构的弹性，以便能够对外界的刺激作出迅速的反应，在新公共行政学派看来，这种“回应”能力是评价现代政府组织结构与功能的重要指标。

综观新公共行政学的基本内容和学术主张，我们不难发现它不论是在理论研究还是在行政实践方面均对后来公共管理理论的发展作出了重要的贡献，它不仅在研究方法上另辟蹊径，使公共行政的面貌焕然一新，而且它基于社会公平原则所提出的诸如减少层级节制、分权、参与、民主行政、对社会民众的需求作出积极回应以及面对面的沟通等观念和主张，从公共服务的平等分配、公务员权利的解放、利益与价值代表的多元化、参与观念的增强、内省伦理道德意识的建立以及人事行政的分权化等方面，均对当代西方国家政府及其公共行政产生了重大影响，促使许多国家的政府在参与性、分权化以及变通性等方面进行了一系列行政管理体制的改革，进而推动了“新公共管理运动”的兴起和新公共管理理论的诞生。

2.2　现代公共管理理论的发展

任何具有生命力和鲜明时代特色的理论，都是对其所处时代重大社会实践的总结及其对实践问题和要求的回应。一个时期的实践呼唤着这个时期的理论；一个时期的实践主题，也就决定了这个时期的理论主题。在 20 世纪 70 年代后期，为适应社会和科学技术发展的要求，公共管理界出现了诸如公共治理、公共选择、管理主义、新联邦主义、新合作主义、后官僚主义、新平民主义等新的思潮和流派。就这些思潮在实践中的影响而言，公共选择理论、新公共管理理论、公共治理理论和新公共服务理论，无疑是现代公共管理的主导理论。

2.2.1　公共选择理论

1. 经济人的人性假设与公共选择

公共选择理论既是一个独立的学术领域，又可以被视为公共管理中的一个思潮或学派，是以“自利”为出发点来解释人类的行为。其分析的出发点是：人是理性的自利主义者。一方面，任何个人，不论他是购买商品的消费者，还是提供商品的生产者，或者是某一政治团体的领袖，他的行为动机都是自利的，时刻关注的是自身的利益；另一方面，在行动上，他又是理性的，能够最充分地利用他所能得到的、最大化自身的利益。这种理性的自利主义者就是我们在这里所说的经济人。如果说市场经济通过私人选择达到帕累托最优，那么政治就是通过公共选择来达到这一目的。公共选择就是运用经济学的分析方法来分析集体行动，也即非市场的决策。公共选择学派突出的贡献就是将政治与市场放在同一历史的大视角来分析问题，认为社会在本质上是一种选择过程，个人在经济市场上进行私人选择，个人同样在政治市场上进行公共选择。因此，公共选择被解释为“对非市场决策的经济学研究”①。作为公共管理中的一个思潮或流派，公共选择的特点是用经济学方法来研究政府公共管理活动及各个领域公共政策的制定和执行，因此它又被称为“官僚经济学”②。

2. 政府规模扩张与公共选择

政府规模扩张是一个历史的过程，随着人类文明程度的不断提高，政府的规模也越来越大，政府所管理的事情也越来越多。现在，政府所及范围已经远超出了亚当·斯密所说的三项职能。对于政府规模扩张的成因，西方的学者从不同的角度进行了阐述。

（1）瓦格纳、皮考克和维斯曼以及马斯格雷夫和罗斯托的解释。

德国经济学家瓦格纳在考察了当时几个先进的工业国家公共支出后，总结出“政府活动扩张法则”。他认为政府扩张有三个方面的原因：一是随着社会的发展，为了保证市场机

---

① 把公共选择作为独立领域进行研究的突出研究成果，主要代表有：［美］丹尼斯·C·缪勒：《公共选择》，北京，商务印书馆，1992；汪翔、钱南：《公共选择理论导论》，上海，上海人民出版社，1993；华民：《公共经济学教程》，上海，复旦大学出版社，1996。

② 美国学者戈伦别夫斯基把公共选择作为公共管理的一个流派，并从这个角度提出了公共选择的基本观点。参见 R. Golembiewski，*Public Administration as a Developing Discipline*，New York：Marcel Dekker，1977。

制发挥作用所必需的社会“环境条件”，完善法律规章以及维护社会秩序的要求也将随同递增。二是随着社会的发展，政府从事物质生产的经济活动越来越多，随着劳动生产率的提高，规模较大的企业较之规模较小的私营企业更具优势，这一发展促进了政府对生产领域的介入。三是随着社会的发展，社会对公共物品或劳务需求随之增加，而这些活动只有通过政府来提供才能最经济，所以诸如交通、银行、教育、卫生保健、经济社会发展的有关公共基础设施以及社会安全公共服务等项目都将纳入政府职能的范围，这必然增加政府的支出和政府活动的范围。英国学者皮考克和维斯曼用英国1890—1955年公共支出的资料对瓦格纳的“法则”进行了验证，结论认为瓦格纳的法则在现代经济条件下仍然是有效的。①

马斯格雷夫和罗斯托则从经济发展阶段的角度分析了政府支出和政府职能扩张的原因。他们认为，在现代化启动的早期阶段，为了给经济和社会发展提供必需的社会基础设施，政府投资往往要在社会总投资中占有较大的比重，这些投资和政府职能的扩张对现代化启动的国家来说是必不可少的条件。当进入经济发展的中期阶段以后，虽然民间投资可以补充或部分替代政府的投资，但是由于市场的失灵，政府的职能逐步转入对经济的干预而扩展，干预要以公共支出的增加为前提，因此政府支出和职能的扩张随着这一结构性的转变而进一步增长；经济发展由中期进入成熟阶段，政府职能也转向以教育、保健和社会福利为主的公共服务和支出，这些通过福利再分配的政策性支出和公共服务会大大超过其他基础上的公共支出的增长，这将促使政府职能的结构性扩展。

（2）帕金森定律。

帕金森定律揭示了政府机构不断膨胀的两大动力：“一是官员想要增加的是下属而不是对手；二是官员们相互之间制造工作”②。从官僚体制来看，官僚机构具有高度的垄断性，缺乏竞争鼓励浪费与低效。同时，官僚机构有高度分化与专业化的趋势，一方面使组织更加庞大，另一方面协调组织内个人和分支部门的困难和代价加大，官僚机构的交易成本提高。用数学公式说明帕金森定律为：在任何一个实际上处于和平时期的行政部门中，可以预料其工作人员将按照下列公式增加：

$$X=\frac{2K^m+L}{N}$$

式中，K是通过任命下属谋求晋升的工作人员数；L代表任职年龄和退休年龄之间的差异；m是用于答复部门内部的各种文件的人数；N是所辖的实际单位数；X是每年所需要的新的工作人员数。因此，帕金森定律得出了不管政府机构的工作量是否增加，其工作人员和工作机构的数量总会按几何级数增长的结论。

（3）公共选择。

公共选择理论为政府规模及其增长提供了另外一种分析路径。正如缪勒所说，“作为政治体制的经济分析，公共选择似乎天生就是回答这些问题的工具”③。公共选择运用种种

① 参见王传纶、高培勇：《当代西方财政经济理论》（上），127～129页，北京，商务印书馆，1995。

② ［美］C·诺斯科特·帕金森：《帕金森定律与上升的金字塔》，见彭和平等编译：《国外公共行政理论精选》，200页，北京，中共中央党校出版社，1997。

③ ［美］丹尼斯·C·缪勒：《公共选择理论》，388页，北京，中国社会科学出版社，1999。

经济学的理论、模型和方法对公共行政面临的困境及其原因作了诊断与分析。

第一，政府机构的关键性特征之一是其产出的非市场性质。允许一个机构对特定服务的提供进行垄断的通常理由是为了避免浪费性的重复生产，但其结果是使这些机构免除了竞争压力而变得没有效率；第二，政府机构产出的质和量难以测定和量度，加上在垄断服务的同时垄断了信息，公众和民意机关难以对它们的工作效率实施有效的监督和控制；第三，公共机构内部的规章制度严格而又死板，缺乏有效的激励机制，从而在公务员内部形成了逃避风险、不事创新、不求有功但求无过的普遍心态，使公共机构失去追求效率的内在动力；第四，由于历史原因和技术上的困难，政府预算未能和效率联系起来，于是产生了预算的误导作用：机构负责人视工作绩效为维持扩大本部门预算的能力，提高效率节省开支只能导致下一年度预算额的削减，其净效应只能是政府规模的巨大扩张；第五，理想的官僚已不复存在。个人主义、利己主义、在追求公共效用时至少部分地追求个人效用的最大化，已成了公务人员的普遍特征。

公共选择在分析了政府面临的问题及其原因的基础上，进一步提出了解决问题的出路。公共选择关注的中心是政府与社会的关系，它认为没有任何逻辑理由证明公共服务必须由政府官僚机构来提供。既然政府内部问题重重而且历次改革收效甚微，那么最好的出路是打破政府的垄断地位，建立公私机构之间的竞争，从而使公众得到自由选择的机会。公共选择理论提出解决问题的主张包括：

第一，组织类型的理性选择，私人企业、非营利性公共机构、半独立性公共公司和政府官僚机构等各种类型的组织都可以提供公共服务。但特定情况下对特定的服务来说，某一类组织会比其他组织干得更好，由此产生了组织类型的理性选择问题。过去的错误在于对官僚组织的过分依赖，尽管没有证据表明它在效率和服务质量方面比其他类型组织更胜一筹。

第二，市场机制与个人选择。市场机制主要是竞争机制——公私组织之间，公共组织之间的充分竞争。这种竞争给公众提供了“用脚投票”（即自由选择服务机构）的机会。公众由此获得了市场权力，就像顾客通过对产品的选择决定企业命运一样，公众对服务机构的选择可以决定单个公共机构的存亡。这必然迫使公共机构竭力改善服务以赢得更多的“顾客”。

第三，分权化。分权化并非公共选择学派首创，但公共选择的分权主张有其特色：分权可以达到“权威分割”（fragmentation of authority）的程度，而且应允许不同组织之间在职能和管辖区域上的重叠交叉。这样，公众才有自由选择的可能。

第四，公共服务组织小规模化。规模小，数量才能多；数量多，选择才会更为便利。小到什么程度，公共选择提出了四条标准：便于控制、利于提高效率、政治代表性、地方自治。

第五，自由化。自由化的主要表现就是放松规制——包括放松对市场和社会的规制。

公共选择理论为西方国家行政改革提供了重要的理论指导。西方国家行政改革过程中推行的以市场化为取向的改革、重新定位政府职能的改革、放松对市场和社会规制的改革等，都充分体现了“市场价值的重新发现和利用”这一公共选择的核心理论观点。[①] 同时，

---

① 参见周志忍：《当代国外行政改革比较研究》，24 页，北京，国家行政学院出版社，1999。

公共选择理论对于中国社会主义市场经济条件下以确定政府职能及其行为方式、促进政府职能转变、完善公共管理体制为主要内容的行政改革，也具有较大的借鉴意义。

2.2.2 新公共管理理论

有人将公共管理与新公共管理视为同义词，并且经常交互使用这两个语词，这实际上是一个误解。新公共管理理论只是现代公共管理理论的一部分，而不是其全部。"新公共管理"（new public management，NPM）最初在很大程度上是一种欧洲的现象，其起源可以追溯到追求行政现代化的改革实践中"管理主义"[①] 对韦伯官僚制理论的持续争论。在争论中，管理至上学说占据优势，它从管理学的角度批判官僚主义，推崇私营机构的管理技术，认为分权、放松规制、委托等是医治公共管理机制僵化痼疾的组织原则。[②] 以此为指导的改善公共管理的实践尝试逐渐形成一种相对一致的流派，即"新公共管理"，它成为指导欧洲各国行政改革的主要理论。

新公共管理的名称，如"管理主义"、"企业化政府"、"后官僚体制模式"、"以市场为导向的公共行政"等。它是"管理主义"或"新管理主义"运用于公共部门的结晶，是公共管理的"一场革命"，是一个多维度的宽泛概念，它表明了作为公共管理之传统理论形态的公共行政理论正在普遍化为一般管理哲学的理论倾向。[③] 正如台湾学者丘昌泰所评价的那样，"从早期的公共行政到今天的公共管理，其主轴的变化都是环绕着政府与市场角色的转变与调整。公共行政典范强调'政府万能'、强调'公共性'——公共部门即使本身失灵也仍然可以拯救市场失灵，所谓'不可治理性'（ungovernability）往往成为公共部门推卸责任的借口；公共管理典范主张'政府有限'必须以市场解救政府失灵的现象，私营部门的管理策略可以适用于公共部门，以形成一个企业化政府"[④]。新公共管理理论认为，私营部门的管理实践和技术可以用于公共部门，公私管理之间的区别是一种假象，

① 所谓"管理主义"（managerialism），它是工商企业管理领域长期流行的一套管理哲学，它主要包含如下几点核心观念：第一，社会进程的主要途径在于经济学家意义上的生产力的持续增长；第二，这种生产力能力的增长以"管理"功能对劳动力要素和复杂的信息技术、组织技术、物质形态商品的生产技术的有效组织为前提；第三，管理是一项重要的、分离的和特殊的组织功能，在诸如计划、执行和衡量生产力的实质进展方面发挥关键作用，商业的成功越来越依赖于高素质和职业化的管理者；第四，为履行"关键作用"，管理者必须拥有合理的"管理权限"。"管理主义"的信条就是"让管理者来管理"，这是良好管理的基本准则。良好的管理可以消除繁文缛节，为人员提供高度的激励动机，使机构运作良好，有助于认清和消除浪费，有助于清楚表明资金的花费去向，将资源集中于最有效的领域，为国家复兴提供钥匙。管理主义认为，良好的管理可以通过引进私营部门中的良好商业实践在公共部门中实现。20世纪80年代以来，管理主义与公共选择理论、交易成本经济学、委托—代理理论相联姻，构成了"新管理主义"（neo-managerialism），其标准范本就是新公共管理理论。参见 Christopher Pollitt，*Managerialism and the Public Service*：*The Anglo American Experience*，Basic Blackwell，1990，p. 7。转引自 Larry D. Terry，Administrative Leadership，Neo-managerialism，and the Public Management Movement，*Public Administration Review*，May/Jun 1998，Vol. 58，pp. 194-200。同时参见 Donald F. Kettl，The Global Revolution in Public Management：Driving themes，Missing Links，*Journal of Policy Analysis and Management*，1997，16（3）：pp. 446-462。

② 参见国家行政学院国际合作交流部编译：《西方国家行政改革述评》，142页，北京，国家行政学院出版社，1998。

③ Christpher Hood，Public Administration：Lost an Empire，Not yet Found a Role，in A. Leftwich（ed.），*New Developments in Political Science*：*An International Review of Achievement and Prospects*，Hants：Edward Elgar，1990，p. 113.

④ 转引自周志忍：《当代国外行政改革比较研究》，25页。

"管理就是管理"①。

因此，新公共管理理论与公共选择理论一样，都尊崇市场力量、市场作用、市场机制。所不同的是，公共选择关注的焦点是政府与市场和社会的关系，主张减少政府干预，充分发挥市场的力量解决政府面临的困境；新公共管理关注的重点仍然是政府公共部门内部，主张通过引进市场机制来完善政府公共组织。这二者的不同，反映了当代行政改革中存在的两种发展趋势：一是物质私有化（material privatization）——行动责任从国家向市场的转移；二是内部理性化（internal rationalization）——提高公共管理活动的经济效率。"尽管新公共管理也主张政府活动向外部转移，如合同出租等，但它更关注的是公共部门的内部理性化。"②

关于新公共管理的概括和描述，具有代表性的观点主要有：

波利特（C. Pollitt）在《管理主义和公共服务：盎格鲁和美国的经验》一书中认为，"新公共管理"主要由 20 世纪初发展起来的古典泰勒主义的管理原则所构成，即强调商业管理的理论、方法、技术及模式在公共管理中的应用。③

胡德将"新公共管理"看做一种以强调明确的责任制、产出导向和绩效评估，以准独立的行政单位为主的分权结构，采用私营部门管理、技术、工具和引入市场机制以改善竞争为特征的公共部门管理新途径。为此，他将新公共管理的内涵及特征概括为：（1）向职业化管理的转变；（2）标准与绩效测量；（3）产出控制；（4）单位的分散化；（5）竞争；（6）私营部门管理的风格；（7）纪律与节约。④

哈伯德（M. Hubbard）将新公共管理归纳为十大方面：（1）主管的战略角色和战略管理实践的强化；（2）从行政到管理的重点转移，即从执行规则到实现既定目标的转移；（3）人事权由中央人事部门向部门主管的转移，限制工会的权力，打破统一的工资结构；（4）政策制定和执行的分离，即核心部门集中于战略管理和计划，设立独立执行机构来执行政策；（5）绩效工资制；（6）改善财务管理，强化财务控制；（7）以组织规划和评估的形式，把执行机构的运作与其目标更密切地联系起来；（8）加强对运作状况的评估；（9）追求高质量和高标准的顾客服务；（10）改变传统的组织文化，建立新的"心理契约"。⑤

奥斯本（David Osborne）、盖布勒（Ted Gaebler）在《改革政府——企业精神如何改革着公营部门》一书中，全面阐述了企业家政府理论。企业家政府理论是强调运用企业家精神来对政府进行重新塑造的公共管理理论。奥斯本和盖布勒对企业化政府的论述，构成了 1993 年开始的美国重塑政府改革的理论基础，成为了新公共管理理论的精髓。克林顿总统对该书给予了很高的评价："美国每一位在任官员应该阅读本书，我们要使政府在 90 年代充满新的活力，就必须对政府进行改革。该书给我们提供了改革的蓝图。"⑥ 尽管企业

---

① Guy B. Peters, *The Future of Governing: Four Emerging Models*, University Press of Kansas, 1996, p. 28.

② 周志忍：《当代国外行政改革比较研究》，26 页。

③ C. Pollitt, *Management and Public Service: The Anglo-American Experience*, Oxford: Basic Blackwell, 1990, p. 126.

④ Christpher Hood, A Public Management for All Season, *Public Administration*, 69 (Spring), 1991, pp. 3-19.

⑤ 周志忍：《当代国外行政改革比较研究》，28～29 页。

⑥ ［美］戴维·奥斯本、特德·盖布勒：《改革政府——企业精神如何改革着公营部门》，封底说明，上海，上海译文出版社，1996。

家政府理论的批评者在某些问题上存在着不同的认识乃至误解[①]，但批评者们从不同的侧面揭示了包括企业家政府理论在内的新公共管理理论的局限性，他们的这些批评意见对于现代公共管理理论的进一步完善和发展无疑具有极为重要的促进作用，新公共服务理论正是在对新公共管理理论的种种批评声中催生的。《改革政府——企业精神如何改革着公营部门》一问世便因其本身所具有的价值在西方国家，尤其是在它的发源地美国产生了重大影响。

当然，新公共管理理论在其风靡欧美等西方国家之时也遭到了来自多方面的质疑，尤其是，有不少学者对作为其思想精髓的企业家政府理论提出了尖锐的批评。例如，美国学者哈伯尔和格林就批评说，企业家政府模式引用法国经济学家萨伊对企业家概念的定义并试图将这一定义简单地推广为任何人、任何公务员或公共组织可以仿效的行为准则，这是对美国政府及其治理模式的极大偏离，这些偏离将会引起涉及诸如“三权分立”体制中的制度关系、法治、制度稳定与整合、分配效应以及富有活力的政治社群的维持等传统政治问题。[②] 相比之下，另一位著名行政学家古德塞尔对企业家政府理论的抨击则更为强烈：难道我们需要一种体制而不惜毁坏现存的制度吗？难道我们需要一种参与而不惜削弱政府的责任？难道我们需要一种竞争而不管是否造成了重复和浪费？难道我们需要一种财务自由而不怕招致公众的怀疑？难道我们要把美国人看做顾客而非公民？难道我们要以市场机制来取代公共利益？难道我们要把纳税人的钱放到私人企业的腰包里吗？[③]

2.2.3 公共治理理论

1. 公共治理理论的兴起

随着农业社会向工业社会的过渡，尤其是近代资本主义社会的发展，公共管理的范围日趋扩展，规模不断扩大，大量社会事务被纳入到公共管理之中，公共行政逐渐淡化阶级统治的色彩，进而获得了相对独立于政治之外的地位。

19世纪末20世纪初，为了适应公共行政的这种发展趋势，行政权力扩张，大量介入国家和社会事务，特别是30年代大危机以后，出现了“行政国家”。建立在政治—行政二分法基础上的官僚行政成为了这一时期公共行政的组织工具。随着政府管理职能的不断增加，政府规模的不断膨胀，“大政府时期”、“福利国家”的时代到来了。

这种体制发展到20世纪70年代末，随着行政效率低下、财政支出严重增长和公众对政府不信任等公共管理问题的日益凸显，西方学者开始反思和质疑官僚制行政的有效性。在长期的社会发展中，在社会资源配置的问题上，他们看到了市场的失效和政府的失效。市场失效指的是仅仅运用市场的手段，无法达到帕累托最优；市场存在着信息不对称、垄断和极端的个人自私的行为，最终导致社会资源的闲置。政府失效指的是仅仅运用领先的计划和命令等行政手段，也无法达到资源配置的最优化，集权的手段最终会带来无效率，不能促进和保障公民的政治利益和经济利益。于是，西方学者提出了治理的新概念，通

---

① 参见丁煌：《西方企业家政府理论述评》，载《国外社会科学》，1999（6）。

② Richard T. Green and Lawrence Hubbel, On Governance and Reinventing Government, in Gary L. Wamsley, James F. Wolf ed., *Refounding Democratic Public Administration*, Sage Publications, Inc., 1996, pp. 38-62.

③ 参见丁煌：《西方行政学说史》，428～429页，武汉，武汉大学出版社，1999。

过治理弥补政府和市场在调控、协调与管理社会事务过程中的不足。因此，公共治理理论是伴随着西方福利国家出现的管理危机和市场与等级制的调解机制发生的危机，以及公民社会的不断发育和众多社会组织集团的迅速成长，而出现的一种新型的公共管理理论。

西方发达国家以治理理论为指导，重新调整国家与社会、政府与市场的边界，关注国家的竞争力、政府的合法性和公共部门对公众的回应力，掀起了行政改革的浪潮。"正在从统治走向治理，从善政走向善治，从政府的统治走向没有政府的治理，从民族国家的政府统治走向全球治理。"① 以克林顿、布莱尔、施罗德、若斯潘等人为代表的"第三条道路"或"新中派"明确把"少一些统治，多一些治理"（less government，more governance）当做其新政的目标，并构成了"第三条道路"的重要内容。施罗德把"新治理"作为推行新政治的一个主导概念，其背后的含义是：国家现在已经不可能通过自己的行动解决所有问题了，要从新的角度出发，推行新治理，而新治理的核心是"公民社会"。②

从此，治理理论引起了学者、政治家和政治组织的关注，成为了公共管理研究的热点问题。"今天的国际多边、双边机构和学术团体以及民间志愿者组织关于发展问题的出版物很难有不以它为常用词汇的。"③ 世界银行1992年度的报告就以"治理与发展"为标题；联合国开发计划署（UNDP）1996年的一份年度报告的题目是"人类可持续发展的治理、管理的发展和治理的分工"；经济合作与发展组织在1996年发布了一份名为"促进参与式发展和善治的项目评估"，总结了经合组织国家的治理变革；联合国教科文组织（UNESCO）在1997年也提出了一份名为"治理与联合国教科文组织"的文件；《国际社会科学杂志》（英文版）1998年刊发了一个名为"治理"的专刊。

2. 治理的含义

20世纪90年代以来，西方学者对治理作出了许多界定。治理理论的主要创始人詹姆斯·N·罗泽瑙（James N. Rosenau）在《没有政府的治理》和《21世纪的治理》等著作和文章中明确指出：治理与政府统治不是同义语，它们之间有重大区别。他将治理解释为一系列活动领域里的管理机制，它们虽未得到正式授权，却能有效发挥作用。与统治不同，治理指的是一种由共同的目标支持的活动，这些管理活动的主体未必是政府，也无须依靠国家的强制力量来实现。换句话说，与政府统治相比，治理的内涵更加丰富。它既包括政府机制，同时也包括非正式的、非政府的机制。④

R.罗茨（R. Rhods）认为，治理意味着"统治的含义有了变化，意味着一种新的统治过程，意味着有序统治的条件已经不同于以前，或是以新的方法来统治社会"。他提出了治理的具体含义：第一，作为最小国家的管理活动的治理，它指的是国家削减公共开支，以最小的成本取得最大的效益；第二，作为公司管理的治理，它指的是指导、控制和监督

① 俞可平主编：《全球化：全球治理》，2页，北京，社会科学文献出版社，2003。

② 参见张文为：《德国学者谈西欧社会民主主义德新变化与"公民社会模式"》，载《国外理论动态》，2000（7）。

③ 辛西娅·休伊特德·阿尔坎塔拉：《"治理"概念的运用与滥用》，载《国际社会科学》，1999（2）。

④ 参见罗泽瑙：《没有政府的治理》，5页，剑桥，剑桥大学出版社，1995；《21世纪的治理》，载《全球治理》，1995年创刊号。

企业运行的组织体制；第三，作为新公共管理的治理，它指的是将市场的激励机制和私营部门的管理手段引入政府的公共服务；第四，作为善治的治理，它指的是强调效率、法治、责任的公共服务体系；第五，作为社会控制体系的治理，它指的是政府与民间、公共部门与私营部门之间的合作与互动；第六，作为自组织网络的治理，它指的是建立在信任与互利基础上的社会协调网络。[①]

格里·斯托克（Gerry Stoker）对各国学者关于治理的解释进行了梳理，提出的观点包括：第一，治理意味着一系列来自政府但又不限于政府的社会公共机构和行为者；第二，治理意味着在为社会和经济问题寻求解决方案的过程中，存在着界限和责任方面的模糊性；第三，治理明确肯定了在涉及集体行为的各个社会公共机构之间存在着权力依赖；第四，治理意味着参与者最终将形成一个自主的网络。第五，治理意味着，办好事情的能力并不仅限于政府的权力，不限于政府的发号施令或运用权威。在公共事务的管理中，还存在着其他的管理方法和技术，政府有责任使用这些新的方法和技术来更好地对公共事务进行控制和引导。[②]

全球治理委员会在《我们的全球之家》的研究报告中对治理概念作出的界定是：治理是各种公共的或私人的个人和机构管理其共同事务的诸多方式的总和。它是使相互冲突的或不同的利益得以调和并且采取联合行动的持续的过程，它既包括有权迫使人们服从的正式制度和规则，也包括各种人们同意或以为符合其利益的非正式的制度安排，它有四个特征：治理不是一整套规则，也不是一种活动，而是一个过程；治理过程的基础不是控制，而是协调；治理既涉及公共部门，也涉及私营部门；治理不是一种正式的制度，而是持续的互动。[③]

1992 年，世界银行对治理概念作出的界定是："治理是在一个国家中为了促进经济和社会资源的发展而运用的一种管理方式。"[④] 非洲国家由于缺乏必要的法律制度和权力规范，无法为处理公共事务提供一个可靠且透明的框架而面临着"发展危机"。

从上述各种关于治理的解释中我们可以分析，治理概念的基本含义是指公共管理组织在一个既定的范围内运用公共权威维持秩序和实现公共利益最大化以满足公众的需要，治理的目的是要在各种不同的制度关系中运用权力去引导、控制和规范公民的各种活动，以最大限度地增进公共利益。因此，治理是一种公共管理活动、过程和方式，它包括必要的公共权威、管理规则、管理运行机制和管理方式。

3. 公共治理理论的内容

作为一种新型的公共管理理论，公共治理理论是对作为传统公共管理理论的公共行政理论进行反思和批判，并且对新公共管理理论和新公共服务理论之合理内核进行整合的结果，其核心观点是主张通过合作、协商、伙伴关系、确定共同的目标等途径，实现对公共事务的管理，其主要内容包括：

（1）公共治理是由多元的公共管理主体组成的公共行动体系。这些公共管理主体不仅

---

① 参见 R. 罗茨：《新治理：没有政府的管理》，载《政治研究》，1996（154）。

② 参见格里·斯托克：《作为理论的治理：五个论点》，载《国际社会科学》（中文版），1999（2）。

③ 参见全球治理委员会：《我们的全球之家》，2～3 页，牛津，牛津大学出版社，1995。

④ World Bank, *Governance and Development*, 1992, p. 1.

包括几乎长期垄断公共管理主体地位的政府部门，而且还包括诸如私营部门和第三部门等非政府部门的参与者。“治理意味着一系列来自政府但又不限于政府的社会公共机构和行为者。它对传统的国家和政府权威提出了挑战，政府并不是国家唯一的权力中心。各种公共的和私人的机构只要其行使的权力得到公众的认可，就都可能成为在各个不同层面上的权力中心。”[①]“治理涉及中央政府、地方政府和其他公共权威，也涉及在公共领域内活动的准公共行动者、自愿部门、社区组织甚至是私营部门。”[②]

(2) 公共管理的责任边界具有相当的模糊性，政府正在把原先由它独自承担的责任转移给公民社会，即各种私营部门和公民自愿性团体，后者正在承担越来越多的原先由政府承担的责任。这样，国家与社会之间、公共部门与私营部门之间的界限和责任便日益变得模糊不清。在市场和公共部门之间被称之为“社会经济”的领域中，涌现了所谓非营利组织、非政府机构、志愿者组织、社区企业、合作社、社区互助组织等非政府组织，它们在社会中的作用和影响越来越大。

(3) 多元化的公共管理主体之间存在着权力依赖和互动的伙伴关系。参与公共管理活动的各个组织，无论其是公共组织还是私人组织，它们都不拥有独立解决一切问题所需的充足知识和充足资源；它们必须相互依赖，进行谈判和交易，在实现共同目标的过程中实现各自的目的。正是由于公共管理主体之间存在着这种权力依赖的关系，所以公共管理过程便成为一种互动的过程，形成了一个网络。

(4) 治理语境下的公共管理，是多元化的主体基于伙伴关系进行合作的一种自主自治的网络管理。多元化的公共管理主体及其相互间的权力依赖和合作伙伴关系以及其中的协商、谈判和交易机制，最终必然会推动公共管理朝着一种自主自治的网络化的方向发展。

(5) 治理语境下的政府在社会公共网络管理中扮演着“元治理”角色。公共治理理论在关注公共管理主体多元化的同时，对政府的“元治理”角色进行了定位。“元治理”是西方学者为寻求解决公共治理理论失灵所用的词汇，是重视政府在社会公共管理网络中的重要功能的另一种表述。公共治理理论认为，在社会公共管理网络中，虽然政府不具有最高的绝对权威，但是它却承担着建立指导社会组织行为主体的大方向和行为准则的重任，它被视为“同辈中的长者”。特别是在那些“基础性工作”中，政府仍然是公共管理领域最重要的行为主体。例如，世界银行《1997年世界发展报告：变革世界中的政府》就明确指出，建立法律基础、保持非扭曲的政策环境、投资于基本的社会服务与基础设施、保护承受力差的阶层和保护环境是政府的首要职责。[③]

综上所述，公共治理理论不仅更新了公共管理的基本内涵，拓宽了公共管理的参与主体，而且延展了公共管理的职能范围，充实了公共管理的方式与手段，是当代国际社会科学领域出现的前沿理论之一，它所提倡的一些价值日益具有普遍性。治理理论是新古典自由主义发展的结果，它反映了20世纪70年代以来西方发达国家政治治理和公共

---

① 俞可平主编：《治理与善治》，3页，北京，社会科学文献出版社，2000。

② Robert Leach and Janie Percy-Smith, *Local Governance In Britain*, Palgrave, 2001, p. 75.

③ 参见世界银行编著：《1997年世界发展报告：变革世界中的政府》，4页。

管理的新趋势，成为了当代西方国家行政改革的重要理论指导。合作网络的治理是一种新型的治理模式[①]，强调了治理的主体不只是政府一个中心，社会治理是多中心的，每一个主体都是一个中心。合作网络为处理公共事务引入了新的机制，也为集体行动提供了新的途径。治理理论对于我国社会管理创新和社会建设，整合公共资源，提高社会管理水平，健全党委领导、政府负责、社会协同、公众参与的社会管理格局，具有一定的借鉴意义。

但是，治理理论尤其是全球治理理论，还是建立在政府的作用和国家的主权无足轻重、民族国家的疆界模糊不清这个前提之上的一种理论，强调了治理的跨国性和全球性。[②]这样，在客观上可能为强国和跨国公司干涉别国内政、推行国际霸权政策提供了理论上的支持。[③]

2.2.4 新公共服务理论

新公共管理理论在其风行之时也遭到了来自各个方面的批评，许多学者从不同的侧面对新公共管理理论提出了质疑，例如，福克斯在《作为后现代符号政治的政府再造》一文中就提出新公共管理理论内在地存在着矛盾[④]；沙赫特在《再造政府还是再造我们自己》一书中也对新公共管理理论所倡导的价值观提出了异议[⑤]；还有人提出新公共管理理论所倡导的公共企业家精神以及特里所谓的“新管理主义”很可能会损害诸如公平、正义、代表制和参与等民主和宪政价值。[⑥] 然而，这些对新公共管理理论的异议并没有进一步提出任何可替代的新理论模式，而新公共服务理论正是以美国著名公共管理学家罗伯特·登哈特为代表的一批公共管理学者基于对新公共管理理论的反思，特别是针对作为新公共管理理论之精髓的企业家政府理论缺陷的批判而建立的一种新的公共管理理论。

---

① 提供公共物品和公共服务是网络治理的根本任务。合作网络的治理具有如下特征：多中心的治理体系、反思理性的“复杂人”假设、合作互惠的行动策略和组织学习的政策过程。合作网络的治理途径在当今世界流传得非常广泛，它主要应用于如下领域：全球治理（这是对国际合作网络的管理）、民族国家的治理、地方和社区治理。

② 治理概念的提出是新古典自由主义兴起的结果。这一结果导致世界银行、国际货币基金组织等国际组织在开展基金扶助、贫困开发等国际援助时，均要求欠发展中国家和发展中国家按照它们提出的标准进行改革，提高政府的效率，如减少财政开支、鼓励竞争、市场化、私有化等。这种将政治与行政纳入发展的视野有其合理性和现实意义。因为发展是全面的、协调的、可持续的，而不是片面的、掠夺性的。事实上，考虑经济与政治的协调发展，实现政府与经济的良性互动，才是协调的发展。由此可以看出，治理和善治这些标准本身是正确的，问题在于西方国家和国际经济组织在向发展中国家提供援助时，提出这些标准的时候，能否对症下药，能否避开“意识形态的考虑”来思考发展所需的政治条件，能否不脱离发展中国家的实际情况，如社群冲突、官僚机构不发达、国际贸易与技术依附等棘手的问题。因此，也有学者对此表示了担忧，认为善治只不过是发达国家将新自由主义意识形态强加于人的婉转做法，是西方国家将发展模式（尤其是政治制度）全球化的理论工具。在国际政治经济秩序不平等的环境中，“善治”塑造了一个市场万能的神话。

③ 参见俞可平主编：《治理与善治》，15页。

④ Charles Fox，Reinventing Government As Postmodern Symbolic Politics，*Public Administration Review*，56（3）：256-261，1996.

⑤ Hindy Lauer Schachter，*Reinventing Government or Reinventing Ourselves*，State University of New York Press，1997.

⑥ Larry D. Terry，Why We Should Abandon the Misconceived Quest to Reconcile Public Entrepreneurship with Democracy，*Public Administration Review*，53（4）：393-395，1993；Administrative Leadership，Neo-Managerialism，and the Public Management Movement，*Public Administration Review*，58（3）：194-200，1998.

所谓“新公共服务”，它所指的是关于公共管理在以公民为中心的治理系统中所扮演的角色的一套理念。作为一种全新的现代公共管理理论，新公共服务理论认为，公共管理已经经历了一场革命。目前，与其说公共行政官员正集中于控制官僚机构和提供服务，倒不如说他们更加关注掌舵而不是划桨的劝告，即他们更加关注成为一个更倾向于日益私有化的新政府的企业家。但是，“当我们急于掌舵时，也许我们正在淡忘谁拥有这条船”。在他们忙于掌舵的时候，他们是否忘记了是谁拥有这条船呢？在新公共服务理论家看来，公共管理者在其管理公共组织和执行公共政策时应该集中于承担为公民服务和向公民放权的职责，他们的工作重点既不应该是为政府航船掌舵，也不应该是为其划桨，而应该是建立一些明显具有完善整合力和回应力的公共机构。具体来说，新公共服务理论包括以下几个方面：

1. 政府的职能是服务而不是掌舵

“对于公务员来说，越来越重要的是要利用基于价值的共同领导来帮助公民明确表达和满足他们的共同利益，而不是试图控制或掌控社会新的发展方向。”① 在新公共服务理论家看来，尽管过去政府在为“社会掌舵”方面扮演着十分重要的角色，但当今时代为社会领航的公共政策实际上是一系列复杂的相互作用过程的后果，这些相互作用涉及多重群体和多重利益集团，这些为社会和政治生活提供结构和方向的政策方案是许多不同意见和利益的混合物。现今政府的作用在于，与私营及非营利组织一起，为社区所面临的问题寻找解决办法。其角色从控制转变为议程安排，使相关各方坐到一起，为促进公共问题的解决进行协商、提供便利。在这样一个公民积极参与的社会中，公共官员将要扮演的角色越来越不是服务的直接供给者，而是调停者、中介人甚或裁判员。而这些新角色所需要的不是管理控制的老办法，而是做中介、协商以及解决冲突的新技巧。

2. 公共利益是目标而非副产品

“公共行政官员必须促进建立一种集体的、共同的公共利益观念。这个目标不是要找到由个人选择驱动的快速解决问题的方案，确切地说，它是要创立共同的利益和共同的责任。”② 新公共服务理论认为，建立社会远景目标的过程并不能只委托给民选的政治领袖或被任命的公共行政官员。在确立社会远景目标或发展方向的行为当中，广泛的公众对话和协商至关重要。政府的作用将更多地体现在把人们聚集到能无拘无束、真诚地进行对话的环境中，共商社会应该选择的发展方向。除了这种促进作用，政府还有责任确保经由这些程序而产生的解决方案完全符合公正和公平的规范，确保公共利益居于主导地位。因此，公共行政人员应当积极地为公民能够通过对话清楚地表达共同的价值观念并形成共同的公共利益观念提供舞台，应该鼓励公民采取一致的行动，而不应仅仅通过促成妥协而简单地回应不同的利益需求。这样，他们就可以理解各自的利益，具有更长远、更广博的社区和社会利益观念。

3. 在思想上要具有战略性，在行动上要具有民主性

“满足公共需要的政策和项目可以通过集体努力和合作过程得以最有效并且最负责任

---

① ［美］珍妮特·V·登哈特、罗伯特·B·登哈特：《新公共服务：服务，而不是掌舵》，134 页，北京，中国人民大学出版社，2004。

② 同上书，62 页。

的实施。”[①] 新公共服务理论认为，为了实现集体意识，下一步就是要规定角色和责任，并且要为实现预期目标而确立具体的行动步骤。而且，这一计划不仅仅是要确立一种远见，然后再把它交给政府官员去执行，而是要使所有相关各方都共同参与对一些将会朝着预期方向发展的政策方案的执行过程。在新公共服务理论家看来，通过对公民教育方案的参与以及对公民领袖更广泛的培养，政府可以激发人们重新恢复原本应有的公民自豪感和公民责任感，而且这种自豪感和责任感会进一步发展成为在许多层次都会出现的一种更强烈的参与意愿，在这种情况下，所有相关各方都会共同努力为参与、合作和达成共识创造机会。为此，政治领袖应该扮演一种明确且重要的角色，他们要明确地表示并鼓励对公民责任感的强化，进而支持群体和个人参与社区契约的订立活动。在新公共服务理论家看来，尽管政府不能创造社区，但是，政府，更具体地说，政治领袖却能够为有效的和负责任的公民行动奠定基础。人们必须逐步认识到，政府是开放的并且是可以接近的，否则，就不会有政府；政府是有回应力的，否则，就不会有政府；政府存在的目的在于满足他们的需要，否则，就不会有政府。于是，这里的目标就在于确保政府具有开放性和可接近性，具有回应力，能够为公民服务并且为公民权创造机会。

4. 为公民服务，而不是为顾客服务

新公共服务理论认为，“公共利益是就共同利益进行对话的结果，而不是个人自身利益的聚集。因此，公务员不是仅仅关注‘顾客’的需求，而是着重关注于公民并且在公民之间建立信任和合作关系”[②]。在新公共服务理论家看来，政府与其公民的关系不同于企业与其顾客的关系。在公共部门，我们很难确定谁是顾客，因为政府服务的对象不只是直接的当事人。而且，政府的有些顾客凭借其所拥有的更多资源和更高技能可以使其自己的需求优先于别人的需求。在政府中，公正与公平是其提供服务时必须考虑的一个重要因素，政府不应该首先或者只关注“顾客”自私的短期利益；相反，扮演着公民角色的人们必须关心更大的社区，必须对一些超越短期利益的事务承担义务，必须愿意为他们的邻里和社区所发生的事情承担个人的责任，换言之，政府必须关注公民的需要和利益。总之，新公共服务理论试图鼓励越来越多的人履行自己的公民义务并希望政府能够特别关注公民的声音。

5. 责任并不简单

“公务员所应该关注的不仅仅是市场；他们还应该关注法令和宪法、社区价值观、政治规范、职业标准以及公民利益。”[③] 我们知道，无论是传统的公共行政理论还是新公共管理理论都倾向于将责任问题过于简单化。例如，前者将公共行政官员视为只是简单地直接对政治官员负责，而后者则认为行政官员应像企业家那样有更多的行动自由，其工作绩效的评估主要应从效率、成本—收益以及对市场力的回应性等方面进行。然而，新公共服务理论认为，这样的理论模型并未反映当今公共服务的需求和现实，责任问题其实极为复杂，公共行政官员已经受到并且应该受到包括公共利益、宪法法令、其他机构、其他层次的政府、媒体、职业标准、社区价值观念和价值标准、环境因素、民主规范、公民需要在

---

① ［美］珍妮特·V·登哈特、罗伯特·B·登哈特：《新公共服务：服务，而不是掌舵》，99页。

② 同上书，42页。

③ 同上书，114页。

内的各种制度和标准等复杂因素的综合影响，而且他们应该对这些制度和标准等复杂因素负责。

6. 重视人，而不只是重视生产率

“如果公共组织及其所参与其中的网络基于对所有人的尊重而通过合作和共同领导来运作的话，那么，从长远来看，它们就更有可能取得成功。”① 新公共服务理论家在探讨管理和组织时十分强调“通过人来进行管理”的重要性。通常，人们往往将生产力改进系统、过程重塑系统和绩效测量系统视为设计管理系统的工具。但新公共服务理论家却认为，从长远的观点来看，这种试图控制人类行为的理性做法在组织成员的价值和利益并未同时得到充分关注的情况下很可能会失败。此外，虽然这些探讨可能会取得一些成果，但是它们却培养不出具有责任心、献身精神和公民意识的雇员或公民。在他们看来，如果要求公务员善待公民，那么公务员本身就必须受到公共机构管理者的善待。新公共服务理论已经充分地认识到公共行政官员的工作不仅极为复杂而且面临着巨大的挑战。他们既不像传统公共行政理论所认为的那样只是需要保障和组织一种官僚职业的雇员，也不像新公共管理理论所主张的那样只是市场的参与者，他们的动机和报酬远不止是一个薪水或保障的问题，他们希望与别人的生活有所区别。因此，分享领导权的概念对于为公共雇员和公民提供机会以便他们的言行符合其公共服务的动机和价值至关重要。分享领导权必定会具有相互尊重、彼此适应和互相支持的特点。特别是通过人民或与人民一起来行使领导权可以改变参与者并且可以把他们的关注焦点转移到更高层次的价值观念上。在这个过程中，公民和公共雇员的公共服务动机同样可以得到承认、支持和报偿。

7. 公民权和公共服务比企业家精神更重要

新公共服务理论认为，“致力于为社会做出有益贡献的公务员和公民要比具有企业家精神的管理者能够更好地促进公共利益，因为后一种管理者的行为似乎表明公共资金就是他们自己的财产”②。在新公共服务理论家看来，新公共管理理论鼓励公共行政官员采取企业家的行为方式和思维方式，这样便会导致一种十分狭隘的目的观——所追求的目标只是在于最大限度地提高生产率和满足顾客的需求。而新公共服务理论则明确地认识到，公共行政官员不是他们机构和项目的企业所有者，政府的所有者是公民。公共行政官员有责任通过担当公共资源的管理员、公共组织的监督者、公民权利和民主对话的促进者、社区参与的催化剂以及基层领导等角色来为公民服务。这便是一种与看重利润和效率的企业所有者大不相同的观点。因此，新公共服务理论家认为，公共行政官员不仅要分享权力，通过人民来工作，通过中介服务来解决公共问题，而且还必须将其在治理过程中的角色重新定位为负责任的参与者，而非企业家。

应当指出的是，尽管新公共服务理论是在对新公共管理理论进行反思和批判的基础上提出和建立的，但是，这并不意味着它是对新公共管理理论的全盘否定，从理论视角来看，它本质上是对新公共管理理论的一种扬弃，它试图在承认新公共管理理论对于改进当代公共管理实践所具有的重要价值并摈弃新公共管理理论特别是企业家政府理论的固有缺

---

① ［美］珍妮特·V·登哈特、罗伯特·B·登哈特：《新公共服务：服务，而不是掌舵》，150 页。

② 同上书，80 页。

陷的基础上，提出和建立一种更加关注民主价值和公共利益、更加适合于现代公民社会发展和公共管理实践需要的新的理论选择。正如新公共服务理论的主要创立者罗伯特·登哈特教授所言："即使在一种思想占据支配地位的时期里，其他思想也从来不会被完全忽略。然而，在民主社会中，当我们思考治理制度时，对民主价值观的关注应该是极为重要的。效率和生产力等价值观不应丧失，但应当被置于民主、社区和公共利益这一更广泛的框架体系之中。在这个框架中，其他有价值的技术和价值观（比如传统公共行政理论或新公共管理理论的核心思想）都可能粉墨登场。随着时间的流逝，这个争论肯定还会持续若干年。但新公共服务理论提供了一个令人振奋的观点，围绕这个观点，我们可以展望公共服务的前景。未来的公共服务将以公民对话协商和公共利益为基础，并与后两者充分结合。"① 而这一点在我们接着要探讨的治理理论中得到了更为充分的体现。

本章小结

1. 公共管理理论的发展演进，既表现出公共行政与公共管理内在的发展演进规律，同时又强烈受到外界环境条件的影响，从而使公共管理理论在不同的社会条件下具有不同的研究内容和重点，形成了不同的理论流派。公共管理理论的发展演进表现出从分立、争鸣到交叉整合与渗透、在争鸣中既相互批判又相互吸收的显著特点。

2. 从知识发展的逻辑，研究公共管理理论发展与社会环境的关联性，研究公共管理各种理论流派前后发展演进的规律，研究当代公共管理理论的主要焦点问题；从实践验证的逻辑，研究各种公共管理理论的贡献与局限性，把握公共管理理论的发展趋势。由此进行公共管理规范研究与实证研究。

3. 公共管理的发展演进过程表现出两种不同的研究取向：一种是秉承政治学和法学的传统，关注民主、社会公平等价值，强调公共权力的制约和限制；另一种是秉承管理学和经济学的传统，关注效率问题，强调公共行政的工具理性。

4. 公共选择理论、新公共管理理论、公共治理理论和新公共服务理论，既是当代公共管理理论的重要内容，又是西方各国公共管理改革的指导理论。

关键术语

公共行政　公共管理　管理主义　新公共管理　公共选择理论　企业家政府理论　新公共服务理论　公共治理理论

复习思考题

1. 分析理解公共管理与公共行政的联系与区别。

---

① Robert B. Denhardt, The New Public Service, *Public Administration Review*, 60 (6): 557, 2000.

2. 分析评价新公共行政学理论的基本内容。

3. 分析评价企业家政府理论。

4. 分析评价新公共服务理论。

5. 分析评价公共治理理论。

6. 官僚组织理论是马克斯·韦伯所倡导的一种理想的、完全建构在他对于“合法权威”观念基础之上的行政组织理论。有人认为官僚制是与传统工业经济体制相适应的组织形态，并不适应网络经济和信息社会。

（1）请具体分析官僚制的特征、优点和缺点。

（2）论述在网络经济和信息社会条件下应如何发挥官僚制的作用并改进官僚制。

7. 案例分析题：请认真阅读案例材料，然后按照要求分析并回答问题。

有一位官员 A 认为自己已经超负荷工作了，一般来说他有以下三种可能的解决方法：辞职；要求与官员 B 共同完成这项工作；要求增加两名下属人员 C 和 D。可以推断，官员 A 肯定会采用第三种选择。如果辞职，就会失去晋升的机会和领取退休金的权利。如果将 B 作为自己的同级同事来共同负责这项工作，A 实际上为自己增加了一个竞争对手，这也许会影响 A 的晋升。因此，A 宁愿要 C 和 D 作为助手，他们的地位低于自己。不仅如此，A 还可以将工作分成两类，分别让 C 和 D 完成，而自己就可以作为协调 C 和 D 的唯一主宰，其所从事的工作也就可以更多地由操作性变为管理性。这里有一点极为重要，即 C 和 D 是不可分割的。单独使用 C 是不可能的，因为如此 C 就与 A 平分工作，这样 C 与 A 的地位实际上就几乎平等了，而这恰恰是 A 所不愿意看到的。由此看出，下级或助手必须是两个或更多，他们由于担心别人被提拔，所以会安分守己，服从上级。当有一天 C 感到工作太重时，A 作为上司又会增派两名助手 E、F 给 C，以减轻其工作负担。为了避免内部摩擦，A 还得给 D 增派两名助手 G、H，因为 C 和 D 原本是同级的。当增加了 E、F、G 和 H 后，A 的晋升几乎是肯定的了。因此，不管政府机构的工作量是否增加，其工作人员的数量总会按几何级数增长。

问题：（1）归纳材料的主要观点。

（2）运用帕金森定律检验、分析上述材料反映的事实。

第3章

公共组织

公共管理是以政府为主的公共组织及其公务人员对社会公共事务进行的管理活动。理解公共管理，必须要对公共管理的主体进行分析。实施公共管理的主体，既包括以组织形式出现的公共组织，又包括以个体角色出现的公共领导者和一般的公共管理者。本章对公共管理主体的阐述，主要是对组织形态的公共管理主体进行阐述。

重点问题

- 公共组织的性质、特点与基本类型
- 公共组织的结构及其设计
- 我国事业单位及其管理体制的形成、存在问题与改革
- 科层制组织的特征、面临的困境及其变革

3.1 公共组织的性质与结构

3.1.1 公共组织的内涵

1. 组织

组织是社会的细胞。具有某种共同目标的人总是以各种不同的方式，聚合到各类不同形式的组织之中，成为其中的一员，大家相互合作，共同行动，通过集体的努力来实现目标，达到单个人所无法达到的目标或无法企及的结果。从社会发展史来看，组织产生于人类的生产斗争和社会斗争之中。最初出现的人类组织是家庭、氏族、部落，以后逐渐产生

了阶级，出现了国家，国家将其领域内的每个成员都编入一定的组织。从人类社会群体的角度看，所谓组织，就是人们按照一定的目的、任务和形式编制起来的社会集团，是处于一定社会环境中的各种组织要素的有机结合体，是为了实现某种目的而有意识建立起来的人类群体。因此，组织就是指人们为了实现一定的目标、互相协作结合而成的集体。

2. 公共组织

在现代社会中，组织所追求的目标有公共目标与非公共目标之分。据此，人们可以把组织划分为公共组织和非公共组织。公共组织是指不以营利为目的，以追求公共利益为其价值取向，以协调公共利益关系、提供公共服务、管理公共事务、维护公共秩序为基本职能的组织，它一般拥有公共权力或者经过公共权力的授权，负有公共责任。行政组织是最重要的公共组织。公共利益是公共组织发展的逻辑起点和终点，公共性是公共组织的本质。非公共组织一般不以公共利益为目标，它们所追求和维护的是组织成员的私人利益。

与其他社会组织一样，公共组织的构成要素包括物质要素和精神要素两大类。物质要素主要包括人员、经费和物资设备。精神要素主要包括目标、责权结构和人际关系。

3. 公共组织的特征

公共组织是以实现公共利益为目的、以管理公共事务和提供公共服务为基本职能的社会组织。公共组织的特殊性，在于其“公共性”，这种公共性集中体现在其组织目标和组织基本功能上，同时也会影响到组织的形成过程、组织的规划和组织的效率等方面。

（1）以增进公共利益为目标。

公共组织建立的目的与动机是为了增进公共利益，因而追求全社会的公平、公正以及行为的公开就必然成为其一切活动和措施的基本准则。公共组织依据这一基本准则来为全体公众服务，并以服务的质量好坏来评判组织工作并取得公众的拥护和支持。

（2）公共组织的活动受法律的明确限制并具有权威性。

任何一个公共组织的建立、撤销都以宪法和法律为根据，并要依据宪法和法律开展活动。公共组织的任务、责任、权力是由宪法和法律赋予，公共组织成员的职责、权利、义务，行使职权和实施管理的原则、方式、方法、程序等，都必须以法律为基本依据，不得超越宪法和法律所规定的范围。同时，公共组织的公共管理活动是以行使公共权力为基础，因而带有强制性，如果不服从就要受到制裁。

（3）公共组织受到高度的公共监督。

公共管理通过行使公共权力来管理公共事务、协调和维护公共利益、提供公共服务。因而，公共管理活动关系到社会公众的利益，受到社会公众的高度关注，必须接受来自舆论或公众的批评与监督。这就要求必须完善和发展公共组织的公共责任机制，强化公共监督，包括建立和实行严格的政务信息公开制度、公职人员财产申报制度、政府采购制度和重大工程公开招标制度等。

（4）公共组织的活动具有政治性。

公共事务分为政治的、经济的和社会的事务，是关系社会全体公众利益的，也是关系到整个社会大局的事务。因此，公共组织在进行公共事务的管理中，不仅政治方面的事务具有政治性，就是经济和社会方面的事务，由于其具有全局性的特点，关系到整个社会的安定与发展，其后果也在相当程度上带有政治性。公共组织本质上是社会公共利益的代表和体现，这种整体性、全局性和通过行使公共权力解决问题的方法，都是政治性的充分体现。

（5）公共组织的目标形式上清楚但实际中模糊，且行为绩效评估比较困难。

公共组织以增进社会公共利益作为组织目标，但由于公共利益大多是抽象的，加之人们对公共、公共利益以及多大范围内的或什么样的共同利益可以作为社会公共利益存在着不同的看法，因而公共组织的这一目标在实际中又是模糊不清的。相应地，公共组织的活动结果是否达到组织的基本目标，公共组织人员是否公正公开、顺应和体恤民意等公共组织绩效，也是比较难以通过准确量化的指标进行评估的。

（6）公共组织具有一定的独占性。

公共组织的独占性是指公共组织在公共管理中具有一定的垄断性。这一独占性主要表现在：在计划经济条件下，公共组织可以通过政治权威或公共权力的行使而生产公共物品或服务，不允许私人加入竞争，从而形成一种独占公共物品生产或服务的局面。在市场经济条件下，一方面，由于公共物品涉及社会公共利益，政府必须在总体上对这一物品的生产进行必要的控制；另一方面，由于公共物品的无排他性和无竞争性，只能由政府组织来负责。因而，公共组织尤其是政府就成为公共物品唯一的生产者，客观上没有竞争，相当程度上变成了这一领域的独占者。

3.1.2　公共组织的结构

公共组织结构是指公共组织各种要素的一种特定安排，即公共组织各要素的排列组合方式。公共组织结构有纵向结构和横向结构，纵向结构形成公共组织的层级制，横向结构形成公共组织的职能制。它们各有优缺点，互相制约，互相补充，缺一不可。

1. 公共组织的纵向结构

公共组织纵向结构分工的职责分配关系是：最高层次的公共组织为决策层，负责制定本部门行政的总目标、总方针、总政策和总的实施方案，负责本机关人、财、物总的分配及其政策，以尽最大努力满足社会对本部门的需要，最优地完成本部门的工作目标。因此，最高层次的公共组织，是一个开放的、面向社会的公共组织。

中层公共组织为协调指挥层，负责执行本部门最高公共组织制定的总决策、目标、方针和政策，以此为依据结合本单位具体工作对象的实际，制定本单位的具体工作目标、工作方案，并负责组织、协调、指挥等实施工作。

基层公共组织为技术操作层，其任务是执行中层公共组织的实施方案，在中层公共组织的协调、指挥之下，负责具体的带技术操作性的工作。其组织基本为封闭型，采用什么技术方法执行任务，纯属公共组织内部问题。参见图 3—1。

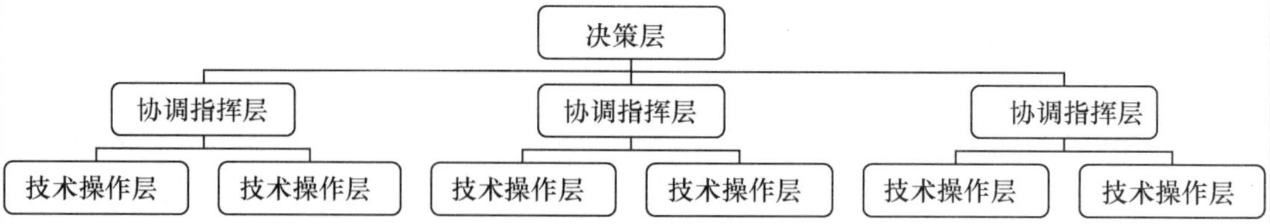

图 3—1　层级领导关系

公共组织纵向结构形成的公共组织层级制，在公共组织运行中有其优缺点。

其优点是：第一，分层负责，使各级政府在各自管辖地域范围内，能做到事权集中，统一指挥；第二，行动迅速，能及时地根据本地情况作出决策，就地组织实施，并有利于就地监督、控制；第三，能发挥各个层级公共组织的积极性、创造性，根据本地实际情况主动开展工作；第四，各层级行政首长负责全面管理工作，有利于培养全面型的管理人才。

但层级制也有缺点：第一，各层级行政首长管辖事务过多，责重事繁，难以事事精通；第二，容易形成地方的块块分割，不利于各地经济和文化的交流与发展；第三，容易犯地方主义的错误，不利于中央对地方的宏观控制。

2. 公共组织的横向结构

公共组织横向分工的种类，一般常用的分类方法有下列三种：

(1) 按业务性质分工。

这是指按公共管理的业务性质异同来组成公共组织单位。这种划分方式的优点是：第一，符合分工专业化的原则。每个部门只负责某一项业务工作，有利于工作人员熟悉本专业工作，以提高管理效率。第二，有利于统一管理业务的方针、政策和法规。同一性质的业务由同一单位管理，使公共组织易于统一同一类业务性质的方针、政策和法规，避免政出多门的混乱状态。第三，体现事权一致的原则，便于协调。

按业务性质进行分部化也有缺点：业务事权过于集中，容易形成条条分割，不利于不同业务性质工作之间的合作、协调；分工过细，易造成部门林立；有些业务性质混淆不清，不易作出明确的划分，易产生组织冲突。

(2) 按管理程序分工。

这是指按公共管理工作过程中决策、咨询、执行、信息反馈和监督等程序不同来分别设置公共组织部门。这种划分方式的优点是：第一，注重公共管理工作的技术方法，有利于提高管理人员的专业技术知识；第二，由于从事该项工作采用同样的技术设备、工作程序，有利于节省人力、物力、财力；第三，使公共管理中的重要程序有专门机构去完成，有利于提高公共管理的整体效能。

按管理程序进行分部化也有其缺点：工作人员易产生重技术、轻政策，重过程、轻目的的倾向；在使用上有一定的局限性，只能对那些有较大独立性的程序才可以设置部门，而多数工作程序则无法独立出来。

(3) 按管理对象分工。

这是指按公共组织服务的人群、财物为对象进行的部门设置。这种划分方式的优点是：第一，根据服务对象分工，可使公共组织统筹考虑，满足其管理对象的需要；第二，群众对公共组织的职责一目了然，易于沟通和监督。

按管理对象分部化的缺点是：随着管理对象的日益增多，势必导致公共组织部门林立，不利于精简节约；容易忽视甚至割裂管理对象之间的相互联系，可能产生综合性的工作无人管理的现象；容易造成本位主义，考虑问题从本部门利益出发，有碍于整体的利益；按服务对象划分部门往往与按业务性质划分部门产生重复、交叉关系，可能出现互相推诿责任、踢皮球的情况，降低了工作效率。

3. 公共组织的主要结构形式

公共组织的结构形式，主要有直线制、职能制、直线职能制和矩阵制四种。[①]

（1）直线制。

直线制组织是按照垂直系统建立组织形式，各级领导执行统一的指挥和管理职能，不设专门的职能机构。纵向直线是管理层级，横向是辅助职能科室。直线制组织的主要优点是：线条清楚，单一领导，结构简单，关系清晰，上下级权责明确；政令统一，行动迅速，决策快，效率高。其主要缺点是：缺乏专业化的分工管理，行政首长日理万机，往往顾此失彼；由于权力集中，且受专业、个人素质等方面的影响，难以保证领导、决策、指挥不出现失误；由于信息只沿上下直线传递，对横向协调、沟通不利。

（2）职能制。

职能制组织是在行政主管的领导之下，按专业分工设置管理职能部门，各职能部门直接对行政首长负责，并在其业务范围内对下级有指挥、协调、监督的权力的组织形式。与直线制组织相比，职能制组织的优点是：实行了专业分工，解决了主管领导对专业指挥的困难，使其能集中精力处理本组织中较重的问题，适应了现代行政管理活动复杂化的需要。其缺点是：各职能部门都有指挥权，易造成多头领导或多头指导，出现政出多门或者相互推诿、扯皮的现象，妨碍统一指挥，增加协调的困难，造成管理上的混乱。

（3）直线职能制。

直线职能制组织是以直线制为基础，在行政首长领导之下设立相应的职能部门，分别从事专业管理，作为该级领导的参谋。参谋部门只替领导充当助手，对下级不能发号施令，没有决策权。直线职能制组织吸取了直线制和职能制两种结构的优点，既具有直线制组织统一指挥、职责清楚、秩序井然、效率较高、组织稳定的优点，又具有职能制组织专业化分工、适应性强的优点，更有利于组织效率的提高。其主要缺点是：直线的指挥系统与专业化的职能系统之间容易产生矛盾，使组织运转陷入混乱；各职能部门的横向联系较差，容易产生脱节或冲突。

（4）矩阵制。

矩阵制组织又称“专案组织”，是由纵向的职能系统和横向的项目系统交叉形成的组织形式。矩阵制组织的主要优点是：可以迅速地对环境的变化作出反应；可以在各个不同的项目之间，共享稀缺且通常非常昂贵的人力资源和实物资源；有利于获得各种有效的信息；有利于发挥专业人员的潜能；有利于加强各职能部门的横向联系，实现各种专业人员优势互补，发挥综合优势。其主要缺点是：由于组织成员同时接受两个方向的指挥，当两个上级意见不一致时，会使工作人员左右为难，无所适从，产生指挥和协调的问题；另一方面，由于组织内部职权关系的模糊性，为此要求组织的管理者具有高水平的协调、合作和沟通的技能，同时其组织成员也必须具备高水平的人际交往技能。“矩阵型结构最适合于环境变化大且目标反映双重的要求（如对产品和职能的双重目标要求）的组织中。”[②]

---

① 参见陈振明、孟华主编：《公共组织理论》，95～101页，上海，上海人民出版社，2006。

② ［美］理查德·L·达夫特：《组织理论与设计》，121页，北京，清华大学出版社，2003。

3.1.3 公共组织的类型

由于划分的标准和侧重点不同，公共组织可以区分为不同的类型。[①] 以公共组织是否拥有行政权力以及这一权力的大小为标准，公共组织主要可以分为政府组织、非营利组织和准政府组织。

1. 政府组织

政府有广义和狭义之分。广义的政府是指国家进行阶级统治和社会管理的组织，是国家表达意志、发布命令和处理事务的机构体系。在广义层面，政府组织包括立法机关、司法机关与行政机关。狭义的政府则仅仅是指国家的行政机关[②]，即根据宪法和法律组建的、行使行政权力、执行行政职能、推行政务、管理国家公共事务的机构体系。一般而言，公共管理中的政府是指狭义的政府，主要是指行政机关。

无论哪一种类型的政府组织，一般都具有以下基本特点[③]：（1）政府组织的基本职能是对国家和社会公共事务的管理；（2）政府组织从事公共管理的手段是行政权力；（3）政府组织有权支配和运用公共资源；（4）政府组织提供的产品是公共物品；（5）政府组织行为的价值取向是公共利益。

2. 非营利组织

作为一种组织形式，非营利组织已经存在了几个世纪。但是一般认为，现代意义上的非营利组织出现于二战前后，并以1942年英国牛津乐施会（The Oxford Committee for Famine Relief，简称Oxfam）的创立为标志。[④] 作为一个概念，非营利组织最早见于1945年签署的《联合国宪章》。而对非营利组织的界定种类繁多，比较常用的有以下几种[⑤]：

第一种是给出法律上的界定。例如，美国税法501（c）（3）规定，免税组织（即非营利组织）必须符合三个条件：（1）该机构的运作目标完全是为了从事慈善性、教育性、宗教性和科学性的事业，或者是为达到该税法明文规定的其他目的；（2）该机构的净收入不能用于使私人受惠；（3）该机构所从事的主要活动不是为了影响立法，也不干预公开选举。

第二种是依据组织的资金来源加以界定。例如根据联合国国民经济核算体系的标准，如果一个组织的一半以上收入来自以市场价格销售的收入，就是营利组织；如果一个组织的资金主要依靠政府的资助则是政府部门；如果一个组织一半以上的收入不是来自于以市场价格出售的商品和服务，而是来自其成员缴纳的会费和支持者的捐赠则是非营利组织。

---

① 由于学术界对非官方的、非营利的、主要从事社会公共利益工作的组织划分的角度和侧重点不同，存在着不同的表述和称呼。如有的将所有的社会组织分为政府组织与非政府组织两大类，然后再将非政府组织分为营利与非营利组织（non-profit organizations，NPO）两大类；有的按是否营利和是否以增进公共利益为组织目标，将社会组织分为公共组织和私营组织，然后再按是否具有行政权将公共组织分为政府组织和非政府组织（non-governmental organizations，NGO）。

② 按照美国公共管理专家格罗弗·斯塔林（Grover Starling）的观点，除了一般政府机构（即行政机关），政府企业（也叫公共企业）也可以同时归类到政府组织。政府企业全部或部分由政府资助，它具有企业特征，但一般为公众服务而建立。与企业相比较，公共企业具有企业的形态或者机构，但是其本质属性是公共性，而不是营利性，格罗弗·斯塔林认为在美国典型的公共企业的例子有美国田纳西流域管理局、美国农村电话银行等。参见Grover Starling，*Managing the Public Sector*，6th，Forth Worth：Harcourt College Publishers，1998。

③ 参见李文良：《我国公共部门与公共人力资源管理制度》，载《山东师范大学学报》（人文社会科学版），2006（6）。

④ 英国牛津乐施会创立于1942年，其宗旨是人道援助全球饥荒贫穷地区。

⑤ 参见王绍光：《多元与统一——第三部门国际比较研究》，杭州，浙江人民出版社，1999。

第三种是依据组织的“结构与运作”界定。具有代表性的是美国非营利组织研究专家莱斯特·萨拉蒙（Lester Salamon）提出的“五特征法”，即将具有以下五个特征的组织界定为非营利组织[①]：（1）正式组织性（formal organization）；（2）非政府性（non-governmental）；（3）非利润分配性（non-profit-distributing）；（4）自主管理性（self-governing）；（5）志愿性（voluntary）。

从大量文献来看，与非营利组织类似的词汇还有非政府组织（non-governmental organization）、志愿者组织（volunteer organization）、公民社会组织（civil society organization）、免税组织（tax-exempt organization）等。这些词汇的含义基本相同，可根据不同的语境而选择使用。

由于非营利组织在我国公共事务管理、公共产品和公共服务提供中发挥作用的时间还比较短，符合我国实际情况的非营利组织概念的权威性界定还没有形成。国内学者大多更倾向于从推动和促进非营利组织发展的角度出发，不将界定限制得过于严格。有学者就认为，只要是依法注册的正式组织，从事非营利性活动，满足志愿性和公益性要求，具有不同程度的独立性和自治性，就称之为中国的非营利组织[②]；还有学者认为，只要从事非营利性活动，满足志愿性和公益性要求，具有不同程度的独立性和自治性，就可称之为中国的非营利组织。1998年，国务院将设于民政部的原社会团体管理局改为民间组织管理局，“民间组织”一词从此作为非营利组织的中国官方用语被正式使用。

综上所述，非营利组织的含义是：非营利组织是以增进社会公共利益为组织目标，且是非官方的，即组织本身并不具有行政权力的公共组织。与政府组织相比，非营利组织的最大特点是非强制性和服务性。

3. 准政府组织

准政府组织是介于政府组织和非营利组织之间的一种过渡型公共组织，即非营利的以增进公共利益为组织目标，但通过授权等行使一定的行政权力，对公共事务的管理具有一定强制性的公共组织。在我国具体实践中，准政府组织包括行政类事业单位，工会、妇联、共青团、科协、工商联、青联、侨联、台联等群众团体，是独具中国特色的人民团体。[③]

3.2 非营利组织

3.2.1 非营利组织的特征与分类

1. 非营利组织的特征

联合国国民经济核算体系将经济活动划分为五大类：金融机构、非金融机构、政府、

---

① Lester Salamon, *Defining the Nonprofit Sector: a Cross-national Analysis*, Manchester University Press, 1997。萨拉蒙在早期研究中，对非营利组织的界定还有“非政治性”（non-political）和“非宗教性”（non-religious）的限制，但后来他去掉了这两个特征，扩大了非营利组织的范围。

② 参见康晓光：《NGO扶贫行为研究》，北京，中国经济出版社，2001。

③ 根据《社会团体登记管理条例》规定，工会等八种人民团体不必在民政部门登记注册。

非营利组织和家庭。非营利组织与其他四类社会组织的区别在于，非营利组织的大部分收入不是来自于以市场价格出售的商品和服务，而是来自其成员缴纳的会费和支持者的捐赠。

萨拉蒙和安黑尔（Anheier）在对12个国家的非营利组织进行比较研究的基础上，提出凡具有以下六个方面特征的组织都称之为非营利组织[①]：一是正式组织性；二是民间性；三是非利润导向性；四是自主管理性；五是自愿性；六是公共性。沃尔夫则认为，非营利组织具有五个特征：一是有服务大众的宗旨；二是有不以营利为目的的组织结构；三是有一个不致令任何个人利己营私的管理制度；四是本身具有合法免税地位；五是具有可提供捐赠人减免税的合法地位。凡符合这五个特征的组织一般被认为是非营利组织。

2. 非营利组织的“非分配性约束”

从萨拉蒙的定义可以看出，非营利组织的“非营利性”，主要体现在非营利组织的利润不得进行分配，即不分配给其成员或管理人员。美国法律经济学家亨利·汉斯曼（Henry Hansmann）将非营利组织的这一特征进一步提炼为非营利组织的“非分配性约束”（non-distribution constraint）。[②] 所谓“非分配性约束”，是指非营利组织不能把获得的净收入分配给对该组织实施控制的个人，包括组织成员、管理人员、理事等；净收入必须保留，完全用于为组织的进一步发展提供资金。在某种意义上，非营利组织的“非分配性约束”恰恰就是非营利组织区别于营利组织最重要的特征。

3. 非营利组织的分类

（1）国外非营利组织的分类。

从国外非营利组织的分类来看，目前比较普遍采用的是亨利·汉斯曼的标准，即按照组织收入的来源方式和管理方式进行分类。从收入来源来看，如果组织收入的大部分来自外界公众的捐赠，则称为“赞助型”组织；如果组织通过销售产品或者服务来筹集大部分资金，则称为“商业型”组织。从管理的方式来看，如果组织是由自己的顾客来进行管理，就称为“自理型”组织；如果组织成立专门的董事会，然后聘请总经理来管理，就称为“企业型”组织。按照非营利组织承担的功能进行分类[③]，主要分为：第一，宗教性组织：包括教会、教会的联合组织等；第二，社会性组织：包括奉献俱乐部、友爱团体等；第三，文化性组织：包括美术馆、博物馆等；第四，学术性组织：包括私立学校、研究机构等；第五，保护性组织：包括同行业者联合会、工会等；第六，政治性组织：包括政党、政治后援集团等；第七，慈善性组织：包括私立福利团体、慈善医院等；第八，社会运动组织：包括和平运动集团、环境保护组织、人权运动组织等。

（2）中国非营利组织的分类。

根据我国现行的法规和管理体制，非营利组织要在民政部门登记注册后才能成为合法的民间组织。我国现行的非营利组织可以分为两大类：第一，在民政部门登记注册的非营

---

① Lester M. Salamon，Helmutk Anheier，*Defining the Nonprofit Sector*，Manchester University Press.

② Henry Hansmann，The role of nonprofit enterprise，*Yale Law Journal*，1980，89：835-901.

③ 郭国庆教授对非营利组织的分类与此类似，他在其研究中将非营利组织分为社区服务型、助他保健型、助他教育型、自我改造型、沟通传播型、科研学术型、助他社会福利型、社会底层自助型、环境保护型、消费者福利型、国际事务型、职业协会型、休闲娱乐型、资金筹集型14种。参见郭国庆：《国外非营利组织的界定与分类研究》，载《市场与人口分析》，1999（6）。

利组织，称为已登记非营利组织；第二类，未在民政部门登记或者转登记的非营利组织，统称为未登记非营利组织。未登记非营利组织包括没有或不能在民政部门登记，或者转登记的非营利组织。其中包括在政府其他部门或相应的企业或事业单位挂靠的民办单位；在单位内部活动，不需要登记注册的社会组织；在工商行政部门以企业形式转登记的非营利组织；未登记的各种社区群团组织及境外在华非营利组织等。①

3.2.2 非营利组织是公共管理主体必要的组成部分

从根本上说，公共管理的本质要求和公共管理不同层次或领域的存在，以及非营利组织所具有的特性，决定了非营利组织是公共管理主体必要的组成部分。这是非营利组织成为公共管理主体的合理性所在。

1. 非营利组织是微观的社会服务和管理职能的主要承担者

公共事务作为涉及公众基本生活质量和公共利益的事务，本身就是产生于社会，这些事务的解决或公众需求的满足，也最终必然通过为公众提高服务落实到社会中去，这在现代社会表现得十分突出。而在现实中，面对广大公众的丰富多样的需求，不仅诸多的具体服务，而且在许多公共领域或对许多社会公共事务，如果根据政策法规与行业标准，交由社会中介组织办理，实现行业自律，管理效果往往要好于政府组织自己去做。非营利组织承担微观的社会服务和管理职能，这既是社会自我管理的本质反映，也是政府进行社会管理的内在需求。

2. 非营利组织能提高公共物品的供给效率

在现代社会，由于政府组织往往受到各种制约，需要面对政府庞大的科层机构所带来的对新的社会需求和发展机会反应不够灵敏，以及提供公共服务成本过高等问题，导致许多国家不得不进行了公共物品的供给向民间转移的公共管理改革。许多过去由政府直接提供的公共物品，改由政府资助的非营利组织提供。非营利组织在市场基础上的活动及其相互间的竞争，提高了公共物品的供给的效率和质量。实践表明，在公共产品供给的操作、实施层面，非营利组织往往比政府部门具有更高的效率和灵活性，是公共管理主体并发挥重要的作用。

3. 非营利组织能较好地满足社会多元化的需求

在现代社会，公众的兴趣、价值观念、经济利益等高度多样化，社会也分化为众多的阶级、阶层，以及各种各样的利益集团。而政府很难对社会的多元需求作出及时、恰当的反应。政府组织的弱点恰恰就是非营利组织的优势。非营利组织产生发展本身就是社会需求与利益格局多元化的结果。因此，从整个公共管理的角度分析，非营利组织作为公共管

---

① 《社会团体登记管理条例》第六条规定：“国务院有关部门和县级以上地方各级人民政府有关部门、国务院或者县级以上地方各级人民政府授权的组织，是有关行业、学科或者业务范围内社会团体的业务主管单位（以下简称登记管理机关）。”《民办非企业单位登记管理暂行条例》第五条规定：“国务院民政部门和县级以上地方各级人民政府有关部门、国务院或者县级以上地方各级人民政府授权的组织，是有关行业、业务范围内民办非企业单位的业务主管单位（以下简称业务主管单位）。”《基金会管理条例》第七条规定：“国务院有关部门或者国务院授权的组织，是国务院民政部门登记的基金会、境外基金会代表机构的业务主管单位。省、自治区、直辖市人民政府有关部门或者省、自治区、直辖市人民政府授权的组织，是省、自治区、直辖市人民政府民政部门登记的基金会的业务主管单位。”

理的主体，有利于社会自己组织起来，生产一定社区内的公众所需要的产品或提供所要求的服务，及时回应社会多元化的需求，从而缓解社会不同群体对政府不同要求的压力，使政府可以专心于决策和提供纯公共物品。

4. 非营利组织是当代公共管理社会化和市场化的必然要求

公共管理的社会化和市场化主要包括：一是明确政府的核心职能就是公共政策和法律的制定，将政府原有的一部分执行性和服务性的职能分离出去。按照“政企分离”的做法，重构政府与下属服务机关的关系，扩大服务机构的经营自主权；二是将公共服务尽可能交由社会组织，以扩大公共服务的总供给量，满足人们的需求；三是将经营性投资和能够开展市场竞争的领域，通过相关法律并建立“使用者付费”制度，交给私营部门经营。

除此而外，从整个现代社会的运行来看，非营利组织作为公共管理的重要主体，还具有扩大就业渠道、增强社会保障制度能力和提高公民民主意识、增加社会公民化程度等作用。在现代社会，非营利组织作为公共管理主体，是公共管理本身发展的内在要求，也是社会发展的必然要求。非营利组织在与政府一起致力于公共服务和管理、维护公共秩序、增进公共利益的同时，也促进了社会本身即公民社会的发育和发展，形成了良好的政府与社会的互动。

3.2.3　当代中国公共管理中的非营利组织

1. 我国非营利组织的兴起

当代中国的非营利组织主要是在建立社会主义市场经济改革展开后逐步形成和发展起来的。建立社会主义市场经济的改革从两个方面催生着非营利组织的出现。一方面，公民社会所要求的私有产权、平等自治的契约性关系、法治原则、尊重和保护社会成员的基本权利、自治性质、个人的选择自由等基本特性，随着社会主义市场经济体制的建立得到前所未有的发展。市场经济在中国的出现和发展，为非营利组织的成长打下了必要的基础。另一方面，社会主义市场经济体制的建立与完善、转变政府职能改革的不断发展，也对非营利组织的建立提出了需求，开拓了发展空间。实践表明，传统的以行政权力对社会全面管理的方式已不适应社会发展的要求，政府让出的空间也难以全部转交给营利性企业和公民个人，特别是政府和企业“不愿做、做不好，或不常做”的公共事务。市场缺陷无法全部通过政府来弥补，而政府缺陷同样也不能全部通过市场来解决，在政府和企业之外的属于社会领域的公共事务，就需要社会自己的自组织来承担。

为此，我国强化了培育和发展非营利组织的公共政策。中共中央、国务院对包括非营利组织在内的整个民间组织发展的需求有高度的认识并作出了回应，要求各级党委和政府把民间组织管理工作当做促进经济和社会发展的大事来抓，为民间组织的发展提供了又一必需的由政策法律构成的制度保证。因此，我国非营利组织应运而生。

2. 我国非营利组织发展存在的问题

当前我国非营利组织总体发展水平比较低，也显得较为弱小，且存在着不容忽视的亟待解决的问题。

（1）非营利组织自身存在的问题，主要包括：第一，身份不清。这集中表现在不少非营利组织具有亦官亦民或以非营利的身份从事营利活动。就前者而言，现阶段我国非营利组织大多是从政府部门脱胎而来，这些组织或与政府部门有着亲近的血缘关系，从而具有明显的官方色彩，有的甚至成为政府的附属机构，自治化的水平很低。非营利性是非营利组织的另一个基本特征。但是，由于我国现有的对非营利单位管理的有关法律很不健全，因此，一些以非营利组织登记并享受非营利组织待遇的团体在不知不觉中从事着营利活动，更有一些社团以非营利为名，采取各种手段谋取个人或小集团的不正当利益，损害了社会公平。第二，非营利组织缺乏资金、内部组织不健全、行为缺乏代表性和规范性。现阶段我国的非营利组织普遍经费短缺，开展公益活动所需的经费开支同组织的资金能力之间有很大缺口。在组织内部，在相当多的非营利组织的组织结构、管理体制、决策程序、财务制度、监督机制、自律机制等都不健全，人员老化、财务混乱是比较普遍的现象。因此，这些组织较难集中、综合地表达、捍卫所代表的群体的利益，得不到成员和一定社区内公众的支持和拥护，组织行为缺乏代表性和规范性。

（2）与非营利组织相关的政策实施和法律等构成的外在环境问题，主要包括：第一，对非营利组织基本政策的实施存在着培育和监督管理脱节、重登记而忽视过程监督的现象。“培育发展和监督管理并举”是当前我国制定的对包括非营利组织在内的整个民间组织的基本政策，这是十分适合我国现阶段基本国情和社会经济改革的正确政策。但是，在实施中，则存在着诸多不足。第二，法制薄弱。当前，我国有关非营利组织的法律制度不健全，有关非营利组织的法律规范、有关非营利组织民事关系调整的法律规范都很薄弱。

我国非营利组织发展中存在的问题，从整个社会来看，主要有社会监督机制不完善、法制不健全、行为不规范、组织内部经费不充足、公民的结社意识不强等原因。非营利组织自身存在的各种问题，在相当程度上又与政府基本政策实施和法律所构成的外部环境有关。

3. 我国非营利组织改革发展的基本取向

非营利组织是公共管理主体的重要组成部分，必须在大力培育非营利组织的同时，加强对非营利组织的监督管理。

（1）大力培育非营利组织。

在大力培育非营利组织方面，主要应抓好两项工作：第一，在社会领域推进“政社分开”改革。在全社会逐步树立起“只要是社会能做的事，政府就不要插手”的观念，并在社会生活的各个方面确立起相应的法律制度，政府逐步有序地从社会微观领域中退出，使非营利组织有必需的活动空间和平台，扩大非营利组织的数量，加快非营利组织的自治化进程。第二，重点在资金方面进行必要的资助。资金不足是当前非营利组织发展中存在的一个突出的问题，因此，结合我国的具体情况，制定具体的政策为非营利组织提供必要的资助，是培育发展我国非营利组织的一项重要工作。

（2）加强对非营利组织的监督管理。

加强对非营利组织的监督管理，重点要抓好两方面的工作：第一，逐步完善有关非营利组织尤其是其活动的法律法规。针对不同类型的非营利组织，制定行为规范，包括制定各种非营利组织可以提供的公共产品和公共服务的种类标准、质量标准和行为规范标准。第二，在逐步完善有关法律法规的过程中，通过依法行政和强化法律追惩的制度建设[①]，强化监督管理、强化各种法律规范的实施和监督，特别是对非营利组织运行的规范化及质量进行监督、政府资金使用的监督。

3.3　事业单位

事业单位是我国计划经济体制下产生的在社会公共事务领域提供公共服务和进行公共事务管理的实际承担者。这种计划经济体制下产生的事业单位实施对社会公共事务的行政化管理，是高度集中的政府管理体制的重要组成部分，具有准政府组织的性质。当前，这种事业单位还是我国公共管理的重要承担者和主体之一。

3.3.1　事业单位的含义与特征

1. 事业单位的含义

事业单位是随着我国计划经济体制的建立而出现的、我国特有的、对社会公共事务进行管理的实际承担者。事业单位是指受国家行政机关领导，没有生产收入、所需经费由公共财政支出、不实行经济核算、主要提供非物质生产和劳务服务的社会公共组织。

2. 事业单位的基本特征

我国与计划经济体制相适应的事业单位管理体制，具有如下的基本特征：

（1）事业单位活动的非经济性和政治性。

我国事业单位所从事的公共事务是不直接从事物质资料生产，这种非经济化的定位，一方面，事业单位的活动都被视为社会活动而不是经济活动，事业单位所从事的科、教、文、卫、体等活动被排斥在经济活动之外，与经济发展相脱离；另一方面，在整个国家经济发展水平还比较落后、群众需求单一的情况下，事业单位的活动更主要地被要求服务于上层建筑，甚至被作为上层建筑的组成部分，具有明显的政治性。

（2）事业单位由政府主办并主管。

在计划经济体制下，由于政府统一管理人权、物权和财权，以行政的方式配置社会资源，这样就形成了国家包办一切公共事务管理的局面。除少数集体所有制的事业单位外，我国的科学研究机构、教育机构、文化机构、卫生医疗机构、体育机构等都由各级政府主办并主管。

（3）事业单位经费由公共财政供给。

既然事业单位由政府举办并被定位于非经济的没有生产性收入的社会活动，没有自我生存与发展的能力；同时，事业单位从事的公共事务也是政府职能的范畴，因而在计划经济体制下，政府必然通过公共财政对事业单位的经费全面负责。这主要表现在：一是事业单位的人员全部列入编制，由公共财政供养；二是事业单位所需的活动经费由财政负担；

①　法律追惩，就是通过法律法规对非营利组织的活动给出一个法律禁止的底线，凡是法律禁止的，一定要严格行政执法，如果违反法律和有关规定，政府进行追查惩处；凡是法律不禁止的，非营利组织的任何活动都在允许之列，行政部门不予以干涉。

三是政府为事业单位制定统一的事业财务制度。

（4）整个事业单位系统具有行政性。

我国政府是事业单位的所有者，事业单位和事业行政管理部门在本质上是同一的。政府通过事业单位经费的财政供给直接控制事业单位的运行，使政府主管部门在其所管辖的领域内对事业单位处于绝对主导地位，事业单位成了政府部门的附属物，从而形成了事业单位与行政管理部门的一体化。

3.3.2 事业单位改革

1. 事业单位改革的必要性

（1）事业单位规模巨大、增长过快、财政负担过重的问题没有得到根本性的缓解。

改革开放以来，为与经济改革相适应，事业单位及其管理体制虽然也进行了一系列的改革，例如，针对事业单位的财政统包所造成的各种弊端，先后采取了一系列新的事业单位资金供给方式，逐步收缩财政资金供给范围，并对一部分事业单位停止财政拨款，从而出现了全额拨款事业单位、差额拨款事业单位和经费自理事业单位等不同形式，还有一些事业单位转为企业化管理，但是全额拨款的事业单位占绝大多数，事业机构和人员的快速增长，使各级财政不堪重负。

（2）社会效益不高。

由于事业单位总体上仍然由公共财政供给，且与行政管理部门的隶属关系没有从根本上得以改变，因而，一方面，国家对事业单位统得过多，管得过死，导致事业单位内部机制的不完善、影响活力和效益的情况仍然存在；另一方面，由于在对事业单位“放权”、“搞活”时对事业单位的根本性质缺乏明确的符合当代公共管理发展的定位，因而使不少事业单位热衷于通过各种方式甚至利用手中所执掌的行政权力去“营利”、“创收”，而弱化了公共服务，公益性被破坏，使社会对它们缺乏认同。

（3）与经济建设结合不紧密。

由于没有改变计划经济体制下事业单位的非经济领域定位，致使科研单位的成果难以转化为生产力，或者科研单位难以有必需的经费支持从事虽不是直接但却是经济建设基础性的研究工作，因而事业单位长期游离于经济建设之外的情况没有得到根本改善。

这种政事不分、管理方式单一、社会化程度不高、布局和结构不合理、管理体制和运行机制不适应市场经济的要求，都雄辩地说明推进事业单位管理体制改革已势在必行。

2. 事业单位改革的目标取向

与我国社会主义市场经济体制建立、政府职能转变改革相适应，事业单位管理体制改革的目标取向主要包括以下方面：

（1）事业单位的社会化。

事业单位的社会化有两层基本含义，即社会公共事业社会办和事业单位的资源配置与服务社会化。社会公共事业社会办，强调的是社会公共事业兴办的主体多元化，建立国办、民办和社会办等多种形式，建立事业单位参与公共服务提供的新格局。我国事业单位管理体制改革必须打破资源的行政化分割与部门单位所有制，鼓励社会力量举办公益事业，在坚持公益事业发展由政府主导的原则下，探索公共服务组织的多样化，形成社会公共事业举办主体的多元化格局。

(2) 事业单位运行的法制化和民主化。

事业单位管理体制改革在改变事业单位对政府行政管理部门的行政隶属关系、成为独立的进行公共事务管理与服务主体的同时，就必须加强立法，建立和完善包括科学技术立法、教育法、文化法、卫生法、体育法等在内的法律法规体系。作为进行公共事务管理与服务的社会组织，事业单位不仅需要在其内部进行法律基础上的民主化运行，更必须向社会公开，接受政府行政管理部门的监督和社会的监督。

(3) 转变事业单位管理方式。

按照转变政府职能的要求和政事分开的原则，理顺政府与事业单位的关系，创新政府管理事业单位的方式，落实事业单位在用人、财务、业务运营等方面的自主权，推行现代事业单位运行模式。行政主管部门要下放事业单位具体事务管理权限，对事业单位的管理主要是制定行为规则、确定绩效目标和服务标准、管理事业单位决策层、监管国有资产和服务质量。事业单位依法自主运作，独立承担民事责任，健全法定机构。

(4) 建立和完善事业单位法人治理结构。

在条件具备的公益类事业单位，探索建立理事会、董事会等形式的法人治理结构。除法律法规另有规定者外，理事会、董事会作为事业单位的决策机构，由举办者、出资者、管理者、服务对象和有关社会人士等组成，负责本单位业务发展规划、财务预决算方案、重要负责人任免或任免提名等重大事项。事业单位行政负责人及其领导的管理层作为事业单位的执行机构，执行理事会、董事会的决议，向理事会、董事会负责，独立自主开展工作。不宜组建理事会、董事会的公益类事业单位，要探索其他有效的法人治理方式。

3. 事业单位改革的指导思想、基本原则和分类

(1) 事业单位改革的指导思想。

要按照政事分开、事企分开、管办分离的原则，以社会功能为依据，合理划分事业单位类别，坚持统筹协调，突出管理体制和运行机制创新，逐步建立公益目标明确、布局结构合理、投入机制完善、治理结构规范、微观运行高效、监管制度健全的现代事业单位管理体制和运行机制，促进社会事业更好更快发展。

(2) 事业单位改革的基本原则。

深化事业单位改革，应坚持的基本原则包括：第一，实行政事分开。政事分开应是事业单位改革的基本原则。政事分开就是要解除政府与各事业单位的隶属关系，政府行政主管部门进行宏观管理，但具体事务则完全由事业单位自主解决，同时，要根据中央有关取消事业单位行政级别的精神和指示，有步骤地取消现行事业单位的行政级别。第二，实行职责分开。职责分开的主要内容，是指原来在政事一体化的体制下由事业单位承担和行使的政府职能，应交回政府由政府履行；而原来各级政府机构承担和行使的一些技术性、服务性的工作，应交给事业单位去完成。第三，实行管理方式及手段的分开。主要是政府行政主管部门对事业单位实行简政放权，对事业单位在宏观上按有关法律进行行政监督与管理；而在事业单位的人事、工资、计划、编制、财务、项目、职能等具体事务的运作与安排上，由事业单位自己管理。在事业单位的福利制度、单位名称等方面，事业单位也要与行政机关脱钩或必须严格区别。就事业单位来说，除经过立法、行政授权按需要使用行政手段进行管理外，在进行社会公共事务管理和提供公共服务时则应运用非行政手段。

（3）实行事业单位的分类改革。

在以政事分开为基本原则进行事业单位改革的同时，必须对不同性质和特点的事业单位采取不同的措施，推行分类改革。按如下三类进行改革：

第一，行政类事业单位，是指依据法律法规授权，按照规定程序批准设立，从事行政决策、行政执行、行政监督等行政管理工作，按照行政机构方式运行的事业单位，如金融监管机构、执法监督机构等。行政类事业单位改革，一是将完全或基本承担行政职能的事业单位，结合行政管理体制改革，逐步转为行政机构；只承担部分行政职能的事业单位，将行政职能和公益服务职能与有关单位进行职能整合或机构整合。二是除法律法规授权外，不再批准设立承担行政职能的事业单位。三是在解除与政府行政管理机关的直接隶属关系的同时，应根据立法，进行全额拨款，并在经济发展的基础上逐步加大公共财政对其的扶持力度。四是对行政类事业单位的行为及内部管理要强化监督。

第二，公益类事业单位，是指为社会提供公益服务或者为政府行使职能提供支持保障的事业单位。原则上只有公益类事业单位继续保留在事业单位序列。根据其职责任务、服务对象和资源配置等方面的不同情况，可具体划分为三个类别：公益一类、公益二类和公益三类。对公益类事业单位，政府仍需通过差额拨款进行资助，其经济上的收入应实行收支两条线。这类事业单位应并入非营利组织之中，依法实行严格管理，避免其由公益性变为营利性，改变其作为社会公共组织的基本性质和宗旨。

第三，经营服务类事业单位，是指从事生产经营服务活动，已经实现或经过调整后可以实现由市场配置资源的事业单位，如开发应用型科研机构、招待所等。经营服务类事业单位的改革方向是转为企业，并注销事业单位，核销事业编制，今后不再批准设立从事生产经营活动的事业单位。但是，由于这类事业单位又从不同的角度涉及公共利益，提供的是准公共产品和服务，因此，在其实行企业化运作之后，总体上仍需将其纳入公共管理的范围，对这些单位实行不同于普通企业的管理。

3.4 公共组织的变革

3.4.1 科层制组织与反思

1. 科层制组织的基本特征

被称为“组织理论之父”的马克斯·韦伯，创建了科层制理论。韦伯认为，任何组织的存在都是靠权威来维持的，而合法的权威主要有三种：一是基于习俗惯例的传统型权威；二是基于领袖个人超凡魅力的超人型权威；三是基于理性法规的法理型权威。韦伯认为，建立在法理型权威基础上的合法型统治是最理性的统治类型，它扬弃了传统型统治和魅力型统治的非理性，成为既稳定又合理的统治形式。科层制组织的基本特征包括[①]：

① 参见魏娜：《官僚制的精神与转型时期我国组织模式的建构》，载《中国人民大学学报》，2002（1）。

(1) 专门化。

在科层制组织中，作业是根据工作类型和目的进行划分的，具有很清楚的职责范围，它科学地划分了每一工作单元，删除了那些无用的重复工作，并考虑到职能交叉的必要。各个成员将接受组织分配的活动任务，并按分工原则专精于自己岗位职责的工作。

(2) 等级制。

科层制组织拥有一大批官员，其中对每个人的权威与责任都有明确的规定。官员们"处于固定的职务等级制度之中"、"拥有固定的职务权限"①。这些官员的职位按等级制的原则依次排列，部属必须接受主管的命令与监督，上下级之间的职权关系严格按等级划定。

(3) 规则化。

科层制组织的运行，包括成员间的活动与关系都受规则限制。"通过协议的或强加的任何法都可能以理性为取向，即目的合乎理性或价值合乎理性为取向（或者两者兼而有之），并制定成章程，同时有权至少要求团体的成员必须尊重它。"②

(4) 非人格化。

在科层制组织中，官员不得滥用其职权，个人的情绪不得影响组织的理性决策；组织成员都按严格的法令和规章对待工作和业务交往，以确保组织目标的实施。韦伯预言，官僚结构将会越来越没有人情味，没有人情味且被视为一种美德。

(5) 技术化。

官员们"根据专业业务资格任命（不是选举）——在最合理的情况下，通过考试获得的、通过证书确认的专业业务资格"③。科层制组织中的成员凭自己的专业所长、技术能力获得工作机会，享受工资报酬。组织按成员的技术资格授予其某个职位，并根据成员的工作成绩与资历条件决定其晋升与加薪与否，从而促进个人为工作尽心尽职，保证组织效率的提高。

(6) 公私分明化。

官僚制的设计把官员与其管理的物资和生产资料完全分开，官员和职员自己不实际占有管理物资和生产物资。"行政管理班子同行政管理物质和生产物质完全分开的原则是适用的……同时存在着职务机关（企业）的财富（以及资本）与私人的财富（家庭预算）完全分开的原则，以及职务运作场所（办公室）与住所完全分开的原则。"④

2. 科层制方法的主要内容

科层制是一种采用严格的规章制度来约束公共组织成员的行为，以高效完成工作任务的管理方法。在公共组织的管理中，科层制方法的主要内容是：

(1) 组织标准化。

科层制管理在组织中推行标准化方法包括三个方面：第一，分工专业化；第二，工作指标化；第三，人员统一化。

---

① ［德］马克斯·韦伯：《经济与社会》（上），246页。

② 同上书，242页。

③ 同上书，246页。

④ 同上书，244～245页。

（2）工作秩序化。

秩序是一切组织存在和发展的基础。科层制管理方法强调在公共组织内部的各要素、环节之间形成有机的联系，使相关组织之间互相协调，密切配合，形成了一个无障碍的工作流。它要求理顺组织内外的各种关系，包括命令服从关系、信息沟通关系、意见反映与反馈关系等。与此同时，它要求彻底清除人的随意性和传统组织的杂乱无章，使公共组织成为一架精密的机器。

（3）管理规范化。

科层制管理严格按规章制度行事，坚决抵制人情关系的干扰。它包括：第一，组织成员之间的关系完全以理性准则为指导，坚决排斥一切人为的、情感的、偶然的因素，尤其是排斥不良人际关系的影响；第二，对所有的人都一视同仁，使组织成员具有平等感和公平感，所有的组织成员都必须遵守规则和纪律，不因个人情感的不同而不同；第三，明确规定每一成员的职权范围和协作形式，使各个成员正确行使职权，减少摩擦和冲突；第四，精确计算组织成员的工作成果，以业绩为依据进行奖惩，公正、客观、合理地处理问题。

3. 传统科层制组织的缺陷与困境

科层制管理盛行于工业社会，它追求理性和效率，其目的是排除人的情感因素对组织运行的影响，尽可能地消除偶然性，使公共组织成为一种客观系统。这种管理方法力图在无序中建立秩序，适应了工业社会的需要。

（1）传统科层制组织的缺陷。

科层制曾经意味着组织方式的理性和效率。它给公共组织带来的逻辑规范，与装配流水线给工厂带来的逻辑规范一样，十分稳定、公平和精确。但是，公共组织的科层制，形成了一种典型的官僚体制，它专注于各种规章制度和等级节制的指挥系统，导致中央集权、层次繁多、行动迟缓的弊端。通过总结与反思，传统科层制组织的缺陷主要表现为：第一，科层制管理造就了一种刚性的官僚系统，就像一部机器，没有灵活性和主动精神，只有齿轮之间的被动运转；第二，采用标准化的管理和服务，忽视人的差异性和多样性；第三，排除了竞争的必要与可能，组织成员照章办事，墨守成规，以致造成得过且过、不负责任；第四，依靠条块分割的专业化单位来解决不断出现的新老问题，导致机构不断膨胀，职能交叉重叠。

（2）传统科层制组织面临的困境。

自 18 世纪以来，科层制作为一种占支配地位的组织形态，以其形式合理性和技术化的设计在西方社会取得了极大的成功，但由于其自身存在的缺陷以及现代社会环境的发展和变化，科层制的组织模式也面临着危机，具体表现如下①：

第一，从组织环境来看，政府组织的“内环境”与“外环境”均发生了急剧的、复杂的和不可预料的变化：首先，科层制所弘扬的“官僚制精神”，即非人格化、理性化与制度化，妨碍个人的成长和个性成熟，技术的普遍运用对个性的压制产生的非人格化与当代

① 参见陈国强、张洁：《转变中的公共行政范式——从官僚制行政走向后官僚制行政》，载《浙江社会科学》，2002（4）。

人们所渴求的个性的自由解放及对民主的追求产生了尖锐的矛盾；其次，信息技术的高速发展使得经济和社会的节奏加快，陈旧的层级管理和控制系统、照章办事循规蹈矩的传统方式已无法适应越来越普遍的社会动态因素对政府的职能要求；再次，全球化的趋势使国内外的联系日益紧密，相对封闭和科层制组织建构与建立在主体交往、文化多元基础上的新时代格格不入。因此，沃伦·本尼斯认为官僚体制在“内适应”和“外适应”上均出现了当代困境。①

第二，从组织结构上看，在严格的非人格化的金字塔结构中，官员的职位是由上级权力当局任命的，并在公共机关的等级制度系统中实行终身制，而公职人员从政首先是一种谋生手段，有着自身的利益要求，普遍具有经济学预设的“理性经济人”的特征，他在大规模的科层制中会追求自身收益的增加或获得提升的职业机会。既然职业发展靠的是上司的有力推荐，以职业发展为目标的公务人员会取悦他或她的上司。有利的信息将会发送，不利的信息将会受到控制。“信息扭曲将会减少控制，并产生偏离由行动产生的结果的期望。”②

第三，从组织方式上看，行政控制是传统科层制行政的关键。它涉及财务系统、预算冻结、组织重组、汇报制度以及以无数方法扼制公务员的自由处理权。科层制对个体行为的控制，一方面扼制了组织成员的创新思想，成员的竞争不以个体的创新与成就为标准，而以其职权的重要程度和服从表现为评价和晋升的条件，使组织内部竞争不公正；另一方面，组织的刻板性导致组织服务功能的减弱，增加用户即顾客、公众的困难。③

总之，“工业时代发展起来的官僚体制，专注于各种规章制度及其层叠的指挥系统，已不能有效运转；它变得机构臃肿、浪费严重、效率低下；它在变化迅速、信息丰富、知识密集的90年代已不能有效运转了”④。传统科层制组织已经无法适应急剧变动的外部环境，其变革势在必行。

3.4.2 公共组织的变革

1. 公共组织变革的目标

公共组织变革不是一个自发的过程，而是一个有组织、有计划和有意识的变化过程。公共组织变革绝不是一个简单的机构调整、人员增减问题，而是一个复杂的系统工程。机构调整只是手段，优化组织整体结构和功能才是目的。与此相应，所有变革都与公共组织的目标密切联系。

沃伦·本尼斯曾提出四个组织有效的标准，此标准也可适用于公共组织变革的目标。这些标准有：第一，适应性——解决问题以及对环境需求的变化的灵活反应能力；第二，组织身份的认同感——从组织本身出发，对组织存在的目的、目标以及组织下一步任务的了解程度；第三，对现实的认识能力——搜寻、精确感知和正确解释环境，尤其是那些关系到组织功能的因素的能力；第四，整合性——使组织中各个部分都服务于组织目标的整

① 参见朱国云：《组织理论：历史与流变》，249～253页，南京，南京大学出版社，1997。
② ［美］文森特·奥斯特罗姆：《美国公共行政的思想危机》，67页，上海，上海三联书店，1999。
③ 参见朱国云：《韦伯官僚组织结构理论的新演变》，载《国外社会科学》，1995（10）。
④ ［美］戴维·奥斯本、特德·盖布勒：《改革政府——企业家精神如何改革着公营部门》，12～13页。

合程度。[①]

概括起来，公共组织变革的目标包括以下三个方面：

（1）提高公共组织适应环境的能力。

公共组织为了生存和发展，要随环境的变化而变化。公共组织的静态结构、动态过程都要顺应客观环境的现状及其发展变化规律。公共组织机构的组成方式、职责权限、工作程序、工作方法的设定都要立足于环境系统的要求，组织的各项调整和变革都不能与客观环境的发展规律相违背。公共组织对外在环境的改造力是指在适应外部环境的同时，能动地影响外部环境，推动社会发展。

（2）提高公共组织自身的稳定性、协调性。

这个目标包括两个方面的内容：第一，理顺公共组织自身的工作秩序。按照公共组织的整体目标科学地划分各层级、各部门、各单位的职、责、权、利关系，使这些关系得到合理组合，既有严格明确的分工，又有和谐良好的合作，形成一个科学的、协调有序的系统。第二，理顺组织与个人的关系。把组织成员的个人目标纳入到组织的目标体系之中，增强组织成员对组织目标的认同和支持程度，加强组织目标对成员的激励、约束作用。

（3）提高公共组织的工作绩效。

在提高适应能力、提高公共组织自身的稳定性和协调性的基础上，促进公共组织及其所属人员的知识、技能和改进行为方式，提高工作绩效和服务质量，这是当代公共组织变革共同的、根本的目标。在这一变革目标的影响下，构建绩效型、责任型、学习型、服务型组织的变革浪潮正在全世界普遍开展。

2. 公共组织变革的内容

（1）组织结构的变革。

公共组织结构是指公共组织各个要素的排列组合方式。组织结构的变革就是要根据组织管理层次与控制幅度，对组织层级之间、部门之间的职权关系进行合理分配，以降低组织分化与整合的复杂程度。同时，引入现代管理方式可更高效地发挥公共组织效能。

在横向部门结构上，公共组织的变革主要有以下两个方面：从公共管理的过程来看，正在由重决策、执行部门，轻监督、咨询、信息等部门的倾向，向重咨询、信息、监督部门转变，力求与决策、执行部门相平衡。在纵向层级上，整个公共组织结构有着从集权式、尖塔形的结构形式向着分权式、扁平型的结构形式发展的趋势。

（2）公共组织权力关系的变革。

其内容包括：第一，公共组织向社会组织还权。公共组织是从社会中产生，又适应社会、服务于社会的。随着社会的发展变化，公共组织应不断调整自身的角色。库珀认为，目前的发展趋势非常明朗，过去仅由政府部门提供的物品和服务，现已通过承包、特许、颁发许可证、发放凭证或完全放权的方式交由私人企业或非营利组织，或通过组织间签订

① 参见［美］菲利普·J·库珀等：《二十一世纪的公共行政：挑战与改革》，245页，北京，中国人民大学出版社，2006。

协议的方式来提供。[①] 第二，横向分权。公共组织中的权力体系逐步由单纯的直线型权力关系向直线权力关系和参谋权力关系并存的状态转变。公共组织变革应加大参谋部门有一定程度的、相对独立的决策权、控制权和协调权，各级公共组织应逐步由过去单纯的直线型权力关系转向直线关系与参谋关系相交织的状态，发挥参谋权的积极作用。第三，在纵向权力分配上，实行集权与分权互相融合与共存。库珀认为，政府职能的改变，教育、培训项目的开发，员工计算机水平的提高，信息技术实际运用程度的提高，降低了人的认知局限、改进了沟通方式。因此，随着网络信息技术的应用，一方面对公共组织纵向权力分配提出了新的要求，包括给予组织基层一定的自主权，充分发挥每一层级机构和人员的自主性、积极性、创造性；另一方面，对于那些关系到全体社会成员整体利益的重大事务，必须保持高度的协调性、一致性，要求公共组织在国家的宏观层次上进行统一的协调和控制，否则会带来混乱。

(3) 技术变革。

在公共组织运作过程中，普及使用网络化的大容量计算机等现代化设备，通过现代网络技术实行业务流程再造、业务协同和资源共享，根治传统组织形态中强调分工所造成的部门分割和官僚主义。同时，通过网络建立虚拟机构、客户信息系统、规范工作流程和简化管理程序，减去多余、重叠的机构和不必要的中间环节，实现一站式管理与服务。事实上，“受信息技术发展的影响，已有成千上万个中层管理职位被取消。该做法背后隐含的假设是，中层管理者执行的多数职能可以由经过培训的一线员工利用信息技术来完成，而且高层管理者可以通过网络来实现对一线员工的监督检查”[②]。而这正体现了公共组织结构扁平化的发展趋势。

(4) 产品和服务的变革。

基于服务对象的需要，持续尝试发现更好的服务流程和服务方式，为社会提供最低成本、最好品质的产品与服务。或者通过创新公共服务方式，运用公共组织的技能与资源开发新产品与服务，使公共组织更好地满足顾客的需求。

(5) 人力资源变革。

人力资源是一个公共组织最重要的资源，公共组织的根本竞争力在于工作人员的技术与能力。应用在人力资源上的典型变革内容包括：第一，投资于训练与发展活动，让工作人员获得新的技术与能力；第二，将工作人员社会化，融入组织文化，使其学习到有助于提升组织绩效的新常规（routines）；第三，改革组织的规范与价值，重视融合组织自身文化的多样化员工，激发创新精神；第四，持续改进对多样化的员工所施行的晋升与奖励系统；第五，对高层管理团队进行变革，改善组织学习与决策制定。

在当代社会信息化、经济全球化和市场化、管理国际化的条件下，公共组织通过变革获得发展与能力，已经成为一股世界性的潮流。但在新的社会背景条件下，公共组织变革越来越表现出以下的发展趋势：一是着眼于知识经济时代组织特征及内部个体作用的变化，积极倡导学习型组织；二是着眼于组织结构的变化，倡导构建无缝隙组织、网络组织

① 参见［美］菲利普·J·库珀等：《二十一世纪的公共行政：挑战与改革》，204页。

② 同上书，203页。

和虚拟组织；三是着眼于组织功能的变化，区分“掌舵职能”和“划桨职能”、决策职能和执行职能，强化公共组织的社会服务职能。

本章小结

1. 现代社会中的组织主要包括公共组织和非公共组织。公共组织是以实现公共利益为目的、以管理公共事务和提供公共服务为基本职能的社会组织。为了实现组织目标和充分发挥功能，公共组织必须建立科学、合理的组织结构及其形式。

2. 在公共管理中，由于公共管理层次、公共事务性质的不同，政府组织、准政府组织和非营利组织构成系统的公共管理主体。现代公共管理主体是以政府组织为核心的，由政府组织、非营利组织和准政府组织共同构成的公共组织系统。政府组织、准政府组织和非营利组织只有协调发展，才能形成一个完备的公共管理体系，才能最大限度地增进公共利益。

3. 事业单位及其管理体制是我国在计划经济体制下形成的，具有非经济性和行政化等特性。当前我国事业单位改革，必须以事业单位社会化以及运行法制化和民主化为目标，以政事分开为原则，根据事业单位的不同特点推进事业单位及其管理体制的分类改革。

4. 科层制是一种采用严格的规章制度来约束公共组织成员的行为，以高效完成工作任务的管理方法。它强调组织标准化、分工专业化、工作秩序化、管理规范化。科层制越来越不能适应信息社会的管理要求，必须进行变革。

5. 公共组织变革的目标就是要提高公共组织的适应能力，加强公共组织自身的稳定性和协调性，提高公共组织的合作绩效。公共组织变革的内容主要包括：组织结构变革、权力关系变革、技术变革、产品和服务的变革和人力资源变革，并呈现出共同的发展趋势。

关键术语

公共组织　非营利组织　事业单位　公共组织环境　公共组织变革　学习型组织　无缝隙组织　网络组织

复习思考题

1. 联系实际分析准政府组织与非营利组织的联系与区别。
2. 如何理解公共组织纵向结构和横向结构的基本特点？
3. 联系实际分析非营利组织的主要特征与作用。
4. 分析我国事业单位及其管理体制的形成原因、存在问题以及如何进行分类改革。
5. 分析公共组织变革的目标和主要内容。
6. 案例分析题：请认真阅读下段案例材料，然后按照要求回答问题。

近日，某地有关部门对市场上的猪肉和猪肝制品进行了检测，发现其中23%含有“瘦肉精”。记者追踪了该地猪肉从生产到上市的全过程，发现一头猪从养殖到走上百姓餐桌，要经过动检、质检、卫生、工商等多道关口，但每个环节都存在安全漏洞。

生猪养殖：猪肉源头。涉及管理部门：动检、质检。在该地规模最大的养猪场，场长说打交道的主要是镇兽医检疫站，质检部门也有权来检查，但真正的管理很难实行，因为猪场是全封闭管理，检疫人员就算来了也进不了猪场。但每次生猪出栏时检疫人员肯定会来，按一头猪2元钱开具检疫证明。“检疫员用什么方式检疫呢?”“目测。一般猪有什么毛病基本都能看出来，要么走路不稳，要么器官异常，仔细看，大部分毛病还是能看出来。”“像饲料中添加‘瘦肉精’能查出来吗?”“那不可能。就是区检疫站也没那个技术能力。市局倒是可以，但检测费太高，一次要3 000元左右，去年市局只查过一次。这个事现在指望外界监督根本不行，只能靠自觉。”当地检疫站专职猪肉检疫员刘××告诉记者：作为猪肉安全的第一道关口，他们的岗位职责确实重要，但现在面临的问题太多，如工资是靠自收自支、收入极不稳定等，这就很难保证基层防疫工作中不出现违反职业道德、玩忽职守等情况。

屠宰厂：解决一头猪只需两分钟。涉及部门：动检、质检、卫生、商委专业执法队。国家规定：生猪出栏后必须进行定点屠宰。在一家定点屠宰厂，记者看到这里只有一排简陋的红砖房，屠宰器械血迹斑斑，作业台上布满了杂碎肉，紧邻作业车间的一条地沟腐物成堆，厂外的一条脏水沟臭气熏天。一名并无戒心的工作人员对记者说：“一头猪两分钟就可以解决。”“那检疫怎么搞呢?”“这个，按规定好像是有专人管的。我们出去的猪肉都有检疫章。”据了解，该地现有69家定点屠宰厂，其中具有产、供、销一条龙作业的定点厂只有十多家，大部分屠宰厂是“托屠代宰”，不管运来什么猪，一律照宰不误，然后让猪贩子运走了事。当地政府商委设有一支专门的执法队伍，负责定点屠宰厂的日常管理。但对于出现问题的厂家，他们并没有摘牌权，只能处以一定数额的罚款或建议当地相关部门处理。而一些区县出于地方利益的考虑，尽可能地“保护”本地小屠宰厂的生存和利益。

集贸市场：猪肉流通地。涉及部门：工商、动检、质检、卫生、市场管理处。在集贸市场，几个猪肉摊贩向记者讲了大体相同的猪肉“安全检查程序”：检疫部门按每头猪15元的标准用“目测法”检疫盖章，工商部门也照此法复检并收取4元的摊位费，然后就可以放心地出售了。记者问：“除了有病的猪肉，注水肉他们管吗?”“这个不会吃出什么问题，一般不管。不过我们这乡里乡亲的，基本不这么做。”“那市场对你们的猪肉来源有要求吗?”“这个也不管，只要没病就行。”市场检疫人员对此的解释是：要求从定点屠宰厂进货不现实。以前管过一次，结果市场上没卖肉的了。负责市场管理的工商所则说：“我们不具备技术手段，只能凭经验检查，发现问题后要请食品检验、动物检疫等部门进行检测。比如查注水肉，从取样到出检测报告，至少一个星期，这个过程太麻烦，时间耗不起。”经过几天的追踪采访，记者了解到，从生猪养殖到猪肉上市，这一过程涉及农委、商委、动检、质检、卫生、工商六个部门和一个市场管理处，如果猪肉进入肉食厂进行加工，还要经过轻工部门一关。问题是，一关也好，八关也罢，老百姓企盼的是：能尽快吃上真正放心的猪肉。

资料来源：根据新华社电稿改编。

问题：（1）从组织结构方面来看，"八个部门管不好一头猪"的症结是什么？

（2）如果你是该市市长，你将采取哪些措施解决猪肉食品的安全问题？

第4章

公共领导

领导贯穿于公共管理活动的全过程；领导也是公共管理活动重要的主体。要使公共管理和谐有序地运行，就必须要有统一的组织和指挥，就必须要实施有效领导，公共领导是公共管理学的重要内容。本章围绕领导的含义及作用、领导体制、领导的艺术与方法进行阐述。

重点问题

- 公共领导的含义与作用
- 领导体制
- 领导方法、领导能力与领导方式

4.1 公共领导概述

4.1.1 公共领导的含义和特点

1. 领导的含义

对公共领导的含义和特点的把握，离不开对领导的含义和特点的把握。仅从字义上理解，领导具有率领、引导之意。巴斯和斯托克蒂尔在其合著的《领导手册》（1990 年）一书的序言中指出，领导含义的界定至少有 12 种。[①] 具有代表性的界定主要有：

① 参见陈振明、孟华主编：《公共组织理论》，144 页。

彼得·德鲁克认为，“领导就是创设一种情境，使人们心情舒畅地在其中工作。有效的领导应能完成管理的职能，即计划、组织、指挥、控制”①。斯蒂芬·罗杰斯认为，“领导就是影响他人实现目标的能力和过程”②。毛泽东认为，“领导人员依照每一具体地区的历史条件和环境条件，统筹全局，正确地决定每一时期的工作重心和工作秩序，并把这种决定坚持地贯彻下去，务必得到一定的结果，这是一种领导艺术”③。

因此，领导是领导者在一定环境下，为确定和实现既定目标，对被领导者进行统御和指引的行为过程，它包含了领导者、被领导者和环境三个基本要素。

2. 公共领导

公共领导是指公共组织的领导者在一定的环境下，为确定和实现公共目标，通过对各种社会资源进行合理配置，对组织成员和公众进行统御和指引的行为过程。具体含义包括：

（1）公共领导是一个社会组织系统。这个系统由公共领导者、被领导者、环境三个要素构成。这个系统如用公式表示就是：公共领导＝f(领导者、被领导者、环境)。这三个要素缺一不可。它们相互结合，才能构成有效的领导活动。

（2）公共领导是一个动态的行为过程。④ 公共领导的三个要素构成两对基本矛盾：一是领导者与被领导者的矛盾；二是领导活动的主体（领导者与被领导者的统一体）与领导活动的客体的矛盾。领导者的“投入”（决策和推动其实施）要通过被领导者的行为效率“产出”。客观环境具有二重性（自在性与为我性），领导活动主体作用于客观环境的过程，表现为客观环境由“自在之物”不断地转化为“为我之物”的具体过程，是在能实现的事情中阐明愿景、赋予价值和创造环境的过程。

（3）公共领导是公共领导者与被领导者之间积极互动的过程。公共领导是公共领导者通过影响、组织、决策、指挥、协调和控制行为，率领被领导者实现预定目标的过程。领导一方面有赖于领导者的创造性和积极性的发挥，另一方面，领导的有效展开又有赖于领导者通过积极性和创造性的发挥。

（4）公共领导是权威和公共认可的关系。从传统意义上来看，领导者与被领导者的关系，就是权威和服从的关系。但这只是问题的一个方面，问题的另一个方面是领导者这种相对于被领导者的权威和要求被领导者服从的力量，却是有赖于被领导者的公共认可。离开被领导者这一公众的公共认可，领导者的职权就是形同虚设。

（5）对公共领导的绩效评估存在着较大的困难。对如何评估领导绩效的问题一直没有简单的答案。公共领导由于其提供的服务和产品的特殊性，公共领导绩效与组织绩效划界的模糊性，使得对公共领导的绩效评定显得较为困难。

3. 公共领导的特点

从公共领导含义的分析中，我们可以发现公共领导相对于“私人领导”、“领导一般”来说，具有以下特性⑤：

---

① ［美］彼得·德鲁克：《管理思想全集》，3页，北京，中国长安出版社，2006。

② ［美］斯蒂芬·罗杰斯：《组织行为学》，12页，北京，中国人民大学出版社，1997。

③ 《毛泽东选集》，2版，第3卷，901页，北京，人民出版社，1991。

④ 参见王乐夫：《领导学：理论、实践与方法（第3版）》，33～34页，广州，中山大学出版社，2007。

⑤ 参见陈振明、孟华主编：《公共组织理论》，164～165页。

(1) 公共领导者赖以发挥其领导作用的组织依托是公共组织或公共部门。因此，公共领导者掌握公共权力，行使公共管理职能，以追求和实现公共利益为目标。

(2) 公共领导职权的公共性、服务性。从公共领导职权的来源、使用和后果来看，都具有了公共性。从职权的来源来看，它来自于人民的授权；既然职权来自于人民的授权，那职权也就必须为民所用，只能服务于公共目的，只能用来为社会大众谋福利。

(3) 决策的"公断性"。与此相对应的是权力运作的民主性和公开性。尽管公共领导与领导一样具有领导者的鲜明个性，但公共领导却尽量淡化这种"个性"的鲜明，以避免在决策上凸显个人意志和个人专断，而是力求民主"公断"。

(4) 公共领导的价值取向是公共利益。与私人领导的利益导向不同，公共部门尽管也存在关注利益和利润的一面，但公共领导更为注重的是整体的和社会的利益。① 再者，公共领导职权的公共性，要求公共领导任何时候、任何情况下，都不能把本组织的利益、部门利益、个人利益凌驾于广大民众利益、社会公共利益之上。"公共利益是政府存在的合法性依据"，"是公共组织发展的逻辑起点和终点"②，因而，它是公共领导的最终的价值取向。

4. 公共领导的作用

公共领导是公共管理的核心和灵魂，也是组织工作关系、人际关系和多种社会关系的中心，肩负着协调它们之间的相互关系的使命。具体来说，公共领导的作用主要表现为：

(1) 导向、统领的作用。公共领导的基本职责是把握全局、确定组织和单位的发展方向，引领变革、引领创新，推动组织的进步和发展。再者，公共领导效能是由领导决策目标和组织效率决定的，而保证决策目标的正确，并不单单取决于决策时候领导者的高瞻远瞩，更重要的是，在实现目标的过程中不断回应环境和修正目标。

(2) 影响、表率的作用。领导的职位决定了他必然是有影响力的人，领导者的领导风格、领导魅力、道德风尚以及习惯偏好，都会对团队成员产生重要的影响，引领好的社会风气。而领导要对其追随者施加影响，就不仅要借助其职权，而且要借助其专业能力、人格魅力等，以便对追随者形成一种综合性的影响。这也就是领导的表率作用。

(3) 协调、沟通的作用。在领导的管理活动中，不可避免地会遇到各式各样的冲突和矛盾，这就需要协调、沟通。协调主要是处理人与人、人与组织以及组织与组织之间的关系。而要做好协调，就必须做好沟通。沟通是协调的前提。沟通也称信息交流，是指将某一信息传递给相关对象，以期作出回应的过程。

(4) 迎接挑战，引发变革的作用。公共领导不同于管理，它面对和处理的是非结构性问题，极具挑战性，公共领导实际上就是不断迎接挑战的过程。③ 变革无处不在，变革在所难免。在这种情况下，催生变革，并促使变革成为发展核心的领导便成为能否提高工作效率的关键因素。公共领导者必须发现时机以驱动变革、增长、创新和提升。

4.1.2 西方领导理论的演进与新发展

自20世纪30年代以来，人们对于领导及其效能问题，有各种各样的解释或讨论，内

---

① 参见张康之等：《公共管理导论》，26页，北京，经济科学出版社，2003。

② 陈振明、孟华主编：《公共组织理论》，5页。

③ 参见［美］加里·尤克尔：《组织领导学（第五版）》，7～8页，北京，中国人民大学出版社，2004。

容十分丰富。这些理论按照出现的时间顺序，大致经历了领导特质理论、领导行为理论、领导权变理论等的演进，而至20世纪80年代，领导理论又获得了突飞猛进的发展，其中较有影响的主要有交易型和变革型的领导理论、转换型领导理论和领袖魅力理论。

1. 西方经典领导理论

（1）特质理论（trait theory）。

长期以来，西方国家的管理学者们一直把领导者的各种个人性格和特征，作为描述及预测其领导成效的标准。这种用以区分领导者与一般人的不同特征，并以此来解释他们成为领导者的真正因素的理论，就称为特质理论。① 许多从事测评、招聘和选拔领导人员的人，深信这些理论的有效性。例如，他们认为领导者有六项不同于非领导者的特质：进取心、领导意愿、正直与诚实、自信、智慧和与工作相关的知识。②

（2）行为理论（behavior pattern theory）。

由于特质理论的潜在的理论缺陷和在现实中不断被证伪，理论界出现了以下三种领导方式理论、领导连续流理论和四种管理方式理论。

第一，勒温等人的三种领导方式理论。心理学家勒温等人最早对领导方式进行研究。他们通过对儿童俱乐部的研究，探讨了集权式领导、民主式领导和放任式领导三种领导方式。

第二，领导连续流理论。美国管理学家坦嫩鲍姆和施米特提出领导连续流理论，即主管者—非主管者的行为连续流。他们认为领导方式有各式各样，一个适宜的领导方式取决于环境与个性，依据领导把权力授予下属的大小程度的不同，一般分为以领导人为中心和以下属为中心的一系列领导方式；认为领导方式中不是独裁与民主的两种方式中任选其一，而是以一系列连续流的领导方式，并不是一种方式正确而另一种方式就总是错误的。另外，领导方式具有开放的性质，组织环境和社会环境也会对领导方式施加影响，主管人员必须作出决定或在管辖下属时适当考虑组织外部的利益。

第三，利克特（R. Likert）的四种管理方式理论。美国管理学家利克特及密歇根大学社会研究所的有关研究人员，曾进行了一系列的领导研究，他们把领导者分为两种基本类型，即以工作为中心的领导和以员工为中心的领导。前者的特点是：任务分工结构化，严密监督，工作激励，依照详尽的规定行事；而后者的特点是：重视人员的行为反应及问题，利用群体实现目标，给予组织成员较大的自由选择的范围和权力。研究者们得出的结论是：员工导向的领导者与高群体生产率和高工作满意度成正相关关系；而生产导向的领导者则与低群体生产率和低工作满意度联系在一起。

（3）权变（或情景）理论（contingency situational theory）。

在现实中，人们越来越认识到，要找到一种适合于任何组织、任何性质和任何对象的、固定的领导特质和领导行为方式是不可能的。事实上，没有一成不变的、普遍适用的“最好的”领导方式。领导行为效果的好坏，不仅取决于领导者个人的素质和能力，而且

---

① 关于特质理论的研究，请参见：［美］加里·尤克尔：《组织领导学（第五版）》，206～237页；陈振明、孟华主编：《公共组织理论》，148～149页；芮明杰：《管理学：现代的观点（第二版）》，289～292页，上海，上海人民出版社，2005。

② 参见孙多勇：《公共管理学》，200页，长沙，湖南人民出版社，2005。

取决于诸多的客观因素，如被领导者的特征、领导的环境等。用一个公式表示就是：

领导$=f$(领导者、被领导者、环境)

上式说明，领导方式是领导者、被领导者和领导环境的一个变数（函数）。因此，有效的领导行为是因时间、地点、条件的变化而变化的，这就是领导权变理论的实质。在20世纪70年代以前，权变理论的主要研究成果有：弗雷德·菲德勒（Fiedler）的领导权变模型、赫塞和布兰德的领导生命周期理论、豪斯和米切尔的路径—目标理论、弗鲁姆和耶顿的领导者参与模型等。

第一，菲德勒的权变理论（contingency theory of leadership）。美国管理专家弗雷德·菲德勒提出“领导权变理论”。他认为，任何领导行为都可能是有效的，也可能是无效的，关键要看它是否与情境因素相适应。如果领导者的类型与情境相容，领导者就是有效的，否则，就是无效的。

为了测定领导者类型，菲德勒采用了一种最不愿意合作者标准来测定领导者是属于任务取向型还是关系取向型，即领导者类型。根据菲德勒的观点，得分低的人对自己最不愿意合作者的评价较低，是任务取向型的。任务取向意味着一个人主要靠任务和成就来激发他做事的动机，这种人凭借完成任务的好坏实现自我。得分高的人对自己最不愿意合作者的评价较高，是关系取向型的。关系取向是指一个人主要以个人关系为目标来激发自己，这种人通过建立与他人良好的人际关系来实现自我，他们的最不愿意合作者是那些不忠诚、不支持的人，而不是那些不胜任的人。他们认为关系比任务更加重要。此外，菲德勒还用了三种因素来描述领导情景——职位权力、任务结构、领导者与被领导者之间的关系。

第二，路径—目标理论（path-goaltheory）。美国管理学家罗伯特·豪斯（R. J. House）提出期望值理论，他认为，激励因素的大小受个人实现目标的可能性大小和目标的价值决定。这一理论的内容包括：有效的领导者通过明确指明实现工作目标的途径来帮助下属，并为下属清理路途中的各种障碍和危险，从而使下属的行动更为顺利。依据该理论，领导者不仅要帮助下属阐明并实现他们的目标，还要对下属提供必要的指导和支持，排除下属在实现目标中的障碍，使其能顺利地达到目标；在工作中要给下属多种满足需要的机会。简而言之，领导者的效率取决于他促使下属达成组织目标并使下属在工作中得到满足的能力。

按照路径—目标理论，领导者的行为被下属接受的程度取决于下属是将这种行为视为即时满足的源泉，还是作为未来获得满足的手段。领导行为的激励作用在于使下属的需要满足与有效工作绩效联系在一起，提供了有效的工作绩效所必需的辅导、指导、支持和奖励。

从总体来看，领导权变理论强调没有唯一的、绝对合理的领导方式，关键取决于领导者、被领导者和环境三因素之间的互动是否较为合理。但领导权变理论在强调环境因素的同时，也忽视了领导者本身所具有的某些特质。

2. 西方领导理论的新进展

进入20世纪70年代，特别是80年代以来，学者们对领导权力的来源和运用做了一定的研究，并都取得了一些有价值的进展。这些进展主要有归因理论、领导魅力理论、认知资源理论、交易型和变革型领导理论、基于价值观的领导理论和团队理论。以下介绍的是领导魅力理论、交易型和变革型领导理论。

（1）领导魅力理论。

领导魅力理论既脱胎于马克斯·韦伯的领导魅力理论[①]，又进一步发展了领导特质理论。领导魅力理论是指当下属发现领导者的某些作为时，他们自然会把这些作为归因于领导者的伟大或杰出的领导能力。豪斯认为，魅力型领导是指对下属的情感产生深刻影响的领导者，下属不仅仅把他们当做上级看待，而且把他们当做一个英雄或楷模式人物。人们通常把宗教领袖和政治家描述成魅力型领导。领导魅力理论有它的合理性和解释力，但这一理论没有具备普适性和可证伪性，在实践上也存在着风险性。

（2）交易型和变革型领导理论。

正如加里·尤克尔所说，交易型和变革型理论奠基于伯恩斯和巴斯的思想。1978 年伯恩斯的经典著作《领导学》出版，提出了领导行为可以分为交易型和变革型两种，为这一理论的研究拉开了序幕；在借鉴伯恩斯和豪斯思想的基础上，1985 年巴斯的专著《领导和超出预期的表现》出版（*Leadership and Performance Beyond Expection*），更是拓展了这一理论，使这一理论更加成熟和富有解释力。

在变革型领导中，领导帮助员工开阔眼界，鼓励下属为了组织的利益而超越个人的利益，激活他们对更高秩序的需要；而下属也对领导感到信任、羡慕、忠诚和尊敬，对任务目标充满期望和热情。而在交易型领导中，领导的影响力主要来自领导能够使部属相信贡献和报偿是公平的、合理的，而部属对领导的顺服和忠诚也是建立在交换互惠的基础上的，但不可能产生对任务目标的热情和支持。

4.2　公共领导体制

4.2.1　领导体制的含义和内容

1. 领导体制的含义

根据《辞海》给出的界定，体制是指国家机关、企事业单位在机构设置、领导隶属关系和管理权限划分等方面的体系、制度、方法、形式等的总称。因此，领导体制是指公共组织中领导职能、领导权力和领导责任的配置制度、方法及其运行机制。

领导体制的好坏，直接关系到领导能否有效地履行职能，有效地调动组织成员的积极性，实现组织目标。

2. 领导体制的内容

领导体制的内容，主要包括以下四个方面：

（1）领导结构。

领导结构是指领导职能、领导权力和领导责任的配置结构。领导职能是指公共组织中的领导者管理社会公共事务和公共组织内部事务的职责和功能。领导权力是指公共组织中

---

① 参见［美］加里·尤克尔：《组织领导学（第五版）》，283～299 页。

的领导者管理社会公共事务和公共组织内部事务所享有的合法资格与相应的强制力。领导责任是指公共组织中的领导者在没有履行或没有完全履行或错误履行其应履行的职责和功能时所要承担的后果，包括政治责任、法律责任、纪律责任和道德责任。

（2）领导的层次与跨度。

所谓领导层次，是指纵向组织结构的等级层次。有多少等级层次，就有多少领导层次。领导跨度是指一个领导者能直接有效地指挥下级的幅度。现代领导工作，由于专业性强，涉及面广，工作量大，一个领导者能够直接有效地领导与指挥下属的人数是有一定限度的。一般原则是：下层领导跨度可以大些，上层则应该小些，呈金字塔形的领导层次。

（3）领导机构中各部门之间的职责与权限划分。

这种职权划分，要求建立严格的从上而下的领导行政法则和岗位责任制，对各个领导部门（领导干部）的职责权限作出严格而明确的规定。这是领导体制的核心问题。

（4）领导干部的管理制度。

领导干部的管理制度属于狭义的人事制度，包括选举、招考、任免、考核、调动、轮换、回避、离（退）休等方面的制度，是国家政治制度的组成部分。

4.2.2　公共领导体制的基本类型

公共领导体制类型可以按照不同的标准来划分为四大类别：根据领导机关中最高决策权所属人数的多少，可以划分为首长制和委员会制；根据权力集中的程度和行使的特点，可以划分为集权制和分权制；根据公共组织构成单位的功能、职权性质与范围，可以划分为层级制和职能制；根据公共组织中同一层级各部门所受的指挥和控制，可划分为完整制和分离制。

1. 首长制和委员会制

一个组织的领导机关，其法定最高决策权力完全集中在一位行政首长身上的领导体制，称之为首长制或独任制。如法定的决策权力由两位或两位以上的行政首长行使，则称之为委员会制或合议制。我国实行的是首长制领导体制，瑞士实行的是委员会制领导体制。

首长制的优点是：权力集中，责任分明，行动迅速，指挥灵敏，冲突较少，效率较高，易于考核优劣。首长制可以有效地防止推诿和扯皮，消除或减少个人意志及不负责任的现象。首长制的缺点是：过于倚重行政首长，容易影响工作的稳定性和连续性；在监督机制不完备的情况下，容易产生个人专断。

委员会制的优点是：能够集思广益，减少决策失误；委员来自不同的方面，有代表性，有利于系统内部的协调，可以避免个人滥用职权。委员会制的缺点是：权力分散，责任不明确，行动迟缓，效率较低，难以考核优劣。在现实生活中，其具体表现为：名为集体负责，实为无人负责。

2. 集权制和分权制

集权制是指一切最后决定权都集中在上级领导机关和领导者，下级必须完全遵照上级的指示或决定办事的领导体制；分权制是指下级机关或下级领导者在自己管辖的范围内有较大自由裁量权，上级对下级权力范围内的事不加干预的领导体制。

集权制的优点是：政令统一，标准一致，力量集中，指挥方便，能够统筹兼顾，利于重点建设。集权制的缺点是不能因地、因时制宜，不利于发展个性，适应能力不强。

分权制的优点是：可以使下级独立自主地工作，发挥自身的特长和创造性。分权制的缺点是：政令不统一，各方常常发生矛盾和冲突，难以协调，也容易产生本位主义、分散主义，使国家集体利益受到损害。

3. 层级制和职能制

层级制，又称分级制，是指公共组织纵向划分为若干层级，上下层业务性质相同，但有隶属关系，下级对上级负责，业务范围由上至下逐层缩小的公共领导体制。层级制的每个层级的领导者所管辖的业务性质相同，只是管辖的空间范围随层级降低而随之缩小。

职能制，又称为分职制，是指领导机关中平行地设置若干部门，每一职能部门所管辖的范围都以本行政机关的整体为对象，只是各部门所管辖的内容分工不同而已，如国务院设各部、委、办；省政府设各厅、局等；部队的军部设司令部、政治部、后勤部等。

层级制的优点是：指挥统一，步调一致，权力集中，节制严明，行动迅速；各层次领导者的业务性质基本相同，便于沟通领导；由于这种体制强调掌握与熟悉各方面业务，有利于培养具有统筹安排、综合平衡能力的“通才”；各级领导者业务性质大体相同，干部升迁或调动，均能很快胜任，对政府机构很合适。层级制的缺点是：缺乏专业分工，工作弹性小；权力过于集中，容易造成领导者事无巨细，事必躬亲；中间层次太多，信息传达容易失真，领导难以有效指挥。

职能制的优点是：分工精细，领导者各司其职，业务熟悉，工作效率高，有利于培养精通各门业务的专家和提高领导的专业化水平。职能制的缺点是：分工过细，容易造成机构臃肿，人浮于事；容易形成割据状态，滋生本位主义，导致政出多门，互相扯皮，难以协调各部门的矛盾与冲突；由于各专业部门只熟悉本身的业务，对整体与全局的情况不够了解，因此容易违反系统原则、经济原则与效率原则。

4. 完整制和分离制

完整制，又称为集约制或一元统属制，是指同一领导层级的各个机关，受一个领导机关或一位首长指挥、监督的领导体制。在完整制下，实行分工协作，以取得协同一致的效果。中国实现的是完整制的领导体制。

分离制，又称为独立制，或多元统属制，是指同一个领导层级的各机关，受两个以上的领导机关或首长的指挥、监督与控制的领导体制。美国是实行分离制最典型的国家。

完整制的优点是：权责集中分明，组织结构简单统一，机构之间分工合作好，有利于领导机构的统筹和决策的贯彻执行，减少相互推诿、扯皮，避免工作重复和减少内耗，有利于提高工作效率。完整制的缺点是：首长权力过分集中，容易滋生首长的独断专横，属下单位缺乏主动性、积极性和创造性，容易造成因循守旧的工作作风。

分离制的优点是：权力分散，各机关独立性大，措施灵活，有利于发挥各机关的优势，有利于防止专断与滥用权力，有利于发现和培养人才。分离制的缺点是：各机构之间协调合作有一定的难度，容易造成各自为政、权力冲突和工作混乱，工作效率降低，造成人力、物力、财力的浪费。

4.2.3　公共管理领导体制的改革

随着我国经济社会的发展，特别是行政体制改革的不断深入，领导体制不适应社会发展要求的问题越来越明显，因此，领导体制改革势在必行。

1. 我国公共管理领导体制存在的问题

(1) 领导职能相互混淆。由于我国长期政企不分，政事不分，横向划分过细，推诿扯皮现象严重，直接影响公共领导效率。

(2) 领导权力过于集中。领导权过分集中于公共领导机关和领导部门，而在领导机关和领导部门中，又过于集中在为数很少的几个主要负责人身上。可以说，权力过分集中，也是我们领导体制存在问题的病根之一。

(3) 领导权力的约束滞后。我国领导体制中一直缺乏对公共领导机关，尤其是领导者有效的权力约束机制，领导者唯权为大的情况在一些地方程度不同地存在着。由此导致的官商勾结、官官相护、集体贪污，何尝不会让政府名誉扫地，民心尽失。

(4) 公共组织机构高度膨胀。长期以来，我国公共组织机构臃肿、人浮于事，是我国领导体制的一个重要弊端，是加重政府的财政负担，是党和政府的领导机关产生官僚主义作风的一个重要原因。领导机构尽管历经多次精简，但每一次精简过后又迅速膨胀。

(5) 用人制度缺乏活力。我国的干部人事制度是为适应高度集中的计划体制而制定的，在社会经济迅速发展的今天，这种体制存在的弊端主要表现为：人才结构不合理、行政执法能力不足、工作效率不高；缺乏公平竞争的激励机制和优胜劣汰的内部环境，使公共管理人员的素质结构失调，队伍难以优化组合；在内部晋升流动上过于僵化，产生能进不能出、能上不能下、能官不能民的现象；缺乏法治精神，孕育和产生用人问题上的任人唯亲、裙带关系等腐败现象。

2. 公共管理领导体制改革的路径

鉴于我国领导体制中的问题，我国公共管理领导体制改革的路径包括：

(1) 完善领导职能分工，理顺各种关系。一是实行党政分开，改善和加强党的领导；二是要完善党委、人大、政府三个不同机构的关系；三是按照权责相称原则确定职权体系，理顺职权关系，即理顺中央与地方的职权关系和政府内部的职权关系。

(2) 在保证政令统一的前提下，适当下放权力。解决我国现行领导体制中的权力过分集中问题，在科学划分权限的基础上进一步下放权力，是克服领导机关陷于事务主义而不能自拔、基层缺乏自主权、人民群众的积极性难以充分调动这些弊端的有效途径。

当然，下放权力应以巩固中央统一领导为前提，而且在当前，为保证社会稳定，加强宏观调控，还是要强调适当的集中。中央必须掌握必要的权力。

(3) 改革组织人事制度，增强党和国家的活力。当前应重点抓好这样几个方面的改革：第一，在公务员序列之外全面推行聘任制；第二，减少关卡，允许干部自然流动；第三，坚决打破论资排辈，实行干部能上能下；第四，增加透明度，体现“三公开”，即除少数特殊职位以外，要把任职岗位、条件、拟选拔对象的情况向群众公开，并接受群众的评议与监督；第五，实行竞争式选拔，提高群众的参与程度，达到好中选优。

（4）继续推进机构改革，合理设置机构，克服机构臃肿。按照统一、精简的原则构建政府的组织结构，精简机构。首先，纵向层次要尽可能地少；其次，横向部门划分不宜过细。实行精兵简政，提高各级领导机关和职能部门的工作效率，克服官僚主义。

（5）加强权力制约与监督。政府应接受来自社会的各种力量的考察，如各类组织、社会大众、新闻舆论对权力的制约监督。

4.3 公共领导方法

4.3.1 领导方法概述

毛泽东曾说过："我们不但要提出任务，而且要解决完成任务的方法问题。我们的任务是过河，但是没有桥或没有船就不能过。不解决桥或船的问题，过河就是一句空话。不解决方法问题，任务也只是瞎说一顿。"① "一切工作，如果仅仅提出任务而不注意实行时候的工作方法……那末，什么任务也是不能实现的。"②

1. 领导方法的含义

学术界对什么是领导方法存在着诸多界定和表述。有人认为，领导方法是领导者行使领导职能、完成工作任务的手段或途径；有人认为，领导方法是领导水平、执政能力和领导科学的重要组成部分。我们认为，领导方法的含义可界定为：领导方法是指领导者配置资源、沟通和协调关系、统筹安排时间、统御和激励下属的各种手段与途径。

2. 领导方法的特征

根据领导方法内涵的阐释，领导方法具有以下特征：

（1）领导方法的目的性。领导方法既是通向领导愿景或组织目标的方法，就标明了方法的目的性，且这种目的性也内在于领导者的意愿之中。

（2）领导方法存在正确与错误、有效与无效之分。领导方法是领导者在领导工作中普遍运用的，不存在无领导方法的领导工作。然而存在着科学与不科学、正确与不正确、有效与无效的领导方法。③

（3）领导方法的多层次性。在一个领导系统中，存在着不同层级的、不同时期的领导目标、不同要求的目标，这使领导目标相应地富有层次性。

（4）领导方法的具体相关性。领导方法的多层次性也意味着领导方法的具体相关性，因领导方法是依附具体目标的，目标不同，方法自然不同；另外，具体的领导方法也受制于领导情景和被领导者的特殊情形，这也使它具有了具体相关性。

（5）领导方法存在动态变异性。领导方法是客观的，客观事物是不断变化的，因而反映客观事物的领导方法也是经常变化发展的。此所谓法无定法。

---

① 《毛泽东选集》，2版，第1卷，139页，北京，人民出版社，1991。

② 同上书，140页。

③ 参见王乐夫：《领导学：理论、实践与方法（第3版）》，226页。

4.3.2 领导协调

马克思就指出："一切规模较大的直接社会劳动或共同劳动，都或多或少地需要指挥，以协调个人的活动"①。那么，什么是领导协调？领导又该如何运用协调使其充分发挥作用呢？

1. 领导协调的含义和特点

（1）领导协调的含义。领导协调是指公共部门领导者为了实现既定目标，通过调配、协调政府与社会之间、政府不同组织之间、政府各部门之间、公务员之间、政府不同职能之间等的关系，使社会和组织保持一种平衡状态以实现预定目标，发挥整体最大功效的过程。领导协调的作用用一句话概括就是内求团结、外求发展。

（2）领导协调的特点，主要包括：第一，平等性。平等性是指协调双方处于平等位置，没有强制力的直接作用。即使参与协调的一方处于领导地位，只要他行使的是协调职能，也主要借助自然性发挥影响力。第二，互利性。协调活动能否收到预期效果，取决于协调措施对协调各方利益要求的满足度。这使领导的协调活动在追求整体利益实现的同时，必须尽量地满足成员的合理要求。第三，结果不确定性。与决策、计划、指挥等职能不同，协调虽然也可能有既定的方案、措施，但这些方案和措施更加灵活，常常需要根据协调工作进展情况作出调整甚至改变，这使协调的结果具有不确定性。

2. 协调的内容

按照内容的不同，领导协调可分为：

（1）领导工作关系协调，主要指领导者在履行公共领导职能过程中对影响工作任务的人力、物力、财力等要素的关系进行协调。领导工作关系协调主要包括部门任务协调、工作时间协调、政策措施协调和工作要素协调等几个方面。

（2）领导人际关系协调②，是以领导活动中涉及的人际关系为对象和内容的协调。领导者协调包括上下级之间关系的协调、同级组织的协调、领导班子成员之间的协调、领导者与下属之间关系的协调。领导者只有在良好的人际关系条件下，才能更好地处理其日常事务，使领导活动的诸多因素达到最佳配合以实现其整体效益和系统功能。

3. 领导协调的原则

要做到有效协调，必须遵循以下原则：

（1）以人为本。协调的实质在于处理好人际关系。因此，协调要紧紧围绕人来展开，坚持以人为本。协调工作要把尊重人、关心人和理解人贯彻到协调工作的始终。

（2）客观公正。协调者能否被协调对象接受，协调措施能否被协调对象认可，取决于协调者及其拟订的协调措施是否客观公正；背离了客观公正原则的协调措施不可能被接受，也达不到协调效果。

（3）整体性原则。领导过程中出现的不协调现象有时表现为个人与组织、局部与整体之间的利益冲突，当出现这种利益冲突时，不应以牺牲组织的整体利益去满足个人利益或

---

① 马克思：《资本论》，2版，384页，北京，人民出版社，2004。

② 参见俞志平：《协调能力：领导者素质的重要体现》，载《社会主义论坛》，2005（2）。

部门利益。

（4）求同存异。求同存异，关键是求同，要客观全面地分析各方面的情况，找准各方都认可、事关全局的共同点，促使各方统一思想，达成共识。在协调的时候，必须努力从被协调各方寻求共同点，以此来统一各方，同时允许各方保留不同点和差异性，只求大同，不求全同，在基本原则上达到一致，而次要的、非原则的东西则在某种程度上可以忽略。

（5）互惠双赢。在矛盾双方互相尊重和互相理解的前提下，在双方都有协调合作的诚意及有作出妥协让步的准备下，还要使协调方案能够让矛盾双方都能获得一定的利益好处，从而使矛盾得到解决。

（6）灵活机动。协调固然必须遵循国家的方针政策和法律法令，必须遵循公共道德，必须遵循组织的规章制度，但也要求协调者依据实际情况灵活机动地采取合适的协调方式。

4.3.3 领导沟通

1. 领导沟通的含义和作用

领导沟通是科学领导体系的重要组成部分，也是实现公共领导职能的重要环节。领导沟通能力的高低，会直接影响到他所领导的组织的发展，沟通的成败往往决定着领导者未来的命运。

（1）领导沟通。

所谓沟通，是为了一个设定的目标，把信息、思想和情感在个人或群体间传递，以取得理解、信任的过程。[①]“领导意味着用这样一种方式与他人沟通，即他人受到感染和激励并作出能促进形成共同目标并产生所期望的结果的行动。”[②] 领导沟通，即领导者为实现其目标，通过一定的领导组织和领导手段实现与组织内外的追随者、被领导者进行的信息、思想和情感的传递与互动，以保证公共利益和目标的有效协调与实现的过程。

（2）领导沟通的作用。

领导沟通的作用可以简化为一句，就是通过营造一种和谐氛围或环境来达致领导目标。具体来说，主要有以下三个方面：第一，沟通是科学决策的前提。领导者在作出决策之前，需要借助沟通，掌握决策的大量信息，既包括组织内的信息，也包括组织外的信息，既包括上级的信息，也包括下级的信息。只有掌握全面而正确的信息，才能做到科学决策。第二，统一思想，提高绩效。由于各成员的地位、利益、知识、能力以及对组织目标的理解和掌握的信息不同，就会产生不同的个人目标，就会对决策形成不同的认识、产生不同的态度。因此，为了使组织目标能顺利实现，就需要相互交流，统一思想，认清形势，提高工作效率，实现组织目标。第三，沟通可以改善人际关系，鼓舞士气，增强组织的凝聚力。因为通过沟通，组织成员之间可以消除误会、化解矛盾、增进了解、增强感

① 美国主管人员训练协会把沟通解释为：它是人们进行的思想或情况进行交流，以此取得彼此了解、信任及良好的关系。参见芮明杰：《管理学：现代的观点（第二版）》，382 页。

② ［新加坡］林志颂、［美］理查德·L·德特：《领导学》，301 页，北京，中国人民大学出版社，2007。

情；同时有效的沟通，使得领导者与被领导者缩短了双方的心理距离，培养了下属对领导者的信赖和重视，在感情得到满足的同时，下属会坦诚地表达自己的感受和看法。

2. 实现有效沟通的途径

（1）选择合理的沟通渠道。

其内容主要包括：第一，正式渠道。它是依据组织结构、层次及不同部门之间、上下级之间明文规定进行的信息与内容传递的路径。正式渠道沟通严肃可靠，约束力强，易于保密，沟通信息量大，并且具有权威性，一般来说沟通效果好；但正式沟通环节多、速度较慢，有时不能保证实现双向沟通，使一方意见不能充分发表或出现信息失真及扭曲。第二，非正式渠道。它是在非正式组织范围内或非正式场合进行的沟通。组织内的非正式团体是由于其成员感情、兴趣爱好、经历相同，或精神上的相互需要而形成的，因此，沟通途径超越正式渠道，复杂多变。非正式渠道沟通不拘形式、传递信息速度快、简单明了，但传递的信息不确切，容易失真，有时出现“小道消息”，难以控制，而且它可能导致小集团、小圈子的形成，影响人际关系，影响组织的凝聚力和人心稳定。

（2）选择合理的沟通模式，构建信息沟通网络。

选择合理的沟通模式、构建信息沟通网络历来为公共领导者和学者们所重视。行为科学家莱维特、巴维拉斯等对沟通问题做了专门的研究，提出了沟通网络的五种模式①：第一，链式沟通。也可称直线沟通，就是信息链条似地逐级传递。第二，轮式沟通。即某一个居于核心位置的沟通主体分别与其他几个沟通主体进行沟通。第三，全通道沟通。即组织成员都可以不受任何限制地互相沟通，各成员在沟通中享有平等地位。第四，环式沟通。也称圆周式沟通，即没有沟通核心，沟通主体只能和左右两个沟通对象进行沟通。第五，Y 式沟通。Y 式沟通是对沟通方式的形象化描述，这种沟通存在于纵向层级关系之中，中间某一沟通和两个以上的上级组织进行沟通，同时又和下级组织保持链式沟通。

如果对这五种沟通模式进行比较，会发现：链式沟通速度最快；圆周式沟通在提高组织成员的满意度、激发士气方面具有优势；轮式沟通和链式沟通在解决简单问题时效率较高，而解决比较复杂的问题时，圆周式沟通和全通道式沟通最为有效；Y 式沟通兼有轮式沟通和链式沟通的优缺点。沟通的效力在于沟通模式的正确性和尽可能小的“噪声”。

（3）选择有效的沟通形式。

组织中的沟通形式多样，各有特点，领导者应该结合具体情况慎重选择。主要包括：第一，口头形式。这是最普遍、最常见的沟通方式。如交谈、讲座、讨论会、电话等都是口头形式沟通。口头形式沟通快速传递、快速反馈、方式灵活、信息量大。但口头形式沟通传递中经过的层次越多信息失真就越严重，核实越困难，事后难以准确查证。第二，书面形式。指采用书面文字形式进行的沟通，如各种报告、备忘录、信件、文件、内部期刊、布告、条例、建议书等。书面形式沟通的优点是持久、有形、可以核实、逻辑性强、条理清楚、可以反复修改、反复阅读；缺点是效率低、缺乏反馈、应变性差、信息量小。第三，非语言形式。它是指采用声、光信号，体态（手势、肢体动作、表情），语调等形式的沟通。非语言形式的优点是信息意义十分明确、内涵丰富、含义隐含灵活；缺点是传

① 参见芮明杰：《管理学：现代的观点（第二版）》，386～387 页。

送距离有限，界限含糊，只能意会，不能言传。第四，电子媒介形式。它是指采用传真、闭路电视、计算机网络、电子邮件等形式的沟通。电子媒介形式的优点是快速传递，信息容量大，远程传递一份信息同时传递给多人、成本低；缺点是单向传递，电子邮件可以交流，但看不到表情。

3. 增强领导沟通的方法

增强领导沟通的方法主要有：

（1）构建畅通的沟通网络。[①] 要使政府内部高效运作起来，就需要在各部门和不同层次人员之间，通过一定的沟通工具（如各种会议、电子媒体、意见信箱、内部沟通、布告栏等），建立纵横交错的高效信息沟通网络，政府高层的方针政策才能快速、高效地传递到下级各处，并通过监督、答疑等手段，使政府部门和人民群众都能理解并执行。

（2）树立主动沟通的意识。领导者的沟通意识，直接关系到政府内部沟通的有效开展及与人民群众间的沟通和谐。公共组织的领导者应有主动的沟通态度，拓展各种沟通渠道，以促使上下意见一致，从而培养上下的整体利益观念。

（3）创造有利的沟通环境。营造一个相互信任、有利于沟通的氛围的关键是培育积极的文化。可通过政协、人大、纪检部门等各种有效途径，加强与人民间的联系，建立起一种有利于沟通的氛围，使整个社会成为相互沟通和交流的社会。

（4）要完善民主监督机制，在知情环节、沟通环节、反馈环节上建立健全制度，进一步增强民主监督的实效。要提高专题调研的质量，加大反映社情民意的力度，拓宽建言献策的渠道，进一步提高参政议政的能力和水平。

（5）注意沟通与信息技术的关系。在现代科学技术条件下，信息技术已经彻底改变了公共领导沟通方式，提高了领导者沟通的有效性，明显改进了领导监控个人和公众监督政府的能力，它允许政府拥有更加完整的信息来更快地进行决策，为政府和公众共享信息提供了更多的机会。[②] 政府和公众间可利用互联网进行沟通、互访。

4.3.4 领导激励

哈佛大学维廉·詹姆士通过对员工激励的研究发现，采取激励措施能够有效激发员工的工作能力。他的研究表明，在没有激励措施的情况下，下属一般仅能发挥工作能力的20%～30%，而当他受到激励后，其工作能力可以提升到80%～90%，所发挥的作用相当于激励前的3～4倍。下属的潜能不被激励，藏着就是无能。但是该如何充分发挥领导激励的艺术性呢？

1. 激励的含义

激励就是运用各种刺激手段，唤起人的需求，激发人的动机和使人处于亢奋状态的过程。从心理学上讲，激励就是在外部某种刺激的影响下，使人们产生一股内在动力，朝着所期望的目标奋斗的心理过程。我们这里所讲的激励，就是领导者调动下属积极性和创造

---

① 参见［美］理查德·J·斯蒂尔曼二世：《公共行政学：概念与案例（第七版）》，390页，北京，中国人民大学出版社，2004。

② 参见上书，407页。

性的一种行为和手段。由此，激励的概念是：运用一定的方法来激发人们的动机，开发人的能力和潜力，充分调动人的积极性和创造性，使被领导者表现出高度的工作热情和创造精神。

2. 激励的原则

激励是一门科学，有效的激励应该遵循以下基本原则①：

（1）物质激励和精神激励相结合原则。物质需要是人类最基本的需要，物质刺激的作用是表面的。随着生产力水平和人员素质的提高，应该把激励的重心转移到满足较高层次的精神需求上去。物质激励是基础，精神激励是根本，要避免走极端，迷信物质激励容易导致拜金主义，迷信精神激励又会导致精神万能。

（2）正激励和负激励结合原则。斯金纳（B. F. Skinner）的强化理论把强化分为正强化和负强化，这里的强化就是激励。正激励就是对员工符合组织目标的期望行为进行奖励，以使得这种行为更多地出现。负激励就是对员工违背组织目的的非期望行为进行惩罚，以使这种行为不再发生。正激励和负激励都是必须而有效的，应该将其巧妙地结合起来，坚持以正激励为主，负激励为辅。

（3）按需激励原则。只有满足员工最迫切需要的激励，才能起到激励效果。因此，领导者在激励时，不可搞多年一贯制，应深入地进行调查研究，不断了解下属需要层次和需要结构的变化，有针对性地采取激励方式，才能收到较好的激励绩效。

（4）差别激励原则。影响下属工作积极性的因素主要有工作性质、领导行为、个人发展、人际关系、报酬福利和工作环境等。领导者应根据不同的类型和特点制定激励制度，而且在制定激励机制时一定要考虑到个体差异，因人而异。

（5）公正原则。公正是激励的一个基本原则，如果激励不公正，不该奖的奖了，不该罚的罚了，不仅收不到预期的效果，而且会产生许多消极的后果。公正就是要赏罚严明，奖惩适度。要做到不分亲疏、远近，一视同仁。

激励除了要遵循以上的原则之外，还要注意激励的及时、明确、适度和区分度，使激励发挥到最佳效果。

3. 激励的方法

激励的方法②，概括起来有如下几个类型：

（1）物质激励。主要是薪酬和奖金的制度激励，对政府工作业绩和公共组织运行产生持续影响。如合理的奖金制度。

（2）参与激励。领导者让下属和群众参与决策、管理和监督，鼓励人们提建议并予以重视，积极采纳，这便是参与激励。参与激励的关键是领导者要广开言路。

（3）目标激励。目标作为一种诱引，具有引发、导向和激励的作用。因此，相关公共领导应针对不同的对象与其不同的需要对其制定不同的目标进行激励，有目的地引导需要，才能更有针对性地做好下一步的政府工作。

---

① 学者们对激励原则进行了诸多的论述。具体参见孙多勇：《公共管理学》，222 页；张世和：《领导激励成本及其要求》，载《领导科学》，2000（2）；韩瑞林：《对领导激励现状的认识与思考》，载《领导科学》，2004（24）；彭庆辉：《浅析领导激励的方法与艺术》，载《前进》，2006（2）。

② 参见彭庆辉：《浅析领导激励的方法与艺术》，载《前进》，2006（2）。

（4）情感激励。这是指领导者与被领导者之间的以感情联系为手段的激励方式。人的情感具有两重性：积极的情感可以提高人的活力；消极的情感可以削弱人的活力。

（5）需要激励。需要激励理论认为：需要层次理论将人的基本需求由低级到高级分为五个层次，即生理的需求、安全的需求、社交的需求、尊重的需求、自我实现的需求。需要层次理论告诉我们，需要的满足因一个人在组织中所做的工作、年龄以及员工的文化背景等因素的不同而有所差异。

（6）榜样激励。主要是指领导的个人形象对被领导者的思想和行为能够起到明显的榜样激励，从而推动各项工作的开展。领导者应当身先士卒，以身作则，发挥榜样作用。

（7）荣誉激励。用荣誉作为激励因素对员工的激励效果在激励公共组织成员的措施中占有十分重要的地位。同报酬激励一样，荣誉激励仍然必须遵守公平、公正的原则。在缺乏公平、公正原则的荣誉激励过程中，只能对荣誉获得者产生激励作用，对其他公共组织成员非但不能起到激励作用，而且还会产生消极影响。

（8）信心激励。很多时候下属可能对自己缺乏信心，不能清楚地认识和评价自己，尤其是对自己的能力，往往不清楚自己的优势和劣势以及实现目标的可能性有多大。因此，下属需要外界尤其是自己信赖的、尊重的、敬佩的人的鼓励，而来自上级的鼓励则更加可贵，它意味着上级会给自己提供成功的机会和必要的帮助，这无疑会激发下属的需要和激励下属努力进取。

（9）赏识激励。赏识是比表扬、赞美更进一步的精神鼓励，是任何物质奖励都无法相比的。赏识激励是激励的最高层次，是领导激励优势的集中体现。领导者应做到会赏识激励下属。当下属有进步时，他最需要得到的是认可；当下属获得成功时，他最需要的是给予赞赏；对下属的智力贡献，如提建议、批评等，也要及时地给予肯定的评价。只有这样，赏识激励才能产生预期效果。

4.4 领导能力

4.4.1 领导能力的内涵及其基本条件

1. 领导能力的含义

领导能力，就是领导者的个体素质、思维方式、实践经验以及对领导方法的把握程度等影响具体领导活动效果的个性心理特性的总和，它是领导者素质的核心。现代社会发展对领导能力提出了更高的要求，需要深入研究。

2. 发挥领导能力的基本条件

发挥领导能力需要有这样几个方面的基本条件：

（1）领导能力的发挥，必是在一定的环境和组织结构中进行的。要发挥好领导的能力，需要对领导体制进行改革，实行机制和制度的创新，建立一个高效、廉洁、公正的制度。领导体制是领导活动正常进行的组织保证，是发挥领导能力的重要条件。

（2）发挥领导能力，需要领导者明确组织的目标、责任与价值。领导者被授予职位而有了名位，被赋予一定权力而有了支配性影响，但职位与职权都需要有相应的约束，需要负相应的责任。这有利于领导者把握好职权、职责的标准和尺度，为正确发挥领导能力奠定基础。

（3）发挥领导能力，离不开领导者的基本素养。领导者素养包括政治素养、知识素养、能力素养和心理素养。在领导活动和实践中加强自身修养，善于学习，有利于领导在团队组织中发挥其领导能力，因为一个人的知识越多，能力就越强，有利于其更好地发挥自身的领导能力。

4.4.2　领导能力的主要内容

领导的能力包括多方面的内容，主要有以下几个方面：

1. 领导的创新能力

"创新是一个民族进步的灵魂，是一个国家兴旺发达的不竭动力，也是一个政党永葆生机的源泉。"① 创新是领导者必备的素质，是一个合格领导者的重要特征。

所谓领导创新，就是公共部门为适应公共管理与环境的需要，与时俱进地转变观念与职能，探索新的方法与途径，形成新的组织结构、业务流程和规范，全面提高公共领导效率，更好地履行政府职责的实践过程。领导的创新能力主要体现在五个方面：广博的知识面、敏锐的问题意识、全新的思想观念、良好的精神状态和敢于承担风险的胆识。

2. 领导的战略思维能力

领导的战略思维能力是指具有较强的战略意识、善于制定战略规划，并能够正确地确立战略目标，从而不断取得事业辉煌的能力。领导的战略思维能力主要包括：

（1）战略洞察力和战略判断力。战略洞察力是指对战略问题及其因素的高度敏感性和深刻洞察力。它是战略思维能力中的"前导"，对开辟战略方向和战略目标起着决定性的作用。战略判断力是通过分析和综合比较、抽象概括、进行判别和鉴定的认识能力。它对领导干部科学判断形势至为重要。

（2）战略分析力与战略综合力。战略综合力是指在分析的基础上，把对分解的各个部分、方面、要素的认识统一起来，形成对客观事物整体认识的思维能力。综合的要求是从宏观和整体上把握并认识事物，从系统和全局上把握并驾驭对象之间相互联系的思维能力。

（3）战略预见力和战略创新力。战略思维能力要求有战略预见力。最重要的是要有时代的敏感性，要善于见微知著，在事物初露端倪时，就敏锐地把握它的本质和走向。战略创新是当代战略理论中新的生长点。这首先因为战略创新最符合战略的本性。战略是通过设置新的目标和战略措施，通过效用结构去改变现状的，它是面向未来的。其次也因为战略创新往往是最好的战略发展，它使得战略主体处于最有利的战略格局之中，常常是一种最有效的战略导向。所以，应提高战略创新能力，积极进行战略上的创新。

（4）战略统筹力和战略决断力。战略统筹力是战略综合力与战略决断力的"中介"。对领导者而言，具有内在的规定性。战略统筹力表现为总揽全局，组合局部，筹划工作的

---

① 江泽民：《在中国科学院第十次、中国工程院第五次院士大会的讲话》，见中华人民共和国中央人民政府网，2000-06-05。

能力。领导者要提高统筹能力，必须学会从全局出发看问题。站在制高点上，对各方面的情况加以统筹思考。战略决断力是战略洞察力与判断力、战略分析力与综合力、战略预见力与战略创新力的综合反映。或者说，战略决断力是上述诸种战略思维能力的最终体现，因而也是战略思维能力的最终体现。一般说来，战略思维过程，总是可以区分为既相对独立又有内在联系的若干阶段。就其内在逻辑而言，它们依次是：战略洞察—战略分析—战略综合—战略统筹—战略决断。

培养领导的战略思维能力，一是加强哲学修养，提高辩证思维能力；二是努力拓展知识面，用丰厚的知识积累作为战略思维的材料；三是在实践中锻炼；四是善于利用外脑。

3. 领导的执政能力

（1）领导执政能力发挥的重要性。领导执政能力可以具体阐释为领导通过执掌权力，管理公共事务的能力。2004年9月19日中国共产党第十六届四次全体会议通过《中共中央关于加强党的执政能力建设的决定》，其中所提到的执政能力，也包含着对领导执政能力的理解："当前和今后一个时期，加强党的执政能力建设的主要任务是：按照推动社会主义物质文明、政治文明、精神文明协调发展的要求，不断提高驾驭社会主义市场经济的能力、发展社会主义民主政治的能力、建设社会主义先进文化的能力、构建社会主义和谐社会的能力、应对国际局势和处理国际事务的能力。全党要紧紧围绕上述任务，立足现实、着眼长远，抓住重点、整体推进，不断研究新情况、解决新问题、创建新机制、增长新本领，全面加强和改进党的建设，使党的执政方略更加完善、执政体制更加健全、执政方式更加科学、执政基础更加巩固。"①

（2）制约领导执政能力发挥的因素。领导的执政能力与三个因素有关：一是政府所具有的强制力，即政府拥有军队等暴力机器来支持政府执行其要推行的政策、法律等，这样政府才有可能具备执政能力；二是政府存在的合法性，只有这个政府是被统治者所接受的，它才是正当存在的，因此它的领导也就具备了强制力；三是政府合法性的来源，即民众的支持，也可以称为政府的政绩问题。

（3）领导执政能力，主要包括：推动社会主义物质文明、政治文明、精神文明协调发展，驾驭社会主义市场经济的能力，发展社会主义民主政治的能力，建设社会主义先进文化的能力，构建社会主义和谐社会的能力，应对国际局势和处理国际事务的能力。

4.4.3 领导方式

提高领导能力，除了完善领导制度、提高领导者素质之外，还必须选择合适的领导方式。

1. 领导方式的含义

领导方式，是在特定环境中领导者采用的作用于被领导者的行为方式，具有策略性和指向性。领导者的行为方式不可能不受被领导者的制约和影响，但作为领导方式，是领导者主动采取的行为，这种行为方式又受一定环境的制约。领导方式具有指示组织操作层面

① 《中共中央关于加强党的执政能力建设的决定》，见 http://www.china.org.cn/chinese/2004/Sep/668376.htm。

工作基本方向的功能，而在什么情况下采用什么样的领导方式才能得到预期效果，又存在着动态的策略性的问题。

2. 领导方式的类型

领导方式大体上有三种类型：

（1）集权型领导方式。这是指领导者个人决定一切，要求下属绝对服从，以完成任务为直接目的，以采用权力控制手段为主要形式的一种领导方式。

（2）民主型领导方式。这是指领导者发动下属参与讨论、共同商量、集思广益，然后进行决策，做到上下融洽、和谐一致地工作。这种领导方式以调动人的主动性为直接目的，以激励手段为主要形式，表现为被领导者对决策目标的自觉接受，对决策实施方法的自主选择。

（3）放任型领导方式。这是指领导者撒手不管，下属享有完全自由，领导者的职责仅仅是为下属提供信息并与外部进行联系。古代有一种统治之术叫作无为而治，就是说，当事情已经顺着确定的方向发展的时候，统治者就顺其自然，不再干涉。

美国管理学家菲德勒提出了有效领导的权变理论。该理论认为，一种具体的领导方式不可能到处都适用，有效的领导行为应随着被领导者的特点和环境的变化而变化。菲德勒认为，任何形态的领导方式都可能有效，其有效性完全取决于领导方式与环境是否适应。

本章小结

1. 公共领导是公共管理活动的重要内容，也是公共管理的重要主体。领导科学是一门综合性、时代性和实践性很强的应用学科。各种领导因社会制度、历史条件等不同，既具有共同的诸如领导活动的职能、职责、职权和任务等自然属性，又有不同的诸如领导活动的指导思想、路线、方针、政策等社会属性。由此形成了有关领导的综合的、系统的知识和理论流派。

2. 围绕公共领导，在汲取国内外同行、同类研究成果的基础上，从领导活动的科学化和艺术化两个层面、从领导科学视野上，对公共领导的概念、领导体制、领导的权力与影响力、领导理论、领导艺术、领导方法等方面进行了系统的论述。研究和学习公共领导，有助于提升科学制定公共政策和重大决定的水平，有助于培养领导能力和战略思维能力。

3. 在公共管理中，领导对实现公共管理目标起着至关重要的作用，具体表现在导向与统领作用、影响与表率作用、协调与沟通作用、控制与促进组织变革作用等方面。领导能力直接影响公共管理能力。

4. 影响领导能力的因素是多方面的，进一步改革和完善领导体制、提升领导艺术、改进领导方法、提高领导者的素质，是提高领导能力的重要途径。

关键术语

公共领导　　领导体制　　首长制与委员会制　　完整制与分离制　　领导协调
领导沟通　　领导激励　　领导能力　　特质理论　　权变理论

复习思考题

1. 分析公共领导的含义与特点。
2. 联系实际分析公共领导在公共组织发展中的作用。
3. 分析特质理论、权变理论的优缺点。
4. 分析公共领导体制的含义、内容和各种类型的优缺点。
5. 分析和理解我国公共领导体制存在的问题和改革路径。
6. 分析和理解协调、沟通、激励等领导方法及其实现途径。
7. 分析领导能力的内容与提高领导能力的途径和方法。
8. 案例分析题：认真阅读案例内容，然后按照要求回答问题。

张处长 1992 年调到 A 市公安局交通处任处长。张处长上任后，针对各队普遍存在顶撞交通处领导、处领导没有威信、软弱无力等问题，采取了一系列措施：(1) 请环保局有关部门到各主要马路测量空气污染程度，要求上级给交通处每人每月 10 元钱的空气污染补贴费；(2) 为每个交通岗亭安装电风扇和扩音器，为每个交通队配备小汽车、事故勘察车和携带式通话机；(3) 派人到各省市和国外去学习先进的交通管理经验，制定岗位责任制；(4) 对少数违法乱纪的干警进行必要的惩处，同时派工作组进驻一些不听指挥的交通队，对领导班子进行调整。张处长采取这四项措施后，威信倍增。各科队和几位副处长大事小事都要请示张处长，似乎没有他的点头许多事情就很难办。按照张处长本人的说法，作为一名领导干部，就是要利用手中的权力来树立一定的威信，这样才有号召力。但自 1996 年张处长离休后，他的威信也随之消失了。

问题：(1) 为什么张处长离休后威信也随之消失了？

(2) 行政领导者怎样才能建立持久有效的威信？

第 5 章

公共政策

公共政策在当代公共管理中的重要作用日益凸显。在相当程度上，公共管理的实施及其价值的实现主要是通过适时制定和执行各种符合公共利益最大化价值取向的、效率与效能兼具的公共政策来完成的。制定和实施公共政策是公共管理的重要内容，公共政策过程是公共管理运行的重要过程。本章围绕公共政策的性质特征、政策工具及其分析方法进行阐述。

重点问题

- 公共政策的含义、范畴
- 公共政策过程：公共政策过程所包含的各个环节
- 公共政策的分析工具与分析方法
- 公共政策发展

5.1 公共政策概述

5.1.1 公共政策的性质和范畴

1943 年，美国学者拉斯韦尔首次提出了“政策科学”的概念，1950 年在他与卡普兰(A. Kaplan) 合著的《权力和社会：政治研究的框架》一书中正式提出了这个概念，1951 年在他与拉纳合著的《政策科学：范围和方法的新近发展》一书中对政策科学的研究对象、性质和研究任务等作了比较具体的界定。该书的出版被认为是公共政策学或政策科学诞生的标志。然而，长期以来关于公共政策的性质和范畴的界定一直存在着较多争议。

1. 不同视角下的公共政策

在政策科学形成和发展的过程中，如何界定公共政策一直是学者们关注的重要问题，研究者从不同的角度对公共政策概念进行了界定：

（1）价值分配论。D. 伊斯顿从对政治活动的研究切入，从动态的政治系统角度考虑权力、价值等政治因素，将公共政策界定为："对全社会的价值所作的权威性分配。"① 他认为，"政策是由决定和行动组成的网络，并以此分配价值"②。

（2）目标方法选择论。与价值分配论不同，一些学者强调公共政策是对目标与实现目标的方法的选择。H. 拉斯韦尔认为："公共政策是具有目标、价值与策略的大型计划。"③ W. I. 詹金斯的说法则进一步明确：政策是"一系列互相联系的决定。这些决定与选择目标和在一定的形势下为实现目标所需的方法相关"④。

（3）立场论。将公共政策作为一种立场。J. K. 弗兰德等人认为，"政策实质上是一种立场。一项政策一旦宣示，即可以此为依据来作出一系列相关的决定"⑤。T. R. 戴伊认为，"公共政策是政府决定做的或不做的事情"⑥。

（4）过程论。将公共政策视为一种动态过程。C. 弗里德里奇认为："公共政策是在某一特定的环境下，个人、团体或政府有计划的活动过程，提出政策的用意就是利用时机，克服障碍，以实现某个特定的目标，或达到某一既定的目标，或达到某一既定的目的。"⑦ J. 安德森指出，"公共政策是一个有目的的活动过程，而这些活动是由一个或一批行为者，为处理某一问题或有关事务而采取的"⑧。

（5）政治合法性实现论。W. 帕森斯认为，政策是一种政治合理性的表述和表现。"制定一项政策就是要使某种理由或主张合理化。这些理由或主张包括两方面：对一个所面临的难题的认识和解决这一难题的方案。政策界定问题并指出应该如何去做。一项政策是提出一种理论或原则，基于这些理论和原则，某种需要取得合法性的要求得以实现。"⑨

我国的公共政策研究自 20 世纪 80 年代起随着政治学、行政学研究的复兴而逐步展开。对公共政策内涵的界定已有许多论述。台湾学者林水波、张世贤认为："公共政策是指'政府选择作为或不作为的行为'。"⑩ 伍启元认为："公共政策是一个政府对公私行动所

---

① D. Easton, *The Political System*, New York: Knopf, 1953, p. 129.

② Ibid., p. 130.

③ H. D. Lasswell and Kaplan, *Power and Society*, N. Y.: Mc Graw-Hill Book Co., 1963, p. 70.

④ W. I. Jenkins, *Policy Analysis*, London: Martin Robertson, 1978, p. 36.

⑤ J. K. Friend, J. M. Power and C. J. L. Yewlett, *Public Policy: the Inter-Corporate Dimension*, London: Tavistock, 1974, p. 40.

⑥ T. R. Dye, *Understanding Public Policy*, Englewood Cliffs, N. Y.: Prentice-Hall, Inc., 1987, p. 3.

⑦ Carl J. Friedrich, *Man and His Government*, N. Y.: Mc Graw-Hill Book Co., 1963, p. 79.

⑧ [美] 詹姆斯·E·安德森：《公共决策》，4 页，北京，华夏出版社，1990。

⑨ W. Parsons, *The Public Policy, An Introduction to the Theory and Practice of Policy Analysis*, Cheltenham: Edward Elgar, 1997, p. 15.

⑩ 林水波、张世贤：《公共政策》，9 页，台北，五南图书出版公司，1982。

采取的指引。”[①] 他们对公共政策范畴的界定基本上延传了西方学者的思路。进入90年代后，大陆学者尝试从本土现实的视角对公共政策的性质和范畴予以界定。

2. 公共管理视界中的公共政策

从公共管理的视野考察公共政策，可以将公共政策的含义界定如下：

（1）公共政策的性质是以政府等为代表的决策主体运用被赋予的公共权力区分社会利益需求，协调社会利益矛盾与冲突的方略。公共政策的实质就是决策主体在其法定权限范围内采取措施解决公共问题，公共政策的制定和执行是整个社会公共管理权力网络相互作用的结果；公共政策实现了利益的区分、分配与协调。

（2）公共政策的主体是决策者，一方面，除了具体的决策个人外，还包括具体决策机构，包括政府、执政党、社会团体等；另一方面，除了政策制定层面的决策者外，还包括政策沟通、政策执行等过程中的次级决策主体。

（3）公共政策的客体是政策问题和政策受众（政策目标群体）。“政策问题可以被定义为某种条件或环境。这种条件和环境引起社会上某一部分人的需要或不满足，并为此寻求援助或补偿。”[②]

（4）公共政策的范围，从横向上划分，主要包括经济政策、财政税收政策、环境政策、教育政策、健康与福利政策、刑事司法政策等；从纵向上看，不同层级的决策主体的权限范围决定了相应决策的范围。有必要指出的是，各国中央与地方政府的关系对公共政策范围所形成的制约，体现在通过法规、经费、机构设置等途径规定公共政策的纵向运行框架。

（5）公共政策的目标直接指向公共政策制定者所领导或代表的国家、社会或共同体的利益最大化。制定公共政策的动机必须从公共利益出发，即使在公共政策过程中出现争议，也应是基于对“公共利益”的不同理解或公共利益在各个方面的不同侧重的认识而探索实现公共利益最大化的可行途径。“公共性”是公共政策的本质属性。

（6）公共政策的核心是一种选择。这种选择可以是积极的作为也可以是暂时的消极的不作为。这种选择是基于理性的、渐进的或是综合的决策模式基础之上而产生的决策者所认为的最适宜的选择。

5.1.2　公共政策工具

1. 公共政策工具研究的兴起

20世纪90年代以来，政策工具的研究日渐成为西方政策科学研究的一个焦点。政策工具研究兴起的主要原因，一是政策执行的复杂多变性以及经常出现的政策失败引发人们对政策执行工具和方式的反思；二是政府组织对于政策的制定与执行的实践知识的需求日益增长，使人们更为关注从目标和工具的角度思考如何改进政策过程的质量；三是在一些社会福利国家中由于对某些政策部门绩效的失望以及政府工作的低效率，使人们产生了解政策失败原因的强烈要求，这样的研究长期以来获得了来自政治和意识形态方面的支持；

---

① 伍启元：《公共政策》（上），1页，香港，商务印书馆，1989。

② ［美］詹姆斯·E·安德森：《公共决策》，65页。

四是随着经济社会的发展长期以来在经济学中盛行的工具研究渗入社会科学各个领域，尤其是促成了它在政策科学领域的发展和应用。[①]

2. 政策工具的类型及其特点

加拿大学者豪利特和拉米什在《公共政策研究：政策循环与政策子系统》一书中，依据提供公共物品和公共服务过程中政府介入程度的高低，在从自愿性到强制性的范畴将公共政策工具分为自愿性、混合性和强制性三种类型。[②] 这种分类最具代表性。

（1）自愿性政策工具。自愿性政策工具以不受或很少受政府影响为主要特征，期望中的任务完成是在自愿基础上进行的。在政策实践中，政府经常有意识地不去介入某些公共问题，因为它们相信市场、家庭或志愿者组织是解决问题的最佳渠道。自愿性政策工具是经济政策和社会政策的重要补充。自愿性政策工具包括：家庭与社区、志愿者组织和市场。

（2）强制性政策工具。强制性政策工具也称为直接工具，强制或直接地作用于目标个人或组织，后者在响应措施时只有很小的或没有自由裁量的余地。政府在履行其管理权威时，可以命令某个公民从事特定的活动，可以组建政府控制的公司来完成政府确定的职能，或者通过政府直接提供物品和服务。强制性政策工具包括：规制、公共企业和直接提供。

（3）混合性政策工具。混合性政策工具兼有自愿性政策工具和强制性政策工具的特征，混合性政策工具允许政府将最终决定权留给私营部门的同时，可以不同程度地介入非政府部门的决策形成过程。介入程度从最低程度的发布导向信息到最大程度的对不服从的行为进行惩罚性课税，介于二者之间的是对鼓励行为采取的补贴措施和在一些领域建立价格机制等，使用这些工具在某种程度上体现了自愿性工具和强制性工具所共有的优势。混合性政策工具包括：信息与规劝、补贴、产权拍卖、征税和使用者付费。

3. 政策工具的选择及其应用

（1）政策工具的选择。政策工具的选择需要考虑如下方面：第一，应基于以公共理性为主导的多元综合理性的原则；第二，应与政策环境相适应；第三，应能有利于协调政策目标群体，即政策受众的当前利益、中期利益和长远利益；第四，政策工具的选择应具有灵活性，针对某一政策问题是选择使用单一的政策工具抑或是综合应用多种政策工具，或是以一种为主其他为辅，取决于对以上三方面的条件要求满足的程度；第五，政策工具的性质和效用在实际应用的过程中受到环境和目标群体变化的影响有可能发生变化，因此对有关工具的使用的方式或使用的力度应及时予以调整。

（2）政策工具选择的应用。豪利特和拉米什通过设置两个变量构建政策工具选择模型。一个变量是国家能力；另一个变量是政策子系统的复杂程度。[③] 他所区分的政策工具的选择与应用模型包括：第一，国家能力强，政策子系统高度复杂。当政府面对的社会行为者的类型和数目很多而且彼此相互冲突时，政府很难辨别孰优孰劣。在这种情况下，如果政府具有较强的规制能力，可以利用市场工具实现自由竞争，通过市场来配置资源。第

---

① 参见［美］B·盖伊·彼得斯等：《公共政策工具》，12～13页，北京，中国人民大学出版社，2007；陈振明：《公共政策分析》，47页，北京，中国人民大学出版社，2002。

② 参见迈克尔·豪利特、M. 拉米什：《公共政策研究：政策循环与政策子系统》，141～174页，北京，三联书店，2006。

③ 同上书，281～289页。

二，国家能力强，政策子系统低度复杂。当政府的管制能力比较强，而面对的社会行为者的类型比较单一、数量不多时，决策者可以采用规制、公共企业、直接提供等强制性政策工具。第三，国家能力弱，政策子系统高度复杂。在这种情况下，政府没有足够的能力进行规制，只能采取自愿性政策工具，如家庭与社区、志愿者组织，借助民间力量来实施政策。第四，国家能力弱，政策子系统低度复杂。在这种情形下，决策者可以根据实际情况选择混合性政策工具，如信息与规劝、补贴、产权拍卖、征税和使用者付费等。

5.1.3　公共政策的研究主线

概而言之，公共政策的研究主线主要包括以下三个方面。

1. 制定公共政策的主体的权力结构、权力运行机制与决策机制

权力结构、权力运行机制与决策机制作为影响公共政策的框架性基础，成为公共政策研究的主线之一。公共政策过程离不开由政党、政府各部门以及利益集团等所构成的权力体系，其中每一个环节在体现权力运用的同时，更体现了权力的张力和限度。权力结构首先通过对不同决策参与者的权力范围的规制及其相互的制衡关系对重大政策产生影响，包括确定由谁获得正式的权力作出选择，作出决定前应遵循哪些程序以及人们能否以及如何以合法的方式影响那些拥有正式权力的人们来进行利益分配。在既定的权力结构下，权力运行的动态过程是相关主体运用权力的过程。权力运行机制所构筑的政治选择框架对公共政策的制定产生重大影响。在一国现行权力结构及其运行机制基础上的决策权力的制度设计，直接影响到决策的程序及其结果。因此，通过对诸如利益集团、民主方式、宪政机制、治道变革等与公共政策相关的研究，可以了解这些方面与公共政策过程的内在关联。

2. 公共政策的过程与程序

尽管公共政策的最终形式是法律法规、计划、决定和措施等，对公共政策的研究却需要特别关注和分析其静态和动态的运行过程。静态研究是以系统理论为基础，探讨公共政策过程的科学化。较为常用的政策分析模型主要是：制度主义模型、过程理论模型、理性主义模型、渐进主义模型、群体理论模型、精英理论模型、公共选择理论模型、博弈理论模型。①

公共政策的动态研究聚焦于有关公共政策的某一具体事件或特别领域，也可关注某一组织内的政策过程或社团、社区影响政策的过程，或是关注微观的政策信息、政策沟通、政策倡导等公共政策过程中的某一环节。动态研究在分析方法上通过找到相应实际政策过程中各种变量的性质、影响及其相互关系，探讨其对政策过程的制约作用。这一研究需要收集各类统计数据，进行定性或定量研究，或运用对比分析、回归分析等统计方法分析政策实际运行过程。这一研究方式对公共政策研究的学科化、系统化的深入发展起了重要的推动作用。

3. 公共政策的内容与输出

这一方面的研究更多地从公共政策的内容与输出的角度，关注政策形成的因果关系与政策的实际效果。政策内容研究针对某一具体领域，探寻政策的起源、历史发展与演变，分析政策的过去、现在和将来，并试图找到政策发展变化的原因。政策输出则考察不同国

---

① 参见［美］托马斯·R·戴伊：《理解公共政策（第十版）》，12～27页，北京，中国人民大学出版社，2004。

家或地区政府的费用水平与提供的服务的现状、变化与差异，并将政策视为一种因变量，从社会、历史、政治、经济、技术等因素解释不同国家与地区间不同政策输出的原因。

5.2 公共政策过程

公共政策过程是由一系列相互关联的环节所构成的一个实际运作过程。因此，我们"必须持续努力致力于把理解政策过程视为将政策过程置于控制之下的关键性的第一步，无论这一过程看起来是怎样的非理性和无法控制"①。

5.2.1 公共问题与公共政策问题

公共政策问题的确认和建构是公共政策过程的起点，也是现代政策分析的中心环节。这一问题需要政策分析人员"在不同的利益相关者所持的相互分歧的意见中连续地、反复地探究"，因其直接影响到后续的政策分析阶段能否成功。② 公共政策问题泛指实际状态与社会期望之间的差距，这种差距往往是产生社会紧张状态的原因。③ 公共问题不等于就是公共政策问题，公共政策问题只是诸多公共问题中的一部分。公共问题成为公共政策问题的条件是：公共问题促使人们行动，特别是向政府及公共部门表达，同时该问题又在特定的政府权限范围之内，在特定时期被列入政府政策议程。

5.2.2 公共政策问题的确认与建构

公共政策问题的确认是公共政策过程的基础，而公共政策问题的建构则是政策分析的基础和起点。公共政策问题的确认是在特定的"政策问题情境"中，了解与政策问题相关的社会变化过程中的权力关系、利益群体及资源配置等方面因素，从而对问题的性质、领域、范围和程度作出基础性判断。公共政策问题的建构是对政策问题的理性分析。政策问题的建构需要首先对政策问题进行分类。邓恩按照决策者、备选方案、价值、结果、概率等要素将政策问题分为三类：结构优良、结构适度、结构不良。④

5.2.3 公共政策议程

公共政策议程与公共政策问题的界定与政策决策是一个连续的过程，在现实生活中，我们往往面临着各种各样的政策问题，但并不是所有的政策问题都能进入政府的决策视野，纳入政府的议事日程，那些被选中的政策问题进入具体决策的过程即为公共政策议程。

1. 公共政策议程的含义

在社会公共事务的管理运行中，公众总是希望政府能及时采取政策措施，尽可能多

---

① Michael Hill, *The Policy Process in the Modern State*, London: Prentice-Hall/Harvester Wheatsheaf, 1997, p. 5.

② 参见［美］威廉·N·邓恩：《公共政策分析导论（第二版）》，156页，北京，中国人民大学出版社，2002。

③ 参见［美］张金马主编：《政策科学导论》，133页，北京，中国人民大学出版社，1992。

④ 参见［美］威廉·N·邓恩：《公共政策分析导论（第二版）》，163～164页。

地解决他们所面临的各种各样的问题。但是，政府或是限于政策资源或是限于决策能力，往往只能对一部分政策问题作出回应。于是，“那些被决策者选中或决策者感到必须对其采取行动的要求构成了政策议程”①。帕森斯通过处置街头露宿问题的案例描述了政策议程建立的逻辑顺序及其重要性：问题（露宿街头者）→问题的性质（无家可归）→政策（提供更多住房）。然后他指出：“问题是什么，我们可能形成一致的意见。但是问题的性质是什么，以及应该制定怎样的政策来解决问题，则无法形成一致的意见。如果我们将露宿街头的人看成是一个流浪问题，那么有关的政策反应可能是运用法律手段，动用警察。”②

2. 公共问题进入公共政策议程的触发机制

公共问题要成为政府决策者着手解决的政策问题，往往需要相应的“催化剂”，那些诱发公共问题进入政策议程的因素和条件构成了政策议程建立的触发机制。拉雷·格斯顿认为：“在政治过程的背景中，一种触发机制就是一个重要的事件（或整个事件），该事件把日常问题转化成一种普遍共有的、消极的公众反应：公众反应反过来成为政策问题的基础，而政策问题随之引起触发事件。当一个事件把一种消极状况催化为要求变化的政治压力时，就会因触发机制的持久性而发生性质改变。”③

詹姆斯·E·安德森的分类方法别具特色。他把公共问题进入政策议程的机制分为如下四种触发机制④：一是政治领袖的触发，无论是出于政治优先权的考虑，还是因为对公众利益的关切，或者两者兼而有之，政治领导人可能会密切关注某些特定问题，将它们告知公众并提出政策问题的解决方案；二是危机事件，某种危机事件或突发事件会使某些社会问题加快进入政策议程，如自然灾害、煤矿事故等；三是抗议活动，这是促使公共问题引起决策者注意并提上政策议程的另一种手段；四是通信媒介的注意，当一些社会问题引起新闻媒介的注意并予以突出地持续报道后，这些问题就很可能会进入政策议程。

3. 公共政策议程建立的模型

科布在区分公众议程和政府议程的基础上依据政策诉求主体的不同提出了建立政策议程的三种模型，即外在创始型、政治动员型和内在创始型。⑤ 金登对政策议程的建构过程进行了详细的分析，他在马奇和奥尔森提出的“垃圾桶”模型的基础上构建了议程建立的多源流分析模型。在他的分析模型中，政策之窗是在问题源流、政策源流和政治源流三种信息流汇流的基础上打开的。他所提出的议程建构的三大源流彼此独立，具有各自的动力机制和特点。

（1）问题溪流。

问题之所以能够引起人们的重视首先在于指标，正是指标表明了这些事情的意义。譬

① ［美］詹姆斯·E·安德森：《公共决策》，69 页。

② Parsons Wayne, *Public Policy: An Introduction to the Theory and Practice of Policy Analysis*, Cheltenham: Edward Elgar, 1997, p. 87.

③ ［美］拉雷·格斯顿：《公共政策的制定——程序和原理》，23 页，上海，商务印书馆，1990。

④ ［美］詹姆斯·E·安德森：《公共决策》，72～75 页。

⑤ Roger W. Cobb, J-K Ross et al., “Agenda Building as a Comparative Political Process”, *American Political Sciences Review*, 1976, vol 70: pp. 126-138.

如，如当一国的基尼系数超过0.4时就表明这个国家的贫富差距问题达到了警戒状态。其次是焦点事件、危机以及符号使得问题凸显出来。最后，根据现行项目运作的反馈，问题可能被意识到。当然，在问题界定的过程中，价值观（如保守的还是自由的）、对问题的分类（如残疾人乘车问题属于“交通”问题还是“民权”问题）也有重要作用。

（2）政策源流（政策“原汤”）。

问题能够引起重视并不能保证其进入决策者的政策议程，这还需要由特定领域的专业人员来完成的有足够吸引力的备选方案和政策建议。在这个过程中，备选方案和政策建议并非能够一次完成，它需要一个不断提出议案、讨论、修改、然后再提出的反复过程。其间，这些专业人士要试图“软化”议案的反对者以及普通公众，这个“软化”过程就是使这些人习惯新的思想并接受他们的建议。[①] 而方案要想获得人们的接纳就必须符合技术可行性和价值可行性标准，整个过程犹如一种生物自然选择的过程。

（3）政治源流。

政治源流由国民情绪、利益集团、政府的变更、国会议席的重大变化、行政机构的重大人事调整等因素构成。国民情绪可以让某些问题进入政策议程，甚至可以让这些问题处于议程的显著位置。国民情绪并不如我们所理解的那样一定存在于公众之中，作为一种模糊的但又实实在在存在的国民情绪，在金登看来可能往往在政治精英那里可以寻得。政治源流中的各种力量在寻求平衡的过程时并不是依靠科学和理性的说服来达到，而是通过政治的艺术——妥协和讨价还价来完成的。

这三股独立的溪流最后在政策窗口汇聚，当政策窗口打开时，政策问题就会被提上政策议程。政策之窗打开时是政策建议的倡导者们提出其最得意解决办法的机会，或者是他们促使其特殊问题受到关注的机会。[②] 政策之窗打开后会很快关闭，如果不能把握住这次机会，参与者就只能等待下次的开启。

金登的政策之窗类似于拉雷·N·格斯顿的触发机制，触发机制就是公共政策的催化剂。在政治过程中，一种触发机制就是一个重要的事件，该事件把例行的日常问题转化成一种普遍共有的、消极的公众反应。但并不是所有的重大事件都可以起到催化作用，这种催化剂的作用取决于范围、强度和触发时间三个因素的相互作用。[③] 政策之窗的开启在很大程度上也是因为问题源流和政治源流的重大事件，正是一系列的政治事件的出现导致政策之窗打开。而这些政治事件有些是可以预测的，有些则是不可预测的。因此，政策之窗的开启有些是可以预测，有些则不然。参与者要能把握住机会还需要政策“原汤”中漂流的合理的政策建议。缺乏政策建议的问题往往难以受到重视，也难以进入政策议程。因此，将这三股独立的溪流汇合，冲开政策之窗就需要政策企业家的努力。政策企业家是指那些愿意投入自己的资源从而促进某一主张来换取以表现为物质利益、达到目的或实现团结的预期未来收益的倡导者。[④] 政策议程的多源流分析及其关系，如图5—1所示。

---

① 参见［美］约翰·W·金登：《议程、备选方案与公共政策》，160页，北京，中国人民大学出版社，2004。

② 同上书，209页。

③ 参见［美］拉雷·N·格斯顿：《公共政策的制定——程序和原理》，23～25页，重庆，重庆出版社，2001。

④ 参见［美］约翰·W·金登：《议程、备选方案与公共政策》，269页。

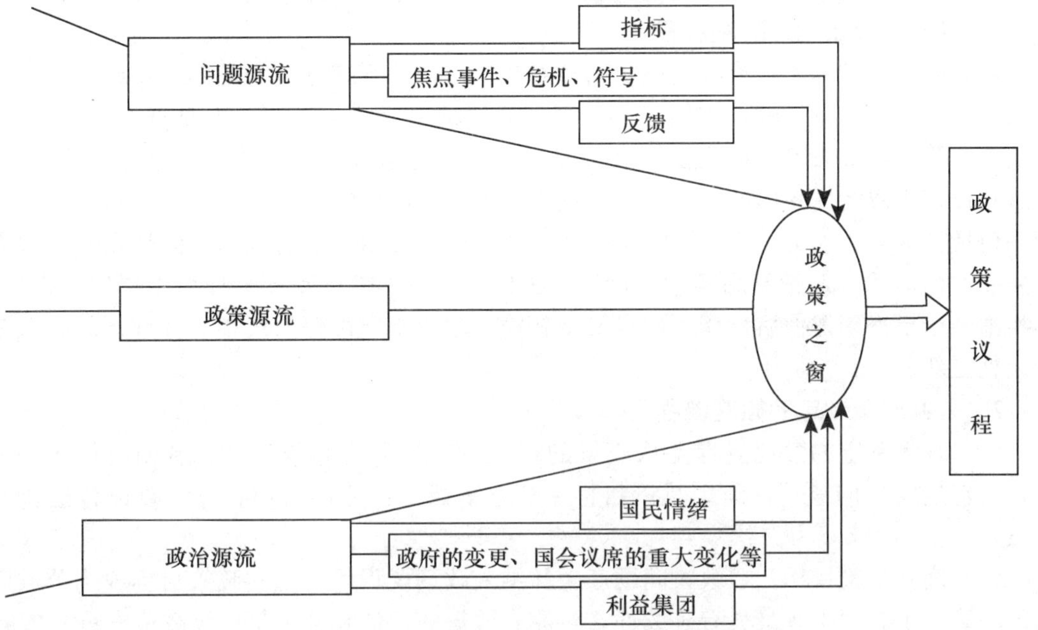

图 5—1　金登政策议程多源流分析示意图

金登提出的政策议程多源流分析模型具有较强的解释性，安里·泰尔曼（Anne Tierman）和特锐·柏克（Terry Burke）用这一理论分析了澳大利亚房屋政策的制定过程。[①] 扎哈里尔迪斯（Nikolaos Zahariadis）和艾伦（Christopher S. Allen）则以这一模型为模本分析了英国和德国的私有化过程，并在此基础上拓展了多源流分析的适用范围。[②]

除此之外，公共政策议程建立过程中还涉及公共政策隐蔽议程[③]，以及“不决策”[④]等问题。公共政策议程的建构是政策相关各方或积极或被动地参与博弈，并受到多种环境因素制约的复杂过程。

5.2.4　公共政策制定

公共政策制定是指包括从政策方案规划设计、政策形成到政策合法化在内的一系列步骤的过程，以政府为核心的公共机构是公共政策制定和实施的主体。公共政策制定的流程

---

① Anne Tierman, Terry Burke, A Load of Old Garbage: Applying Garbage-Can Theory to Contemporary Housing Policy, *Australian Journal of Public Administration*, 61 (3), 2002, pp. 86-97.

② Nikolaos Zahariadis, Christopher S. Allen, Ideas, Networks, and Policy Streams: Privatization in Britain and Germany, *Policy Studies Review*, 1995, pp. 71-98.

③ 隐蔽议程是指政策问题受到社会和政府主要领导人的扼制而很少能被提出来的最具潜在激发性的问题。隐蔽议程常常隐匿于虚假的共识之中，从而扭曲了公共政策的公共性。隐蔽议程与民主的政策过程相违背，它通常意味着少数人基于非公共利益而封闭性地界定政策问题和建构政策议程。

④ “不决策”是指旨在改变社会现行利益和特权分配的政策主张尚未提出以前就被施行抑制，或在这种需求尚未到达政策制定领域以前，就予以阻止的一种方法。参见 Peter Bachrach and Morton Baratz, *Power and Poverty*, New York: Oxford University Press, 1970, p. 44。

包括宏观的政治体系中的政策制定流程和微观政策规划与设计的流程。

1. 公共政策制定的宏观流程

公共政策制定的宏观流程是以伊斯顿对政治生活的系统分析为基础，将政策制定视为政策信息、资源、行为的输入加工与政策产品的输出反馈的过程。当政策诉求产生以后，公共事务管理的决策者意识到要对之采取行动，使之通过特定的政策渠道进入政策议程。在这一过程中政治体系内的立法者、公共管理者和利益团体等扮演重要的角色。这一政策产品包括作为与不作为。“公共政策不仅取决于政府实际采取的行动，而且取决于政府没有采取的行动。”[①] 政策产品经过公布和合法化过程后，输出到社会环境中得以贯彻实施，其实施的结果得到评估后，相关信息又重新输入政策制定过程系统中。如此循环，政策不断调整更新。

2. 公共政策制定的微观流程

公共政策制定的微观流程是从决策的视角对政策的规划与设计。遵循决策的一般路径，它包括发现问题——确立政策目标——方案拟订、评估与抉择——政策合法化几个阶段。

（1）确立政策目标。在政策问题产生并纳入政策议程后，公共政策目标成为公共政策制定的第一步。由于政策具有延续性，对原有政策的评估和分析是后续政策的重要依据。

（2）政策方案拟订、评估与抉择。拟订政策方案是政策制定的中心环节。拟订方案的过程也是通过调查研究提出科学的假设的过程。对政策方案的评估是对已拟订方案的科学性、可行性及可能产生的实施效果的评定与预测。对政策方案的评估要在充分论证的基础上，对政策方案实施的环境、条件、可能出现的困难和副作用、可能出现的后果等做具体分析和综合评价，经过分析比对，最后确定令人满意的方案。

（3）政策合法化。政策合法化是经过抉择的政策方案通过法定的程序获得法律地位和法定效力的过程。政策合法化要经过一系列政策审查、通过、批准、签署和发布的过程。政策合法化的主体是相应的获得法定授权的国家机关。政策合法化除了包括通过立法程序的政策法律化或法规化的形式外，还包括以政府为核心的公共管理主体实施的政策合法化过程。

5.2.5 公共政策沟通

政策沟通是在公共政策制定和实施的过程中，决策系统内部及其与外部环境之间的信息传播与交流的过程，它强调通过政策相关主体的积极互动，促进政策过程的有序和有效推进。

1. 内部沟通与外部沟通

公共政策沟通依据其沟通的范围可分为内部沟通和外部沟通。内部沟通是决策系统内部的与政策相关的信息传播和交流，即组织内部通过各种现代信息载体和通信工具以制度化的沟通渠道实现信息的传播与交流。内部沟通包括纵向与横向两个方面。纵向沟通是决策体系中不同层级之间的沟通，横向沟通则是在同一层面中相关部门机构及其参与人员的沟通。

---

① ［美］詹姆斯·E·安德森：《公共决策》，76 页。

外部沟通是决策系统内与外部环境之间直接的或通过媒介间接进行的信息传播与交流。对政府而言，外部环境就是公众、媒体和各类工商企业组织、非政府组织或私人组织，以及国际组织等。从根本上说，公共政策的有效性取决于它是否能以及在多大程度上体现公众的愿望和要求，体现、维护和增进公众的利益。

2. 公众与政府之间政策沟通的途径及其障碍

(1) 公众与政府之间政策沟通的途径。

按沟通的信息流向，公众与政府间的政策沟通可分为如下三种类型：

第一，政策发布和信息公开。政府角色定位的转变要求政府以积极负责的方式处理与公众切身利益密切相关的公共决策。这就要求政府必须及时进行信息公开和政策发布。这一工作应基于以民为本和服务为本的理念，运用现代技术并采取多样化的方式实施。

第二，政策反馈和信息反馈。这是公众向政府有关部门，政府中的下级执行部门向上级主管部门进行的反馈。反馈的主要内容是对政策内容、政策执行方式和政策执行后果的意见或建议，以及与政策过程有关的其他信息。

第三，双向互动的政策沟通和政府回应机制。双向互动式的政策沟通提供了现代社会实现政民互动的新模式，政策沟通可以通过建构双方平等对话的平台，直接而迅速地传递政策信息、解答政策疑问、表达政策意愿和化解政策矛盾，以便及时调整政策或政策实施方式以适应政策的现实环境。这是现代参与式民主和协商式民主发展的重要体现。

(2) 公众与政府之间政策沟通的障碍。

政策沟通途径的多元化发展提高了公民的政策参与程度，进一步增强了公共决策的科学化、民主化及政策合法化的基础。然而，由于种种因素的制约，形成了政策沟通的障碍：

第一，沟通的技术障碍。主要表现为政策信息传递过程中由于难以克服的技术因素而造成的信息的耗损或失真等问题，以及由于受到技术发展和经济条件的限制，公众参与沟通的方式还不同程度地受到限制甚至无法实现。

第二，沟通的心理障碍。主要是由于传统政治体系的权力本位、官本位、规制本位与等级观念以及政策信息的封闭性增强了决策者及其决策过程的神秘性，这种神秘性加深了公众对政府的隔膜感，强化了部分公众对政府的盲从。此外，传统的控制式的政府管理模式所导致的专断性和随意性，以及政策过程透明度的缺失削弱了公众对政策过程的信任基础。公众作为政策目标群体对政府部门和公共政策体系认同感的缺失或缺乏将可能诱发非常规性的逆向反应，使其拒绝接受甚至排斥正常的政策信息传递，产生政策沟通的心理障碍。

第三，沟通渠道的阻塞。一是由于制度的缺失，一些相关的法律法规有待于建立和健全；二是政府与社会之间良好的协调互动关系还有待于发展推进，政府与公民社会合作治理的格局尚未形成；三是由于信息、技术、人力和物力等各种资源的限制，传统决策体制与观念的影响，以及一些政府、政府部门或官员对既得利益的维护等原因，可能造成政策信息的流动被阻塞、截流或扭曲的严重状况。

5.2.6 公共政策执行

公共政策执行是将已取得合法化的政策方案付诸实施，将政策内容转变为现实，以解决实际问题、实现政策目标的过程。因此，政策执行既是整个公共政策过程的重要阶段，也是政府公共管理活动的中心环节。

1. 公共政策执行的一般理论

西方国家公共政策学者从不同角度对政策执行过程进行分析，其研究主要围绕两条研究途径展开：

（1）“自上而下”途径，或称为“政策制定者透视”途径。这一途径以“有限行政”为基础，以政策制定者为中心，认为政策执行是下层行政人员遵循既定政策方案与原则，完成政策的具体指令的过程。因此，这一方法是在对政策本身不存异议的前提下，聚焦于研究如何圆满完成执行任务。这其中需要探讨政策执行的前提和条件，包括如何准确把握政策内容和实质，如何健全和完善政策执行组织，如何对政策执行者实施有效的控制，以及如何优化政策执行组织的内外环境等。

（2）“自下而上”途径。这一途径从确认执行网络中组织成员的目标、战略、行动的差异及其联系为出发，抛弃“自上而下”途径对政策制定与执行之间因果关系的预设，认为政策成败的关键是参与执行的组织及其成员的适当选择、协调与互动。其研究的焦点是政策执行的行为者及其机构本身对政策的再创造过程，如选择政策问题的中心、政策执行的规则与程序以及政策执行的适宜方式、适宜的政策目标等。

20世纪80年代后期，这两种途径出现了一定的综合趋势。在这些政策执行途径研究的基础上，人们还力图通过理论模型的设计指导执行过程，保证有效的政策执行。在此基础上出现了过程模式、互动模式、调适模式、博弈模式、循环模式、系统模式、综合模式等多种执行模式。

2. 公共政策执行失控及其矫正

政策执行是整个政策过程的关键环节。受制于执行过程中的诸多因素，公共政策执行的效果可能与原先的政策预期产生不同程度的偏差，甚至可能出现政策执行的失控。

（1）公共政策执行失控。公共政策执行失控主要表现为：第一，政策敷衍。政策执行者只做表面上的应付和宣传，并未采取具有可操作性的具体措施去落实。这样做是对政策阳奉阴违，使政策成为一纸空文，无法得到真正贯彻执行。第二，政策附加或阻截。即在政策执行过程中没有真正依照政策规定的实施对象、范围、目标和力度进行，而是受制于某种利益的需要。这样的政策执行使政策的完整性、合理性甚至合法性受到破坏，使既定政策达不到应有的效果。第三，政策抵制。政策执行者从局部或自身利益出发对某些政策有意不执行或变相不执行。第四，政策扭曲。政策执行者对政策精神或部分内容故意曲解，为己所用，以对自身有利的方式解释政策，或以扭曲的方式执行政策。

（2）公共政策执行失控的矫正。从改善公共政策执行体系的视角分析，矫正公共政策执行失控的措施主要有：加强公共政策执行体系的组织建设、提高公共政策执行者的素质、强化对公共政策执行体系的监控、促进公共政策执行的法治化和民主化建设。

5.2.7 公共政策评估

公共政策评估是依据一定的标准和程序，对政策过程的运行方式、效果、效益、效率和公众回应等进行绩效评估和价值判断的活动。政策评估旨在为改善公共政策质量、改善公共政策制定和执行的方式提供必要的信息，在公共政策过程中具有重要地位。

1. 公共政策评估的类型

政策评估的类型有以下五种：（1）聚焦于政策或项目的结果（结果评估或影响评估）；（2）评估政策项目形成与实施的过程（过程评估）；（3）对政策预期效果的评估（事前评估）；（4）对政策执行结果的评估（事后评估）；（5）在决策的各个阶段对公共政策进行评估，如政策问题的提出、用于抉择的备选方案、既定政策方式的实施及政策后果的影响，等等。①

2. 公共政策评估标准——价值理性与工具理性的选择

拉斯韦尔认为："政策科学的研究方法不仅强调基本问题和复杂模型，而且在相当大的程度上需要澄清政策中的价值目标。"② 在政策评估中，也同样需要协调工具理性与价值理性取向的关系。

（1）关注政策效率与效果：以工具理性为主的政策评估。这样的工具理性取向主要关注政策实施后产生的各种实际结果与影响，以及政策过程中各种投入与效果间的对比关系。这类评估主要从技术和事实层面，主张用实证的技术方法来考察公共政策过程，特别强调行为与结果、成本与收益之间的对比，主要关注的是效率、效能、效益等。这些量化统计分析方法能应用于政策评估。③

（2）关注政策价值效应：以价值理性为主的政策评估。这样的价值理性取向的政策评估主要关注政策实施后对社会产生的影响。价值理性将事实与价值整合在一起，将实证评估与规范评估相统一，使政策评估成为更加系统的分析模式，以"4E"（经济、效率、效果和公平）为重要评估标准，使政策评估能更好地为公共管理与政策实践服务。

5.3　公共政策分析

5.3.1　公共政策分析的含义与内容

政策分析在二战后迅速发展主要是由于工程师、一线研究人员、系统分析专家和应用数学家活动的推动，这些人受到社会科学领域外的正规训练，这些专家对政策问题的定位常是狭义的，"分析"这一想法往往与把问题分解成基本成分的尝试联系在一起。④ 随着政策科学的发展，学者们对"政策分析"概念的含义提出了不同的看法。

1. 公共政策分析的含义

奎德认为，公共政策分析是一种分析形态，其功用在于产生与提出信息，用来改进决策者进行判断的基础。⑤ 戴伊将政策鼓动和政策分析放在一起进行了比较，他认为政策鼓动需要修辞、劝说、组织和积极行动。政策分析则鼓励研究者运用系统研究的方法，对一

---

① 参见［美］弗兰克·费希尔：《公共政策评估》，2 页，北京，中国人民大学出版社，2003。

② Harold D. Lasswell, The Policy Orientation, *in The Policy Sciences*: *Recent Developments in Scope and Methods*, ed., Daniel Lerner and Harold D. Lasswell, Stanford, CA: Stanford University Press, 1951, pp. 9-10.

③ 参见［美］苏珊·韦尔奇、约翰·科默：《公共管理中的量化方法：技术与应用》，5～6 页，北京，中国人民大学出版社，2003。

④ 参见［美］威廉·N·邓恩：《公共政策分析导论（第二版）》，49 页。

⑤ E. S. Quade, *Analysis for Public Decision*, N. Y.: American Elsevier Publishing Co., 1975, p. 4.

些关键性的政策提出批评。他认为，“政策分析的一个隐含前提，即关于形成公共政策的各种力量，以及对公共政策后果的科学知识的增长，本身就是与社会紧密相关的活动，是开出处方、政策鼓动和积极行动的前提条件”①。具体而言，戴伊认为政策分析的特征主要关心的是解释而不是开处方，理解是开处方的前提；政策分析是对公共政策产生的前因后果进行严格的研究，以及大胆地提出并小心地验证有关公共政策前因后果的一般性命题。

威廉·N·邓恩在《公共政策分析导论（第二版）》一书中认为，“政策分析，从最广泛的意义上讲，包括政策过程和政策过程中的知识提供”。“在历史上，政策分析的目的是给政策制定者提供信息，并以此为依据运用推理判断发现和解决政策问题。”“政策分析建立在目标是描述性、评价性和规范性的一系列学科和专业基础上。”②

综上所述，我们将公共政策分析概念的含义界定为：公共政策分析是通过运用一定的技术手段和分析方法来进行的，旨在认识政策形成原因、理解政策内容和价值、深化对政策过程的认知、研判和评价现有政策得失、寻求改进决策效率和质量的方法路径、改善公共政策运行效率和效能的一种研究方式和研究工作。

2. 公共政策分析的内容

政策分析是进行分析、评价、创造和交流政策过程中的相关知识的活动，其目的在于利用这些活动的成果改善公共政策的制定和执行及其绩效。霍格伍德（Hogwood）和冈恩（Gunn）在借鉴戈登（Gordon）早期分析的基础上，提出了以下七种主要的政策分析类型。③

（1）对政策内容的研究。致力于描述和解释所研究政策的起源和发展。通过案例分析，检视政策形成的原因、执行情况及其结果。

（2）对政策过程的研究。探讨在政策形成（即决策）的过程中，何种因素产生和如何产生对决策的影响。这些影响表现于政策过程的各个阶段。对政策过程的研究可涉及某一特别的政策领域，或是聚焦于一个组织、社区或社会中决策过程对政策形成的影响。这是对实然或已然状态的研究。

（3）对政策输出的研究。致力于解释不同国家或地区的政府的费用水平或所提供的服务不同的原因。在这里，政策被看做一种因变量，研究者试图从社会、经济、技术和其他因素诸方面来理解和解释政策。

（4）对政策的评估。这是介于政策分析和为改进政策而作的分析之间的研究，旨在探讨政策的效用和影响。对政策的评估可包含描述性和规定性两方面的研究。

（5）政策信息的研究。探讨政策信息如何汇集、整理和分析以支持政策制定。政策信息可来自政府部门常规的信息监测系统，政策咨询部门，亦可来自学术界对研究实际问题有兴趣的分析人员。

（6）对政策过程倡导的研究。这是为改进政策所作的政策分析的一种变式，致力于探寻如何改进政策系统的机能。研究如何通过重新分配功能和职责来改进政府机制，通过发

---

① ［美］托马斯·R·戴伊：《理解公共政策（第十版）》，5页。

② ［美］威廉·N·邓恩：《公共政策分析导论（第二版）》，60～61、72～73页。

③ Michael Hill, *The Policy Process in the Modern States*, London: Prentice-Hall/Harvester Wheatsheaf, 3rd Edition, 1997, pp. 2-5.

展计划规划体系和完善新的对备选政策方案评估方法来增强和改善政策选择的基础。

（7）对政策倡导的研究。探究如何通过政策分析人员个人，或联合有关人员，或通过压力集团的作用，推动某项特别的政策方案或某种政策观点在决策过程中被吸纳或采用。

5.3.2　公共政策定量分析方法

定量分析方法是运用现代数学方法对有关的数据资料进行加工处理，据以建立能够反映有关变量之间规律性联系的各类预测模型的方法体系，它侧重于并且较多地依赖于对研究对象的测量和计算。定量分析方法种类很多，克朗依据决策类型的不同将定量分析技术分为确定型分析技术和随机型分析技术。[①]

1. 确定型分析技术

确定型分析技术是指那些可用于只有一种态势，并在作出可接受的假定之后，其变量、限制条件和不同的选择都是已知的，可以按一定的统计置信度预见问题的方法或技术。包括：

（1）线性规划（linear programming）。

线性规划是辅助人们进行科学管理的一种数学方法。一般而言，求线性目标函数在线性约束条件下的最大值或最小值的问题，统称为线性规划问题。公共政策的线性规划分析模型的结构有三个基本构成要素：一是决策变量，在给定的政策问题中，每个政策问题都将对应着一组未知数，这组未知数与问题的目标和从事的活动有关，是非负数变量；二是目标函数，这是决策目标的数学表述，主要目的是为了求得政策目标的极值；三是约束条件，即实现政策目标的客观条件和限制因素，对模型中的决策变量起约束作用，可分为资源、需求、结构和边界约束等。利用线性规划在所求得的解中，满足线性约束条件的解叫做可行解，由所有可行解组成的集合叫做可行域，使目标函数达到极大的可行解，称为最优解。

（2）排队论（queuing theory）。

排队论起源于 20 世纪初丹麦数学家埃尔朗（A. K. Erlang）用数学方法研究电话作业，肯德尔（D. G. Kendall）在 20 世纪 50 年代从理论上进一步推动了排队论的发展。排队论是数学运筹学的分支学科，是用来研究服务系统工作过程的一种数学理论和方法，其研究内容包括：一是统计推断，即根据资料建立模型；二是系统的形态，即和排队有关的数量指标的概率规律性；三是系统的优化问题。排队现象在生产和生活中广泛存在，当顾客的数量超过了“服务台”的容量时，即当到达的顾客不能立即得到服务时就形成了排队现象。排队会造成资源的浪费，公共政策应寻求有效的途径，尽力避免排队现象的产生。但是在等候时间与服务能力关系尚未明确时，盲目增加服务设置又会带来新的浪费。

（3）马尔可夫预测法（Markov-chain forecasting model）。

以俄国著名数学家马尔可夫的名字命名的马尔可夫预测法是一种利用某一系统的现在状态及其发展去预测该系统未来状况的一种分析技术和方法。人们知道，事物的发展状态总是随着时间的推移而不断变化，在一般情况下，要了解事物未来的发展状态，不但要看到事物现在的状态，还要看到事物过去的状态。马尔可夫认为，还存在另外一种情况，即

---

① 参见［美］R. M. 克朗：《系统分析和政策科学》，北京，商务印书馆，1987。

人们要了解事物未来的发展状态，只需知道事物现在的状态，而与事物以前的状态毫无关系。例如，A产品明年是畅销还是滞销，只与今年的销售情况有关，而与往年的销售情况没有直接的关系。后者的这种情况就称为马尔可夫过程，即一个系统由一种状态转换至另一种状态的过程中，存在着转移概率，且此概率可依据其紧接的前一种状态推算出来，即第n次转移获得的结果取决于第$n-1$次转移的结果，而与该系统的原始状态和此次转移以前的有限次或无限次的转移无关。系统的一系列马尔可夫过程的整体称为马尔可夫链，马尔可夫作出了层次性的规定，通常用“阶次”表示其深入的程度。一阶马尔可夫过程是指假定系统转移至次一状态的概率，仅取决于该系统前一状态的结果；同理，n阶马尔可夫过程是指假定系统转移至次一状态的概率，仅取决于该系统前$n-1$次状态的结果。

（4）成本—收益分析（cost-benefit analysis）。

成本—收益分析通过将公共政策的货币成本和货币收益进行量化比较并提出政策建议。当收益大于成本时，一般认为政策是有效的；当收益等于或小于成本时，则政策还有进一步改进的余地。成本—收益分析的优势主要体现在成本和收益都以货币作为共同的计量单位，因此容易对成本和收益进行客观比较，使分析人员能够在广泛的政策领域间进行比较。但是，成本—收益分析在公共政策分析中也存在诸多局限：绝对地强调经济效率意味着对公平价值的忽视甚至否认；货币价值不能对政策回应性作出估量，因为收入的实际价值因人而异；当重要物品不存在市场价值时，分析人员常常被迫去主观估计公众愿意支付的价格，即影子价格，这一主观判断可能随分析人员的价值观而定。

2. 随机型分析技术

随机型分析技术是指应用于不确定型或风险型决策的分析技术和方法，随机分析技术和方法通过确定和计算不同的政策选择将会产生的影响和结果，以求最大程度地减少不确定性。随机型分析技术主要包括：

（1）动态规划（dynamic programming）。

动态规划技术是通过建立动态规划的随机模型来分析如何以最短的时间和最少的投资消耗来完成整个系统的预期目标，以取得良好的经济效益。“时间”因素是动态规划考虑的中心，同时综合考虑费用、劳力分配问题以及多个项目并列的问题等。因此，动态规划适用的对象是含有时间因素的决策问题，即动态决策问题。对于静态决策问题，我们可以人为地引进“时间”因素，将其划分为阶段，作为多阶段决策过程用动态规划去处理。如果在多阶段决策的每个阶段中含有随机因素的影响，那么决策就不可能用一个确定的数值来表示，而需要用一些可能的值及相应的概率来描述。

（2）决策树（decision tree）。

决策树也称为分层决策图，是用二叉树形图来描述决策问题，它将各种方案以及这些方案可能性的大小以及可能出现的状态和可能产生的结果都绘制在一张树状结构图上，其决策标准可以是损益期望值或经过变换的其他指标值。决策树法通过把待决定的问题以决策树的形式绘出图形，表示出具有一定顺序的决策和机会事件，显示可能发生的所有情形和在决策点可供选取的所有方案，并将方案可能产生的结果标在决策树的节点上，同时标出每一状态可能出现的概率值。因此，决策树就是描述决策问题的逻辑结构的流向图，它能直观地显示整个决策过程可能走向——在不同时间和阶段可能出现的问题及其概率、相应的备选方案及其可能的结果等，有利于对复杂的政策问题进行决策分析。

（3）灵敏度分析（sensitivity analysis）。

在公共政策分析中，如果在政策方案被选定后，与政策问题有关的某些因素或者所构造的模型中的系数或参数发生了变化，这就表明需要进行灵敏度分析，以确定其中何为最敏感的因素、可能出现的偏差以及结论的可信度。在风险型决策中，实际所运用的概率基本上是估计的，灵敏度分析是在主观概率可能的估计误差范围内，选取许多不同主观概率值进行试算，据此研判何种因素的变动不会影响最优方案的选取；相反，何种因素稍加变动，最优策略就会变化，从一个策略变为另一个策略。在这种情况下所提供的数据称为灵敏性数据，必须重新审查原来估计的主观概率是否正确，以作出最优的政策选择。

5.3.3 公共政策定性分析方法

定性分析方法着重对分析对象进行“质”的研究，即运用归纳和演绎、分析与综合以及抽象与概括等方法，依靠专家的知识、能力和经验来对公共政策进行评估与判断。公共政策定性分析方法主要有四种方法。

1. 头脑风暴法

头脑风暴法（brain storming）又称智力激励法，是通过专家微观智能结构之间的信息交流和相互启发所引起的“思维共振”来获取决策的信息和意见，又称专家会议法。运用头脑风暴法旨在保证群体决策的创造性，提高决策质量，是改善群体决策的一个典型方法。

头脑风暴法又可分为直接头脑风暴法（通常简称为头脑风暴法）和质疑头脑风暴法（也称反头脑风暴法）。直接头脑风暴法是在专家群体决策时尽可能激发创造性，产生尽可能多的设想的方法；质疑头脑风暴法则是对前者提出的设想、方案逐一进行质疑，分析其现实可行性的方法。采用头脑风暴法决策时要集中有关专家召开专题会议，主持者应以明确的方式向所有参与者阐明问题，说明会议的规则，尽可能创造融洽轻松的会议气氛。主持人一般不发表意见，以免影响会议的自由气氛，而由专家们自由地提出尽可能多的方案。

实践经验表明，头脑风暴法能够发挥专家的共同智慧，产生专家智能互补效应；它容易经过“思维共振”产生出创造性的解决方案。头脑风暴法实施的成本（时间、费用等）较高，对参与者的素质要求也比较高，这些都是应用头脑风暴法的制约因素。

2. 德尔菲法

德尔菲法（Delphi method）依据系统的程序，采用匿名发表意见的方式，即专家之间不得互相讨论，不发生横向联系，只能与调查人员发生关系，通过多轮次调查专家对问卷所提问题的看法，再经过反复征询、归纳、修改，最后汇总成专家基本一致的看法来作为预测结果。从一定意义上说，德尔菲法也是一种专家分析方法，只不过它不是直接的专家分析，而是间接性的。它的主要特点为：一是匿名性，被征询意见的专家在不公开的情况下提出自己的见解或修改自己的看法；二是巡回反馈，专家的个人意见经过汇总传递给参加讨论的所有专家，这个过程要经历多轮，汇总的意见是以调查表的形式在专家之间进行传递。

德尔菲法的采用是为了避免委员会、专家小组等群体性决策方法中个人意见受制于某些人的地位和权威压力，而让个人可以充分地、真实地发表自己的意见。德尔菲法花费较长的时间，故不适宜于特别受时限制约的决策。

3. 交叉影响分析

交叉影响分析（cross-impact analysis）又称交互影响矩阵法，是试图建构一种新方法以使得在一个预测集之中的一个事件的概率可以根据与被预测事件之间的潜在的相互作用相关的判断而加以调整。[①] 交叉影响分析是根据事件发生或不发生来对未来事件的发生概率进行判断，其目的在于对那些促进或阻碍其他相关事件发生的条件加以确认，通过考虑事件的相互作用来预测事件发生的概率，它依据的是条件概率原则（条件概率认为，一个事件发生的概率依赖于其他事件，也即两个事件不是相互独立的）。

交叉影响分析的优势，主要在于能够使分析人员注意到在其他情况下会被忽略的事件之间的相互关联，也使分析人员能根据新的假设或证据对以前的概率进行修正。其主要局限性是，分析人员不能保证在分析中将所有潜在的相互关联的事件都包括进去，这会影响预测的准确性；同时，还有与德尔菲法同样的弱点，即不现实地强调专家意见的一致性。最适合运用交叉分析的是那些出现冲突而非一致性较为分散的问题。[②]

4. 脚本写作

脚本即政策研究者对有些将要发生的情况进行描述或预言，而这些情况与研究者所要分析、设计和评估的系统或政策密切相关。脚本写作（script writing）是通过对从现在到未来某个时间的假定来编写脚本，将有关信息和对未来的假设等材料进行组织，以得到对未来的预测描述。脚本本身包括很多定量和定性的情景描述，按照发生事件的逻辑顺序进行排列。

脚本写作方法可以降低对未来判断的不确定性，提高对所要处置问题的认知水平和决策能力。脚本写作的典型运用范畴是探索潜在的军事和外交上可能出现的危机情况。

5.4 公共政策发展

公共政策的发展需要适宜的政策生态环境，同时公共政策发展应能发挥其对环境变迁的导引和建构作用。公共政策发展对于实现公共管理的价值至关重要。

5.4.1 公共政策发展的趋向

1. 公共性

“公共性”是现代公共政策首要的规范性价值取向。从根本上说，制定和执行公共政策旨在整合和优化社会资源配置以实现、增进和维护公共利益。尼古拉斯·亨利借助本恩和高斯的关于“公共性”与“私人性”的结构理念，从行为者（agency）、利益（interest）、

---

① 参见［美］威廉·N·邓恩：《公共政策分析导论（第二版）》，269页。

② 同上书，270～271页。

可进入性（access）三个维度对公共性进行了分析，提出了理解公共性的三种递进的界定，即制度性的、规范性的、组织性的公共性。[①] 公共政策的公共性体现为政策制定的公共利益取向、政策运行的公共服务导向以及政策过程的公共参与性。

2. 合法性

公共政策的合法性可体现为两个方面：一是形式上的合法性，即合法律性，二是实质上的合法性，即政治学意义上的合法性——公共政策得到公众出自内心的认可和接受。在现实生活中，在很多情况下后一种合法性更需要予以特别的重视。合法性与公共性密切相关。现代意义的法律是调节和维系公共生活秩序的准则，合法律性本质上即要符合公共性——当然这样的法律应当是“良法”而不是“恶法”。公共政策发展的合法性应符合：价值的正当性、目标的可理解和可接受性、高绩效。

3. 有效性

公共政策的发展应当体现有效性。这就意味着，公共政策规划、制定和发展在满足公共性和合法性要求的基础上，还必须实现有效性——正确合理的公共政策能够得到及时、完全和有效的执行，能真正实现政策目标。公共政策的本质特征决定了公共政策发展必须以公共性为首要的价值导向，在公共性价值目标的导引下追求合法性和政策资源分配的高效率。

5.4.2 公共政策环境

公共政策的价值实现及其变迁和发展会受到整个政治系统与社会环境的影响，政策问题归根到底是从政策的生态环境中产生出来的，政策运行的条件和资源都离不开相应的政策生态环境。如果政策生态环境发生的变化已经对现有的政策价值实现产生了制约或新的要求，那么政策就应当随政策生态的变化适时作出调整和发展。

公共政策发展需要适应和顺应其生态环境，并不只是一种被动的回应，还需要从多方面体现其引领时代的创新性和开拓性，要充分发挥公共政策对社会公共生活的调节功能、分配功能、规制功能、建构功能和导向功能。

5.4.3 公共政策发展与公共管理价值的实现

公共政策作为公共管理的重要组成部分，是公共组织管理公共事务实现价值目标的主要方式。公共管理包括一系列的价值取向——公共性、公平、正义、法治、责任和效率等。而公共政策是实现这些价值的重要方式和途径。

1. 公共政策发展与公共管理的价值相关性

（1）学科渊源。

传统公共政策研究比公共行政更多地偏向政治。随着政策科学的兴起，人们对公共政策的重要性的认识日渐清晰，政策分析更关注分析的方法与数字，更关注公共政策的建构及其对社会的实际影响。而自20世纪40年代起，公共行政学发展最为重要的变化是价值反思的出现。从赫伯特·西蒙和罗伯特·达尔对传统行政的批判到60年代末新公共行政

---

① 参见［美］尼古拉斯·亨利：《公共行政与公共事务》，71～75页，北京，中国人民大学出版社，2002。

标树旗帜宣示其对政治一行政两分和效率至上的批判，以及强调对民主行政和公共行政价值伦理的关怀，公共行政与公共政策所关注的价值日益相近。进入20世纪80年代以来，新公共管理的发展使政策科学与行政学有了更为一致的发展趋势。公共政策的伦理、价值再次成为公共政策科学的主题之一。公共政策在公共管理中的作用以确认公共管理存在政治过程为基础，成为现代公共管理的重要组成部分。

（2）公共政策在公共管理中的功能与地位。

公共政策与公共管理具有密切的相关性。从根本上说，公共政策的发展在现代公共管理中主要发挥以下几方面功能：

第一，公共政策的行为引导功能。公共政策是在公共领域中以社会、群体和个人为对象制定并实施的具有约束导引性的规范和准则。公共政策是现实社会条件与环境的产物，是公众利益的体现，同时公共政策目标也指出整个社会生活的发展方向。公共政策针对特定的公共问题，通过政治的、道德的、文化的和法律的等诸多公共管理途径或以这些方式为载体，逐步推进和实现对社会价值的引导和社会行为的规范。

第二，公共政策的利益协调与分配功能。随着现代社会中利益多元化和分层化加剧，利益冲突与矛盾日益尖锐复杂，公共政策的发展需要建构在良好制度和透明公正的公共平台上对社会利益进行合理的区分与协调，并通过一定的分配与再分配手段实现效率与公平，维护社会正义。从公共管理的视角看，公共政策过程也是以公共价值为导向协调相关公共管理机构运行的过程，通过既定公共政策的实施，公正有序地实现对社会利益的分配、协调和整合。

第三，公共政策的调控和规制功能。公共政策过程以公共问题为起点，而公共问题则是社会公共生活领域中的非平衡状态。在不同的时期，这种非平衡状态有可能出现在上述某个领域中，或某一领域中的某些方面。公共政策过程就是要通过对局部或整个社会发展局势的调控使特定领域或范围的非平衡状态得到调整，或能控制在一定程度之内，或逐步缓和达到平衡，实现社会机体的协调和社会运行的稳定与和谐发展。

2. 通过公共政策发展实现公共管理价值的途径

公共政策发展实现公共管理价值的途径主要体现在以下两个层面：

（1）实现公共管理的价值导向。

公共政策的价值是公共政策主体对公共政策价值关系、价值创造活动及结果的反映，并由此形成较稳定的心理取向、评判标准和行为定势。公共政策的价值应与公共管理的整体价值相一致。公共政策通过外化的形式使公共管理的整体价值得以具体的体现和实现，即通过价值导向实现公共管理的价值。

（2）构建公共管理稳定的运行平台。

公共政策过程，即公共政策制定、执行、反馈和评估，是公共管理有效运行和发挥作用的平台。公共政策对公共管理的作用表现为：

第一，公共政策是公共管理的起点，整个公共政策过程构成公共管理的重要路径。政策问题的产生、政策制定、政策沟通、政策执行、政策评估的过程是公共政策的系统工程。通过这个过程，公共组织与外部环境（政策对象与政策环境）之间进行信息交换与互动，不断地进行政策输入与输出、再输入与再输出的循环。依据这一路径，公共管理不同领域中的目标在公共政策过程中的不同阶段被分解为具体的管理目标，通过管理活动，实现公共利益。

第二，公共决策贯穿公共管理过程的始终。公共政策不仅为公共管理的展开提供了起点，而公共管理的其他环节也包含着政策活动。在现代社会，两者的边界已很难明确区分，公共政策已经渗入公共管理全过程之中。从这个意义上说，公共管理与公共政策存在互相渗透的密切关系，公共管理运行是一系列公共政策的结果。

第三，公共政策是公共管理履行各项功能的基础。公共管理要为实现管理目标作出计划安排，要为实现目标动员和整合各种资源并组织相应的人员、机构，要建立统一有效的指挥与领导中心，要对管理过程的各种行为进行控制，要使相关的不同机构、人员间分工合作并协调它们相互的关系，这些功能的履行都要以公共政策为基础。

第四，从根本上说，在现代社会公共生活的生产和再生产的过程中，即人类的社会性和生物性的生产和再生产的过程中，人们对于所需资源的获取、生产、分配或交换过程中会在不同范围和层面产生冲突和矛盾，需要必要和适当的公共政策对之进行规制和调节，从而实现对社会资源配置的整合和优化。而正是这样的所有公共政策形成和实施的过程，这样的通过公共政策发展实现对社会资源配置的整合和优化的过程，构建了公共管理的运行平台。

本章小结

1. 公共行政、公共管理和公共政策三者之间具有密切的内在联系。公共政策在现代公共管理中的作用日益显著。从根本上说，公共管理的实施及其价值的实现主要通过适时制定和执行各种符合公共利益最大化价值取向的、效率与效益兼具的公共政策来完成。制定和实施公共政策是公共管理的重要内容。

2. 公共政策过程是由问题判认、政策议程、政策制定、政策沟通、政策执行、政策评估等一系列相互关联的环节所构成的实际运作过程。

3. 公共政策分析既是一门科学，也是一门艺术，是一个复杂的系统过程，需要科学的分析方法作为支持。在政策分析中，定量与定性分析方法是两种最基本的方法类型。政策分析作为解决社会问题的一种方法产生于有意识地积累知识、从而能够对联系知识与行动的可能性进行清晰和深入的检验的阶段。公共政策分析具有较强的实践性和应用性；政策分析的方法不断发展丰富，定量分析与定性分析方法有机结合、各擅所长、相辅相成。

关键术语

公共政策　　公共政策工具　　公共政策过程　　公共政策议程　　公共政策制定
公共政策沟通　　公共政策执行　　公共政策评估　　公共政策分析

复习思考题

1. 如何分析选择公共政策工具应该考虑的因素。

2. 如何分析理解金登的多源流分析模型。
3. 分析公共政策沟通的障碍、原因以及如何解决障碍。
4. 分析政策执行失控的主要表现、原因以及如何矫正政策执行的失控。
5. 比较分析公共政策分析的不同方法以及各种分析方法的优缺点。
6. 论述公共政策发展的价值取向。
7. 论述公共政策发展实现公共管理价值的具体途径。
8. 案例分析题：认真阅读案例材料，然后按照要求回答问题。

2006年以来，中国房地产政策显出更趋系统化综合调控的特点，主要表现为以下四个方面：一是从关注一级市场到格外强调加强二级市场和租赁市场的建设。2006年一些房地产政策主要是针对一级市场的重要缺陷而采取的，如解决投资规模过大、房价上涨过快、住房供给结构不合理及房地产市场秩序混乱等。这些政策集中针对增量市场进行调控。而2007年以来，房地产政策格外强调加强二级市场和租赁市场的建设，推动广大社会群体梯级改善居住条件。从现实来看，大多数人改善居住条件，一般要经历从租到买的过渡，也将经历逐步调整的梯级改善，房地产政策的辐射范围从一级市场拓展到二级市场以及租赁市场，将惠及更多人的居住问题。二是从关注房价到更多关注住房保障体系。2006年房地产政策关注的焦点主要是房价，而2007年在关注房价的同时，也将对住房保障体系进行重点关注，加强非市场化和半市场化配置资源。对经济适用房、廉租房的建设供应，将有一些推动政策。完善住房保障将会成为2007年房地产市场的一个重要发展方向。三是从关注多数人住房为主到更加突出地关注少数人住房。我国房地产政策的变化主要体现在完善廉租房制度，关注低收入人群和特困群体的保障措施。有限的资源要首先解决还没有房子和困难群体的住房问题。在过去的20年已经解决了“大多数人有房子住”的问题，今后则要着力解决“所有人有房子住”和“大多数人都有自己住房”的问题。目前，解决最困难群体的住房问题将成为这种政策施行的突破口。四是从对房地产市场独立调节到将房地产领域紧密结合宏观经济运行状况的综合调控。2007年房地产政策将更加系统化，把调整结构和稳定房价作为政策的重要部分，不能出现房地产单一市场波动影响其他领域发展的情况。制定房地产政策应更加注重廉租房体系建设，从实际来看，我国大部分城市的中低档房产存量资源可满足5～10年内廉租房资源周转的需求，政府无须投入更多的土地和资金。

问题：（1）请运用公共政策的有关理论分析中国房地产政策变化的原因。

（2）请运用公共政策的评估工具对中国房地产政策及其变化进行评估。

第 6 章

公共人力资源管理

公共人力资源管理是公共管理的重要组成部分，是公共管理活动的重要主体。20 世纪 60 年代以后，在企业界，人力资源管理逐渐取代了人事管理，使对人的管理理念和内涵发生了重大的变化，这种变化随之扩展到公共管理领域。本章围绕公共人力资源的基本理论、公共人力资源管理的具体内容、公务员制度、公共人力资源管理的变革等内容进行阐述。

重点问题

- 人力资源与公共人力资源管理的含义、特点
- 公共人力资源管理的具体内容
- 公务员制度
- 公共人力资源管理的变革

6.1 人力资源管理的基本理论

6.1.1 人力资源与公共人力资源管理

1. 人力资源的含义

对于什么是人力资源，众多学者从不同的角度作了规定。我们可以将其界定为：人力资源（human resource，HR）是指在一定区域内的人口总体所具有的劳动能力的总和，或者是具有智力劳动和体力劳动的能力的人们的总和。

从上述界定中可以看出，人力资源既有数量也有质量。数量是指拥有劳动能力的人口数量，投身有用工作的人口比例及实际劳动量。质量是指最能体现人的体力和脑力状况的生理素质和科学文化素质以及这两者的综合。人力资源的数量和质量是密切联系的两个方面。既要有数量，又要有质量。数量是基础，质量是关键。

2. 人力资源的特点

与物质资源和其他生物资源相比，人力资源具有以下特点：

（1）生物性。人力资源的载体是人，从而决定了它是有生命的、“活”的资源，与人的自然生理特征息息相关。

（2）能动性。这是人力资源的一个最重要特征，是人力资源与其他一切资源最根本的区别。人力资源的能动性主要表现在自我强化、知识和技术创新以及功利性的投向等方面。

（3）时效性。人力资源的形成、开发和利用都要受时间方面的限制。从个体角度来看，作为生物机体的人，有其生命周期，如幼年期、青壮年期、老年期，各个时期的劳动能力各不相同。从社会角度来看，人力资源也有培养期、成长期、成熟期和老化期。这要求我们要研究人力资源运动的内在规律，使人力资源的形成、开发、配置和使用等处于一种动态的平衡之中，从而更好地发挥人力资源的效用。

（4）智力性。人类在劳动中创造了机器和工具，通过开发智力，使器官得到延长、放大，从而使自身的功能大大扩大。而人的智力具有继承性，人的劳动能力随着时间的推移而得以积累、延续和增强。

（5）再生性。资源可以分为可再生资源和不可再生资源两大类。人力资源基于人口的再生产和劳动力的再生产而具有再生性，这决定了人力资源的再生性不同于一般生物资源的再生性。除了遵循一般生物规律之外，还受到人类意识的支配和人类活动的影响。

（6）社会性。从人类社会活动的角度来看，任何人都生活在一定的群体之中。人类的劳动是群体劳动，劳动者一般都处于劳动集体之中，这是人力资源社会性的微观基础。从宏观上看，人力资源总是与一定的社会环境相联系的。它的形成、开发、配置和使用都离不开社会环境和社会实践，是一种社会活动。从本质上讲，人力资源是一种社会资源，应当归社会所有，而不是归于某一社会经济单位。

3. 从传统人事管理向现代人力资源管理的发展

人事管理（personnel management）与人力资源管理（human resource management）虽然在一定程度上都具有相近的含义，都是指为了实现管理目标而运用各种方法和技术对管理工作中所涉及人或人事进行有效开发、合理配置、充分利用和科学管理的制度、法令、程序和方法的总和。以前，大都用“人事管理”这一概念。但是，随着时间的推移和时代的发展，人事管理的内涵、外延、管理理念和管理方法的不断变化，人们发现，“人事管理”这个名词已经不能很好地表达其工作内容了，“人力资源管理”便逐渐取而代之。传统人事管理与现代人力资源管理的基本差别如下：

（1）关于人性的假定不同。传统的人事管理以物为中心，把人看做一种成本，管理的主要任务就是如何尽可能地减少人工成本。而现代人力资源管理视人为最核心的资本，认为人力资本的投资收益率高于其他形态资本的投资收益率。[①]

(2) 工作的性质不同。传统的人事管理基本上属行政事务性的工作，活动范围有限，短期导向，主要由人事部门职员执行，很少涉及组织高层战略决策。人事部门扮演的是控制人工成本的“成本中心”的角色。而现代人力资源管理重视对人的能力、创造力和智慧潜力的开发和发挥，扮演的是增加产出的“利润中心”的角色。并且，由于人在生产中的重要性突出，人力资源越来越多地进入了组织的战略决策领域。

(3) 管理内容不同。传统的人事管理主要存在于雇佣关系从发生到结束的运动过程。人员的招聘、录用、委任标志着雇佣关系的建立，之后的考核、奖惩、职务升降、工资福利待遇、申诉控告等，构成了管理阶段的主要内容，而辞职、辞退、解雇、退休等则意味着雇佣关系的结束。而现代人力资源管理不仅涵盖了传统人事管理的这些基本内容，而且向纵深发展，大大拓宽了原有人事管理的内容，形成全方位的管理。

(4) 管理部门的地位不同。传统人事管理把人事部门视作非生产、非效益部门，地位较低，且从事管理的人员进不了决策层。而现代人力资源管理部门已经成长为除了落实具体人事事务之外，还协调管理系统，提供决策预案的咨询专业技术的中枢性机构，且人力资源管理者不仅成为高层领导，还成为核心成员之一。[②]

(5) 管理方式和手段的不同。传统的人事管理强调标准化式的管理，管理手段较为刚性，主要运用行政命令的办法。而现代人力资源管理强调管理的人性化，理解员工的需要，采取柔性的参与式的民主管理，注重人文关怀。

美国学者菲利普·J·库珀认为，“在传统上，人事管理被定义为将员工配置到组织中适当职位的一套具体程序或功能”。与此相适应，传统人事管理职能主要有：一是工作分析，即明确工作的核心要素以及完成工作所需的技能；二是对职位进行分类，即根据一套既定的工作名称和头衔等级规则定义不同的岗位；三是进行人员安排，包括招聘和安排职位；四是为员工提供岗位培训；五是对工作岗位进行重新设计。如图 6—1 所示。[③]

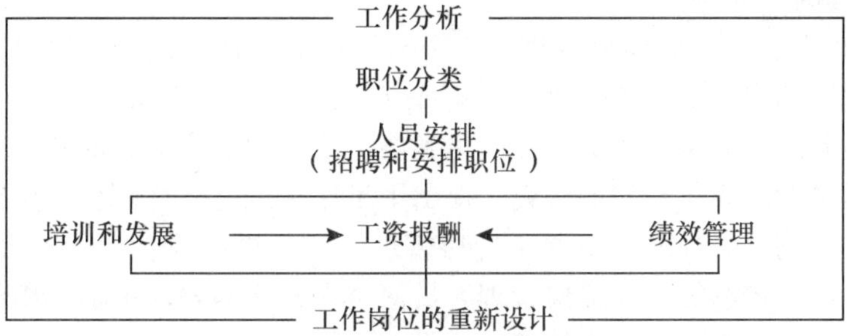

图 6—1 传统人事管理职能

① 参见倪星、揭建旺：《试论政府人事管理的治道变革——从传统人事管理到现代公共人力资源管理》，载《探索》，2003 (5)。

② 参见徐晓丹：《从传统人事管理到公共人力资源管理——转轨时期我国政府人事管理改革的一种思路》，载《甘肃行政学院学报》，1999 (3)。

③ 参见［美］菲利普·J·库珀等：《二十一世纪的公共行政：挑战与改革》，269 页。

政府工作环境中的人事职能已逐渐超越了图 6—1 所列出的传统内涵，甚至名称也由“人事管理”变成了“人力资源管理”。如图 6—2 所示。[1]

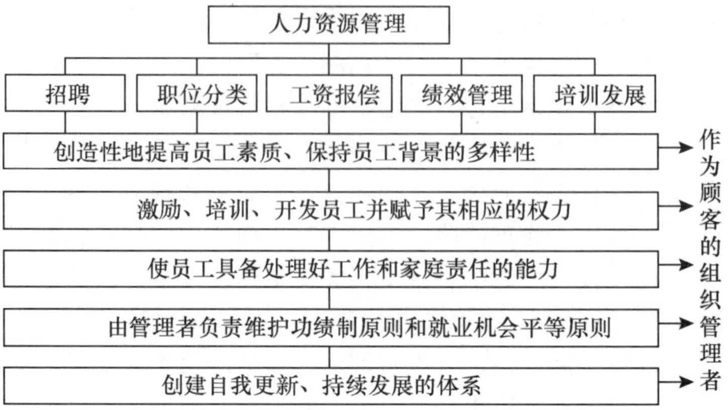

图 6—2　重建人力资源管理

现代人力资源管理与传统人事管理的区别主要体现在：传统人事制度的一个核心目标是防止管理层滥用权力，保护员工的利益，维护制度的公正。而现代人力资源管理者成了顾客，人事制度应该为他们服务，以便使管理者能更好地服务于大众；传统人事制度强调的是控制，现代人力资源管理强调的是灵活性；传统人事制度关注的是保证程序的统一，现代人力资源管理关注的则是目标的实现；传统人事制度把员工视为劳动力，现代人力资源管理把员工视为组织的重要资源；传统人事制度所扮演的角色也逐渐由保护者转变成了激励者。

6.1.2　人力资源管理的理论演进

1. 科学管理时代

19 世纪末 20 世纪初是科学管理理论占主宰地位的时代，代表人物有美国的泰勒、法国的法约尔和德国的韦伯。泰勒认为，科学管理研究的目的是要去发现生产与分配的规律，从中找到提高生产效率的方法，让雇主和雇员获得利益均沾因而建立起和谐的劳资关系。泰勒等人通过对时间、动作的研究，提出了工作标准化、规范化、定额化和计件工资制等原理。法约尔则从管理的一般原则探讨管理问题，提出了管理的五大要素，即计划、组织、指挥、协调、控制等，并提出管理人员的个人素质问题。韦伯的组织理论主要是从组织结构的有关问题入手探讨改进效率的途径。

上述三位代表人物的理论虽各有侧重，但有着以下的共同点：（1）都把人看成是被动的、纯理性的，任由管理者用“胡萝卜加大棒”（即纪律规章加经济刺激）进行控制和摆布，人和物为同一性质，人只不过是会说话的工具；（2）都把重点放在管理的“物”、“硬”的方面；（3）都认为存在着一种适用于一切组织与环境的通用的“最佳”管理模式。

① 参见［美］菲利普·J·库珀等：《二十一世纪的公共行政：挑战与改革》，284 页。

科学管理提倡标准化、定额化和差别性计件工资制，强调管理控制和合理的组织结构，在一定程度上有利于提高生产效率，改善人们的物质待遇。但它也存在着很大的局限性：（1）科学管理把人看做“经济人”，只有物质利益需要，而非有思想有感情有多种需要；（2）科学管理把人当做机器的附属物；（3）在奖惩制度方面，科学管理主张主要用金钱来刺激员工的积极性，同时对消极者采用严厉的惩罚措施，而没有考虑人的精神方面的激励作用；（4）人事管理着重于雇用、控制和考核等日常事务性环节，而忽视了对人的潜能的开发。这些缺陷就为行为主义理论的出现留下了很大的空间。

2. 行为主义时代

20 世纪 20 年代至 40 年代，是行为主义理论的时代。行为主义的早期为人际关系学派，是通过霍桑实验而形成的。其代表人物是梅奥，主要观点是：人是“社会人”而不是“经济人”；生产效率在很大程度上取决于人的工作态度或士气；“非正式组织”对职工的积极性有很大影响。人际关系理论奠定了行为科学理论的基础，此后产生了许多有代表性的行为主义理论，包括：（1）马斯洛的需求层次理论，认为人的需求分为生理、安全、社交、受尊重和自我实现五个层次，管理工作必须把满足人的需求作为根本出发点；（2）赫茨伯格的双因素理论，认为影响人的行为的因素有两类，即激励因素和保健因素，管理者要充分调动人的积极性，应把重心放在激励因素上面；（3）弗鲁姆的期望价值理论，认为各种激励因素作用的大小，取决于人们对他所期望得到的结果的全部预期价值乘以他认为得到结果的概率，这就要处理好三种关系：个人努力与绩效的关系、绩效与奖励的关系、奖励与满足个人需要的关系；（4）麦格雷戈的 X—Y 理论，它把传统管理理论归结为 X 理论，把建立在对人信任基础上，主张通过诱导、鼓励的方式调动人的积极性的管理理论归纳为 Y 理论；（5）布莱克和穆顿的“管理方格图”理论，认为领导对工作或对人的关心程度，可通过纵横坐标图表示出来，从而形成有纵横 81 个方格的图形。

总之，行为科学运用心理学、社会学和人类学等理论研究人们行为的动机、人们对外界刺激的反应等，以求在组织内部妥善处理人群关系，减少冲突，发挥人的积极性。

3. 现代管理时代

第二次世界大战后，出现了现代管理理论及其学派，包括：（1）以巴纳德为代表的社会系统学派，认为社会的各级组织都是由相互进行协作的各个人组成的系统，而系统的效率是指系统成员个人目标的满足程度，是个人效率的结果。巴纳德把正式组织的要求同个人的需要联结起来了。这一观点，被西方有些管理学者誉为管理思想的里程碑。（2）以德鲁克为代表的经验主义学派，认为组织的管理者要树立目标，建立组织机构和选拔人员，利用奖金、报酬、提拔等手段来激励人们做好工作，利用自上而下和自下而上的沟通工作使组织活动协调，还要对人员的工作进行评价等。（3）以卡斯特和罗森茨韦克为代表的系统管理理论学派。它在一定程度上克服了以往管理理论的某些片面性，把对人的管理放在科学的地位上。它把组织看成是一个物质的、人力的、信息的各种因素相互作用的综合体，探讨其中各因素相互运动的规律，并对人力资源管理这一子系统予以充分的重视。（4）权变管理理论。它以超 Y 理论为基础，以行为科学中的“复杂人”假设为依据，强调人的复杂性，不仅每个人所处的社会环境、生活条件各有其特点，而且同一个人本身在不同的年龄、时间、地点也会有不同的表现，人的需要和才智会随年龄的增长、知识的增长、地位的改变，以及人与人之间关系的变化而各不相同。只有针对不同情形采取不同的管理方法，才能充分调动人的积极性。

这一时期，在经济学界出现了人力资本理论，它对人力资源管理学科的成熟起了十分重大的作用，其代表人物是美国经济学西奥多·舒尔茨和加里·贝克尔等。舒尔茨认为，单纯从自然资源、实物资本和劳动力的角度，无法解释经济增长的全部原因，另外还包括人力资本这个重要的生产要素。对这个领域进行具体的实证分析的人是爱德华·E·丹尼尔。人力资本理论的创立和发展对实践领域的意义除了在宏观领域使许多国家把人力资源开发纳入到国家经济社会发展规划中之外，在微观领域的意义涉及人力资本的吸引、选用、保值、增值和评价等方面。正是因为有了人力资本理论，才使人力资源管理建立在更加坚实的基础上，而具有了强大的实证解释力。

4. 企业文化时代

企业文化是20世纪80年代出现的一种理论思潮，企业文化理论的代表作包括：大内的《Z理论——美国企业界怎样迎接日本的挑战》、迪尔和肯尼迪合著的《企业文化——现代企业的精神支柱》、帕斯卡和阿索斯合著的《日本管理艺术》、彼得斯和沃特曼合著的《成功之路——美国最佳管理企业的经验》、舒斯特的《A战略：人与效益的关系》和米勒著的《美国企业精神——美国未来企业经营的八大原则》等。

企业文化理论使人力资源管理理论上升到注重对人的观念的影响上，用群体价值观激励员工。企业文化强调个人的自由全面发展，实行自主管理、自我诊断、自我启发和自我完善，可以调动组织成员的积极性、主动性和创造性。对员工的激励，虽然与组织给予其成员的物质预期有关，但归根到底取决于组织内在的共同价值观念。企业文化理论的落脚点是人，是人对行为规范、管理理念和组织愿景的认知，强调管理者要注重对员工在这些领域的认知培养，从而化外部强制性的管理为员工内在的自觉行为。它要求我们把着眼点放在满足员工的高层次需要、精神需要上来，实现以人为中心的管理，用高尚的组织目标和组织精神塑造人才、凝聚队伍、激励员工，取得人力资源管理的效益。企业文化理论的诞生，使管理理论完成了由以物为中心向以人为中心的转变。

6.2 公共人力资源管理的主要内容

6.2.1 职务分析

1. 职务分析的含义

职务分析又称工作分析，是指对某一特定的职务作出明确规定，并确定完成这一职务需要有什么样的行为的过程。

具体地说，职务分析就是全面收集某一职务的有关信息，对该职务的工作从六个方面开展调查研究：工作内容（what）、责任者（who）、工作岗位（where）、工作时间（when）、怎样操作（how）、为什么要这样做（why），然后再将该职务的任务要求进行书面描述、整理成文的过程。

职务分析的目的旨在确保：职务分类适当；招聘和选拔过程能够建立在对该工作所需知识、技能和能力标准的精确理解的基础上；能够开发有助于提高工作绩效的培训项目。[①]

2. 职务分析的程序

（1）目标选择与组织。这一阶段主要解决以下几个问题：确定所获取工作信息的使用目的；确定职务分析时信息收集的类型和范围；选择职务分析人员；取得各管理层次和有关人员的认同和合作；制定规范用语。

（2）制定职务分析的计划和方案。这一阶段的工作主要包括以下几个方面：制定职务分析的计划；选择分析的目标职务；信息来源的选择；信息收集方法的选择。

（3）信息的收集和分析。这一阶段的任务是按照规定的程序和方法收集工作信息，信息收集的内容应根据前面已确定的职务分析的目的而定。

（4）结果表达。这个阶段的任务就是把前一阶段的分析结果用文字的形式表达出来，使它成为可以使用的管理文件，也就是编写职务说明书。

（5）结果的运用。这个阶段的主要工作是根据职务分析的结果，制定人力资源管理的各种应用性文件，并培训文件的使用者，使他们能够按照文件的具体规定实施管理，使职务分析的成果运用到工作实际中去。

3. 职务分析方法

（1）工作实践法。

这是职务分析者通过直接参与某项工作，从而细致、深入地体验、了解、分析工作的特点和要求以达到职务分析的目的的方法。它可以克服一些有经验的人员并不总是很了解自己完成任务的方式的缺点，也可以克服有些人员不善于表述的缺点，还可弥补一些观察不到的内容。缺点是由于现代组织中的许多工作高度专业化，职务分析者往往不具备从事某项工作的知识和技能，这时就无法采用工作实践法。因此，工作实践法适用于对一些比较简单的工作的分析，也可以与其他方法结合起来运用。

（2）观察法。

这是指由有经验的人，在工作现场运用感觉器官或其他工具，观察职员的实际工作过程，用文字或图表形式记录某一时期工作的内容、程序、形式和方法，并在此基础上分析有关的工作因素、达到分析目的的一种方法。观察法的优点是可以了解广泛的信息，而且采用这种方法收集到的资料多为第一手资料，排除了主观因素的影响，比较客观和正确。观察法适用于大量标准化的、周期短的、以体力活动为主的工作。观察法的缺点是它不适用于脑力劳动成分比较高的工作和处理紧急情况的间歇性工作。另外，在观察中，被观察的人员的行为表现会出现跟平时不一致的情况，从而影响了观察资料的可信度。最后，观察法的工作量太大，要耗费大量的人力和财力，时间也过长。

（3）访谈法。

这是一种通过分析者与任职者之间面对面地交谈获得工作信息来达到职务分析的目的的方法。访谈法的种类包括个别访谈法、集体访谈法和主管访谈法三种。访谈法的优点为：第一，应用广泛，它可广泛运用于以确定工作任务和责任为目的的职务分析；第二，

---

① 参见［美］菲利普·J·库珀等：《二十一世纪的公共行政：挑战与改革》，270页。

通过面谈，可以发现一些在其他情况下了解不到的工作活动和行为；第三，可以为组织提供一个向大家解释职务分析的必要性及其功能的良好机会；第四，访谈法相对来说比较简单，但却可以十分迅速地收集到有关的信息；第五，可控性强。访谈法的缺点主要有：职务分析者对某一工作固有的观念会影响其作出正确的判断；被访问者出于自身的利益考虑有时会采取不合作的态度，或有意无意夸大自己所从事工作的重要性和复杂性，从而导致所提供的工作信息失真；会打断被调查者的工作；分析人员的问题可能会因不够明确或不够准确而造成误解，从而影响工作信息的收集。

（4）问卷法。

这是职务分析中最常用的一种方法，就是采用问卷来获取职务分析中的信息，实现职务分析的目的。问卷可以是结构化的，也可以是开放性的。问卷法的优点在于费用低、速度快，节省时间和人力；问卷可在工作之余填写，不致影响正常工作；可以使分析的样本量很大，因此适用于需要对很多职务进行分析的情况；分析的资料可以数量化，由计算机进行数据处理；可用于多种目的、多种用途的职务分析。问卷法的缺点是：设计问卷要花费大量的时间、人力和物力，费用较高；可控性较差，被调查者可能因对问卷的理解不同而产生信息误差。

（5）典型事例法。

这是由职务分析专家向一些对某职务各方面情况比较了解的人员进行调查，要求他们描述该职务半年到一年内能观察到并能反映其绩效好坏的一系列事件（典型事例）来获得工作信息，从而达到分析目的的方法。这种方法可直接描述人们在工作中的具体活动，揭示工作的动态性；由于所研究的工作可以观察和衡量，所以用这种方法获得的资料适用于大部分的工作。但收集归纳事例需要大量的时间，而且所描述的是具有代表性的工作者行为，而忽视了一些不显著的工作行为，难以完整地把握整个工作实体。

（6）工作日志法。

这种方法一般由工作者本人按工作日志的形式，详细地记录自己的工作内容、责任、权力、人际关系、工作负荷及感受等，然后在此基础上进行综合分析，实现职务分析目的的一种方法。它对于高水平和高复杂性工作的分析，显得比较经济和有效。但可能存在误差，要求事后对记录和分析结果进行必要的检查。检查工作可由工作者的直接上级来承担。

（7）定量分析方法。

定量分析方法最为常用的是职位分析问卷法（position analysis questionnaire，PAQ）、功能性工作分析方法（functional job analysis，FJA）和管理岗位描述问卷法（management position description questionnaire，MPDQ）。

6.2.2 人员招聘

1. 招聘过程管理

（1）组织的用人策略。组织的用人策略包括：内部招聘还是外部招聘；如何处理德与才的关系；学历与能力孰重孰轻甚或二者并重；招聘应届生还是有工作经验的；通才还是专才；注重能力还是潜力；短期用工还是长期用工等。

（2）招聘人员的选择。一般来说，招聘组成员应包括组织人力资源部门的人员和用人部门的主管，也可以包括招聘的工作岗位的同事和下属。招聘管理者时，还应包括高层领导。

（3）真实工作预览。真实工作预览是指组织通过实地参观、使用小册子、录像带、光盘、广告、网站和面谈等方式让求职人员直观接触组织的一些环境和相关背景，以便提高招聘工作的有效性。

（4）招聘的一般程序。招聘的一般程序包括：招聘职位分析；选定相应的招聘渠道；审查求职申请表和进行初步筛选；确定测试内容、测试人员、测试方式、测试程序、测试人员名单；安排笔试或面试；组织测验或测评；对拟录用的候选人进行体检和背景调查；试用；录用决策；签订劳动合同。

（5）招聘工作责任的划分。传统的人事管理与现代人力资源管理在人员招聘工作中的职责分工是不同的。在传统的人事管理中，人员招聘录用的决定权在人事部门；而在现代人力资源管理中，决定权一般在业务部门，人事部门起组织和服务作用。

2. 招聘渠道的类型

（1）内部招聘。内部招聘又叫内部选拔，就是从组织内部选拔合适的人才来补充空缺或新增的职位，它包括晋升、职务调动和岗位轮换等。内部招聘的优势在于：减少招聘信息的不对称性；有利于加强组织文化，提高公职人员的忠诚度；招聘成本低、效率高、流失率低；有利于人员的职业生涯发展，提高士气。内部招聘的不足是：公职人员之间的竞争不利于内部团结；容易出现“近亲繁殖”和“长官意志”现象，阻碍思想和管理方法的更新；论资排辈的选拔会削弱人员前进的动力。

（2）外部招聘。外部招聘是从组织外部招聘德才兼备能人的活动。其优势是：新职员会带来不同的价值观和新观点、新思路、新方法，可以给组织带来更多的创新机会；外聘人才可以在无形当中给组织原有人员施加压力，从而产生“鲶鱼效应”；可以缓和和平息内部竞争者之间的紧张关系；外部挑选的余地较大，能招聘到更加优秀的人才。外部招聘的缺陷是：由于信息不对称，往往造成筛选难度大、成本高，可能出现被聘者的实际能力与招聘时的表现不符合的现象；外聘人员需要花费较长时间来进行培训和定位，可能挫伤内部人员的积极性，或引发外聘人才与内部人才之间的冲突；外聘人员有可能出现“水土不服”的现象。

3. 招聘筛选的方法

（1）求职申请表的筛选。求职材料的筛选是招聘筛选的基础方法。筛选时要注意是否具备空缺职位的任职资格，评估简历中的客观信息，包括个人信息、受教育经历、工作经历和个人成绩等，如果这些客观指标不能达到，通常可以排斥在外。而对一些主观性、抽象性的描述可作为参考指标，因为在面试或背景调查时才能得以测试。此外，还要注意以下几点：其一，不应迷信良好的工作背景；其二，要注意工作的转换；其三，要注意申请表中的细节。

（2）测试。测试主要是预测求职者的能力特征及在今后特定领域的工作表现，以帮助组织选择对工作职位特别适宜的人员。它主要借助于一些技术方法和手段，对求职者的专业知识和一般知识、智力、能力、个性特征等方面作出客观的评价。

（3）面试。面试是最经常被使用的选拔方法。面试有其他方法难以比拟的优点，它可以使招聘人员有机会直接接触工作申请人，判断申请人是否具有热诚和才智，还可以评估其面部表情、仪表以及情绪控制能力等，从而获得直观的认识，最终判断是否可以录用。

按照面试的人员及方式，常用的面试方式可分为五种：个人面试、小组面试、测验面试、组合式面试和渐进式面试。按照面试的内容，可分为结构化面试和非结构化面试。按照提出问题的切入点，可以分为一般面试、行为面试、状态面试。此外，还有一种是情景模拟面试方法，包括：角色扮演、公文筐、无领导小组讨论、案例分析等。

为提高面试工作的质量，面试要做好以下几项工作：第一，面试的准备；第二，控制面试过程；第三，面试结果的处理；第四，避免面试过程的评价误差。

（4）对求职者的背景调查。所谓背景调查就是通过打电话、要求工作申请人提供推荐信或招聘人员到求职者现在所在或原来工作单位实地考察等方式对应征者的个人资料进行验证。运用背景调查的方法来了解求职者的真实信息，应该遵循以下的原则：只调查与工作相关的情况；在进行调查之前，要征得求职者的书面同意以尊重其个人隐私权。调查中要忽略对求职者的个性主观评价内容；要充分估计背景资料来源的可信程度；要求对方尽可能使用公开记录来评价申请人的工作情况和个人品行；要运用合法的手段调查申请人的有关情况，特别要注意了解申请人离开原单位的原因。

6.2.3 人员培训与开发

1. 培训需求分析

培训需求分析就是对组织的未来发展、任务的内容以及人员个人情况进行分析，来发现培训需求。它包括三个方面：（1）组织层面的分析。组织层面的分析是依据组织战略、目标、结构、内部文化、政策、绩效及未来发展等因素，分析并找出组织中存在的问题进而探究问题的根源，以确定培训是否是解决此类问题的最有效方法。[①]（2）任务层面的分析。任务层面的分析是通过查阅职位说明书或任职资格标准等具体分析完成某一项工作需要的技能，了解员工有效完成该项任务必须做什么以及如何做，需要什么样的素质，找出差距，确定培训需求，弥补不足。[②]（3）个人层面的分析。个人层面的分析是将人员目前的实际工作绩效与组织的人员绩效标准进行对照，或者将人员现有的技能水平与预期未来对人员技能的要求进行对照，发现两者之间是否存在差距。

2. 培训的组织与实施

培训的组织与实施，主要包括以下工作：（1）确定培训目标，如技能培养目标、知识的传授和态度的转变等；（2）拟订培训计划，内容包括：培训目标、培训课程名称、培训的组织者、培训方式、培训时间、培训地点、培训对象名单、培训费用预算、培训的组织实施等；（3）选择受训者；（4）选择培训者；（5）选择培训方式和方法；（6）实施培训计划；（7）培训效果评估；（8）制定培训激励政策。

---

①② 参见彭正龙主编：《公共部门人力资源管理》，122页，上海，同济大学出版社，2007。

3. 人员培训与开发新趋势

随着信息社会的发展和管理理念的创新，国际上的培训与开发出现了以下一些新趋势：(1) 组织借助培训和教育的功能，使组织成为“学习型组织”，给人员培训与开发带来了革命性变化，意义非常深远；(2) 培训呈现高科技和高投入趋势；(3) 培训日益走向社会化；(4) 培训向纵深发展，如组织文化培训、团队精神等；(5) 培训质量成为培训的生命力。

6.2.4　人员绩效评估

1. 人员绩效评估的含义及其功能

人员绩效，是指公务人员在履行其岗位职责过程中产生初期的、最终的成果及其社会效果，表现为履行岗位职责的行为做了什么、做得怎么样、社会效益如何。人员绩效具有多因性、多维性和动态性的特点。

人员绩效评估就是运用综合的指标体系对人员履行岗位职责所产生的工作业绩、工作效果、工作能力和工作态度进行评价、测定绩效等级的过程。

人员绩效评估具有以下功能：(1) 控制功能，组织通过绩效评估，为各项人事管理提供了一个客观而公平的标准，并依据这个考核的结果决定晋升、奖惩、调配等，也可以使人员牢记工作职责，养成按照规章制度工作的自觉性；(2) 激励功能，通过考核，无论对成绩突出者，还是落后者都会起到鞭策他们尽心尽责、完成组织所交给的任务的作用；(3) 开发功能，绩效评估是按已定的绩效标准进行的，评估结果显示的不足之处就是人员的培训需求，管理者可以据此制定有针对性的培训计划，达到提高人员素质的目标；(4) 沟通功能，评估结束以后，管理者把考核的结果反馈给被评估人，听取他们的申诉和看法。

2. 人员绩效评估的方法

(1) 排序法。排序法是按被考评者个人绩效的相对优劣程度，通过比较确定每人的相对等级或名次。排序方向可由最优排至最劣，或由最劣排至最优。排序比较时可循某个单一的特定绩效维度进行，但更常见的是对个人的整体工作状况进行综合比较。排序法又可分为简单排序法、交替排序法、配对比较法和强制分布法。

(2) 量表法。量表法是应用最为广泛的评估方法。它通常作维度分解，并沿各维度划分等级，通过设置量表（即尺度）来实现量化评估。评估量表的设计过程包括三个步骤：一是选定评估维度并赋予权重；二是确定量表的尺度；三是确定量表等级的意义。

(3) 关键事件法。所谓关键事件法是负责评价的主管人员把某人在完成工作任务时所表现出来的特别有效的行为和特别无效的行为记录下来，形成一份书面报告，每隔一段时间，主管人员和其下属人员面谈一次，根据记录的特殊事件来讨论后者的工作绩效。

(4) 行为对照表法。在运用行为对照表法考核人员时，考评者要先设计一份描述人员规范的工作行为的表格，考评者将人员的工作行为与表中的描述进行对照，找出准确描述人员行为的陈述，即成为现成的评语。

(5) 行为锚定评价法。行为锚定评价法（BARS）实质上是把量表法和关键事件法结合起来，使其兼具两者之长。它为每一职务的考评维度都设计出一个评分量表，并有一系列典型的行为描述句与量表上的一定等级尺度（评分标准）相对应和联系（即所谓锚定），供考评者在给被考评者实际表现评分时作为参考依据。①

（6）目标管理评估法。运用目标管理评估法来评估公务人员的绩效，是通过将组织目标层层分解，将人员的日常工作活动与组织目标紧密地结合起来，以完成工作任务为评估的重点，从而达到个人绩效与组织业绩的不断提升以及组织目标的不断达成。

（7）360度评估法。360度评估法是一种通过多层次、多角度、多渠道、全方位的立体交叉方式来全面评价员工绩效的评估方法。凡是与被评估者存在工作关系的主体都可以被纳入到绩效信息的评估和反馈的体系中来，包括上级、同事、下级、员工自身以及来自组织外部的服务对象。

3. 人员绩效评估的实施

（1）实施绩效评估过程中的职责分工。人力资源管理部门的主要职责有：设计、试用、改进和完善绩效评估方案；组织宣传评估方案的内容、目的和要求，并对评估者进行培训；督促、检查和协助各部门按计划实施评估；及时收集各种评估信息，并对其进行整理和分析；根据评估结果和组织的人事政策，向决策部门提供人事决策的依据和决策建议；负责所有评估资料的档案管理。

其他管理部门在绩效评估中的职责：负责实施本部门的评估工作；审核本部门人员的评估结果，对评估的最终结果负责；协调和解决本部门人员在评估中出现的各类问题，向本部门人员解释评估方案；向人力资源管理部门反馈本部门人员对评估方案的看法和意见；根据评估结果和组织的人事政策作出本部门职权范围之内的人事决策。

组织管理决策层的职责：重视并给予充分的政策支持，并提供人力、物力和财力支持；关注考核的内容和考核方案的设计，并给予指导，使绩效评估与组织的发展战略、组织文化所倡导的目标相一致；在制定人力资源政策时，注意与绩效评估工作的关联性，从而保证绩效评估工作发挥应有的效能。

（2）评估主体的选择与确定。评估主体的选择直接关系到评估的成败。一般来说，对评估主体的要求包括以下几个方面：应当公正客观，不具偏见；了解被评估者工作性质、工作内容、要求以及评估标准与组织的有关政策；熟悉被评估者本人的工作表现，尤其是本评估周期内的，最好有直接的近距离观察其工作的机会。

评估主体主要有以下六类人：被评估者的直接主管、被评估者的同事、被评估者的下级人员、被评估者本人、被评估者服务或管理的对象、外界评估专家或顾问。

（3）培训评估主体。培训内容主要有以下几方面：认真讲解评估内容及评估标准；列举常见的评估误差；提高评估主体的观察力和判断力；加强对评估主体有关评估重要性的教育，使他们重视评估工作。

（4）评估时间的确定。评估时间的选择没有统一的标准，评估周期可以是一季、半年或一年，也可在一项特定的任务或项目完成之后进行。

（5）绩效面谈。在评估完成之后，应该及时与人员进行沟通，提供反馈。一般来说，可由被评价者的上级、人力资源工作者或者外部专家，根据评估的结果，面对面地向被评

① 参见彭正龙主编：《公共部门人力资源管理》，159页。

估者提供评估结果的反馈。

6.2.5 薪酬管理

1. 薪酬管理的基本原则

(1) 公平性。公职人员对薪酬的公平感，也就是对薪酬发放是否公正的认识与判断，是设计薪酬制度和进行薪酬管理时必须首先考虑的。公平感取决于人员所获得的报酬和他所作出的贡献之比与某一衡量标准相比是高还是低。公平有三种表现形式，即外部公平、内部公平和个人公平。

为了保证薪酬的公平性，要做到：第一，薪酬制度要有明确一致的原则作指导，并有统一的、可以说明的规范为依据；第二，报酬制度要有民主性和透明度；第三，要为职员创造机会均等、公平竞争的条件。

(2) 竞争性。竞争性是指在社会上和人才市场上，一个组织的薪酬标准要有吸引力，才能招到和留住组织所需的人才。

(3) 激励性。这是指在确定内部各类、各级职务的报酬水准时，要适当拉开差距，体现按贡献分配的原则。

(4) 经济性。提高报酬水平，固然可以提高组织的竞争性与激励性，但过高的劳动报酬必然会提高组织的经营成本，最终影响其服务的质量。报酬制度不能不受经济性的制约。

(5) 合法性。合法性是指组织的薪酬制度要符合国家的法律和政策，不允许有性别、民族、地区等方面的歧视性政策。

2. 影响薪酬制定的主要因素

影响薪酬制定的主要因素可以分为外在和内在两大类。外在因素包括：当地的生活水平、劳动力市场的供求状况、地区和行业间通行的薪酬水平、国家的法律和政策。内在因素包括：组织的经营和财务状况、职员的工作性质和劳动量、年龄和工龄、工作的时间性和危险性等。

3. 薪酬的构成

广义的薪酬可以分为经济性薪酬和非经济性薪酬。经济性薪酬主要是组织提供的工资、奖金、津贴、福利等；非经济性薪酬是指工作本身和工作环境所提供的各种条件，包括工作的趣味性、挑战性，组织的政策和管理等。我们平时所说的薪酬主要是经济性薪酬。

6.3 公共人力资源管理制度

6.3.1 公共人力资源管理制度的类型

公共人力资源管理制度，是指在公共人力资源的使用过程中，各有关组织的权力配置原则和关系模式，以及作为权力配置载体的组织制度和组织机构。公共部门选才用才的根本原则和人员成长的方式和途径，都由这些制度确立和衍生。

1. 根据公共人事管理权归属的不同来划分

根据管理权归属的不同组合方式，公共人力资源管理制度可分为四种模式[①]：

（1）集权型。在这种模式中，执政党基本掌握了政府人事管理的主要权力且管理的方式高度行政化，用人单位缺乏自主性和独立性。这种方式易于造成用人与治事之间的严重脱节，不利于疏通人才进入公共部门的渠道。

（2）分权型。在这种模式中，政党与用人单位人事权的划分主要依据公职人员级别的高低，政党在高级公职人员的任用上拥有决定权，而中低级人员的管理权则由用人单位掌管。

（3）“人治”式。这种模式的根本特征体现在人事任用中的主观随意性，不经过法定程序作出人事裁决。它容易导致任人唯亲和裙带关系，滋生腐败。特别是在第一种模式下，政党组织一旦将党的意志置于国家法律之上，就必然走向人治的管理，损害到公共利益。

（4）“法治”式。这种模式就是政党、公共组织和其他组织都依照法律的精神和原则，遵守法律规定和法定程序进行人力资源管理。现代公务员制度，可看做对法治精神的选择。

2. 根据公共人事管理的用人原则和方式的不同来划分

根据用人原则和方式的不同，公共人力资源管理制度可分为三种模式：

（1）官僚型的人事管理制度。在这种模式中，文官系统依权力大小、职级高低和责任轻重，形成具有统属和主从关系的结构体系，上级统辖下级，下级服从上级，不同层次有不同的权力和职责，权责分明，统属关系明确。政府官员经过公开考试择优录用，职务常任，有职业的稳定性和较优越的社会地位。

（2）贵族型的人事管理制度。其特点是：官员的录用着重录用对象的教育程度和社会地位，有严格的学历和年龄限制，官员依据权力和职责的不同，分成界限分明且难以逾越的不同等级。

（3）民主型的人事管理制度。在这种模式中，官员的录用着重于录用对象的实际能力和专门技能，而不是学历和资历，也不注意出身门第和所属阶级，官员的上下等级之间可以互相交流，没有贵族型那样森严的等级。

6.3.2 公共人力资源管理制度的价值因素

一种制度的形成往往是对基本社会价值的反映，公共人力资源管理制度的内在复杂性是各种价值冲突和平衡的结果。美国学者罗纳德·克林格勒和约翰·纳尔班迪把公共人事管理的价值总结为四个方面，即政治回应、组织效率、个人权利和社会公平。[②]

1. 政治回应

政治回应是指政府能够积极反应并回答通过民选政务类公务员表达出来的公民意志。对民选政务类公务员的忠诚通过任命过程得到最好的保证。在任命过程中，政治忠诚、教

---

① 参见陈振明、孟华主编：《公共人力资源管理》，58～59页，福州，福建人民出版社，2003。

② 参见［美］罗纳德·克林格勒、约翰·纳尔班迪：《公共部门人力资源管理：系统与战略》，6～7页，北京，中国人民大学出版社，2001。

育和资历被看做衡量其功绩的标准。

2. 组织效率

组织效率表现为在管理过程中产出与投入之比率力图达到最大化的期望。

3. 个人权利

个人权利表明的是公共雇员作为广义的公民，其个人权利应受法律保护，免受政府当局侵害。公共雇员的权利还可以通过工作安全和正当程序（公务员制度）等保障，通过功绩制原则和规章，以及通过保护公共雇员免受不适当的政党政治压力的规定得到维持。

4. 社会公平

社会公平是指这样的一个信念：公民个人基于先前的牺牲（如退伍军人）和社会歧视（如少数族裔、妇女和残疾人士）等原因，应在公共职位选择录用和晋升中享有法定的优待或者优先权，使其免于在公平竞争公共职位的过程中受到损害。

6.3.3 传统公共人事管理的制度安排

传统公共人事管理模式中，存在着四种基本制度，即政治任命制度、公务员制度、集体谈判制度和弱势群体保护制度。这些制度不仅由法律、规则和政策构成，而且还与组织文化一脉相承。①

1. 政治任命制度

在这一制度中，人事管理的功能和决策围绕着至上的政治动机目标和目标推行。政治忠诚对那些被政治任命的官员来说是至关重要的，他们必须无条件地服务于任命他们的人，他们也可能随时被解雇。在我国，政治任命制度主要表现在两个层面②：一是各级党委和国家权力机关联合行使人事管理权。这主要表现在国家各级政府组成人员由党组织推荐和人民代表大会表决通过任命这一点上。二是各级党委和国家权力机关单独行使人事管理权。由中共中央组织部制定和颁发的《党政领导干部选拔任用工作条例》第 32 条和第 33 条予以规定。

2. 公务员制度

它是传统中主流的公共人事管理制度，也是唯一完整的制度，因为它几乎包括了所有人事管理的职能（如规划、获取、开发、纪律与惩戒），也包括了前述四个竞争性的价值。同时，它是占统治地位的组织文化，支配着公共部门人事管理的实践活动。公务员制度的建立是对政治恩赐制度所造成的“政党分肥”、政府工作动荡不安和因缺乏专业技能而造成的低效率的一种否定。公务员制度的设计基于两个目标：推进行政效率和保障公务员的权利。

西方国家从 19 世纪后半叶开始逐渐建立和完善公务员制度，其基本原则可以概括为三个：政治中立、政务类与业务类公务员分类管理、公开考试择优录用。1993 年我国颁布《国家公务员暂行条例》，开始了公务员制度的探索。2005 年《公务员法》颁布并于 2006 年 1 月 1 日正式实施，标志着我国公务员制度进入成熟期。与西方国家的公务员制度相比，我国公务员制度不搞政治中立，坚持党管干部的原则，没有政务官与事务官之分。

3. 集体谈判制度

在西方国家，集体谈判制度存在于公务员制度内，凭借集体谈判，雇员可以在工资、

---

① 参见［美］罗纳德·克林格勒、约翰·纳尔班迪：《公共部门人力资源管理：系统与战略》，11～13 页。

② 参见李文良：《公共部门与人力资源管理》，49 页，长春，吉林人民出版社，2003。

福利、就业条件等方面与管理者协商，以获得公平的待遇。集体谈判制度受到雇员组织（工会或职业者联合会等）的支持，它体现了个人权利的价值取向。在集体谈判制度中，最有资格得到晋升和工作机会的候选人往往是年资较高的人。

4. 弱势群体保护制度

弱势群体保护制度是一种以社会公平价值为基础的人事制度，旨在通过公共部门、私营部门自愿性的或法院命令的人事招募和选录活动，修正弱势的退伍军人、少数族裔、妇女等群体在劳动力市场上就业不足的状况。

6.3.4 公务员制度

1. 西方国家公务员制度的主要特点

19世纪中叶，公务员制度首先在英国创立。其主要特点有：

（1）严格区分政务官与事务官。政务官通过选举产生，承担政治责任，有任期，随着选举的胜负而进退。而事务官是通过公开考试、择优录用产生的，不随政党的进退而进退，实行职务常任。

（2）强调政治中立。它是指事务类公务员不参与党派政治斗争活动，不参加党派竞选，不成为某一执政党政治目标的工具，不得以党派偏见影响决策，忠诚地为国家服务。坚持政治中立有利于公务员以超脱党派斗争的公正态度处理公共事务，保证政府工作的正常的稳定性和执行国策的连续性，同时也保证了文官职业的相对独立性，不为党派所左右，秉公执法，取得公众的合作与支持。

当然，真正的政治中立在现实中是难以做到的。因为，事务官也会在一定程度上参与公共政策的制定过程，如利用自己的专业技能和实践提出政策建议、参与政策的拟订和讨论，在这些过程中他们也可能会从自身或某些集团的利益去理解。

（3）公开考试，择优录用。这是西方公务员制度的又一个重要原则。它是指事务类公务员的产生都是通过向社会公开招考的形式，所有事务类公务员的生产都是通过向社会公开招考的形式进行，所谓“凡进必考”。按照考试成绩由高到低的顺序排列，择优录用，排除了过去那种“政党分肥”以党派倾向作为录用依据的弊端，保证录用的公正，克服用人之中的不正之风。这一原则在西方国家都是通过法律的形式把它固定下来，使其成为一种制度化的安排。

（4）实行“功绩晋升制”。“功绩晋升制”是西方各国公务员制度的最重要原则，它是在铲除“恩赐官职制”和“政党分肥制”弊端的过程中建立起来的。根据这一原则，在决定公务员的职务晋升的时候，应着重考虑拟晋升人选的才干和能力，强调权责一致、奖惩结合、公平对待。

（5）强调官风官纪和职业道德，重视公务员队伍的廉洁。对此不少国家还从法律上作出了规定，以强化良好的职业操守。如美国国会在1978年通过了《政府道德法案》，对政府工作人员的职业道德加以规范。①

---

① 参见刘仁春：《论公共部门人力资源管理发展的新趋势》，载《四川行政学院学报》，2005（6）。

2. 当代中国公务员制度的主要内容

根据《中华人民共和国公务员法》的规定，当代中国公务员制度的主要内容包括：

（1）公务员的范围。根据《公务员法》的规定，我国的公务员是指依法履行公职、纳入国家行政编制、由国家财政负担工资福利的工作人员。

（2）公务员的义务和权利。公务员的义务包括：模范遵守宪法和法律；按照规定的权限和程序认真履行职责，努力提高工作效率；全心全意为人民服务，接受人民监督；维护国家的安全、荣誉和利益；忠于职守，勤勉尽责，服从和执行上级依法作出的决定和命令；保守国家秘密和工作秘密；遵守纪律，恪守职业道德，模范遵守社会公德；清正廉洁，公道正派；法律规定的其他义务。公务员的权利包括：获得履行职责应当具有的工作条件；非因法定事由、非经法定程序，不被免职、降职、辞退或者处分；获得工资报酬，享受福利、保险待遇；参加培训；对机关工作和领导人员提出批评和建议；提出申诉和控告；申请辞职；法律规定的其他权利。

（3）职务与级别。国家实行公务员职位分类制度。公务员职位类别按照公务员职位的性质、特点和管理需要，划分为综合管理类、专业技术类和行政执法类等类别。公务员职务分为领导职务和非领导职务。领导职务层次分为：国家级正职、国家级副职、省部级正职、省部级副职、厅局级正职、厅局级副职、县处级正职、县处级副职、乡科级正职、乡科级副职。非领导职务层次在厅局级以下设置。综合管理类的领导职务根据宪法、有关法律、职务层次和机构规格设置确定。综合管理类的非领导职务分为：巡视员、副巡视员、调研员、副调研员、主任科员、副主任科员、科员、办事员。

（4）录用制度。录用担任主任科员以下及其他相当职务层次的非领导职务公务员，采取公开考试、严格考察、平等竞争、择优录取的办法。

（5）考核制度。对公务员的考核，按照管理权限，全面考核公务员的德、能、勤、绩、廉，重点考核工作实绩。公务员的考核分为平时考核和定期考核。定期考核以平时考核为基础。定期考核的结果分为优秀、称职、基本称职和不称职四个等次。

（6）职务任免制度。公务员职务实行选任制和委任制。领导成员职务实行任期制。

（7）奖惩制度。对工作表现突出、有显著成绩和贡献或者有其他突出事迹的公务员或者公务员集体，给予奖励。奖励坚持精神奖励与物质奖励相结合、以精神奖励为主的原则。奖励分为：嘉奖、记三等功、记二等功、记一等功、授予荣誉称号。公务员因违法违纪应当承担纪律责任的，依法给予处分。处分分为：警告、记过、记大过、降级、撤职、开除。

（8）培训制度。机关根据公务员工作职责的要求和提高公务员素质的需要，对公务员进行分级分类培训。国家建立专门的公务员培训机构。机关根据需要也可以委托其他培训机构承担公务员培训任务。

（9）交流与回避制度。国家实行公务员交流制度。公务员可以在公务员队伍内部交流，也可以与国有企业事业单位、人民团体和群众团体中从事公务的人员交流。交流的方式包括调任、转任和挂职锻炼。实行回避制度，包括亲属回避、职务回避和地域回避三种。

（10）工资福利保险制度。公务员实行国家统一的职务与级别相结合的工资制度。公务员工资制度贯彻按劳分配的原则，体现工作职责、工作能力、工作实绩、资历等因素，保持不同职务、级别之间的合理工资差距。国家建立公务员工资的正常增长机制。公务员按照国家规定享受福利待遇。国家根据经济社会发展水平提高公务员的福利待遇。国家建立公务员保险制度，保障公务员在退休、患病、工伤、生育、失业等情况下获得帮助和补偿。

（11）辞职辞退制度。公务员可以根据自己的意愿向任免机关提出申请辞去公职。国家任免机关也可以根据公务员的职务履行情况辞退公务员。公务员达到国家规定的退休年龄或者完全丧失工作能力的，应当退休。公务员符合规定条件的，本人自愿提出申请，经任免机关批准，可以提前退休。

（12）职位聘任制度。机关根据工作需要，经省级以上公务员主管部门批准，可以对专业性较强的职位和辅助性职位实行聘任制。

6.3.5 国外公共人力资源管理变革

1. 国外公共人力资源管理变革的背景

传统公共部门的人事管理模式是与科层制相适应的，其中的典型代表便是国家公务员制度。这种制度立足于政治中立和职务常任，有利于培养雇员忠于职守的精神，有利于政府工作的稳定性和连续性，也有利于公务员公平执法。但是它也存在严重的弊端：一是刻板的规章制度和集权化的控制模式必然压抑人的自主和创造精神，影响人的积极性；二是由于晋升的内部循环和僵硬的科层制度使政府难以适应快速发展的社会需要；三是论资排辈的晋升办法使优秀人才难以脱颖而出；四是烦琐的人事规则容易导致政府的繁文缛节和低效率。这种人事管理方式适合于工业社会，但不适合信息时代的当今世界。

20世纪80年代开始，西方国家普遍掀起了一场政府改革运动，又称为新公共管理运动，其基本精神就是借鉴私营部门和市场化方法，有人甚至提出建立“企业家政府”。在这场运动中，人事管理也发生了巨大变化，现代人力资源管理模式逐渐被引入到公共部门。

2. 国外公共人力资源管理变革的特点

（1）实行弹性化的任用制度。最典型的是合同聘用制的运用。政府进行战略规划，确定若干年内要完成的任务，然后把这些任务分解到各个部门，并据此从政府系统内部和外部招聘执行官，以固定期限合同的形式确定双方的权利和义务。

（2）放松规制，由刚性管理变为弹性管理。这主要表现在两个方面，一是简化人事规则，废除过时的、多余的和过细的程序性和形式化规则。二是指行政机构在经过授权或批准后，在人力资源管理中可以根据实际情况和需要，具有某些不受规则限制的部分“豁免权”。

（3）实行谈判工资制。在传统的政府雇佣关系中，政府以主权者的身份确定任用资格和雇佣条件，被任当事人没有讨价还价的权利。推行改革后，公务员不仅可以通过公务员工会与政府集体谈判工资报酬，在新公共管理运动中更是发展出了个人谈判工资制度，即在与政府雇员签署聘用合同之前，被雇者可以就自己的工资报酬与政府进行一对一的谈判。

（4）推行绩效管理和绩效工资。在传统的政府雇佣关系下，没有科学和系统的绩效管理，导致报酬制度和晋升方式缺乏激励作用。工资多以职务等级工资的形式出现，只要达到某一个等级就可以拿到相应的报酬，是一种“铁饭碗”。而职务晋升主要依据的是一个人的资历。新公共管理运动倡导以结果为导向，其中重要的一环就是要建立和完善绩效管理制度，实行绩效工资制度。

（5）改革僵化的职位分类制度和职业发展路线。英国撒切尔夫人时期，为了打破公务员任用方面僵化的局面，实行了“快速升迁发展计划”（fast stream development）和高级公务员系列。

（6）注重人力资源开发。一些国家在能力主义的价值取向下，根据职位对任职者的要求积极实施人力资源开发。此外，西方国家的公共人力资源开发还有一个共同特点，就是利用社会的培训资源如大学、专门的培训机构和企业，政府采取与它们合作的方式或者把培训工作承包出去，由这些机构承担。

（7）下放人事管理权力。传统人事管理的一个重要特点是人事权高度集中，这样用人单位缺乏必要的管理手段。在新公共管理改革中，一些国家如英国、新西兰等，把人事管理权力，包括编制数额、用人权、工资的决定权、奖金的发放、解雇权等下放给执行机构的负责人。

通过上述改革措施，在公共部门，传统人事管理模式正在逐渐让位于现代人力资源管理模式；公共部门与私营部门的界限正在日益模糊化。

6.3.6　中国公共人力资源管理的变革思路

我国传统的干部管理制度是典型的人事管理模式，是革命战争年代延续下来的，它存在着诸如管理对象笼统庞杂、管理权限过分集中、管理方式陈旧单一、管理制度不健全等弊端。改革开放以后，我们对这一制度进行了改革，如废除干部任职终身制、适当下放管理权力、提出干部队伍“四化”（即革命化、年轻化、知识化、专业化）、提出尊重知识、尊重人才的理念。20世纪90年代，我国对政府机关的工作人员实行国家公务员制度，试图通过对国家干部的分类管理摸索出一套适合中国国情的人事管理制度，并为其他公共部门人事管理的科学化提供一套可资借鉴的经验。此后，改革并没有就此止步，我国继续进行不断的探索，如领导干部竞争上岗、公务员工资制度改革、政府雇员制度、创新绩效评估制度、事业单位的大规模聘用制改革等。其中的一些改革与西方新公共管理背景下引入私营部门的经验和做法的改革有异曲同工之处。

1. 我国公共部门人力资源管理存在的问题

总的来说，目前我国公共部门的人事管理还未完全摆脱传统的人事管理的窠臼，存在的问题主要有：（1）没有进行整体性的人力资源管理体系的构建，导致人力资源管理工作支离破碎，难以发挥其在组织管理中的系统整合和提升效能的功能。（2）人力资源管理的基础工作薄弱，难以进行规范化和科学化管理，进而阻碍了管理的深化变革。（3）没有形成以绩效为本的现代人力资源管理理念。重过程轻结果；不求有功，但求无过；官僚主义，办事拖拉。（4）重使用轻开发的传统用人观念仍然存在。（5）人事管理权力过于集中，管人与管事相脱节，用人单位缺乏调节和激励员工行为的必要手段。（6）业务部门主管缺乏人力资源管理的技能。

2. 我国公共部门人力资源管理的变革思路与措施

针对上述问题，为适应我国社会经济发展的要求，借鉴和参考国际上其他国家和企业的经验，以改革促进我国公共部门从传统的人事管理向现代的人力资源管理过渡。

(1) 把先进的管理理念引入公共部门，变传统的人事管理为现代意义上的人力资源管理。传统人事管理把人看做一种成本，而现代人力资源管理强调人力资本是社会发展的核心资本。人不再成为制度的附属，被当做物化成本而加以控制，人是具有无限增值潜力的一种最重要资源。对人力资源的开发和激励，释放人的潜能，实现自我价值，应该成为政府人事管理的核心。①

此外，目前出现了许多新的管理理念，如"以人为本的管理"、文化管理、组织的第一任务是满足员工的需要、柔性管理、弹性管理、富有人情味的管理、诱导式管理等。这些理念的提出和运用充分展示出了现代管理模式的人文色彩，与传统人事管理模式下冷冰冰的见物不见人的管理形成了鲜明的对照。

当然，我们在肯定管理转型并在公共管理领域倡导更具有人性化意义的管理制度和方式时，并不否定管理的规范化和标准化的建构，而是体会到需要对传统过于刚性化的模式注入人文因素，做到两者相得益彰。在中国这样一个相对缺乏理性的科学管理历史积淀的环境中，两者都是不可或缺的。因此，本书认为，提升人力资源管理的价值，人性化与规范化同步，柔性管理与刚性管理并重，才是目前适合中国国情的人力资源管理理念。

(2) 从管理的基础工作抓起，整体配套，系统推进。中国的国民意识带有一定程度的重感性轻理性、重经验轻科学的传统，不少西方人事科学中有价值的成分并没有在中国扎根。如美国 20 世纪就对政府部门进行大规模的职位分类制度建设，使其人事管理建立在坚实的基础上，但在我国这一工作却始终被忽视。直到今天，我国尚未对政府公务活动进行全面系统的工作分析，没有制定出科学、规范的职位说明书，这就使公共部门人力资源管理中的录用、考核、升迁、薪金管理等环节缺乏基石。

因此，我们需要从这些基础工作做起，为人力资源管理构建一个规范的操作平台。此外，还应把人力资源管理当做一个系统来建设。

(3) 下放人事管理权力。下放权力既是西方公共人力资源管理改革的经验，也是我国改革开放 30 多年成功的重要原因。因此，适当下放人事管理权力在改革中是不可避免的。当然，在中国这样一个单一制的国家结构形式下，需要保持一定的相对集中，保证全国公共管理的基本规范，如有关人力资源管理的原则、基本的人事政策（如职位分类、公职人员的基本权利义务）以及公职人员的基本行为规范等方面。但在具体的人事执行和操作层面的制度和办法方面的权力是可以下放的。中国公共管理涉及的范围大，各地各行业的情况各不相同，那种搞大统一的管理思维是不切实际的。

(4) 有选择地借鉴企业和市场化方法，改造公共人力资源管理。通过引入私营部门的管理理论、管理技术来克服传统人事管理制度的某些固有弊端，谋求更具灵活性和适应性

---

① 参见倪星、揭建旺：《试论政府人事管理的治道变革——从传统人事管理到现代公共人力资源管理》，载《探索》，2003 (5)。

的人力资源管理，其中最引人注目的一些改革措施包括：改变国家公务员的终身雇用制度，开始逐步实行有弹性的入职和离职制度，合同雇用制和临时聘用制也成为公共部门用人的一种常见方式；改革传统的等级工资制，实行以绩效工资为主的灵活工资制度；建立以工作表现为基础的激励制度。

但公共部门与私营部门有很大的差别，如目的的公益性、公平的价值观、管理的法制化、绩效标准的非刚性等，使公共人力资源管理不能完全照搬私营部门的方法。本书的观点是，传统公共部门的一些管理方法和市场化的方法各有一定的适应范围，它们可以并存于公共部门的人力资源管理中，应根据实际的需要和条件灵活运用两种管理机制，任何绝对化和全盘照搬的做法都是错误的。

(5) 树立以绩效为导向的管理理念。有几点值得注意：第一，提高认识，大力倡导讲实话、求实效的工作作风，形成一种以绩效为本的管理文化；第二，做好岗位分析工作，简化工作程序，制定工作标准和服务承诺；第三，实施绩效评估；第四，实施业绩与报酬、培训和职务升降等挂钩。需要指出的是，我们强调以绩效为本，不是不要规则。在公共管理领域，规则是必要的，它是防止公共权力被滥用和维护公平价值观的重要保证。我们强调绩效与规则的辩证统一，在制定规则时应以绩效为本。再完善的规则如果不利于公共管理效果的提高也是没有价值的，不能离开效果空谈规则、为规则而规则。

(6) 实施立足于能力和素质的人力资源开发。第一，要建设学习型组织；第二，改变传统集中运动式的培训方式；第三，培训立足于任职人员的综合素质的提高。

(7) 培育公共伦理，弥补硬性管理之不足。按照人力资源管理的一般原则，我们要根据人的内在需要的变化，实施有针对性的管理行为，健全各种管理制度，综合运用物质激励和精神激励，员工的辛勤付出与合理回报相匹配，从而调动员工的积极性。这些原理在公共人力资源管理中同样适用。但我们同时也认为，在一定的条件下，制度的硬性约束的作用是有限的，需要与一定的软约束相配合才能发挥最佳的效果。对公职人员而言，软约束更为重要。这种软约束就是我们所说的公共精神和公共伦理。公共部门人力资源本质上说是一种公共资源，公职人员的权力来源于人民的授权，其享有的职业保障、物质回报和较高的社会地位均源自于人民，我们有充足的理由要求他们具有为人民服务的公共精神。

培育公共伦理可以从以下几方面着力：第一，把一些成熟的、重要的公职人员的伦理上升到法律的高度；第二，要克服长期以来让人厌倦的教化式的灌输，而把公共伦理精神的培育渗透到现实生活之中；第三，从传统文化中吸取精华，让中国几千年的伦理精髓得以发扬光大，重现其心灵启迪价值；第四，完善公共物品和公共服务供给体系，确实让社会公众感觉到公共服务给自己带来的福利，这样才能更好地认同和支持公共体系的建设，形成良好的社会氛围，才能使公共伦理在公职人员中化作永恒的精神动力源泉。

本章小结

1. 从传统人事管理到现代人力资源管理的发展变化，不只是概念本身的发展变化，更重要的是管理理念、管理理论的发展变化。学习和把握公共人力资源管理与社会发展之间的内在联系，是准确理解人力资源理论及其发展演进的有效途径。

2. 现代人力资源管理必须融入科学的管理方法与技术，包括人力资源预测技术、人力资源测评技术、人力资源绩效评估方法、职务分析方法、心理测试方法和人力资源管理信息系统等，从而实现人力资源的科学化管理。

3. 完善现代人力资源管理制度，实现人力资源管理的制度化、法治化。

关键术语

人力资源　公共人力资源管理　公务员制度　职务分析　绩效评估　培训　公共人力资源管理变革

复习思考题

1. 分析、理解人力资源的特点。
2. 比较分析传统人事管理与现代人力资源管理的差异。
3. 列举职务分析的基本程序与内容。
4. 分析提高面试工作质量的方法。
5. 通过具体实例分析说明如何实施对求职人员的背景调查。
6. 列举培训需求分析包含的层次。
7. 列举并分析一个有效的绩效评估系统应满足的要求。
8. 联系实际，分析行为主义理论对人力资源管理的意义。
9. 比较分析中西方公共人力资源管理变革的原因、主要内容。

第 7 章

公共预算管理

公共预算管理作为公共管理的重要内容和国家治理模式变迁的重要组成部分，正在扮演着越来越重要的角色。在过去的一段时期中，我国财政改革的主要方向由收入制度的调整转向支出管理的不断完善。本章详细介绍公共预算管理的一些基本理论知识，并以地方政府公共预算管理为例，重点剖析中国政府的预算管理实践。

重点问题

- 公共预算的含义、功能及要素
- 公共预算编制与执行
- 政府决算

7.1 公共预算概述

7.1.1 公共预算的内涵

克利夫兰（Cleveland）对预算做了一个通俗的解释："预算是一门决策的艺术。"[①] 政治学家科伊（Key）在批评公共预算缺乏理论的过程中指出：公共预算的基本问题就是要回答"应该以什么为基础来决定把 X 数量的预算资金分给 A 项目，而不是 B 项目"[②]。以

① Frederick Cleveland, Evolution of the budget idea in the United States, *Annals of the American Academy of Political and Social Science*, 1915, pp. 15-35.

② V. O. Key, The lack of a budgetary theory, *The American Political Science Review*, 34, 1940, pp. 1137-1144.

美国著名政治学家、公共管理学家韦尔达夫斯基为代表的早期公共行政学家认为，公共预算是一种政治，是为了实现一定的公共政策目标而进行的财政资源分配活动。从实际操作的角度看，公共预算是指经法定程序批准的政府年度财政收支计划，以及政府的资金筹集、使用计划及相关的一系列制度等。[①]

美国华盛顿特区布鲁金斯公共政策教育中心的阿尔伯特·C·海迪（Albert C. Hyde）教授对公共预算概念作了深入的解释：我们可以从四个维度来理解公共预算，即政治维度、管理维度、经济维度和财务管理维度。[②] 之所以从这四个维度来解释公共预算，是因为：第一，公共资源是稀缺的，公共预算分配公共资源时必须考虑不同利益相关者的需求，最终的预算分配实际上反映了政府政策的优先性，是不同的参与者讨价还价的结果，这反映了公共预算的政治性；第二，公共预算也是管理的工具，因为有效的分配并不能保证资源被有效地使用，所以公共预算不只是简单的财政资源的分配，还要求利用特定的管理方法和技术使得公共服务和公共项目的提供更有效；第三，公共预算还是经济平衡工具，因为公共预算的分配往往承担着刺激经济增长或稳定经济、促进就业、抑制通货膨胀等宏观经济职能；第四，公共预算也是一个财务管理工具。政府的收入和支出数量庞大而繁杂，为了合理获得每一笔收入和安排每一笔支出，必须通过微观的财务管理工具来明确约束参与者的行为。公共预算的这四个维度不但概括了公共预算管理的内涵，也反映了公共预算不同于企业或私人预算的特点。

7.1.2 公共预算的功能

阿伦·希克（Allen Schick）把政府预算的职能划分为三种[③]：计划、管理、控制。计划是指确定组织目标、测算为了实现这些组织目标所需要的资源以及决定怎样获取、使用这些资源等一系列决策过程，主要回答“做什么”的问题。管理是指确定了组织目标后，项目管理者确保有效地获得和利用资源以实现组织目标的过程，是解决“怎么做”的问题。而控制的功能是指为了确保有效实施特定的工作任务而进行的对具体的人、财、物的控制，所以控制职能通常是建立在对预算支出的详细分类基础上的。早期的线性预算（line-item budget，也叫分项列之预算）就是为了满足这个目的而产生的。线性预算也是现代预算的编制基础。

克林顿政府财长鲁宾认为，除了上述三个功能，现代公共预算还必须具备另外两个职能，即优先排序和预算问责。[④] 优先性排序和资源的稀缺性有关，相对于有效需求，公共资源是稀缺的，因而公共支出只能满足部分公共需求，这就需要对预算申请进行优先性排

---

① Aaron Wildavsky, *The Politics of the Budgetary Process*, Little Brown and Company, 1964.

② Albert C. Hyde, The Development of Budgeting and Budget Theory: The Threads of Budget Reform, in *Government Budgeting: Theory, Process, and Politics* (2nd), 1992, Albert Hyde (Eds.), pp. 1-6, Brooks/Cole Publishing Company.

③ 阿伦·希克的文章中是战略计划（strategic planning）、管理控制（management control）和操作控制（operational control），预算领域的学者通常简述为计划、管理、控制。参见 Allen Schick, The Road to PPB: The Stages of Budget Reform, *Public Administration Review*, 26, 1966, pp. 243-258。

④ Irene Rubin, Budgeting for Accountability: Municipal Budgeting for the 1990s, *Public Budgeting & Finance*, 18, 1996, pp. 112-312.

序，优先性排序反映了决策者的政策偏好，决定了预算分配的结果。预算问责就是确保政府花钱的行为对纳税人负责。阿尔伯特·C·海迪认为预算决策是政府部门最重要的决策。而所有的预算决策都是围绕着实现预算的功能进行的。

虽然所有的公共预算系统都具备公共预算的这五个功能，但是，这五个功能在不同的公共预算系统中所处的地位是不同的，不同的预算系统总是强调预算的特定功能。例如，计划—项目预算体统强调的是计划功能，而结果导向的预算强调的是预算的管理和问责功能。

7.1.3 公共预算的要素

自从韦尔达夫斯基把公共预算定义为对预算决策的过程，对预算参与者的决策行为的分析就成为预算分析的重点。那么，应该怎样分析预算参与者的决策行为呢？这就需要我们了解公共预算的要素。阿伦·希克认为，公共预算有三个要素：资源申请、资源分配和资源保护。[①] 不论什么样的国家，其公共预算必有这三个要素，与之相对应的，预算的参与者可以分为资源申请者、资源分配者和资源保护者。这些预算的参与者根据一定的规则和程序提出预算申请、进行预算分配并保护预算资源合理使用就构成了一个完整的预算体系。所谓的预算制度就是围绕公共预算的上述三个基本要素，构建一系列规则和程序，用于引导和约束参与者的行为。

7.2 地方政府的预算管理

在介绍了公共预算的一些基本知识后，下面让我们一起来看一下中国的公共预算管理。中国的中央政府和地方政府的预算管理存在很多不同之处，但是由于篇幅所限，本章主要介绍地方政府的公共预算管理。[②]

7.2.1 预算的参与者及其职能

前面介绍过公共预算有三个要素，由此得出三类参与者，即资源申请者、资源分配者和资源保护者。那么，在实践中，这三类参与者到底是哪些具体的部门或组织，这些部门或组织到底承担哪些具体职能呢？下面以中国的省级政府为例来回答这个问题。

根据《中华人民共和国宪法》，人民代表大会是最高权力机关。因此，省级人民代表大会对省级政府的预算行使最高决定权，这些权力具体包括：(1) 审查本级总预算草案及本级总预算执行情况的报告；(2) 批准本级预算和本级预算执行情况的报告；(3) 改变或者撤销本级人民代表大会常务委员会关于预算、决算的不适当的决议；(4) 撤销本级政府关于预算、决算的不适当的决定和命令。

---

① Allen Schick, An Inquiry into the Possibility of a Budgetary Theory, in *New Directions in Budget Theory*, Irene Rubin (Eds.), 1988, pp. 59-69, State University of New York Press.

② 由于笔者所做的调查主要集中在省、地级市，所以这一章关于公共预算管理的介绍主要以两级政府为例。目前其他层级政府的预算过程和管理方法可能有所不同。

在省长领导下的省级政府主要负责的预算管理工作包括：编制本级预算、决算草案；向本级人民代表大会作关于本级总预算草案的报告；决定本级预算预备费的动用；编制本级预算的调整方案；监督本级各部门和下级政府的预算执行；向本级人民代表大会、本级人民代表大会常务委员会报告本级总预算的执行情况；改变或者撤销本级政府各部门和下级政府关于预算、决算的不适当的决定、命令。

财政厅作为核心预算机构，承担的职责包括：编制本级预算、决算草案；具体组织本级总预算的执行；提出本级预算预备费动用方案；具体编制本级预算的调整方案；定期向本级政府和上一级政府财政部门报告本级总预算的执行情况。

政府各部门是指一级预算单位，它们是预算资金的使用者，负责编制本部门预算、决算草案；组织和监督本部门预算的执行；定期向本级政府财政部门报告预算的执行情况。各部门的下属单位，也是预算资金的使用者，负责编制本单位预算、决算草案；按照国家规定上缴预算收入，安排预算支出，并接受国家有关部门的监督。表 7—1 以省级政府为例，对省级政府的预算参与者及其职责进行了详细说明。

表 7—1　地方政府预算参与者及其职责（以省级政府为例）

参与者	主要职责
A. 省人民代表大会	1. 审查本级总预算草案及本级总预算执行情况的报告； 2. 批准本级预算和本级预算执行情况的报告； 3. 改变或者撤销本级人民代表大会关于预算、决算的不适当的决议； 4. 撤销本级政府关于预算、决算的不适当的决定和命令。
B. 省人大常委会（由财经委员会负责此项工作）	1. 监督本级总预算的执行； 2. 审查和批准本级预算的调整方案； 3. 审查和批准本级政府决算； 4. 撤销本级政府和下一级人民代表大会及其常务委员会关于预算、决算的不适当的决定、命令和决议。
C. 省政府	1. 编制本级预算、决算草案； 2. 向本级人民代表大会作关于本级总预算草案的报告； 3. 将下一级政府报送备案的预算汇总后报本级人民代表大会常务委员会备案； 4. 组织本级总预算的执行； 5. 决定本级预算预备费的动用； 6. 编制本级预算的调整方案； 7. 监督本级各部门和下级政府的预算执行； 8. 改变或者撤销本级各部门和下级政府关于预算、决算不适当的决定、命令； 9. 向本级人民代表大会报告本级总预算的执行情况。
D. 财政厅	1. 编制本级预算、决算草案； 2. 具体组织本级总预算的执行； 3. 提出本级预算预备费动用方案； 4. 具体编制本级预算的调整方案； 5. 定期向本级政府和财政部报告本级总预算的执行情况。
E. 各部门（一级预算单位）	1. 编制本部门预算、决算草案； 2. 组织和监督本部门预算的执行； 3. 定期向本级政府财政部门报告预算的执行情况。
F. 各单位（一级预算单位下属的各单位）	1. 编制本单位预算、决算草案； 2. 按照国家规定上缴预算收入，安排预算支出； 3. 接受国家有关部门的监督。

资料来源：《中华人民共和国预算法》，1994 年 3 月 22 日颁布，2003 年 9 月 15 日修订。

7.2.2 中国地方预算周期

同许多国家一样，中国的一个完整的预算周期包括四个阶段：预算编制、批准、执行、审计和评估。中国的预算年度为 12 个月，从每年的 1 月 1 日起至同年 12 月 31 日止。表 7—2 以 2008 年度的预算执行情况为例展现了中国预算周期的四个阶段。因为《中华人民共和国预算法》并没有对预算编制的时间安排做出具体规定，所以这张表格所提供的时间只是根据实际情况的一张大致的时间表，而并非严格的时间安排表。

从理论上讲，从 2007 年 1 月开始到 2007 年 12 月结束，都是预算的编制阶段。但是，由于预算的编制服务于政府的政策规划和部门的工作安排，很多部门是在下半年开始时，即 7 月份左右，甚至九十月份才开始着手编制预算。这个阶段的主要参与者包括省政府、财政厅和各支出部门及其下属单位。在每年年初，省政府制定下一年度工作计划和政策目标后，财政厅负责制定财政预算收支目标和预算编制指导原则。之后，财政厅召开由所有支出部门参加的预算编制工作会议。在财政厅的预算编制指导原则下，各部门编制预算建议数并上报财政厅。财政厅将所有的部门预算草案汇总并编制统一的本级政府的预算草案，然后在 12 月底上报省人民代表大会常务委员会的预算监督委员会，预算编制结束。

预算的审批指人民代表大会对预算的审查和批准。通常在每年人代会前，人大常委会的预算工作委员会（之前叫做预算监督委员会）对政府的预算草案进行初审，之后在人代会期间由全体代表参与，对政府预算报告进行审议，最后举手表决通过。

公共预算的审计是预算循环的最后一个阶段，主要由审计厅来承担。通常，在省财政厅 12 月 31 日完成了预算执行之后，审计厅开始对其进行审计和评估。但是，由于省财政厅于 12 月 31 日递交的只是预算执行情况的初始报告，一些预算数据，比如：有些与中央政府有关的政府间往来项目的具体数字可能要到 2009 年的 5 月份才能获得，所以当最终的财政账户于 2009 年 5 月完成时，审计厅对这些更新的数据还要进行审计和评估。审计一般需要半年的时间，在 6 月份结束，7 月份向省人大报告审计的情况。

预算过程各阶段的具体时间安排、参与者和主要工作，请参看表 7—2。

表 7—2　　省级政府预算循环（以 2008 财政年度预算为例）

阶段	时间安排	参与者	主要工作
预算编制	2007.7—2007.12	1. 省政府 2. 财政厅 3. 各部门	1. 省政府制定下一年度工作计划和政策目标； 2. 财政厅负责收支预测，制定预算指导； 3. 各支出部门编制预算建议数并上报财政厅； 4. 财政厅将所有的部门预算草案汇总并编制统一的预算草案，并于 12 月底前上报预算监督/工作委员会。
立法机关审批	2008.1	1. 预算监督/工作委员会 2. 省人民代表大会	1. 省人大预算监督/工作委员会在人代会前的预算初审； 2. 省人代会期间的预算审查； 3. 人代会期间全体代表举手表决通过预算草案。
预算执行	2008.1.1—2008.12.31	各部门、各单位	预算草案自省人大批准后 15 日内执行。人民代表大会批准前的财政预算参考 2000 年的同期水平执行。
审计	2009.1—2009.7	审计厅	审计厅负责对前一年度的预算执行进行审计。

7.2.3 公共预算的编制

预算编制是公共预算过程的第一步，是指各支出部门在财政部门的指导下进行收入支出预测，编制本部门预算的过程。预算编制是整个预算过程的核心部分。虽然编制的结果仍然要经过立法机关审批，但是通常预算编制的时间较长，而且经过财政部门和支出部门的反复沟通，因此大部分预算都会通过立法机构的审查。

1. 我国政府预算编制的基本原则及主要依据

我国《预算法》第二十八条明确规定，“地方各级公共预算按照量入为出、收支平衡的原则编制，不列赤字”。部分地方政府为了有效控制支出，在年初的预算指导中，还加上了“收支平衡、略有节余”的要求。此外，《预算法实施条例》还具体规定了各级政府编制预算的依据，具体包括：

（1）国家相关法律、法规，例如《义务教育法》、《科技进步法》，这些法律、法规成为地方政府安排法定支出的主要依据。

（2）国民经济和社会发展计划、财政中长期计划以及有关的财政经济政策。

（3）本级政府的预算管理职权和财政管理体制确定的预算收支范围。

（4）上一年度预算执行情况和本年度预算收支变化因素。

（5）上级政府对编制本年度预算草案的指示和要求。

而各部门、各单位编制年度预算的依据是：相关法律、法规；本级政府的指示和要求以及本级政府财政部门的部署；本部门、本单位的职责、任务和事业发展计划；本部门、本单位的定员定额标准；本部门、本单位上一年度预算执行情况和本年度预算收支变化因素。

2. 我国政府公共预算的编制方法

虽然自20世纪末以来，很多地方政府声称它们在使用零基预算①方法来编制部门预算，但是，事实并非如此。迄今为止，根据我们的观察，还没有任何一个地方具备编制零基预算的客观条件，因而没有任何一个地方政府完整地使用零基方法来编制部门预算。从实践来看，政府预算支出由三个主要的部分组成：人员支出、公用支出和项目支出，每一部分支出采用不同的方法编制。

（1）人员支出和公用支出。

人员支出包括基本工资、津贴及奖金、福利费、社会保障缴费、离退休费、助学金、医疗费、住房补助支出和其他人员经费等。公用支出包括办公费、专用材料及一般设备购置费、水电费、邮电及通信费、取暖费、交通费、差旅费、维修及租赁费、物业管理费、会议费、专项业务费和其他费用。这两项支出合起来成为基本支出。定员定额是编制基本支出的基本方法。所谓的定员是指根据行政事业单位的工作性质和业务量确定的机构人员的编制数，定额是指各部门履行职能，开展业务工作的各项基本费用支出（包括人员经费

---

① 零基预算，也叫“夕阳预算”或“落日预算”，就是每年预算编排不以前一年预算为基础，而是首先对相关政府机构职能进行重新审核，看看哪些职能已经履行了，哪些职能还需要存在下去，已经履行完的职能相关预算就要砍掉，这样对政府职能就会产生一种约束，防止机构日益臃肿。

和公用经费）的人均额度标准。

对于每一个部门而言，其基本支出的核算非常简单，等于定员与定额的乘积（见下式）。举例来说，如果一个部门有 100 位职员，它的人均定额标准是 30 000 元，那么它的基本支出就是 3 000 000 元（30 000×100）。

基本支出＝支出定额×定员

从实际操作来看，因为部门和财政部门往往没有权力决定部门的编制数，所以定额标准的核定是定员定额方法的核心。而人员定额部分往往根据人事部门的相关规定来确定，因此公用经费定额标准的确定是核定基本支出的重要内容。从理论上讲，一个部分的公用经费应该根据一个部门的实际工作量来测算，但实际上并非如此。目前地方政府确定定额标准的依据主要有：第一，部门的职能和工作量。财政部门根据其职能将各部门分成若干个档次，不同的档次适用不同的标准。第二，总体财力。总体财力之所以成为核定经费的主要约束因素，其主要原因就是财力不足。第三，往年的支出标准。根据往年的支出标准来确定定额实际上承认了历史数据的合理性，是基数加增长方法的延续。在财力有限、测量技术不足的情况下，这也是一个权宜之计。第四，其他地区的标准。除了本地区的财力和历史数据，一些地方政府在确定公共经费定额标准时，也参考了其他地区尤其是相邻地区的定额标准。

（2）项目支出。

项目支出指的是除了日常工作需要和经常发生的维护费用以外的公共项目支出。项目支出预算同人员支出和公用支出的编制方法不同，没有定员定额的限制。它从部门的基层预算单位开始编起，各单位根据工作任务确定项目，并根据项目的重要性进行优先性排序，上报给上级单位或部门。同时支出部门本身也编制自己本级的项目预算，然后把本级的项目预算和各下属单位的项目预算整合起来，按照优先性排序，建立项目的一揽子计划，作为部门预算的一部分上报给财政部门。

财政部门审查预算的主要依据是：其一，总额控制。一些地方为了控制支出的增长，在年初编制预算时就规定专项支出零增长。但是，只要是部门的项目预算在总额的控制之内，财政部门并不审查项目的排序。其二，形式审查。即项目预算的编制是否符合规定的形式，例如是否有可行性计划等。

各部门确定项目的主要依据包括：第一，政府的工作计划和政策规划；第二，部门自主确定的工作计划；第三，计划部门确定的项目；第四，涉及法定支出的项目。以上所有的内容都包括在部门的年度工作安排中，部门的专项经费的预算是根据部门的工作安排确定的。从这个意义上讲，与人员和公用经费比较起来，部门在项目预算上具有更大的自主性。

各地对可行性报告的写作都有严格的要求，包括项目的很多具体细节，这很像零基预算的第一步确定决策单位，对优先性排序的过程也符合零基预算的要求。但是，项目预算编制的过程中还存在很多问题，使得这个过程并不是自下而上的。

首先，一个部门的专项经费的总数是自上而下确定的。因为人员和公用经费属于刚性支出，年度间的变化不大。因此，财政部门下达的控制数限制了一个部门的专项经费的额度。而且，由于控制数是通过渐进的方法确定的，即根据往年的基数调整得来，所以，专项经费总额实际上还是通过基数加增长的方式确定的。有些地方财政部门明确规定专项经费的零增长。因此，部门实际上并不能真正按照实际工作的需要安排项目。

其次，部门的有些项目并不是自下而上，由部门自主确定的。这主要是因为：一是受法定支出的影响，部门的部分项目支出是相关部门分配的，例如教育部门、科技部门。部门不能对这部分资金作统筹安排，必须用于相关的项目。对于部门来讲，主要的考虑是如何立项，以花掉这笔钱。二是涉及基建的项目基本上都是由计划部门确定的。各地的财政部门内部都设有基建处，负责对基建项目进行审查，但是大部门是形式上的审查，只要是计划部门审批的项目，只要形式合格，通常财政都会统一拨款。

以上的分析说明部门的专项支出虽然融入了零基预算的一些成分，但是由于财力的限制和法定支出以及计划部门的影响，部门在做项目预算时的权力十分有限，专项经费的预算仍然是自上而下，而不是自下而上的过程。表 7—3 展示了三类支出的编制方法和它们的排序。

表 7—3　　公共预算三类支出的编制方法和优先性排序

支出类型	基本支出		项目支出
	人员支出	公用支出	
预算方法	定员定额	定员定额和渐进预算	零基预算和渐进预算
优先性排序	一	二	三

7.2.4 “两上两下”预算过程

“两上两下”是目前地方政府使用的典型的预算过程。“两上两下”的具体过程如下：

“一上”：支出部门在收到财政部门的年度预算编制通知之后，对部门下一年度的支出进行测算，然后报送财政部门。

“一下”：财政部门收到各个部门的预算后，由职能处室对各个部门的预算进行审查，然后将审查意见反馈给各部门。在下达反馈意见的同时，财政部门根据往年的预算情况和对未来年度收入的预测，给各个部门下达一个控制数，要求各个部门在控制数内修改部门预算。

“二上”：各个部门在财政部门下达的控制数内重新编制本部门的预算，然后报送财政部门。财政部门审查各个部门的预算后，汇总编制政府预算。然后，报政府常务会议讨论。财政部门根据政府常务会议的意见修改预算，然后报同级党委审查。最后，财政部门将政府预算草案报人大常委会初审。最后，人大常委会初审后形成的政府预算在人大会议召开时提交大会审议通过。

“二上”：支出部门根据财政部门下达的控制数和审查意见重新修改预算，然后上报给财政部门。“二上”后，财政部门审查部门的预算后，通常提交政府常务办公会，通过后提交党委常务会，然后，政府预算必须提交给地方人大财经委员会的预算工作委员会进行初步审查，初步审查通过后，提交每年的人民代表大会审查。

“二下”：人大通过预算后，由财政部门批复给各个部门，开始预算执行。图 7—1 展示了“两上两下”的预算过程。

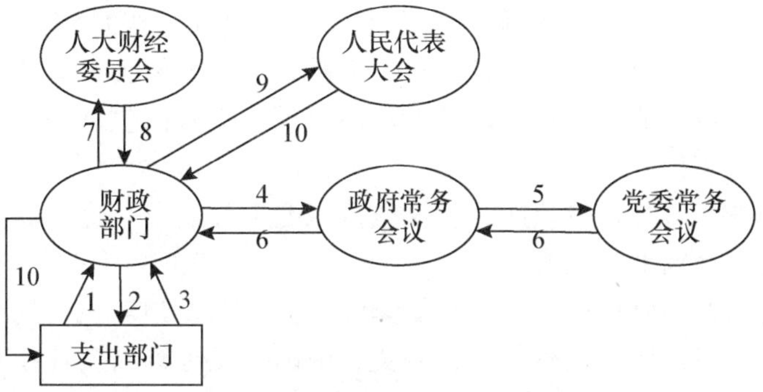

图 7—1　“两上两下”的预算过程

图中：1——支出部门向财政部门提交预算（“一上”）；
2——财政部门向支出部门反馈审查意见并下达控制数（“一下”）；
3——支出部门向财政部门提交修改后的预算；
4——财政部门把预算提交政府常务会议审议；
5——政府把预算提交党委常务会议审议；
6——政府和党委常务会议的意见反馈；
7——财政部门将政府预算提交人大财经委员会进行初审；
8——人大财经委员会将初审意见反馈给财政部门；
9——财政部门将最后的政府预算草案提交人大；
10——人大会通过的预算通过财政部门批复给各个部门（“二下”）。

7.2.5　预算执行

预算批准后，财政部门批复给各支出部门，预算执行就开始了。预算执行是实现预算收入支出平衡和监督过程的总称，主要包括预算收入执行、预算支出执行和预算变更。

在预算执行过程中，地方政府通常遵循以下几个原则：(1) 依法组织收入。即要依照国家相关法律法规，及时足额征缴各项预算收入，做到应收尽收，保证收入预算的完成。(2) 合理调度预算支出。要严格按预算安排和项目的进度及时合理拨付预算资金。(3) 确保预算收支平衡。在预算执行过程中，要及时分析财政、经济发展形势，采取有力措施，确保财政收支的平衡。(4) 加强预算监督。要建立健全预算执行的监督体系，严肃财经纪律，定期分析预算执行情况，及时解决预算执行中出现的问题，确保预算的顺利执行。

1. 预算执行的机构设置及其职能

预算执行是一个十分复杂的过程，到底有哪些机构参与，它们又有哪些与预算执行相关的职能呢？为了便于解释，下面我们以省级政府为例。

(1) 省政府是省级预算执行的组织领导机关，负责组织省级预算的执行。而财政部门是具体的组织机构，是预算执行过程中的核心机构，具体负责省级预算执行。财政厅在预算执行过程中的主要任务包括：第一，研究落实财税政策的措施，统一负责组织预算收入和支出的执行；第二，制定组织预算收入和管理预算支出的制度和办法；第三，督促预算收入征收部门、预算缴款单位完成预算收入任务；第四，根据年度支出预算和季度及月份用款计划，合理调度、拨付预算资金，办理预算划转手续；第五，指导和监督各部门、各单位按照规定使用预算资金；第六，监督检查省级各部门及所属各单位的预算执行情况；第七，编制政府预算调整方案，审批部门预算调整和追加（减）等事项；第八，组织和监督政府采购预算执行，按照规定实施财政集中收付；第九，按月编报、汇总预算执行数字，分析预算执行情况，定期向省人民代表大会及其常务委员会、省政府和财政部报告预算执行情况，并提出增收节支的建议；第十，协调预算收入征收部门、国库和其他有关部门的业务工作。

从上面这十项内容来看，财政厅的预算执行职能十分复杂，这些职能事实上是由财政厅内部的各职能处室分别来完成的。

（2）财政部门的大部分预算执行的职能集中在支出上，预算执行还包括收入征收。具体的预算收入征收部门包括：税收部门、海关、中国人民银行以及各专业银行。

（3）各支出部门是具体的用款单位，它们的职能主要包括：第一，负责本部门预算执行，确保预算执行进度；同时管理和监督所属单位预算执行；第二，严格执行预算和财政制度，按照预算规定的支出用途使用资金，加强预算支出管理；第三，监督所属各单位资金的使用，并确保财政资金使用效益；第四，根据预算安排，提出专项资金使用计划，并开具专项资金拨款申请书；第五，执行财经法纪，建立健全财务制度、会计核算体系和内控制度，按照标准考核、监督，防止财经违法违纪行为；第六，负责审核或提出本部门所属单位需要调整、追加（减）预算事项的申请；第七，负责审核或提出本部门所属单位各种预算资金拨付申请；第八，按照省财政厅要求，分析、报送部门预算收支执行情况和各项财政性资金账户的结余情况。

2. 预算收入的执行

地方政府收入预算的执行主要由三个部门负责：税务部门具体负责征收流转税；财政部门具体负责征收农业税、牧业税和不由税务机关监缴的其他收入，如行政规费收入、罚没收入和其他杂项收入；海关则负责征收关税以及代征进出口产品的增值税、消费税等。

那么这些收入是如何入库的呢？目前我国预算收入主要通过两种方式入库。第一种叫做直接缴库，是指由缴款单位或缴款人按有关法律法规规定，直接将应缴收入缴入国库单一账户或预算外资金财政专户。第二种叫做集中汇缴，是指由征收机关按有关法律法规规定，将所收的应缴收入汇总缴入国库单一账户或预算外资金财政专户。

在预算收入执行的过程中有时需要将已经入库的预算收入退还给原缴款单位或缴款人，这个过程叫做预算收入退库。通常以下几种情况发生时需要执行收入退库：第一，由于工作疏忽，发生技术性差错；第二，企业变更隶属关系；第三，企业单位按计划历任上交的税利超过应缴数额，又不宜在下期抵缴；第四，根据批准地区企业亏损计划需要办理退库；第五，地方财政从已入库的税款中提取税后附加和从工商各税中提取代征手续费；第六，财政部明文规定和专项批准的其他退库项目。

3. 预算支出的执行

预算支出执行过程中，财政部门主管资金的分配和拨付，各支出部门各单位按照预算规定的用途负责资金的具体使用。由于法定的预算年度和人大批准的时间有所冲突，因此预算年度开始后，省级当年预算草案在省人民代表大会批准前，省财政厅可以参照待批的省级支出预算拨付部门正常运转必需的人员经费、正常公用经费等资金。对于急需的专项支出，可以通过预拨程序拨付资金。预算经省人民代表大会批准后，按照批准的预算执行。

财政部门在预算拨款过程中，必须进行审核。预算拨款审核是指在拨款过程中对每笔拨款的时间、内容、金额等是否符合有关规定的审核。财政性资金拨款的审核具体由财政部门内部的几个机构来完成。在省级政府，国库处负责省本级所有财政性资金拨款的审核，各部门预算的主管处是负责省级预算中已确定具体项目的专项资金拨款的审核；财政支付中心负责集中支付部分财政性资金拨付的审核；监督处负责对这些审核过程的检查和监督。

从拨款的方式上看，不同的经费采用不同的拨款方式。人员工资拨付方式分为两类：实行工资发放银行化的部门，直接拨付承办银行，由承办银行划拨到个人工资账户；未实行工资发放银行化的部门，直接拨付到部门，由部门按照预算分解落实到所属单位。公用经费部分，授权支付部分直接拨付到各部门，由部门按照预算分解落实到所属单位。财政直接支付部分由支付中心直接拨付给商品或劳务供应者。专项经费和经济建设及事业发展专项支出的拨款方式分为两类：其一是财政集中支付（包括政府采购项目拨款）；其二，未列入政府采购和集中支付范围的直接拨付部门，授权部门、单位具体支付。

从拨款的程序上看，由于经费的种类比较复杂，所以拨款程序也不尽相同。人员和公用经费，由省财政厅国库处根据部门预算按月均衡拨款。预算内资金安排的，于每月定期拨付下月经费；由基金、预算外资金安排的，根据入库（专户）情况，于每月初拨付当月经费。实行工资发放银行化的单位，人员工资（包括离退休费）由省财政厅通过代发银行将工资直接划拨到个人工资储蓄卡。

专项经费和经济建设及事业发展专项资金的拨付有所不同。省级财政部门根据部门预算及项目进度情况编制季度和分月专项资金用款计划，报省财政厅审核批准，根据批准的用款计划，开具拨款申请单，省财政厅按规定程序审核后办理拨付。

列入政府采购预算的项目，部门要编制具体采购计划，经省财政厅审核批准后，履行有关审签程序后拨付。列入集中支付预算的项目，按照项目进度，履行有关审签程序后拨付。用政府基金、财政预算内专项收入和财政预算外资金安排的专项支出，要根据预算、项目进度和资金性质、收入进度拨款。

省级对下补助专款，由立项或资金主管部门按照年初预算确定的资金用途，向省财政厅部门预算主管处按规范转移支付的原则提出具体分配方案，经预算处会签后报财政厅部门预算处主管厅领导和主管预算的厅领导审定后，以财政厅文号（联合）发文，预算处根据发文和上下往来资金调度情况，开具与下级往来资金拨款通知单，由国库处将资金拨付有关省辖市财政部门。而中央下达各项专款则由省财政厅主管处向有关部门根据专款性质和要求，结合本级专款，提出具体使用分配方案，经预算处审核会签，报部门预算处主管厅领导和主管预算的厅领导（必要时报省政府）审定后，按照规定程序办理指标划转和资金拨付手续。

省级财政向不属于省级预算部门（单位）的中央、省属企事业单位或其他合法对象拨款时，首先由拨款单位（对象）根据项目进度向项目立项或资金主管部门提出拨款申请，主管部门审核后，送省财政厅；省财政厅部门预算主管处根据财政预算和项目进度审核同意后送预算处，预算处审核并填制拨款通知单，国库处根据拨款通知单按规定程序直接拨付项目申请单位（对象），并将拨款情况及时反馈主管部门。

税收列支返还项目拨款，要由有关部门或单位根据相关预算提出拨款申请，连同有关政策及收入入库有关凭证一并报送省财政厅部门预算主管处审核，然后送预算处复核后报厅领导审定，厅领导批准后预算处填制省级资金拨款通知书，通知国库处据此和拨款申请单办理拨款。

国有企业亏损补贴的拨付，首先由国有企业根据年初确定的预算和相应的凭证提出拨款申请，报送省财政厅部门预算主管处审核提出意见后，送预算处复核，然后报厅领导审定。厅领导批准后，预算处据此填制省级资金拨款通知书通知国库处，国库处据此和拨款申请办理拨款。

预备费支出主要用于当年预算执行中的自然灾害开支及其他难以预见的特殊开支，一般在下半年动用。要动用预备费，支出部门需要向财政部门提出申请，主管处室审核后，提供审核意见，预算处审核汇总，提出预备费动用方案，经财政部门领导审签报政府批准后，预算处向支出部门批复预算，有关处按程序办理拨款。

年初预留的与上级政府专款配套资金使用时，有关部门根据上级政府专款配套的要求，编制项目预算，向财政部门申请安排配套资金，主管处室审查提出配套资金使用意见，经预算处审核同意后，报财政部门领导审批，必要时报政府批准。根据政府领导批示，财政部门才能按规定程序办理指标划转和资金拨付手续。

年初预算安排的部门不可预见费，一般要到下半年使用，由支出部门根据规定安排项目，使用计划报财政部门备案。

4. 预算变更

由于一些不可预见的因素，预算执行中确需进行预算变更。预算变更中属于预算调整的，要严格按照法定程序经省人大常委会批准后调整预算；其他不属于预算调整的预算变更事项，要按有关规定权限和程序予以变更。

预算调整，是指经人民代表大会批准的预算，在执行中因特殊原因需要增加支出或减少收入，变更原来批准预算的过程。预算调整会影响原来的财政平衡。当出现下列情况时，会引起预算的变更：(1) 预计引起预算收支不平衡的；(2) 预计预算总收入超收或者减收的；(3) 预算总支出需要增加或者减少的；(4) 上年结余未列入预算而动用的；(5) 农业、科技、教育、社会保障支出预算需要调减的；(6) 人民代表大会批准的预算决议中规定确保的支出项目需要调减支出的；(7) 不同部门之间资金需要调剂的。

需要预算调整时，必须编制预算调整方案，列明调整预算的原因、项目、数额及有关说明，报政府审查后，提请人民代表大会常务委员会会议审查批准。如果遇到严重自然灾害或其他难以预见的紧急情况，因预备费不足需要增加财政支出时，由财政部门协同相应的支出部门提出应急支出方案，先报政府批准执行，然后报人民代表大会常务委员会会议备案。

预算追加，是指县级以上地方政府财政部门在预算执行中，对原批复的部门、单位预算在收支平衡的基础上做出的增加预算支出的行为。省级预算报经省人民代表大会批准后，各部门、各单位均要严格执行，一般情况下不予追加。但是，由于某些不可预测的因素，在预算执行过程中预算追加时有发生。

对于新追加的事项，通常由支出部门提出资金来源，报财政部门的主管处室审核。主管处室根据政府采购和财政集中支付目录，确定部门申请资金是否属于政府采购和集中支付范围，并在审核意见中列明，然后送预算处审核，提出意见，最后要报财政部门主管领导审定。

7.2.6　政府决算

政府决算是指经法定程序批准的年度政府预算执行结果的会计报告，是政府年度内预算收入和支出的最终结果，也是国家经济活动在财政上的集中体现。编制政府决算的重要意义在于不但反映政府预算使用的结果，而且有利于预算决策者考察评价资源使用者的绩效，同时为以后的预算决策提供依据，因而有利于促进民主理财。

各级政府决算由同级主管部门的行政事业单位决算、企业财务决算、基本建设财务决算、国库年报和税收年报等汇总而成。行政事业单位决算由执行单位预算的国家机关、工交商、农林水利、文教科卫等单位编制。企业财务决算和基本建设财务决算由国有企业单位和基本建设单位编制。实行差额预算管理和自收自支的单位也要编制单位决算。

参加组织预算执行、经办预算资金收缴和拨款的机构，如国库、税务部门、建设银行、农业银行等，也要编制年报和决算。各级财政部门还要编制由财政部门监督、管理的预算外收支决算。这些机构所编制的年报和决算都是各级总决算和全国总决算的重要组成部分。

1. 编制政府决算的准备工作

政府决算的编制要求准确、完整、及时。在政府决算编制前，各部门要做好以下准备工作：

(1) 国家财政部要拟订和下达政府决算的编制方法，具体内容包括：第一，根据当年政府预算执行的特点和提高预算管理工作的要求，提出进一步抓紧做好增收节支和平衡预算工作；第二，认真做好年终收支清理，核实当年各项收支数字（以 12 月 31 日为准）；第三，加强编报决算的组织领导，提出严格审查决算的重点和提高决算质量的具体要求；第四，编报决算的方法和对审查中发现问题的处理原则和方法；第五，决算编审工作的组织领导要求；第六，决算报告的期限和份数。

此外，财政部每年还要拟订和颁发国有企业财务决算和基本建设财务决算的具体编制方法。国家金库和国家税务总局每年也要分别颁发编制国库年报和税收年报的具体补充文件。

(2) 组织年终收支清理工作。各级财政部门和行政事业单位、企事业单位、基本建设单位每年年终时对预算收支、会计科目、财产等进行的全面核对、清查与结算。主要包括：第一，核对年终预算收支数字；第二，清理本年应收应支；第三，结清预算拨借款；第四，清理往来款项。

(3) 做好财政总决算的年终结算，主要工作包括：第一，预算管理体制的结算，例如，支援预算管理体制确定的对补助地区的“体制补助”以及上解地区的“体制上解”

等；第二，对不列入财政收支包干基数的事项在年终进行结算。例如，特大自然灾害救济费、特大防汛补助费、科技三项费等；第三，企事业单位财务隶属关系改变后预算划转的结算；第四，国家采取重大经济政策和改革措施引起两级财政两级资金相互转移，影响原来确定的收支包干基数部分。

（4）财政部门要修正和颁发决算表格。决算表格主要包括正表、基本数字表和附表。正表部分，即决算收支表和资金活动情况表，是主要用来反映预算收支的实际执行结果和年终预算资金活动结果的会计报表，根据总预算或单位预算会计账簿编制。基本数字表用于反映各项行政事业单位的机构、人员、开支标准等定员定额执行情况和事业成果的财务统计报表，由各单位预算机关根据财务统计和业务统计资料整理编制。附表部分是前两个决算表和决算说明书的必要补充资料。一种是决算各表的明细资料，另一种报告一些与预算收支有关的财务收支情况。

2. 政府决算的编制方法

政府决算的编制程序和政府预算的编制类似，自下而上由基层单位编起，层层审核、汇总后成为一级政府的政府决算报告。细节在此不做赘述。主要内容如下：

（1）基层单位决算报告按数字内容可分为：第一，预算数字，用来考核预算执行和事业计划完成情况的依据，根据年终清理核对无误后的年度预算数填列；第二，会计数字（决算数字），反映全年预测执行结果的决算书、各基层单位在年终结账后根据决算表格的内容要求分别经有关科目的年终月或全年累计数字填入决算表格的有关栏内；第三，基本数字，反映行政事业单位的机构数、人员数以及完成事业计划的成果数字，用来考核事业规模和预算资金的使用效果。

（2）除了决算报告，基层单位还要向上级主管部门提交单位决算说明书。基层单位决算说明书主要包括：第一，各项事业发展的成果和费用开支水平、定员定额的分析比较情况；第二，预算管理、财务管理等方面采取的主要措施、取得的经验和存在的问题，以及今后提高管理水平的改进意见等。

（3）财政部门也要编制总决算的说明书。总预算说明书一般包括的内容有：第一，预算收入，主要分析各项预算收入执行情况及其超收短收的原因；第二，预算支出，主要分析定员定额的执行情况和各项主要支出的结余或超支的原因；第三，预算结余，分析全年总预算收支结余的情况、原因以及决算收支平衡情况和问题；第四，预算变动情况，主要说明预算的追加追减、上划下拨、预算科目之间的经费留用以及动用预备费和上年结余安排支出等预算调整情况；第五，总结一年来贯彻执行各项财政方针政策和规章制度的情况以及存在的问题，总结在组织收入、掌握支出、管好用好资金、提高经济效益方面的主要经验以及今后加强预算管理监督等方面的意见；第六，其他变动因素，例如调整工资和物价、经济体制和管理体制的改革、制度办法的变动等对预算收支的影响；第七，编制决算工作的主要经验和问题等。

3. 政府决算的审查和批准

政府决算编制好以后，和政府预算相似，也要经过立法部门的审查和批准。审查的方式包括：就地审查、书面审查和派人到上级机关汇报审查。其中书面审查是最常用的方式。政府决算审查的具体形式有三种：自审、联审互查和上级部门审查。自审是指预算单位自己对本单位的决算进行审查。联审互查是指主管部门或财政部门把本部门或本地区的预算、财会人员组织起来，对本部门或本地区的决算进行审查。上级部门审查是指上级部门对所属的单位或地方的决算进行的审查。

政府决算审查分为政策性审查和技术性审查。前者主要是从贯彻执行党和国家的方针、政策、财政制度法规的角度进行审查，后者是对决算报表的项目分类、具体数字等技术环节的内容进行的审查。

目前，县级以上地方各级政府财政部门编制本级决算草案，报本级政府审查后，由本级政府提请本级人民代表大会常务委员会审查和批准。乡、民族乡、镇政府编制本级决算草案，提请本级人民代表大会审查和批准。

7.2.7　预算的审查和监督

克利夫兰认为，没有预算的政府是看不见的政府，看不见的政府是不负责的政府。在现代社会，建立责任政府主要有两个途径：一是在代议制政体下，充分发挥立法机构的作用，赋予立法机构预算的审查与监督的权力；二是建立公民参与的预算模式。二者比较起来，前者的模式比较传统，发挥的作用也更大。从世界各国的实践来看，赋予立法机关政府预算的审查批准的权力是保证政府责任性的普遍做法。在现代公共预算中，“钱袋子”的权力是属于代议机构的最重要的权力。

立法机构的预算权力主要体现在以下几个方面：第一，在预算批准前，是否有权力制定中长期财政预算或管理战略规划，是否具有修正权，组织讨论政府预算报告的时间长短，是否有足够的专业人士和技术力量来开展预算审查方面；第二，在预算执行过程中，立法机构是否具有批准预算调整的权力；第三，预算执行后，立法机关是否具有独立的预算审计权。这几个方面是预算的审查和监督权最明显的体现。

1. 我国立法机构在预算中的角色

我国《宪法》规定各级人民代表大会有权审查批准本级政府预算及其预算执行情况的报告；《预算法》第三十九条规定，“地方各级政府预算由本级人民代表大会审查和批准”。第六十六条规定，“县级以上地方各级人民代表大会及其常务委员会对本级和下级政府预算、决算进行监督。乡、民族乡、镇人民代表大会对本级预算、决算进行监督”。尽管都明确了人大预算分配和监督职能，但由于预算体制改革滞后，人大的预算监督职能没有落到实处。

为了更好地进行预算监督，全国人大在内部组织上进行了改革，增设了专门审查政府预算的机构。1998年，全国人大常委会预算工作委员会成立，作为常委会的工作机构，它和法工委一起被称为全国人大常委会的“两驾马车”。1999年，全国人大常委会通过了《关于加强中央预算审查监督的决定》，提出要编制部门预算和单位预算，而且要求预算要详细，科目要编到类，重要的列到款，以方便人大进行预算审查。同时，对报送全国人大审查批准的预算草案的内容和时间也作了明确规定，例如，要求农业、教育、科技、社会保障预算资金的调整，必须经过全国人大常委会审查和批准。

2. 人大审查与监督政府预算的基本框架

我们可以从如下方面认识人大审查与监督政府预算的基本特征。

（1）目前我国地方人民代表大会的预算审查与监督工作的主要侧重点有以下几方面：第一，以部门预算为基础开展预算审查监督，而不是以预算支出的功能来进行审批。第二，加强人大预算监督立法，各地纷纷出台各自的预算审查监督条例，依法进行审查监督。第三，加强组织能力建设，夯实人大常委会预算工作委员会的人员编制，并加强工作委员会的专业技术力量。第四，确立人大审查政府预算的基本程序，即包括初审和大会审两个主要阶段。积极探索改进和加强人大预算监督的方式和方法。第五，重视初审。虽然大会审直接影响到代表的投票，因而更具有决定性，但是事实上，初审比大会审更重要。因为一方面，人大代表们审查和监督政府预算的动机不足，而且即使部门代表们有强烈的参与兴趣，人大代表大会每年只召开一次，而且会期比较短，代表们根本没有足够的时间进行充分的讨论。加上代表们缺乏相应的专业知识，大会审的效果并不理想。更重要的是，我国《预算法》对人大的预算修正权并未明确规定，即使代表们审查发现问题，也没有相应的制度安排对政府预算进行相应的修正。这些都决定了重点放在预算初审是一个更现实的选择。

（2）在实践中，一些地方开展了创新，加强预算工作委员会的工作力度，激活人大代表的作用，具体做法包括：第一，扩大预算草案发放范围，提高人大代表的知情权和参与度；第二，要求政府预算真正遵守预算的全面性原则，将所有的政府收支纳入部门预算；第三，要求预算调整和追加报人大审批；第四，加强人大预算工作委员会与政府财政部门的预算信息沟通；第五，由于时间、人力有限，开展以部门或专题为主的审查，对公众关注的重点领域进行审查；第六，开展多种形式的培训，提高人大的专业技术力量，提高公众对政府预算的认识。

（3）虽然上述举措取得了一定的成效，但是我国立法机构的预算审查监督权仍然有待于进一步明确和细化，具体表现在：

第一，人大初审的权力与责任定位不明确：一是预算初审的职能定位和性质不明确，一些地方的预算审查属于形式审查，而非实质性审查；二是初审的对象和标准不明确。《预算法》及其实施条例都没有明确人大的预算初审到底是审查所有的预算项目，还是只是部门预算中列出的项目；三是《预算法》没有具体规定初审的程序、方式，也没有规定初审应该形成一个什么样的结果，初审结果到底具有什么样的法律效力。

第二，预算修正权尚未落实。现代预算体系中，因为很少使用否决权来否定整个政府预算，所以预算修正权是立法机构最重要的权力。但是，《预算法》并没有对预算修正权的行使范围、程序、方式做出具体的规定，这使得立法机构最重要的权力无法落实。

第三，对预算调整进行审查的权力不明确：一是虽然《预算法》规定在预算执行中因特殊情况需要增加收入和减少支出时人大有权监督政府的预算调整，但是，它没有进一步明确定义“特殊情况”的内容，也没有明确说明哪些特殊情况需要通过预算调整来解决，哪些需要动用特殊用途的预备费来解决；二是对于预算调整的审核程序没有确定。

第四，收入权也没有落实。具体表现在：一是预算外收入并没有纳入人大的审批范围；二是人大无法审查和监督政府间转移支付收支；三是地方政府的债务预算并没有纳入政府预算的范畴；四是政府各个部门的经营性收益也是在地方人大的预算监督之外的；五是国有企业资产收益是脱离人大预算监督的。

从以上分析可以看出，为了更好地发挥人大的预算审查监督的作用，必须要从制度上建立健全人大的预算监督和审查权，要进一步明确人大常委会预算初审的法律地位以及相应的程序和方式；要建立预算修正制度；规范预算调整的审查，建立规范的预算调整程序；同时，还要落实人大在收入政策上的审批权。

本章小结

1. 公共财政预算决策是公共管理中最重要的决策活动之一，公共财政预算从来都不是一个单纯的技术问题，而是一个政治问题。提高财政与预算管理水平是提高公共治理水平的重要内容。

2. 我国目前的预算管理还处在起步阶段，20 世纪 90 年代开始的一系列预算改革，包括综合预算改革、政府采购制度改革、国库集中支付制度改革，特别是部门预算改革，以及由此拓展的人民代表大会在预算审查监督方面的一系列努力，构建了建立现代预算管理制度的基本框架。地方政府近年来开展的零基预算、绩效预算①、参与式预算②改革都借鉴了国际上先进的公共预算管理的经验。

3. 预算改革是一项非常复杂的系统工程。正如韦尔达夫斯基指出：预算改革必然涉及预算权力的重新调整。我们在不断追求预算管理技术创新的同时，不能忽略公共预算过程中的政治问题。

关键术语

公共预算　　公共预算管理　　公共预算编制　　预算执行　　政府决算　　预算审查与监督　　绩效预算

复习思考题

1. 如何理解公共预算的基本问题？
2. 我国政府编制预算的基本方法和过程是怎样的？
3. 人民代表大会在预算过程中应该发挥怎样的作用？
4. 案例分析题：认真阅读案例材料，然后按照要求分析并回答问题。

---

① 财政绩效预算是指根据成本—收益比较的原则，决定支出项目是否必要及其金额大小的预算形式。具体来说，就是有关部门先制定所要从事的事业计划和工程计划，再依据政府职能和施政计划选定执行实施方案，确定实施方案所需的支出费用所编制的预算。绩效预算由绩、效、预算三个要素构成。“绩”是指财政支出所要达到的目标，“效”是指用具体指标评估完成目标的情况和取得的成绩，“预算”是指财政为这一支出目标提供的拨款额。绩效预算关注的不是预算的执行过程，而是执行的结果，不是政府的钱够不够花、怎么花，而是政府在这些地方花了钱，老百姓最终得到了什么，因此绩效的衡量是实行绩效预算的基础。

② 参与式预算是一种创新的预算模式和政策制定方式，它以民主投票的形式，拓宽公众对公共支出提出建议的途径和渠道，使得社会公众参与分配资源，决定各种社会政策优先次序等政策制定过程，并对这个过程实施社会公众监督。

浙江温岭市新河镇预算民主恳谈

民主恳谈是温岭市基层政府扩大民主参与，提高公共决策科学性、有效性的创新。从1999年开始，温岭人就开始了公共事务的民主恳谈。民主恳谈的核心内容就是在公共事务决策的过程中，把公共事务的利益相关人召集到一起，通过多种形式的沟通、讨论，充分表达各利益群体与个人的意见和建议，政府的最终决策要充分考虑这些意见和建议。温岭市自从开展民主恳谈以来，公众通过恳谈形式参与的公共决策领域包罗万象，涉及教育、国企改革、城镇规划等多个方面。但是，集中在预算问题上的民主恳谈（预算民主恳谈）还是一个新的尝试。

一、温岭市新河镇预算民主恳谈基本过程

温岭市新河镇2005年开始推行预算民主恳谈。但是，由于是第一次尝试，新河镇2005年的预算民主恳谈并没有相应的制度来规范和指导。在2005年预算民主恳谈的基础上，2006年新河镇预算民主恳谈的主要任务有两个：一是从程序上规范预算民主恳谈，既要充分发挥民主恳谈的优势，又要符合现有的《预算法》框架；二是把预算民主恳谈制度化。专家设计好的预算民主恳谈的程序要拿到镇人民代表大会上表决，通过后即成为一项正式的制度，长期遵照执行。本文所研究的主要是2009年预算民主恳谈的情况。

为了提高预算民主恳谈的效果，在民主恳谈之前，新河镇政府做了如下几方面的准备工作：

1. 由专家起草《新河镇财政预算民主恳谈实施办法（草案）》。这个草案是新河镇预算民主恳谈的指导性文件，具体规定了预算民主恳谈和预算的执行与监督的原则、程序、形式、内容。

2. 对人大代表和公民进行培训。镇政府邀请了高校教授和其他地方政府人大相关人员对新河镇人大代表和老百姓进行了为期半天的培训。培训的主要内容包括政府预算和百姓之间的关系，政府预算的编制、执行和监督，公民参与和政府治理，地方人大代表的权利和义务。

3. 在各村发布预算民主恳谈的告示，广邀百姓参与。

4. 向镇人大代表和各村的村委会发布民主恳谈的消息，邀请他们参加。

5. 重新组织镇人大的财经小组，在原有的三名成员的基础上，又吸收三位新成员，具体负责初期预算民主恳谈的组织工作，并在人代会期间向全体代表报告初期预算民主恳谈的情况。

2006年新河镇预算民主恳谈的一个突出的特点就是把民主恳谈和人大对预算的审查结合起来。中国地方人大对预算的审查分为两个阶段：预算初审和大会审。前者由人大的预算工作委员会在每年人代会召开前的一个月左右对各部门的预算进行初期审查；后者指每年人大会期间全体代表对预算的审议，并最终投票对预算草案进行表决。与之相对应，此次的预算民主恳谈分为两个阶段：预算报告初审民主恳谈和人民代表大会财政预算民主恳谈。

预算报告初审民主恳谈安排在人大的预算初审阶段，但是和正常的人大预算初审有很大的不同。首先，正常的预算初审是人大预算工作委员会（乡镇一级是财经小组）组织召开，对政府预算报告草案的初稿进行审查，如果预工委或者财经小组对预算有疑义，财政部门和支出部门负责做出解释，必要时要对预算报告进行修改。其次，温岭的预算报告的初审民主恳谈虽然是由人大财经小组主持召开，但是对所有对政府预算感兴趣的人士敞开大门，自由表达他们的意见。再次，政府在这个阶段并不介入，不对预算做出任何解释或者更改。人民代表大会财政预算民主恳谈和正常的预算审查的第二个阶段（大会审）相结合，参与者主要是人大代表和列席代表。下面的内容介绍了这两个阶段的预算民主恳谈的详细情况。

（一）预算报告初审阶段的民主恳谈

预算报告初审民主恳谈由镇人大财经小组在2006年3月6日组织召开。预算初审民主恳谈分四个步骤进行（请参考图7—2）：

首先，根据参与者的职业，预算初审恳谈分为三个小组分别进行，包括工业组、农业组、社会组。工业组成员是私营企业老板。农业组成员是村长、村支书。所有其他参与者被安排在社会组。人大财经小组三名成员分别担任三个小组组长。

然后，小组长宣读《新河镇2005年财政收支预算执行情况和2006年财政预算（草案）的报告》和《2006年度新河镇财政预算细化说明》。

接着，所有参会者自由发表意见，小组长及时记录每一项意见和建议。

最后，在每个小组成员充分表达他们的意见后，小组长向小组成员宣读初审意见，以确保初审意见全面、真实反映小组成员的意见和建议。

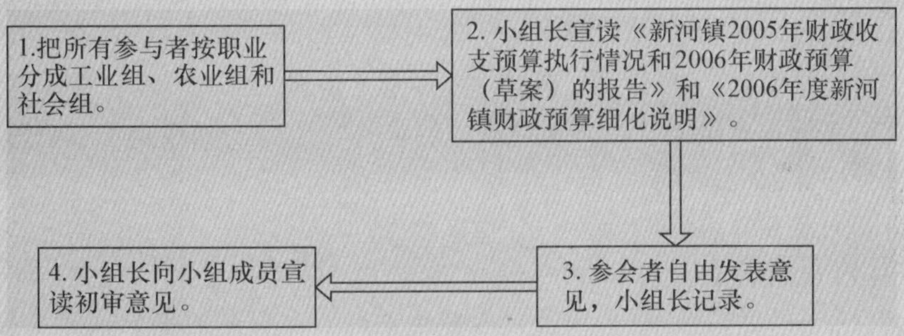

图7—2 2006年新河镇预算初审民主恳谈流程图

（二）人民代表大会期间的财政预算民主恳谈

2006年3月8日，新河镇第十四届人民代表大会第七次会议正式召开，按照大会的日程，预算民主恳谈从3月8日下午开始。自此，预算民主恳谈进入到第二阶段——人民代表大会期间的预算民主恳谈，这个过程实际上就是人代会的预算审查，所以参加恳谈的人都是人大代表。为了从程序上对这一过程进行规范，并使这个过程制度化，人代会首先对《新河镇财政预算民主恳谈实施办法（草案）》审议表决。代表表决通过后，接下来的预算审查和修正都是按照这个办法来进行，这个过程具体如下（请参考图7—3）：

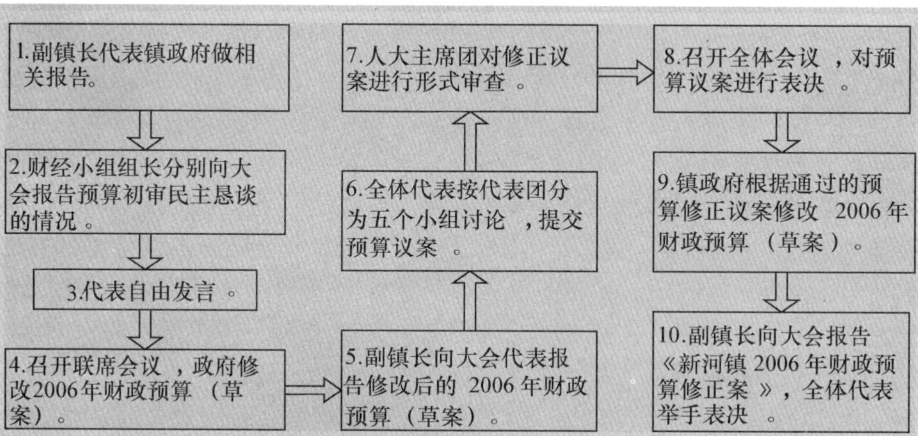

图 7—3　2006 年新河镇人民代表大会财政预算民主恳谈流程图

1. 首先由分管财政的副镇长代表镇政府做了《新河镇 2005 年财政收支预算执行情况和 2006 年财政预算（草案）的报告》和《2006 年度新河镇财政预算细化说明》的报告。

2. 财经小组农业、工业、社会组小组组长分别向大会报告 3 月 6 日预算初审民主恳谈的情况。

3. 代表们自由发表意见，对 2006 年预算草案提出疑问、意见和建议。镇长和分管副镇长现场解答。

4. 2006 年 3 月 8 日晚，镇人大主席团成员和镇政府代表召开了联席会议。联席会议的目的主要是根据预算初审报告和 3 月 8 日下午的预算恳谈会上代表们提出的意见和建议，政府对《新河镇 2005 年财政收支预算执行情况和 2006 年财政预算（草案）的报告》作了部分修改，提出《新河镇 2006 年财政预算（草案）报告的修改方案》。

5. 2006 年 3 月 9 日上午，分管财政的副镇长向大会代表报告了《新河镇 2006 年财政预算修改方案》。主要目的是让代表们了解政府对预算报告的修改情况，为下一轮的分代表团讨论做准备。

6. 全体代表按代表团分为五个组分组讨论。在分组讨论的基础上，代表们对《新河镇 2006 年财政预算（草案）报告的修改方案》不满意的部分，联名提出预算修正议案。

7. 人大主席团对代表提出的修正议案进行形式审查，通过的议案可以提交人代会表决。

8. 3 月 9 日下午，召开人大代表会的全体会议，对上述两项预算议案进行表决，结果两项议案都以多数通过表决。

9. 镇政府根据人代会表决通过的预算修正议案的意见修改 2006 年财政预算（草案）。

10. 3 月 9 日下午，分管财政的副镇长向大会报告《新河镇 2006 年财政预算修正案》，由全体出席的代表举手表决。

（三）预算民主恳谈实施方案的要点

温岭市新河镇 2006 年预算民主恳谈实施方案的设计，主要考虑了以下几个方面：

1. 确保普通百姓参与的机会。这是实现预算民主化的核心内容之一。在预算初审民主恳谈阶段，所有公民都有平等的机会参与讨论。而且在人代会期间，他们的意见通过财经小组的汇报，如实地反映到大会上，供代表们讨论和投票表决时作参考。

2. 激活人大代表的作用。在中国地方政府的预算过程中，人大好似沉睡的狮子，一直没有发挥应有的作用。在历时两天的人代会期间，有一天半的时间是在讨论政府的预算报告。所有的代表可以在大会上自由发言，也可以通过分组讨论表达他们的意见。最重要的是，他们可以联名提出预算议案，要求政府必须对部分预算做出修改。我国的《预算法》虽然赋予地方人大在预算决策中的最高权力，但是并没有对预算的修正权作出任何的规定。而修正权是人大在预算过程中的最重要的权力。新河镇的做法在中国的预算管理史上还是第一次。

3. 确保人大在预算决策过程中的权威地位。首先，在 3 月 8 日下午的人代会讨论期间，所有代表提出的问题，镇长和副镇长必须现场回应。其次，如果代表对修改后的预算草案仍不满意，可以联名提出预算议案，一旦议案由全体代表表决通过，政府必须遵照执行。再次，确保人大主席团在恳谈过程中的主导地位。例如，由人大主席团负责召集联席会议，负责形式审查代表提出的议案。

4. 增进公众、人大代表和政府官员之间的相互沟通和理解。公众、人大代表通过参与恳谈增加了对国家政策和政府工作的了解。政府官员的参与使得他们更加了解百姓的需求。民主恳谈的最终目的是加强各参与方之间的沟通和理解，从而提高预算决策的科学性，同时减少不同利益群体之间的矛盾。

二、新河镇预算民主恳谈的主要成果

在预算民主恳谈会后，作者做了一份民意调查。我们发放了 221 份问卷，收回了 149 份，回应率达 67.4%。根据这份调查，新河镇 2006 年预算民主恳谈的成果主要包括以下几方面：

首先，从参与率上看，两次民主恳谈的人数加起来共有 410 人。其中 61 人参与了联名提出议案，占调查人数的 40.9%。

其次，从参与的效果上看，39.6%的人在恳谈会上发了言。没有发言的人当中，有 56.6%的人认为自已想说的已经被别人说过了。只有 4.8%的人认为说了也没用。

再次，从对预算的影响上看，根据民主恳谈的意见和建议，镇政府调整预算支出项目 13 项，调整预算资金 828 万元，约占当年预算支出总额的 8.9%。其中，调减 7 项，数额 414 万元；调增 6 项，数额 404 万元；新增 1 项，数额 10 万元。而且最具历史意义的是，人代会通过了两项预算修正案。这在中国的预算史上还是第一次。此外，从满意率上看，调查人数中的 95.7%的参与者对此次的民主恳谈表示满意。

最后，此次预算民主恳谈增强了公众的参与意识，92.5%的反应者认为公民应该参与政府的预算过程。从问卷本身来看，我们的最后一道题是自由发挥题，问大家对将来的预算民主恳谈的意见和建议。61 个人写下了他们的意见，占回应人数的 40.9%。只有一人认为预算民主恳谈是“只见阳光不见雨，多此一举”。

问题：(1) 如何设计预算民主恳谈的实施方案？

(2) 根据 2006 年浙江温岭市新河镇预算民主恳谈的过程及成果，请运用公共预算管理的有关理论知识分析预算民主恳谈对落实国家权力机关预算审查监督权的现实意义。

第 8 章

政务信息资源管理

政务信息资源管理是公共管理的重要内容，也是公共管理活动的重要实现手段，它在促进公共管理模式转换以及实现公共部门再造、政务信息资源交换共享、提高政务信息资源开发利用水平和公共服务能力等方面发挥着越来越积极的作用。本章围绕政务信息资源管理的理论、管理过程、开发利用和法制建设等方面进行阐述。

重点问题

- 政务信息资源管理及其研究视角
- 政务信息资源管理的具体内容
- 政务信息资源管理标准化
- 政务信息资源开发利用

8.1 政务信息资源管理概述

8.1.1 政务信息资源管理的内涵

1. 信息资源与政务信息资源

“信息资源”这个术语最早由罗尔科（J. O. Rourke）在《加拿大的信息资源》（Information Resources in Canada）一文中提出。① 关于信息资源的含义，至今国内外还没有形成统一的概念。其中具有代表性的含义有：美国里克斯（Betty R. Ricks）和高（Kay F. Gow）在《信息资源管理》一书中认为，信息资源包括所有与信息的创造、采集、存

① 参见陈畴镛：《信息资源管理》，14 页，杭州，浙江大学出版社，2004。

储、检索、分配、利用、维护和控制有关的系统、程序、人力资源、组织结构、设备、用品和设置。

随着信息化的发展，霍顿（F. W. Jr. Horton）提出了不同的关于信息资源概念的含义。他在1974年提出的含义是：信息资源包括各种信息的生产者、供应者、处理者、传播者，各种形式的信息，文献化与非文献化的，原始数据，经过评价的信息，图书馆的库藏，信息中心的库藏，信息系统和数据库中的数据、记录、报刊、录音带和电影以及其他存储和处理媒介中的信息。他在1979年提出的含义是：信息资源包括所有的信息源、服务、产品和各种信息系统。他在1985年提出的含义是：从政府文书管理的角度看，信息资源具有两层意思：第一，当资源为单数（resource）时，它指某种内容的来源，即包含在文件和公文中的信息内容；第二，当资源为复数（resources）时，信息资源是指支持工具，包括供给、设备、环境、人员、资金等。1986年，霍顿与马齐德（P. A. Marchand）提出的含义是：对于整个社会和国家来说，信息资源包括如下四个方面的内容：具有与信息相关的技能的人才；信息技术中的硬件和软件；信息机构；信息处理服务的提供者。

列维坦（K. B. Levitan）1982年提出了著名的信息生产生命周期说。他认为，无论从字面上讲还是从具体角度来看，信息资源就是已经建立的，因而能够再使用的信息源。

德国的斯特洛特曼（K. A. Stroetmann）认为，信息资源包括信息内容、信息系统和信息基础结构三部分。中国学者孟广均等人从广义和狭义两个角度提出了信息资源的含义。[①] 狭义的信息资源仅指信息内容本身；广义的信息资源是指除信息内容本身外，还包括与其紧密相连的信息设备、信息人员、信息系统、信息网络等。

由此，我们可以这样界定信息资源概念：狭义的信息资源仅指记录在载体上的信息内容，是指限于信息本身的文献资源或数据资源，或者说各种媒介和形式的信息集合，包括文字、声像、印刷品、图形、图像、电子信息等。对信息资源狭义的理解，突出了信息内容这一信息资源的核心和实质。广义的信息资源是与信息内容产生、利用有关的一切资源，包括与信息相关的人员、设备、技术、资金和信息资源管理体制等各种要素的总称。广义的信息资源概念把信息活动的各种要素都纳入信息资源的范畴，这更有利于全面、系统地管理和开发利用信息资源。本书从管理的角度出发，采用了广义的信息资源的含义。信息资源不仅具有经济学意义上的需求性、稀缺性和可选择性特征，而且还包括共享性、时效性、动态性、不可分性、不同一性、支配性等独有特征。

因此，政务信息资源是指公共管理活动所涉及的、对公共管理活动产生影响作用的信息资源的集合，它包括政务信息内容资源以及与信息采集、处理、储存、分级分类、交换共享和开发利用活动有关的信息人员、信息设施、信息技术、信息资金和信息管理体制。政务信息资源的构成包括：政务信息内容资源、政务信息人员、政务信息技术设施、政务信息资金和政务信息资源管理体制。

2. 信息资源管理

信息资源管理（information resources management，IRM）作为一种社会实践，起源于20世纪中期；作为一种学科理论，形成于20世纪70年代后期，并成熟于80年代中后

① 参见孟广均：《信息资源管理导论》，29页，北京，科学出版社，2003。

期和 90 年代。1979 年，美国学者迪博尔德（J. Diebold）发表论文《信息资源管理：新的挑战》（Information Resource Management：The New Challenge），首先提出了信息资源管理的概念。自此，经过 30 多年的发展，其理论和实践研究已影响和扩展到世界许多国家和地区。但目前学术界对“信息资源管理”概念的含义尚未形成统一的认识。主要有以下几种学说①：

（1）管理哲学说。管理哲学说认为信息资源管理是一种哲学或思想。1988 年，美国信息管理学家马齐德、克雷斯林（J. C. Kresslein）认为，信息资源管理是一种对改进机构的生产率和效率有独特认识的管理哲学。

（2）系统方法说。系统方法说将信息资源管理看成是一种方法或者技术。1984 年美国信息资源管理学家里克斯和高认为，信息资源管理是为了有效地利用信息资源这一重要的组织资源而实施的系统方法，包括对资源的规划、组织、用人、指挥和控制。

（3）管理过程说。管理过程说认为信息资源管理是一种管理过程。1982 年，怀特（M. S. White）从信息资源管理的过程提出了管理过程说，认为信息资源管理是有效地确定、获取、综合和利用各种信息资源，以满足当前和未来的信息需求的过程。

（4）管理活动说。管理活动说认为信息资源管理是一种管理活动。比思（C. M. Beath）认为，信息资源管理是把合理的信息、在合适的时间提供给决策或协调工作的活动，认为信息资源管理可被视为一种生命周期或价值链活动，包括信息的识别和存取，信息的质量、时效性和相关性的保证，未来信息的存储以及信息的处理。

我国学者认为，信息资源管理是人类管理活动的组成部分，是为了确保信息资源的有效利用，以现代信息技术为手段，对信息资源实施计划、预算、组织、指挥、控制、协调的各种管理活动的总称。

综上所述，信息资源管理的含义可概括为：信息资源管理是一种系统的管理思想和方法，是一种基于信息技术的、为满足信息需求而实施的集约化管理活动，包括对信息活动要素（信息、人员、技术设备、资金等）的规划、组织、控制和协调，以实现资源的最佳配置和提高信息资源的开发利用水平。

信息资源管理是一个结构复杂的系统工程，涵盖经济、人文、技术等多种因素，因而信息资源管理活动必须实行合理的分层、分级和分类管理。信息资源管理包括微观、中观和宏观三个管理层次②：

（1）微观信息资源管理是最基层的信息资源管理，是以基于政务部门、信息机构等具体组织层面的信息资源管理为对象，体现的是环节管理；以分析组织内部各类人员对信息资源的需求、采用综合的管理手段对信息资源实施规划、开发、集成和控制为主要任务。

（2）中观信息资源管理是介于宏观和微观之间的一个管理层次，具有承上启下的功能和明显的地区性、行业性特点。中观信息资源管理以地区、行业的信息资源管理为对象，以制定地区或行业政策法规和条例来组织和协调本地区、本行业内部的信息资源开发和利用活动，及本地区和本行业与其他地区或行业间的信息资源交流、协作，以实现本地区或

---

① 参见李绪蓉、徐焕良编著：《政府信息资源开发与管理》，14 页，北京，北京大学出版社，2006。

② 同上书，26 页。

本行业的信息资源的利益最大化为主要任务。中观管理体现的是系统管理。

（3）宏观信息资源管理是一种战略管理，由国家信息资源管理部门通过经济、法律、有关政策、法规以及技术手段，从总量和结构上组织、协调信息资源的开发利用的活动，管理效果带有总量和全局的性质；确定目标、进行投资决策，并为各公共管理主体的中观层次的信息资源管理提供条件；确定信息资源管理的标准、保密和保存制度，协调与国际间的信息资源交流合作关系；以资源的最优配置原理确定信息资源分布，体现的是产业管理。

信息资源管理的核心任务就是要在兼顾信息资源现有配置与管理状况的条件下，对分散异构信息资源系统实现无缝整合，并在新的信息交换与共享平台上开发应用，实现信息资源的最大增值。信息资源的管理过程，如图8—1所示，一是基于信息用户的业务过程而产生的信息需求，通过需求分析从而实施的对信息资源的采集、加工、存储、检索、交换共享及其使用的全过程；二是基于信息资源用户、信息技术、信息资源设备、信息资源再开发以及知识资源开发等一切与信息资源有关的提升和增值信息资源的管理过程。因此，信息资源管理包括了以下五大要素：

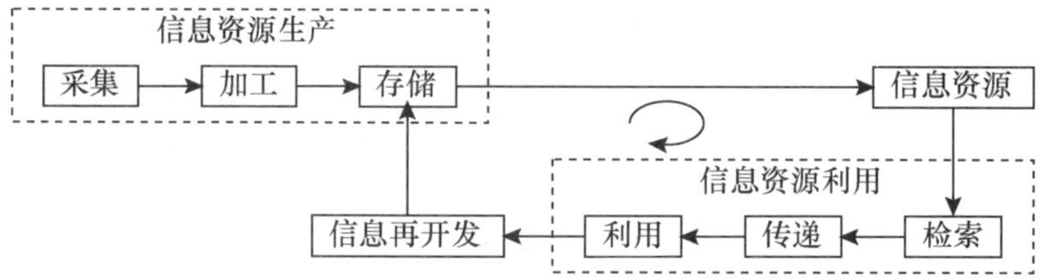

图8—1 信息资源的管理过程

第一，信息资源管理的架构，如图8—2所示，总体架构的设计是信息资源管理的关键，包含了门户体系架构、数据体系架构、应用体系架构；第二，信息资源管理的组织，这是信息资源管理的主体，CIO作为信息资源管理系统高级主管，其代表了信息资源管理的整个组织体系，包括管理组织体系、管理组织规则、管理组织授权等；第三，信息资源管理环境，这是指通过制定统一、强制、自上而下的法规、标准以及规范以明确与信息资源管理有关的各种技术框架与规范；第四，信息资源管理的服务，这是指通过服务记录数据库、服务知识库、服务管理对象资源目录库、服务管理规则库，以搭建服务管理平台，在这个平台上，实现求助响应管理、变更管理、资产管理、服务等级协议管理等多项功能；第五，信息资源管理技术，信息资源管理实现信息资源整合的技术就是基础架构平台软件技术，它包括整合平台、安全平台、系统支撑平台。

3. 政务信息资源管理

政务信息资源管理（government information resources management，GIRM）是一种集成性和综合性的管理活动，是公共部门为了实现特定的目标，以现代信息技术为手段，对政务信息进行采集、加工、存储、交换共享、开发利用和服务，对信息活动各要素进行规划、预算、组织、协调、指导、培训和控制，以实现政务信息资源的合理配置、有效地满足公共部门自身和社会信息需求的活动过程。

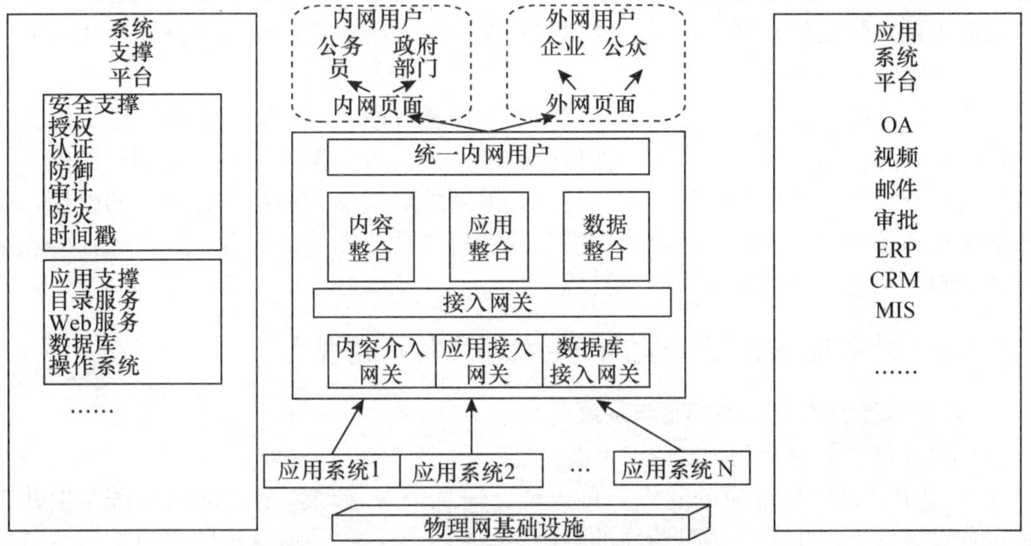

图 8—2 信息资源管理的总体架构图

政务信息资源管理的这一含义包括了以下几个方面：(1) 管理覆盖着政务信息资源开发和利用等环节和全过程。(2) 政务信息资源内容是政务信息资源管理的核心对象。政务信息资源管理的对象，包括信息内容及其有关的资源如人员、设备、资金和技术等。(3) 政务信息资源管理是一种集成性和综合性的管理。

由于管理对象的广泛性、管理内容的综合性，政务信息资源管理涉及公共管理过程中与所有公共部门和公众有关的各类信息，以及公开、采集、交换与共享、开发利用、保存、检索等为内容的公共信息运行机制等各类信息活动；由于管理对象的专业性，不仅涉及一般管理的知识及原理，而且还涉及现代信息技术，需要多种学科领域交叉渗透。因此，政务信息资源管理具有广泛性、综合性、复杂性、管理性、技术性、人文性和多学科知识交叉的特点。

总之，随着各类政务信息应用系统的建立、完善和普遍运用，人们对于政务信息资源管理的概念进一步扩充了管理信息系统的传统概念，进一步增强了政务信息资源管理的功能，明显表现为将政务信息资源管理不是局限于当前已经电子化信息的部分，而是进一步将所有政务信息资源作为一个整体，突出了信息的集成整合，以发挥资源的整体性效益。信息化建设的过程也呈现出从分散建设到统一整合的发展演进规律，具体表现为从各部门、各行业根据不同需求的、各自为政的分散式建设与应用，发展到跨部门、跨业务、跨应用系统的集成整合，再发展到以数据中心形式实现的数据共享。与这种演进过程相联系，实现了公共部门从分散的、各自为政的方式进行公共管理和提供公共服务向集中的、整体和无缝的方式进行公共管理和提供公共服务的转变。①

政务信息资源管理是当代公共管理的一项重要职能，具有战略意义。概括地说，政务

① 参见蔡立辉：《电子政务：信息时代的政府再造》，15 页，北京，中国社会科学出版社，2006。

信息资源管理的目标就是要在确保国家机密和信息安全的前提下，增强信息意识，实现政务信息资源最大限度的共享，提高政务信息资源开发利用水平，促进政务信息化发展，提高公共管理能力和服务质量。

具体地说，政务信息资源管理目标包括以下四个方面：（1）实现政务信息资源的科学管理，这是政务信息资源管理的基础性目标；（2）提高政务信息资源开发利用的能力，这是政务信息资源管理的根本性目标；（3）最大限度地降低公共部门信息活动的费用，这是政务信息资源管理的直接目标；（4）促进公共管理正常运转、经济良性运行和社会和谐发展，这是政务信息资源管理的终极性目标。

8.1.2 政务信息资源管理的产生发展及其研究视角

1. 政务信息资源管理的产生与发展

（1）政务信息资源管理的产生。

20 世纪中叶是信息革命的起点，可以说，信息资源管理就是在信息革命发生并兴起的特定背景条件下产生的。信息革命的两个主要标志为：一是信息论的提出被视为科学发展的一大突破，它对众多研究领域产生了重大影响，奠定了理论基础。二是计算机的诞生为信息革命提供了技术条件，以计算机技术和通信技术为代表的信息技术为信息革命奠定了技术基础。

信息技术的迅速发展，从客观上为信息资源管理提供了有力的工具和手段。正是在信息革命的时代背景下，政府公共部门和工商企业开始把注意力投向信息资源的科学管理、合理开发和有效利用。20 世纪 70 年代末，以美国为代表的西方发达国家开始从工业经济向知识经济（knowledge-based economy）转化。信息社会为知识经济的产生和发展创造了不可或缺的前提条件，知识经济是信息社会发展的必然产物，是建立在知识和信息的生产、分配和使用之上的经济。知识成为了支撑经济增长的最重要因素，是一种崭新的社会经济形态，它以信息化为基础，以全球化、网络化、知识化为其基本特征。为了更好地发挥信息对经济发展和社会进步的作用，必须在对信息进行深刻认识的基础上，再对信息进行管理。在这样的社会背景条件下，GIRM 这一概念在美国被提了出来。在随后的 80 年代，GIRM 的研究得到了迅速的发展，90 年代信息高速公路概念的出现，更进一步带动了 GIRM 的发展。政务信息资源管理着眼于对政务信息过程的综合性、全方位控制和协调，强调以自动化信息处理和信息系统建造为主要内容，着眼于信息流的控制。

（2）政务信息资源管理的发展阶段。

从世界范围来看，源自美国政府文件管理的政务信息资源管理从 20 世纪中叶起步，其发展经历了萌芽、形成和成熟三个阶段。

第一阶段：从 20 世纪 40 年代中期至 70 年代中期，是政务信息资源管理的萌芽阶段。政府文件数量剧增的现实压力迫使美国等西方发达国家开始关注文件的管理和利用问题。政府文件管理的起步和发展揭开了政务信息资源管理的序幕。在政务信息资源管理的萌芽阶段，政府文件管理是政务信息资源管理的核心对象。

第二阶段：从 20 世纪 70 年代中期至 80 年代末期，是政务信息资源管理的形成阶段。在这个阶段，政务信息资源管理从狭隘的政府文件管理中独立出来，演变成为一种管理对象有明确概念、管理地位有法律保障、管理主体有明确机构和职能界定、管理内容有理论指导的专门管理活动。1980年，美国国会通过《文书精简法案》(Paper Work Reduction Act)，首次明确提出了“信息资源管理”概念和实施的具体框架。1985年，美国联邦政府管理与预算局发布了A—130号通告，即《联邦政府信息资源管理通报》，首次从政府的角度对信息资源管理的概念进行了界定，标志着现代政务信息资源管理思想已经形成。

在学术界，霍顿和马齐德是信息资源管理理论的奠基人，最有权威的研究者和实践者；1985年威廉·德雷尔（William Durell）的著作《数据管理》一书出版，论述了信息资源管理的基础标准。政务信息资源管理形成的四个标志：一是提出了“信息资源管理”的概念；二是确立了政务信息资源管理的法律地位；三是设立了政务信息资源管理的专门机构，并配置了专门职能；四是形成了政务信息资源管理的理论，大量出版了有关政务信息资源管理的著作和研究成果，阐述了政务信息资源管理的基本原理和方法。

第三阶段：从20世纪90年代开始，政务信息资源管理进入成熟发展阶段。负责信息资源管理的职位——信息主管（chief information officer，CIO）开始在公共部门中设立。这一时期的特点主要表现为：一是政务信息资源管理由美国蔓延到世界各国，发展成为一种世界性的潮流和世界各国普遍重视并推行的一项管理活动，显示了全球化的特点；二是在现代信息技术发展的推动下，各国延伸和扩展了20世纪七八十年代产生和应用的“办公自动化”，实现了现代信息技术的应用与公共部门组织结构、管理方式、管理体制和服务方式变革的一体化融合；三是政务信息资源管理开始向电子化政府迈进，逐步形成了面向社会的“一站式”互动服务、面向公共部门的跨部门“一体化”业务集成和“流程化”的协同办公、面向业务应用的“统一平台”信息交换与资源共享、面向数字化管理的“可持续发展”公共管理体制和运行机制。

2. 政务信息资源管理研究视角

政务信息资源管理可以从多个视角开展研究，政务信息资源的管理过程是政务信息资源管理的主线；组织与人员资源是政务信息资源管理的关键；信息资源内容是政务信息资源管理的核心和重点；技术资源是政务信息资源管理的基础。基于此，结合政务信息资源的特点、内容，其研究视角归纳起来包括内容视角、技术视角、经济视角和人文视角四个层面。

(1) 内容视角。内容视角研究政务信息资源管理，主要是从政务信息生命周期出发，以政务信息生成后收集、加工整理、储存、交换共享、开发利用和服务的一系列环节为主要对象，研究如何高效、高质量地开展信息资源管理活动。[①]

(2) 技术视角。技术视角研究政务信息资源管理，主要是指如何在政务信息的获取、传输、存储、处理和检索，以及利用政务信息进行决策、控制、指挥、组织和协调等方面合理地运用信息技术，从而达到有效地开发和利用政务信息资源的目的。

(3) 经济视角。经济视角研究政务信息资源管理，主要是将政务信息资源作为一种无形资产和社会财富，研究政务信息供求规律、配置政策、政务信息资源开发利用水平、政务信息化的经济效益以及政务信息系统研发和管理的经济手段等问题。

---

① 参见冯惠玲主编：《政府信息资源管理》，20页，北京，中国人民大学出版社，2006。

（4）人文视角。人文视角研究政务信息资源管理，主要是研究政务信息资源管理活动中人的作用、行为和心理；研究的主要内容是政务信息资源管理以及开发利用的有关政策问题、法律问题、管理过程中涉及的伦理道德和心理认同问题、政务信息资源的用户需求以及供求双方的关系问题、政务信息资源管理的标准化问题等。

8.1.3 政务信息资源管理标准化

要充分有效地利用信息资源，科学合理地管理政务信息资源，首要的就是要加强政务信息资源标准化建设与管理。

1. 政务信息资源管理标准化概述

中国颁布的国家标准（GB3935.1—1996）给出的标准化（standardization）含义是：在经济、技术、科学及管理等社会实践中，对重复性事物和概念通过制定、发布和实施标准来达到统一，以获得最佳秩序和社会效益。

就信息资源管理标准化的分类而言，常见的标准分类方法包括：层次分类法、性质分类法和对象分类法。

就政务信息资源管理标准化的内容而言，政务信息资源管理标准化的内容十分丰富，大体上可分为标准化技术、标准化设施、标准化术语和标准化管理过程四部分。信息技术标准化是整个政务信息资源管理的重点，是政务信息资源开发利用的基础和保证。信息技术标准化是围绕信息技术开发、信息产品的研制和信息系统建设、运行与管理而开展的一系列标准化工作。标准化设施是政务信息资源活动的物质基础，其内容包括：学习和执行有关国际标准、国家标准、行业标准和地方标准；制定和贯彻设施操作规程和制度等。

就政务信息资源管理标准化的方法而言，政务信息资源管理标准化方法主要包括：简化法、统一法、组合法、综合法和程序化法。简化法是在一定范围内缩减对象事物的类型，使之在既定时间内满足一定领域需要的标准化方法；统一法是把同类事物的不同表现形态归并为一种的标准化方法，强调归一；组合法是将两个以上具有特定信息资源功能的单元，按照预定的要求，有选择地结合起来，形成一个具有新功能单元或系统的标准化方法；综合法是对系统标准化对象的整体及其相关要素进行有目的、有计划地制定和贯彻某一标准系统的标准化方法；程序化法是将信息资源管理工作的全过程按照严格的逻辑关系形成规范化程序的标准化方法。

2. 政务信息资源管理的基础标准

政务信息资源管理基础标准，是指那些决定信息系统质量的，因而也是进行信息资源开发利用的最基本的标准，包括：数据元素标准、信息分类编码标准、用户视图标准、概念数据库标准和逻辑数据库标准。

（1）数据元素标准。数据元素（data elements）是最小的不可再分的信息单位，是一类数据的总称。数据元素的质量是建立坚实的数据结构基础的关键。数据元素标准包括：数据元素命名标准、标识标准和一致性标准。

（2）信息分类编码标准。信息分类编码（information classifying and coding）对象是一些最重要的数据元素，它们决定着信息自动化处理、检索和传输的质量与效率。信息分类编码是标准化的一个领域，信息分类编码标准是信息标准中最基础的标准。

信息分类是把具有某种共同属性或特征的信息归并在一起，以便与不具备这种共同属性或特征的信息区别开来，对某一类信息赋予代码的过程叫编码。信息编码是将表示信息的某种符号体系转换成便于计算机识别和处理的另一种符号体系；或在同一体系中，由一种信息表示形式变为另一种信息表示形式的过程。

(3) 用户视图标准。用户视图（user view）是一些数据元素的集合，它反映了最终用户对数据实体的看法。用户视图是数据在系统外部的样子，是系统的输入或输出的媒介或手段，常用的用户视图有纸面的（单证、报表等）和电子的（屏幕格式、表单等）。

(4) 概念数据库标准。概念数据库（conceptual database）是最终用户对数据存储的看法，反映了用户的综合性信息需求。概念数据库一般用数据库名称及其内容（简单数据或复合数据）的列表来表达。

(5) 逻辑数据库标准。逻辑数据库（logical database）是一组规范化的基本表（base table)。把概念数据库演化为逻辑数据库的主要工作是采用数据结构规范化原理与方法，将每个概念数据库分解成三范式的一组基本表，一个逻辑数据库就是这一组三范式基本表的统一体。逻辑数据库标准涉及各基本表的命名标识、主码、属性列表及基本表之间的结构关系。

3. 中国政务信息资源管理标准化

从国际社会其他国家信息化发展的历史来考察，信息资源标准化的发展先于计算机和网络技术的发展，这成为了信息化发展的一般规律。但是，中国信息化发展采取的是技术优先的路径，在发展过程中明显表现出重技术轻标准规范和管理、缺乏有效的标准维护机制、各部门各自为政和没有统一信息资源标准等问题。

政务信息资源管理的标准化建设问题是中国政务信息化建设和开展政务信息资源管理的重要问题。2002 年 1 月，国务院信息化工作办公室和国家标准化管理委员会在北京成立了电子政务标准化总体组，负责电子政务标准化工作的总体协调，以及电子政务所涉及的重要标准研究和制定专项的组织和推进工作。2002 年 5 月，总体组编写了《电子政务标准化指南》第一版。《指南》分为六个部分：总则、工程管理、网络建设、信息共享、支撑技术、信息安全。2003 年 2 月，国务院信息化工作办公室和国家标准化管理委员会联合向全国发出了《关于〈电子政务标准化指南〉和 6 项电子政务标准试用通知》。《指南》的第二版，包含工程管理、支撑技术和信息安全三部分内容，以及六项标准。

同时，中国还注重制定符合中国国情的政务信息资源标准化发展战略，将培养高水平、复合型人才，制定完善的政策法规体系和标准规范体系，建立对标准的指导、监督和执行机制，制定标准化评价体系等都纳入到标准化发展战略的高度。

8.2 政务信息资源管理的内容

政务信息资源管理是与政务信息有关的规划、预算、组织、指导、培训和控制等活动的总称。政务信息资源管理的具体内容包括政务信息、信息技术、信息人员和信息设施等在内的信息资源的管理。

8.2.1 政务信息资源管理体制

建立和完善政务信息资源管理体制，包括明确政务信息资源管理的主体、职能配置及其运行机制，主要解决“谁来管”的问题，以及制定相关的法律法规和政策，主要解决“如何管”的问题，这是实现政务信息资源有效管理的途径。

1. 政务信息资源管理的机构

健全政务信息资源管理机构、组织落实，是西方发达国家完善政务信息资源管理体制的重要特点。例如，在美国，政务信息化建设基本上是由联邦政府统一发起、组织和协调的。

为实现政务信息资源管理的宏观和微观管理职能，中国也建立了相应的组织机构，基本形成了自上而下地建立由政府主要领导牵头和各相关部门负责人共同参与的信息化管理机构，统一领导和协调政务信息资源管理工作。一是在国务院和地方各级政府成立了信息化领导小组，国务院总理和各级政府最高行政领导担任组长；二是在国务院成立了负责政务信息化建设的专门管理部门，与此相适应，地方各级政府都成立了信息相关部门；三是在各公共部门内部成立了政务信息资源管理的工作部门或机构。

但是，严格来说，在政务信息资源管理机构的设置上，中国目前的机构设置还不能适应政务信息化建设从技术导向到政务、管理导向的发展需要，缺乏自上而下的管理政务信息化建设的综合性部门设置。

2. 政务信息资源管理职能

科学合理地配置职能，是完善政务信息资源管理体制的重要内容，西方发达国家十分重视从宏观管理和微观管理两个方面配置政务信息资源管理职能。①

（1）政务信息资源宏观管理职能。主要是从宏观层次上通过国家、地方或系统有关政策、法规、管理条例等来组织、协调国家、地区或系统内部信息资源管理工作，使信息资源按照宏观调控的目标，在不影响国家的信息主权和信息安全的前提下得到最合理的开发和有效利用。政务信息资源宏观管理职能主要包括统筹规划职能、组织协调职能、业务指导职能和监督控制职能。各项职能相互联系、相互作用，从而达到管理目的。

（2）政务信息资源微观管理职能。主要是指各公共部门对本部门政务信息资源实施具体管理和开发利用工作的职能。政务信息资源微观管理的主要职能是在政务信息资源宏观管理的指导下，根据本部门政务信息资源利用需求，合理开发信息资源管理系统，通过对政务信息资源的采集、组织、检索、开发、传播和服务等，实现政务信息资源的有效利用。

---

① 例如，美国联邦信息委员会的主要职责包括：听取联邦和地方政府以及企业关于信息资源管理以及信息技术的建议和意见；向联邦预算与管理局局长提出与联邦信息资源管理有关的政策与实践的建议；决定政务信息基础设施的战略方向和优先领域；协助美国首席信息官制定和执行政府战略信息资源管理的有关计划；协调联邦政府以及跨部门的信息系统工程计划和项目；协调政府部门共用信息基础设施的计划和实施，如通信、政府电子邮件、电子支付、电子商务以及数据共享等；在各政府部门着手重大信息系统工程项目之前，评估该部门现有的业务流程及行政管理过程，并辨识改进和优化政府业务流的机会和可能性；对各政府部门信息资源管理的实际情况进行监督和指导；就各政府部门信息资源管理的情况和问题向美国首席信息官提出改进意见和开展试点项目的建议；就联邦和地方政府各部门共享信息资源问题进行研究并提出建议；在与信息有关的国际活动中确保美国的利益，包括协调美国参加国际信息组织的活动。

3. 政务信息资源管理人员

政务信息资源管理人员是指在政务信息资源管理部门从事政务信息资源管理规划、信息系统研发与管理、信息系统运行与维护、信息资源管理具体业务工作等活动的政务信息资源管理专业人员，主要包括信息技术专业人才和信息管理专业人才。

8.2.2 政务信息资源采集管理

1. 政务信息资源采集的含义

政务信息资源采集，是指各政务部门在各自的职责范围内根据政务信息用户的需求，从有关信息源或载体内对各种形态的信息选择、采出、提取并加以聚合和集中的过程。政务信息采集是实现政务信息资源交换共享、提高政务信息资源开发利用水平的前提和基础。

政务信息资源涵盖面广、内容复杂。因此，政务信息资源的采集应当遵循职能原则（形成信息采集分工负责制）、目的性与及时性原则、真实性与可靠性原则、时间上的连续性和空间上的完整性原则、计划性与预见性原则。

2. 政务信息资源采集的过程

按照上述采集原则，政务信息资源采集的过程，如图 8—3 所示，包括以下阶段：

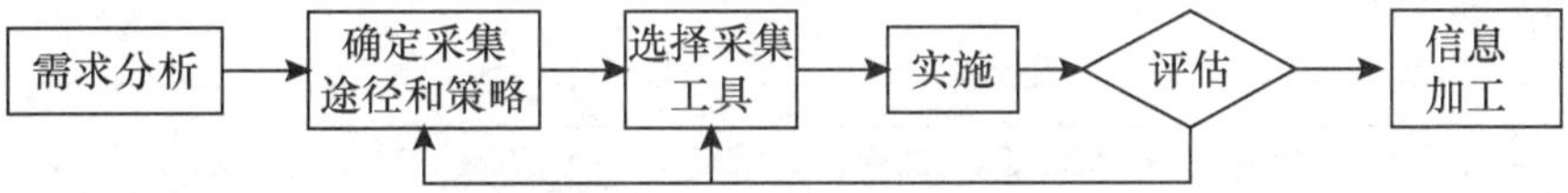

图 8—3　政务信息资源采集的过程

（1）政务信息采集的准备阶段。在政务信息采集准备阶段，政务信息资源管理主要是：进行政务信息资源需求分析、明确采集目标、确定政务信息采集源、选择采集方法和采集工具、制定政务信息资源采集策略。

（2）政务信息采集的实施阶段。在这个阶段，政务信息资源管理主要是：根据采集的要求、目标，对信息进行识别、筛选；提取信息，将采集所需要的政务信息运用不同的方法、采取不同的途径从政务信息源中提取出来；汇集信息，将提取的政务信息进行汇合、集中。

（3）政务信息采集的评估阶段。这一阶段是对政务信息采集成败得失的一个全面总结，并为以后的采集工作积累经验，吸取教训；可以衡量政务信息资源采集过程前半部分的采集方法、采集策略和采集工具的选择是否恰当，从而使其得以及时调整和修改，以期更好地满足信息用户的需求。通过评估的政务信息资源采集，将进入信息加工阶段。

3. 政务信息资源采集的渠道与方法

（1）政务信息资源采集的渠道。政务信息资源采集的渠道是指控制政务信息源的各类公共部门、中介组织与个人。政务信息资源采集的渠道包括：第一，行文渠道；第二，媒体渠道；第三，机构性渠道；第四，制度性渠道；第五，公共部门交流渠道；第六，个人渠道。

（2）政务信息资源采集的方法。政务信息资源采集的方法，是获取政务信息过程中各个环节所要求的基本操作和特有方法。政务信息资源采集有以下几种基本方法：第一，观察法；第二，调查法；第三，阅读法；第四，检索法；第五，交换、索取法；第六，与会法。

8.2.3 政务信息存储

1. 政务信息存储的含义

政务信息存储是指将加工处理后的政务信息资源按照一定的规定记录在相应的信息载体上，并按照一定的特征和内容性质将其组织成系统化的检索体系的过程。政务信息资源存储是政务信息资源检索和有效利用的基础。

因此，政务信息存储包括两层含义：一是将加工后的政务信息，按照一定的规则，记录在相应的信息载体上；二是将这些信息载体，按照一定的特征和内容性质组成系统有序的、可供自己或他人检索的集合体。

2. 数据仓库

数据仓库是现代技术发展的大容量、高效率的新材料载体存储方式。数据仓库（data warehouse，DW），是对来自于异地、异构的数据源和各种数据库的数据经加工后在一种称之为数据仓库的存储地存储、提取和维护的一种存储方式。数据仓库的相关技术包括联机分析处理、决策支持系统和数据挖掘。数据仓库既是一个信息资源的存储机制，也是一个信息资源分析、处理的支持决策系统，基于数据仓库的政务信息资源存储将会成为主流的存储方式。如图 8—4 所示。

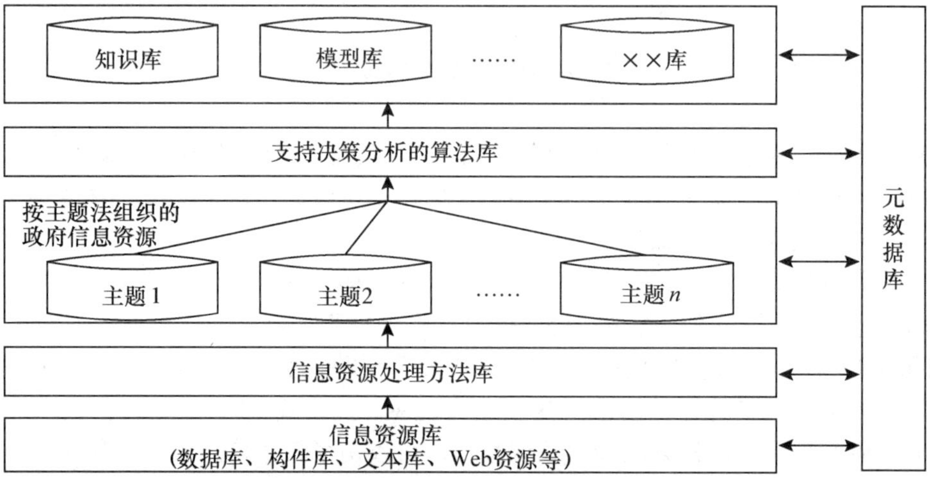

图 8—4 基于数据仓库的政务信息资源存储机制

3. 政务信息资源库的构建

（1）政务信息资源库构建的目标。政务信息资源信息库归根结底是以服务于公共管理和社会为宗旨，促进政务信息资源开发利用水平的提高。

（2）政务信息资源库的构建。统筹建设政务信息资源库，这其中不是技术性问题，而是管理体制问题会阻碍政务信息资源库的构建。体制性问题主要包括：强调部门利益、条块分割的管理体制，造成了政务信息资源的部门控制、条块分割。因此，构建政务信息资源库，需要长期的规划和强有力的组织协调，要从国民经济和社会发展的全局出发，统筹兼顾，综合协调。同时，政务信息资源库应当与业务处理连通起来，使资源库真正为业务办理提供支撑，通过资源库实现跨部门的资源共享和业务协同。

构建政务信息资源库的具体措施包括：第一，健全和完善政务信息资源管理的统一标准和规范，打破部门分割、条块分割的管理体制；第二，遵循由易到难、分步实施的原则，建立具有适应能力的政务处理系统，实现公共部门与企业、公众的互动式交流与服务，实现公共部门业务的重组和优化，建立集成系统以及方便使用的技术体系；第三，加强对政务信息资源库的系统运行规范管理，包括建立和完善运行规范来管理和控制信息系统的运作；第四，建立高效、可操作的政务信息资源质量评价体系，特别是要注重可操作性和内容实用性评价。

8.2.4　政务信息资源分级分类

1. 政务信息资源分级

政务信息资源分级，是指根据政务信息资源的不同性质来确定政务信息资源公开与保密的级别。政务信息资源分级是实现政务信息资源公开和交换共享的基础。

（1）社会公开类政务信息资源，是指依法应当向社会公开的政务信息资源。根据公开的程度不同可划分为完全向社会公开的政务信息和依据申请向特定对象公开的信息。与社会公开类政务信息资源相对应的是国家秘密信息。国家秘密信息不向社会公开，具有最高密级。

（2）部门共享类政务信息资源，是指根据各部门职能行使的需要在公共部门之间进行交换共享的政务信息资源。

（3）依法专用类政务信息资源，是指依据法律法规的规定只与本部门职能行使有关、只在本部门内部专用而不对外的政务信息资源。

根据政务信息资源的分级，各部门应编制本部门政务信息资源目录体系和本部门政务信息资源需求体系，并对本部门政务信息资源目录内容及时更新和维护。对社会公开类政务信息资源应面向社会及时、准确地公开，对部门共享类政务信息资源应集中到公共数据中心进行交换共享。

在政务信息资源的分级管理方面，西方国家的经验值得我们借鉴。例如，俄联邦根据开放程度对国家信息资源进行分级：一是可公开的和人人都能获取（询索）的国家信息资源，二是限制获取的文件信息。为了避免一些政府部门以“限制获取”为理由而侵蚀公民的知情权，俄联邦还以列举的方式明确“禁止列入限制获取的信息”[①]。我国许多地方政府所制定的政务信息公开规定，虽然对不予公开的信息也做了列举，但却没有对除外事项以及配套制度加以明确，这些除外事项在实践中往往成为行政机关躲避公开的理由。

2. 政务信息资源分类

政务信息资源分类是以政务的知识内容为主要依据，把具有某种共同属性或特征的政务信息资源归并在一起，将海量无序的信息变成可利用的有序信息，分类是为了实现政务

---

① 俄罗斯：《联邦信息、信息化和信息保护法》。

信息资源管理、交换共享、服务和提高政务信息资源开发利用水平。

政务信息资源分类要根据公共部门业务和信息资源的特点来进行。国家电子政务标准化总体组制定的电子政务标准草案——《政务信息资源目录体系》提出了主题类、行业类、服务类和资源形态类四种分类体系标准：（1）主题类政务信息资源，是以主题词为基本单元，用表达文献信息内容特征的主题词按其字顺系统进行分类的一种方法；（2）行业类政务信息资源，是根据各公共部门及其行业管理公共事务的对象及业务性质的不同，而对政务信息资源形成的分类；（3）服务类政务信息资源，这是公共部门面向企业、公众和其他社会组织，体现公共部门社会服务职能的政务信息资源；（4）资源形态类政务信息，这是以信息的存在形式为依据所形成的政务信息资源分类。

8.2.5 政务信息资源公开

1. 政务信息资源公开的含义

政务信息资源公开是指政务部门以及法律法规授权的具有管理公共事务职能的公共组织主动或根据公众的申请公开政务信息，并方便社会公众获取的各种活动与制度的总称。

由法律确定的、现代意义的信息资源公开制度，产生于18世纪的欧洲。1766年，瑞典颁布《出版自由法案》（The Freedom of the Press Act），规定了行政信息的公共存取（public access）原则，这是世界上最早的信息资源公开法。此后，政务信息资源公开制度并未受到世界各国的重视。直到20世纪60年代，现代信息技术和通信技术的飞速发展及其广泛应用，引起了新的信息公开和保护的问题，政务信息资源公开制度开始得到世界各国政府的重视。1967年，美国颁布了《信息自由法案》（The Freedom of Information Act），规定各联邦政府有将其拥有的信息资料向公众公开的信息义务。这部法律被认为是世界上第一部现代意义上的信息公开方面的法规。强调政务信息公开、最大限度地共享政务信息资源，已经成为了当今世界政务信息化发展的共同趋势。

就我国而言，推行政务信息公开，是提高科学执政、民主执政、依法执政能力和水平，构建社会主义和谐社会的必然要求；是推进社会主义民主，建设法治政府的重要举措；是建立行为规范、运转协调、公正透明、廉洁高效的行政管理体制的重要内容。

2. 政务信息资源公开的原则

政务信息资源公开的原则是公共部门在公共管理过程中必须遵守的准则，在效力上它高于具体的政务信息公开操作规则，并对具体的政务信息公开操作规则起着宏观指导和控制作用。概括起来，政务信息资源公开原则包括以下方面：

（1）合法性原则。合法性原则是指政务信息公开必须是依法公开。

（2）及时性原则。政务信息资源公开作为公共管理活动的一个有机组成部分，也要求做到及时、迅速。

（3）真实性原则。这一原则指的是公开的政务信息必须是真实、可靠的，而不是虚假的或错误的。

（4）利益平衡原则。利益平衡原则指的是实施政务信息资源公开时不得侵犯包括个人隐私、商业秘密等其他个人或组织的合法权益，以及国家秘密和社会公共利益，有效处理公开与保护的关系。

（5）不收费原则。政务信息资源公开，一般不收取费用。这是世界各国和地区通行的做法。公共部门公开政务信息资源，应当以不收费为原则、以收费为例外。

（6）责任原则。公开政务信息资源是公共部门的一种责任。公众知情权的有效实现取决于对违反政务信息资源公开行为责任的严肃追究和对侵犯公众信息获取权的有效救济。

3. 政务信息资源公开制度

（1）政务信息资源公开制度的主要内容包括：第一，确立和强化政务信息资源公开是政务部门的义务和责任；第二，采用列举式的方式，明确政务信息资源公开的范围；第三，确立政务信息资源公开的监督和保障制度。

（2）政务信息资源公开的措施。根据实际，采用多种方式公开政务信息资源，具体措施包括：第一，及时、准确地公开政府信息，发现影响或可能影响社会稳定、扰乱社会管理秩序的虚假或不完整信息，政务部门要在其职责范围内发布准确的政府信息予以澄清；第二，建立健全政务信息发布协调机制，发布的政务信息涉及其他公共部门的，要与有关部门进行沟通、确认，保证发布的政务信息准确一致；第三，通过公报、网站、新闻发布会以及报刊、广播、电视等便于公众知晓的方式和大众传播媒介公开政务信息；第四，在国家档案馆、公共图书馆设置政务信息查阅场所，配备相应的设施、设备，为公众查阅、获取政务信息提供方便；第五，根据需要设立公共查阅室、资料索取点、信息公告栏、电子信息屏等场所、设施，公开政务信息；第六，编制、公布政务信息资源公开目录和政务信息资源公开指南，并及时更新。

8.2.6　政务信息资源交换共享

1. 政务信息资源交换共享的含义

政务信息资源交换共享是指一个部门为其他部门履行公共管理职能的需要而提供政务信息资源，以及为履行公共管理职能的需要从其他部门获取政务信息资源的行为。政务信息资源交换共享包括两个阶段，如图 8—5 所示。政务信息资源交换共享一是全社会交换共享；一是各公共部门之间的交换共享。本章所研究的政务信息资源交换共享是各公共部门之间的政务信息资源交换共享。

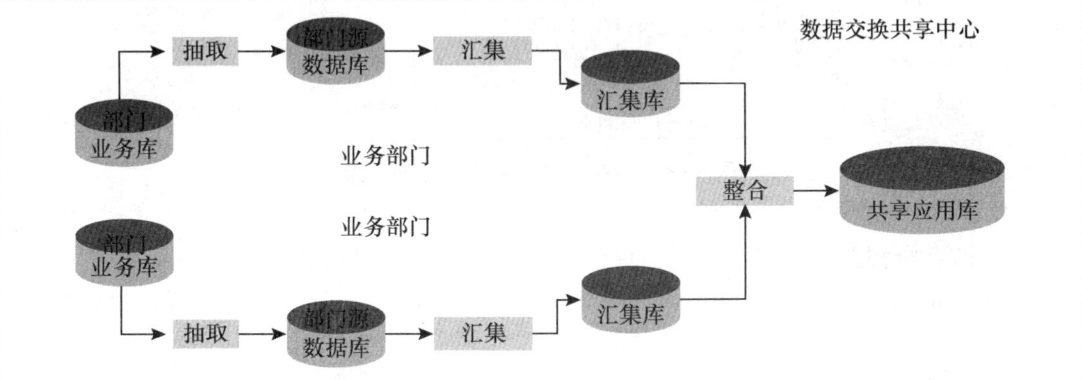

图 8—5　政务信息资源交换共享过程图

第一阶段：数据抽取汇集阶段。在这个阶段，首先充分掌握各部门现有数据的情况，了解各部门的需求和可供共享的数据，明确各部门的数据格式、业务表结构详细说明、字典表等。其次，根据实际需求和数据格式制定数据抽取规则，从业务系统中进行数据抽取，形成部门可供交换共享的源数据库。最后，通过数据交换将源数据库汇集到数据交换共享中心，形成各部门的业务数据的汇集库，从而完成第一阶段数据的抽取汇集工作。

第二个阶段：数据整合共享阶段。通过数据共享交换中心，进一步将汇集库的数据进行清洗、整合等处理，形成共享应用数据库。

2. 实现政务信息资源交换共享的管理措施

（1）编制政务信息资源交换共享目录体系。

政务信息资源目录体系是以元数据为核心，以政务分类表和主题词表为控制词表，通过规范的元数据与政务分类表和主题词表，运用 XML 标识语言以及资源描述框架 RDF，对政务信息资源进行网状组织，满足从分类、主题、应用等多个角度对政务信息资源进行管理、识别、定位、发现、评估与选择的工具。政务信息资源目录体系是管理信息资源、实现共享和服务的一种工具，是向信息使用者提供政务信息查询、检索和定位的服务工具。

政务信息资源交换共享目录体系是政务信息资源目录体系中的一个子系统，是借助目录系统和按照政务信息的密级程度，将各公共部门应向社会公开和应在部门之间进行共享的政务信息进行汇集所形成的体系。编制政务信息资源交换共享目录体系，具体包括：

第一，科学构建政务信息资源目录体系框架。如图 8—6 所示，政务信息资源目录体系框架包括：1）资源层，包括各类共享信息库、共享文件库、门户网站等资源；2）目录层，包括专项资源目录库和共享资源总目录库；3）服务层，包括目录体系向应用层或其他应用系统提供各类应用服务接口；4）应用层，这是目录服务向用户的展示层。

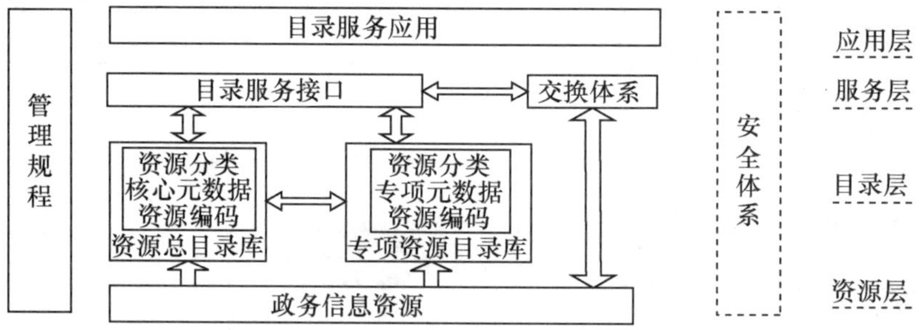

图 8—6　政务信息资源目录体系框架

政务信息资源目录体系是向信息使用者提供政务信息查询、检索和定位的服务平台，并在规定的安全机制下，通过交换体系获得信息资源，向信息使用者提供信息访问服务。

第二，科学构建目录体系服务模型。目录体系主要包括目录体系生产系统、目录体系管理系统和目录体系查询系统三个部分。其使用者包括元数据生产者、目录体系管理者和信息查询者三类用户，如图 8—7 所示。

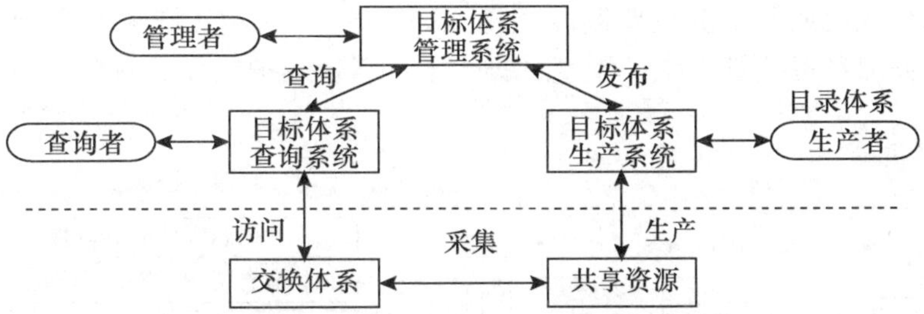

图 8—7 目录体系服务模型

第三，明确政务信息资源交换共享目录的具体内容，包括政务基础信息共享目录、应用信息共享目录、数据库管理目录与政务信息采集责任公开目录。

(2) 健全与完善政务信息资源交换共享标准规范。

标准规范为信息资源一致性和技术平台的互联互通提供了基本的保证，是实现政务信息资源交换共享和规范化运行的有力支撑和可靠保障。如图 8—8 所示。

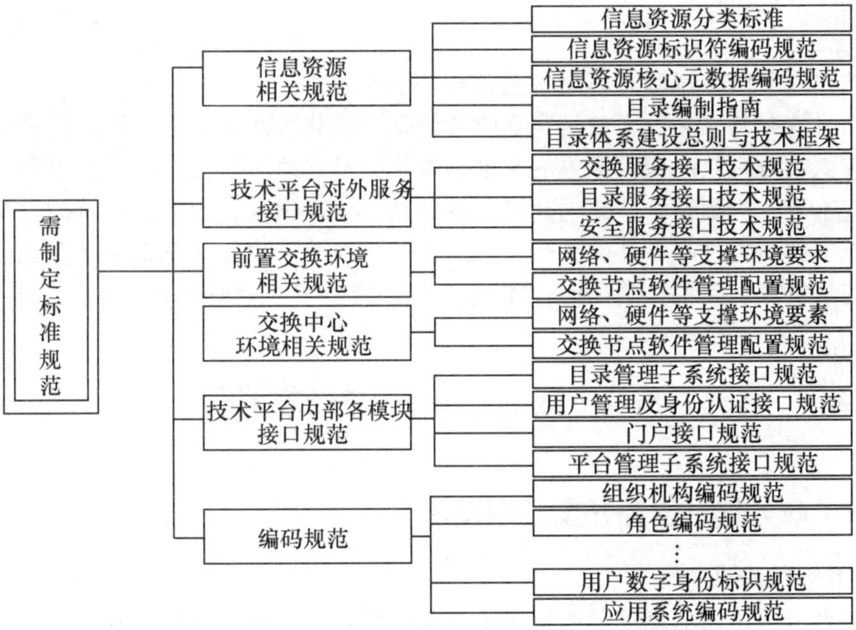

图 8—8 政务信息资源交换共享标准规范

促进政务信息资源交换共享，应围绕信息采集、组织、分类、保存、发布与使用等信息生命周期各环节建立规范和标准。政务信息资源交换共享标准规范，具体包括：信息资源相关规范、技术平台对外服务接口规范、前置交换环境相关规范、交换中心环境相关规范、技术平台内部各模块接口规范和编码规范。

（3）健全与完善政务信息资源交换共享管理制度。

健全与完善政务信息资源交换共享管理制度是形成政务信息资源交换共享机制、确保政务信息资源长效交换共享的重要制度条件。如图8—9所示，政务信息资源交换共享管理制度包括政务信息资源管理维护制度、技术平台管理维护制度、政务信息资源分级管理制度等。

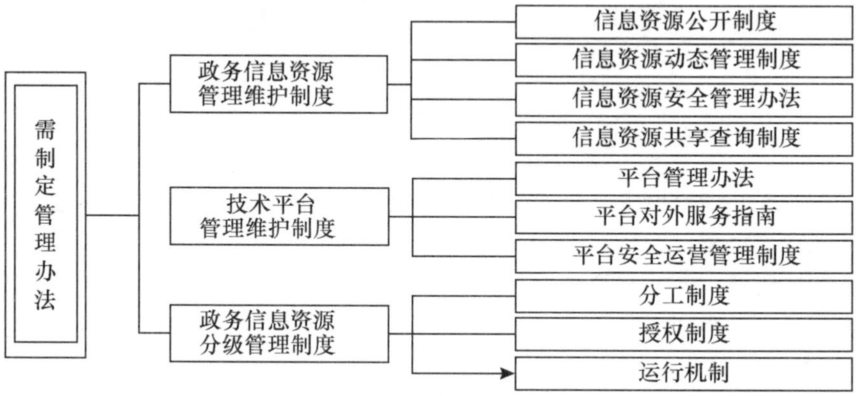

图8—9　政务信息资源交换共享管理制度

（4）加强政务信息资源共享交换平台和共享库的建设。

政务信息资源共享交换平台是实现政务信息资源共享共用、形成跨部门网络化协同办公环境和提供及时有效的便民服务的基础和重要技术支撑。加强政务信息资源共享交换平台建设，应本着“资源整合、集约建设”的原则，统筹建设。政务信息资源共享库使分布在不同地域的部门通过政务外网进行资源的共享，提高了政务信息资源利用的时效性，打破了政务信息资源的条块分割局面，实现了信息资源的协同建设与管理。

8.3　政务信息资源开发利用

8.3.1　政务信息资源开发利用概述

1. 政务信息资源开发

政务信息资源作为信息资源的重要组成部分和公共资源，它的有效开发和充分利用直接关系到国家经济与社会发展的状况和水平，对于提升公共管理效率、增强公共部门的应变能力和创新能力、提高公共服务质量，都具有十分重要的意义。

（1）政务信息资源开发的含义。

狭义的政务信息资源开发是与狭义的政务信息资源概念相联系的，仅仅是指对政务信息资源的开发，主要包括政务信息的生产、表示、搜集、整序、组织、存储、检索、重组、转化、传播、评价、应用等。

广义的政务信息资源开发是与广义的政务信息资源概念相联系的，不仅包括了狭义的政务信息资源开发的一切相关内容和含义，还包括了信息技术研究、信息系统建设、信息设备制造及信息机构和管理体制的建立、信息规则设定、信息环境维护、信息人员培养等活动。

（2）政务信息资源本体开发和应用开发。

政务信息资源开发可划分为政务信息资源的本体开发和政务信息资源的应用开发。政务信息资源本体开发就是政务信息资源的内容开发，主要是对政务信息本体的生产、创造、识别、搜集、整理、排序、组织、检索、加工、重组、总结和评论等活动，这是以客观政务信息为对象的行为活动，目的是揭示信息、组织信息、评价信息，从而为利用信息做准备。

政务信息资源本体开发策略包括数字化采集、主题化存储、知识化提升和协同化利用四个方面。政务信息资源本体开发的具体流程为：一是根据需求分析，确定信息内容和范围；二是明确目标，制定计划；三是选择政务信息来源，疏通信息渠道；四是明确开发方法，包括媒介开发法、咨询开发法、预测开发法和网络开发法。

政务信息资源的应用开发是探讨将政务信息资源应用于公共管理活动的可能性、问题、途径和方法，为政务信息资源应用于公共管理建立理论模型，解决技术问题，制定实施方案，并在一定的范围内取得模型、样品、原始样机等。

政务信息本体开发担负着“原材料”的生产和挖掘任务，为政务信息应用开发提供“原材料”——政务信息资源；政务信息应用开发将政务信息资源转化为直接生产力，同时为信息本体开发反馈信息需求，提供技术条件和手段，起着指导、促进信息本体开发的作用。

（3）政务信息资源开发评价。

政务信息资源开发评价就是运用评估指标体系、按照严格的评估程序对政务信息资源开发行为与开发成果本身及其社会效应进行检测的活动。政务信息资源开发评价包括政务信息资源开发成果质的评价、量的评价和社会效应评价。

政务信息资源开发成果质的评价，是对政务信息资源开发成果是否达到开发目标和期望价值等结果，从开发深度、使用满意度等角度所进行的评价。政务信息资源开发成果量的评价，是对政务信息资源开发成果从开发广度、数量等角度所进行的评价。政务信息资源开发成果的社会效应评价，是对政务信息资源开发行为与开发成果所产生的社会效益、经济效益进行的评价。

2. 政务信息资源利用

政务信息资源管理过程，是一个从政务信息采集开始，经过信息加工、信息存储，形成符合需要的信息产品的信息开发过程。但政务信息开发本身不是目的，其最终目的是为了更加充分有效地利用政务信息资源。

（1）政务信息资源利用的含义。

政务信息资源利用，是公共部门、企业、其他社会组织和个人有意识地利用政务信息资源实现自身的需求、解决各自问题的过程。根据政务信息资源利用的主体及其信息需求的不同，政务信息资源的利用可划分为以下几个层次：一是社会利用，即政务信息资源进入社会生产力系统，成为一种生产力要素；二是组织利用，即在机构组织内部根据其信息流动方式和信息需求特点划分成不同的管理层次；三是个体利用，即公众个人利用政务信息资源的行为，这种行为因人而异，但拥有共同的政务信息需求意识。

（2）政务信息资源开发与利用的关系。

政务信息资源开发是手段，政务信息资源利用是目的，二者是相辅相成、互相促进的辩证统一关系。政务信息资源开发是政务信息资源利用的前提；政务信息资源利用为政务信息资源开发提供了动力和方向。开发是为了更好地利用；反之，用户强烈的利用欲望和行动，必将促使开发工作的推进，利用是开发的延续。

3. 政务信息资源开发利用的框架

信息技术的发展为政务信息资源开发利用提供了先进的手段。但是，实践证明，单纯的技术驱动思路不能完全做好政务信息资源的开发利用工作，而必须从更广阔的视角，形成政务信息资源开发利用的各种框架，包括机制框架、经济框架、建设工程框架和建设内容框架。

（1）机制框架。

合理的机制是推动政务信息资源开发利用的动力。政务信息资源开发利用机制是指政务信息资源开发利用各主体之间相互作用的方式。政务信息资源开发的主体主要是政务部门、公益性信息机构和信息企业，相应地，也就形成了行政机制、公益机制和市场机制。由此构成了政务信息资源开发利用的机制框架，如图 8—10 所示。根据社会经济发展和信息化发展水平，形成合理的政务信息资源开发利用机制，包括政府公共部门主导的、政府公共部门与市场结合的机制，或市场主导的、政府公共部门与市场结合的机制。

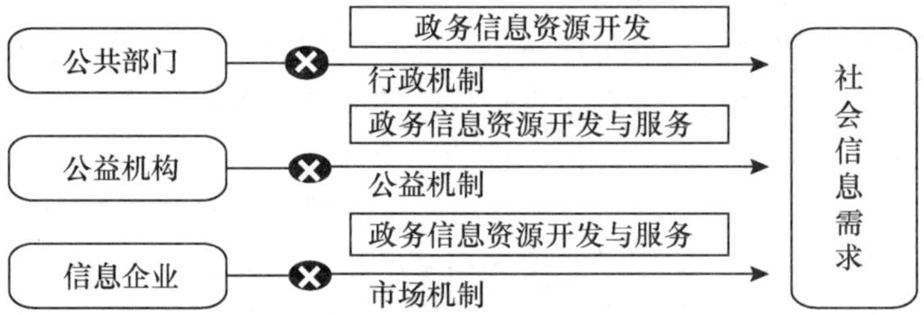

图 8—10　政务信息资源开发利用的机制框架

（2）经济框架。

政务信息资源开发利用所包含的政务信息资源开发和政务信息资源利用两个相互联系、辩证统一的方面，从经济学角度看，政务信息资源开发是政务信息的生产；政务信息资源利用是政务信息的消费。而推动信息资源开发和利用的实质是提高全社会信息资源的开发水平和利用程度，保障信息产品的供给，满足全社会不断增长的信息需求。“保障供给”就是要不断开发出丰富的、高质量的政务信息产品；“满足需求”就是要满足全社会对政务信息资源的需要，如图 8—11 所示。

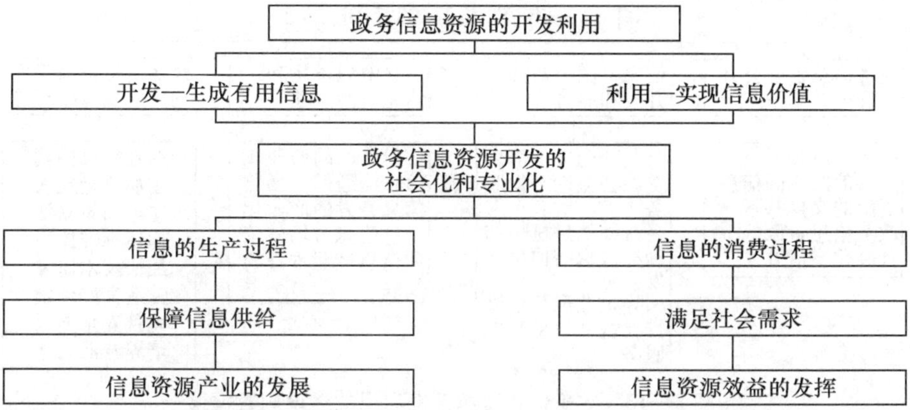

图 8—11　政务信息资源开发利用的经济框架

显然，政务信息资源开发利用的结果，一是形成新时期国民经济的增长点——信息产业，二是实现信息资源效用的最大化。

（3）建设工程框架。

从工程建设角度看，政务信息资源开发利用建设框架包括六个体系，如图 8—12 所示，政务信息技术支撑体系、政务信息开发与维护体系、政务信息资源目录与定位体系、政务信息资源交换与服务体系、政务信息资源管理制度体系以及政务信息资源安全保障体系。

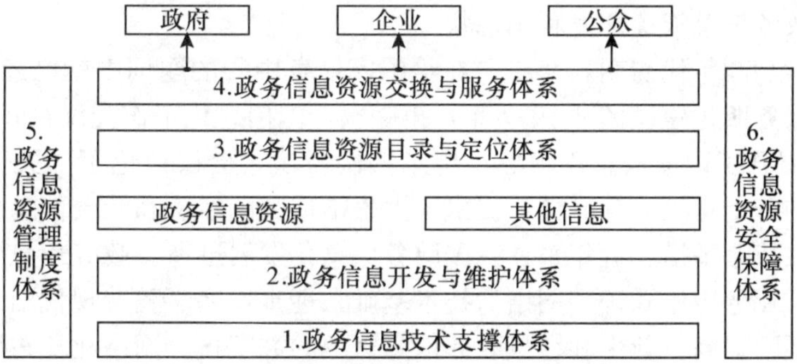

图 8—12　政务信息资源开发利用的工程框架

（4）建设内容框架。

建设内容框架表明的是现阶段政务信息资源开发利用工作的重点。政务信息资源公开与交换共享、公益性信息开发服务、信息资源产业以及宏观保障环境，是现阶段政务信息资源开发利用工作的重点领域，各个领域又有其工作重点，如图 8—13 所示。

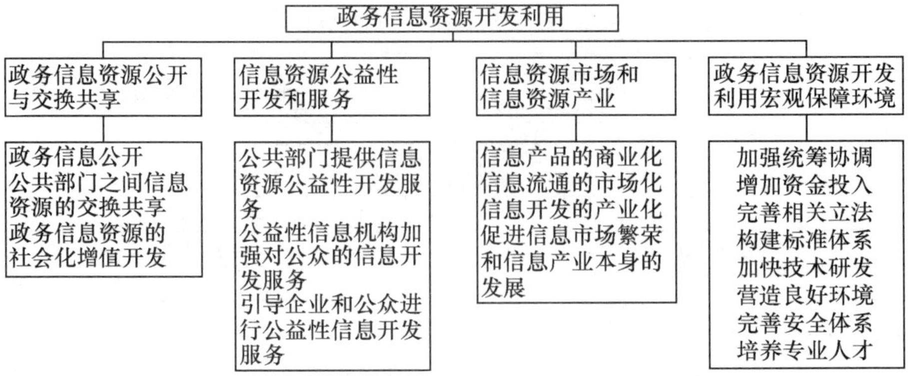

图 8—13　政务信息资源开发利用的建设内容框架

8.3.2　政务信息资源开发利用战略

1. 西方国家政务信息资源开发利用战略

由于政务信息资源开发利用的特殊地位和价值，西方国家在 20 世纪中叶就十分注重政务信息资源的开发和利用的工作，形成了一套系统的、完整的政务信息资源开发利用战略。概括起来，主要表现在以下几个方面：（1）推行市场化的政策取向；（2）以先进的信息技术为依托，科学开发政务信息资源；（3）重点建设数据库资源，促进网络信息资源的开发；（4）完善政务信息政策法规，为政务信息资源开发创造了良好的环境；（5）重视信息人才开发和培养。

2. 中国政务信息资源开发利用现状及战略

（1）中国政务信息资源开发利用现状。

早在 20 世纪 80 年代初期，邓小平在给国家信息中心的题词中就已经明确指出："开发信息资源，服务四化建设。"① 1997 年，第一次全国信息化工作会议召开。2004 年 10 月 27 日，在北京召开了国家信息化领导小组第四次会议，会议讨论了《关于加强信息资源开发利用工作的若干意见》等文件，提出了大力推进国民经济和社会信息化是覆盖现代化建设全局的重大战略举措。近年来，我国政务信息化发展迅速。政务信息资源开发以各类管理信息系统、业务应用系统和网络为技术基础，逐步发展。随着现代信息技术在公共部门应用程度的不断提高，新生和存量政务信息资源的数字化、网络化比重明显增加，提供了大量的适应国民经济和社会发展需要的信息产品和服务。

但是，在政务信息资源开发利用过程中仍存在着以下问题：网络应用平台重复建设；技术标准不统一；基层政府网络建设比较薄弱；发展不平衡，地区、部门之间差别很大；各地区、各部门之间还没有形成统一的应用平台和信息交换共享机制；重硬轻软，信息资源匮乏；政务信息资源的开发、利用、管理方面的法规滞后，没有建立统一的规则和标准，以及信息保密与信息安全存在潜在危险等问题。

---

① 参见《经济参考报》，第 1 版，1984-09-18。

（2）中国政务信息资源开发利用战略。

依据《国家信息化发展战略》，中国政务信息资源开发利用战略主要包括以下方面：第一，完善有关政务信息资源开发利用政策法规；第二，完善管理体制，建立政务信息资源管理机构；第三，重视政务信息内容的完善和服务；第四，进一步改进政务信息资源基础建设；第五，强化政务信息资源的标准化建设；第六，重视人才的开发利用。

8.3.3　政务信息资源法制建设

政务信息资源法制建设是信息社会健康发展和提高政务信息资源开发利用水平的重要保障，法制化成为了政务信息资源管理的发展趋势。运用法律手段调整政务信息资源管理过程中新出现的法律关系，并通过制定和完善相关的法律法规、严格的司法与执法，来建立信息资源管理和开发利用的新秩序，是政务信息资源管理的重要组成部分。

1. 国外信息资源法制建设的基本概况

现代信息资源法制建设兴起于 20 世纪。西方一些发达国家法制历史悠久、信息技术水平高、信息化发展快，因此较早地形成了较为完善的政务信息资源管理政策、法律体系，在促进信息产业和信息环境发展、知识产权保护、信息的生产、处理、传播和利用等信息活动过程中的诸多方面，都形成了较完善的法制。

有关信息资源的法制，最初建立时各个国家都是从各国的国情出发，因此对同一问题各个国家的法制带有明显的本国特色。但在全球经济一体化和信息经济全球化发展的影响下，信息资源法制建设也开始逐步形成全球一体化的规范和标准，并逐步由发达国家向发展中国家和落后国家推延，许多国际性的组织，如欧盟、世界贸易组织等也在信息资源法制建设方面取得了具有重要参考和借鉴意义的经验。

西方发达国家政务信息资源法制建设主要集中在信息公开、信息自由、信息交换共享、信息安全和知识产权保护等方面，形成了诸多信息政策、法律和“公约”，对于促进信息技术发展、推动信息化进程、规范信息市场等方面都起到了巨大的作用，值得我国借鉴与参考。

2. 美国 A-130 号通告

美国是世界上最早形成政务信息公开（openness in government）等完善的政务信息资源管理政策、法律体系的国家。1946 年，美国《行政程序法》规定了公众可以得到政府文件，但是同时规定了非常广泛的限制。1966 年，美国制定了《信息自由法》，确定了政府信息以公开为原则、以不公开为例外，获得政府信息的权利人人平等，政府对拒绝提供的信息应当负举证责任，政府机关拒绝提供时申请人可以向法院请求司法救济等原则。

1975 年，美国国会成立了联邦文书委员会（Commission on Federal Paperwork）。根据联邦文书委员会的报告和建议，1980 年美国国会通过关于联邦政府的信息搜集、维护、使用和传递服务的《文书精简法案》，明确提出了“信息资源管理”概念和实施的具体框架，并且将记录管理的对象从记录扩展到文件、报告和记录中的信息。该法案包括信息资源管理的七个方面，即简化文书工作、数据处理和通信、统计、记录管理、信息共享和公开、信息政策和监督、组织发展和管理。

1985 年 12 月 24 日，美国联邦政府管理与预算局正式发布了 A-130 号通告（Circular

No. A-130)，该通告为联邦信息资源管理规定了一个总的政策框架，它规定联邦政府信息资源管理的总体目标是：最大限度地减轻公众的文书负担；在使政府信息得到充分利用的同时，降低政府信息活动的费用。A-130 号通告首次从政府的角度将信息资源管理定义为“与政府信息相关的规划、预算、组织、指挥、培训和控制”，并且将信息资源的范围扩展到信息本身以及与信息相关的人员、设备、资金、技术等方面。

1985 年 A-130 号通告之后，美国联邦政府实施了许多涉及电子化信息收集和电子化信息发布的新计划，国会也批准了一些与此通告相关的法律。1994 年、1996 年和 2000 年，A-130 号通告进行了三次修订。因此，A-130 号通告是在美国联邦政府有关信息管理和信息安全的法律法规以及预算局发布的许多相关通告的基础上制定的。

A-130 号通告的政策要点：A-130 号通告全面阐述了联邦政府的信息资源管理政策：主要包括信息管理政策、信息系统和信息技术管理。信息管理政策包括信息管理规划、信息收集、电子化信息收集、档案管理、向公众提供信息、信息传播管理系统、避免不恰当的限制、电子化信息传播、安全保卫。信息系统和信息技术管理包括战略性信息资源管理规划、信息系统的管理和监督、信息资源的利用、信息技术的采购、监督、职责等。在“安全保障”一节中，A-130 号通告明确规定：“所有机构应当保证信息受到保护，以消除由于信息丢失、滥用、非法存取或非法修改而带来的危险和损害”，这就在政策上明确规定所有联邦政府机构对信息安全负有法律责任，充分体现了美国政府对信息安全的高度重视。

A-130 号通告适用于所有联邦政府部门的所有机构，也是美国联邦政府信息资源管理和信息安全的政策大纲，已经形成较为系统的信息安全保障体系。

3. 中国政务信息资源法制化建设概况

中国政务信息化建设具有起步晚、发展迅速的特点。中国为积极促进社会信息化的发展，制定了很多相关的信息政策，推进了信息技术和信息产业的发展。

但是，根据发展的需要，我国政务信息资源法制化建设的任务还相当繁重，政务信息管理的立法还存在着许多空白点，政务信息资源管理的实践和理论还不成熟，政务信息管理法制化建设和司法的实践环节还有缺陷。归纳起来，我国政务信息资源管理法制化建设存在的问题主要有：

(1) 分散性，我国还没有一部专门针对政务信息资源管理的统一法典；(2) 不配套性，对政务信息资源的采集、处理、存储、分类分级、交换共享和利用等方面的权利、义务不衔接、不配套，缺乏完整的、功能上互相支持补充的法律条文，更没有形成对政务信息资源管理的法律、法规体系；(3) 间接性，对政务信息资源管理的法律规定主要是通过其他法律、法规中的有关条文表现出来，其中有些条款并不专门针对政务信息资源，而是针对所有的信息或信息系统；(4) 模糊性，对政务信息资源管理的一些基本理论，如概念的界定、分类分级的规定、保护政务信息的权利与义务的规定、违法行为的惩处与法律救济等问题，均无明确的规定，从而难以对政务信息资源管理产生有针对性的规范约束作用。

4. 政务信息资源管理法制建设的内容

政务信息资源管理法制建设的关键是要解决政务信息资源管理过程中所形成的一系列

社会关系，包括“管什么”、“谁来管”和如何管的问题进行规范。

（1）确定信息资源法是一个独立的法律部门。

依据法学理论，法是用来调整社会关系的。具有相同的社会关系或者说具有相同的调整对象，就由同一类法律规范来调整，就构成为同一个法律部门。

信息资源法具有独特的调整对象即信息资源关系，它不仅包括围绕信息技术所进行的信息活动在人们之间产生的社会关系，也包括围绕信息资源所进行的各种信息活动在人们之间产生的社会关系。因此，信息资源法的调整对象具有特殊性，不能为其他法律所调整。从这个角度而言，信息资源法完全可以独立于其他法律部门而存在于法律体系之中。

信息资源法是一个独立的、新的法律部门，也就必然形成信息资源法体系。信息资源法体系是由各种信息资源法律规范所构成的有机整体，信息资源法体系按不同的标准，可由不同的部分构成。[①] 俄罗斯学者 B. A. 科佩洛夫认为，信息资源法体系由以下部分组成：第一，知晓权；第二，处理知识产权体系中的信息关系；第三，大众传媒关系的法律调节；第四，形成和利用信息资源过程中对信息关系的法律调节；第五，处理构成国家机密的信息时所发生的关系的法律调节；第六，处理个人资料时所发生的关系的法律调节；第七，处理构成商业秘密的信息时所发生的关系的法律调节，处理商业秘密信息时所发生的信息关系；第八，处理信息系统、技术及其保障手段建立及使用过程中发生的关系的法律调节。[②]

（2）政务信息资源管理法制建设的内容框架。

信息法体系决定政务信息资源管理法制化建设的内容。为此，政务信息资源管理法制建设的内容框架主要包括：第一，政务信息资源管理法律制度。政务信息资源管理法律制度就是通过规范各信息活动主体的行为，来避免权利纠纷的产生、维持秩序和促进政务信息资源的合理配置和充分的开发利用。第二，政务信息机构组织管理法律制度。政务信息资源管理机构主要是负责对政务信息活动进行直接管理。政务信息机构组织管理法律制度主要包括档案馆法、政务信息资源管理机构组织工作条例，以及各类信息机构组织管理条例。第三，政务信息安全、保密法律制度。政务信息安全、保密的法律制度主要包括国家秘密法、档案法、隐私法、计算机信息系统安全保护条例、信息加密与解密管理条例、信息网络安全保护条例和身份认证条例等。第四，国际信息合作与交流法律制度。随着网络技术的迅猛发展，信息活动已超越国界表现出国际化的倾向，信息跨国自由流动变得极为容易，这引起了一系列新的问题。

本章小结

1. 政务信息资源管理是公共管理领域的新探索。全面、准确地理解政务信息资源管理的内涵、理论学说与研究视角，掌握政务信息资源管理的前沿知识及其发展。

2. 运用实证分析方法，根据实践验证的逻辑，分析和检验政务信息资源管理在促进

---

① 参见周庆山：《面向 21 世纪的信息法学》，载《情报理论与实践》，1998（1）。

② 参见［俄］B. A. 科佩洛夫：《论信息法体系》，载《国外社会科学》，2000（5）。

公共管理模式转换、实现公共部门再造与资源共享、提高信息资源开发利用水平和公共服务能力等方面发挥的实际作用。

3. 从国际视野运用比较分析的方法，把握政务信息资源管理在管理体制、采集、存储、公开、交换共享、开发利用以及法制建设等内容方面的正确理念与实际操作，培养具体问题的分析和解决能力。

4. 政务信息资源管理具有综合性，充分体现了技术应用和业务处理的有机结合，以及多学科知识交叉渗透的多知识、多学科取向。

关键术语

信息资源　政务信息资源　信息采集　政务公开　政务信息资源交换共享　信息存储　A-130 号通告　政务信息资源目录体系　政务信息资源开发利用

复习思考题

1. 如何理解政务信息资源管理的含义。
2. 列举政务信息资源管理标准化的内容。
3. 分析影响政务信息资源采集的主要因素。
4. 列举构建政务信息资源库的具体措施。
5. 列举并分析实现政务信息资源交换共享的管理措施。
6. 分析政务信息资源开发利用的框架。
7. 分析政务信息资源管理法制化建设的主要内容。

第 9 章

公共危机管理

影响人类生存和发展的全球性突发事件，如“9·11”恐怖袭击事件、“SARS 疫情”、“禽流感病毒”、印度洋地震海啸等，使公共危机的形式、规模、传播速度和影响程度急剧升级和扩大。公共危机管理越来越成为当代公共管理的重要内容。本章围绕公共危机管理体制机制、管理过程、公共危机管理中行政紧急权力的法律规制等方面进行阐述。

重点问题

- 突发事件与公共危机的关系
- 公共危机管理的组织结构、管理体制与职能
- 公共危机管理的过程
- 公共危机管理机制
- 公共危机管理中行政紧急权力的法律规制

9.1 公共危机管理概述

9.1.1 公共危机的内涵

1. 突发事件

突发事件是指突然发生，造成或可能造成重大人员伤亡、财产损失、生态环境破坏和严重社会危害，危及公共安全和社会秩序的紧急事件。

按照突发事件的发生过程、性质和机理，突发事件分为以下四类：一是自然灾害类突发事件；二是事故灾难类突发事件；三是公共卫生类突发事件；四是社会安全类突发

事件。

值得注意的是，以上四类突发事件并不是截然对立的，相互之间呈现多元与共时的特征，在特定的情景下可能相互转化。公共危机管理就是以突发事件为中心，在科学总结、归纳各类突发事件的特点、发展规律和应对机理的基础上，加强各类突发事件的应急管理机制建设以及相互之间的协调、配合和衔接。[①]

按照各类突发事件的性质、严重程度、可控性和影响范围等因素，突发事件可分为四级：(1) 特别严重的是Ⅰ级，用红色表示；(2) 严重的是Ⅱ级，用橙色表示；(3) 较重的是Ⅲ级，用黄色表示；(4) 一般的是Ⅳ级，用蓝色表示。

2. 公共危机

"危机"一词最初来源于希腊，普遍应用于医学领域[②]，是一个医学术语，指人濒临死亡、游离于生死之间的那种状态。《朗曼现代英语词典》对"危机"的解释是：严重疾病突然好转或者恶化的转折点；或者事物发生过程中的一个转折点、不确定的时间或者状态、非常危险或者非常苦难的时刻，以形容一种至关重要的、需要立刻作出相应决断的状态。[③] 到18、19世纪，"危机"一词逐步被引入到政治领域，是指政治体制或政府面临的紧急状态，是相对于政府常规性决策环境的一种非常态的社会情境。[④]

在公共管理领域，国内外学者对"危机"概念从各种不同的角度进行了界定。荷兰罗森塔尔（Rosenthal）等人认为，"危机就是对一个社会系统的基本价值和行为准则架构产生严重威胁，并且在时间压力和不确定性极高的情况下，必须对其作出关键决策的事件"[⑤]。巴顿（Barton）认为，危机是"一个会引起潜在负面影响的具有不确定性的大事件，这种事件及其后果对组织及其人员、产品、服务、资产和声誉造成巨大的损害"[⑥]。

我国台湾学者孙本初认为，"危机是指组织因内外环境因素所引起的一种对组织生存具有立即且严重威胁性的情境或事件"[⑦]。张成福认为，"所谓危机，是这样一种紧急事件或者紧急状态，它的出现和爆发严重影响社会的正常运作，对生命、财产、环境等造成威胁、损害，超出了政府和社会常态的管理能力，要求政府和社会采取特殊的措施加以应对"[⑧]。

综上所述，公共危机的含义是：公共危机是一种突然发生的紧急事件或者非常态的社会情境，是指因不可抗力或突然发生的重大自然灾害事件、公共卫生事件、事故灾难事件和社会安全事件等引发的、给社会正常的生产与生活秩序以及人们的生命财产安全带来严重威胁的紧急事件或者紧急状态。公共危机通常具有三个共同要素：一是未曾意料而仓促

---

① 参见薛澜、钟凯斌：《突发公共事件分类、分级与分期：应急体制的管理基础》，载《中国行政管理》，2005 (2)。

② 参见冯惠玲：《公共危机启示录——对SARS的多维审视》，2～3页，北京，中国人民大学出版社，2003。

③ 参见龚维宾：《公共危机管理》，2页，北京，新华出版社，2004。

④ 参见张小明：《公共部门危机管理》，11页，北京，中国人民大学出版社，2006。

⑤ Rosenthal Uriel, Charles T. Michael, ed., *Coping with Crises: The Management of Disasters, Riots and Terrorism*, Springfield: Charles C. Thomas, 1989.

⑥ ［美］罗伯特·希斯：《危机管理》，18～19页，北京，中信出版社，2004。

⑦ 孙本初：《公共管理》，338页，台北，智胜文化事业有限公司，2001。

⑧ 张成福：《公共危机管理：全面整合的模式与中国的战略选择》，载《中国行政管理》，2003 (7)。

爆发所造成的一种意外或非常态的社会情境；二是具有严重的危害与社会影响；三是在情况急剧转变之前，可供反应的时间有限。

3. 突发事件与公共危机的关系

突发事件是引起公共危机产生的原因，随着时间的推移，公共危机事件经由突发、扩散发展到爆发，公共危机的程度也不断提高。如图 9—1 所示。

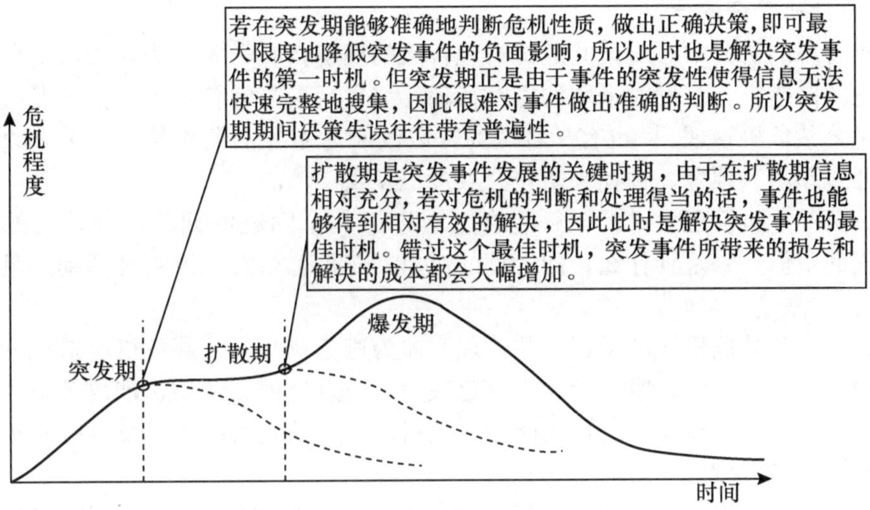

图 9—1　突发事件与公共危机关系示意图

4. 公共危机的特征

公共危机是一种非常态的社会情境，是各种不利情况、严重威胁、不确定因素的高度积聚。公共危机一般具有以下四个特征：

（1）突发性和紧急性。公共危机虽然存在着发生征兆和预警的可能，它是由一系列细小事件逐渐发展而来的。但由于真实发生的时间、地点具有一定的不可预见性，而且正因为出乎通常社会秩序或人们的心理惯性运行，形成了某种程度上的危险性。①

（2）高度不确定性。突发事件发生的时间、形态、性质和发展过程无法用常规性规则进行判断，其后的衍生和可能涉及的影响也没有经验性的知识可供指导，一切似乎都是在瞬息万变，并且很可能产生各种“涟漪效应”②。

（3）影响的社会性。公共危机对一个社会系统的基本价值和行为准则架构产生严重威胁，引起社会恐慌和社会正常秩序与运转机制破坏，其影响和涉及的主体具有社会性。

（4）决策的非程序化。公共危机从本质上说是非程序化决策。在危机状态下，正是要

---

① 参见薛澜、张强、钟凯斌：《防范与重构：从 SARS 事件看转型期中国的危机管理》，载《改革》，2003（3）。

② 所谓“涟漪反应”，就像一粒石子投进池水引起阵阵涟漪那样，初始的危机会对外部产生一系列的负面影响，所引起的冲击破坏性可能包含石子撞击池地、在水面及周边溅出水花和涟漪波动而引起的波动。密特罗夫（Mitroff）和皮尔森（Pearson）把这种由于危机初期管理不善而造成的涟漪反应称为“连锁反应”。参见［澳］罗伯特·希斯：《危机管理》，13 页，北京，中信出版社，2001。

在有限信息、有限资源、有限时间的条件下寻找“满意”的处理方案。迅速地从正常情况转换到紧急情况（从常态到非常态）的能力是公共危机管理的核心内容。

9.1.2 公共危机管理体制与职能

公共危机管理是现代公共管理领域中的一个重要组成部分，是公共管理中应对危机状态的一种形式。

1. 公共危机管理的含义

在危机管理的研究中，对公共危机管理含义的理解，有学者认为，为应对危机情况而采取的预先防范措施、事发时采取的应对行动、事发后采取的各种善后措施及减少损害的行为，就是公共危机管理。① 也有学者认为，以政府为主导的危机管理主体，以公共危机为目标，通过预防、预警、预控来防止公共危机发生。②

因此，公共危机管理含义的理解包含了对以下几个问题的回答：一是由谁来实施管理，即管理的主体；二是管什么，即管理的对象；三是怎么管，即管理活动的具体内容与方式。

据此分析，公共危机管理是指公共管理主体为避免或减少公共危机所造成的损害而实施的危机预防、事件识别、紧急反应、应急决策、应急处理、评估、恢复等行为活动的总称，目的是为了提高危机发生的预见能力、危机发生后的救治能力以及事后的恢复能力。

2. 公共危机管理组织结构

公共危机管理组织结构是公共危机管理体系组成机构之间的职责划分及其相互关系。一般而言，公共危机管理活动主要包括指挥（command）、控制（control）和沟通（communication），称为“3C”活动。与“3C”活动相适应，公共危机管理组织结构也包括五个部分：指挥与协调机构、实际操作机构、信息传递机构、物资保障机构和财务管理机构，如图 9—2 所示。

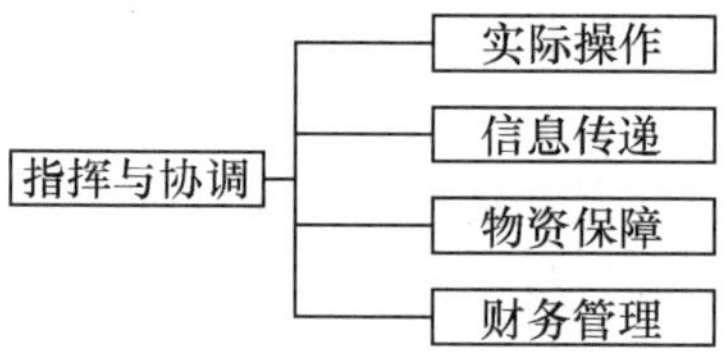

图 9—2 公共危机管理组织结构

根据图 9—2，危机管理指挥与协调机构居于核心位置，负责统一指挥、统一协调各个危机管理操作机构的行动；危机管理实际操作机构是主体，负责应急响应的各项具体作业。各个部分按照职责划分履行各自的职责，并相互配合、相互支持，共同应对公共危机。

公共危机管理组织结构应根据实际需要，加以放大、缩小和补充。在实践中，随着公

① 参见肖鹏军：《公共危机管理导论》，25 页，北京，中国人民大学出版社，2006。

② 参见黄顺康：《公共危机管理与危机法制研究》，80 页，北京，中国检察出版社，2006。

共危机规模的扩大与升级，公共危机管理将会形成逐级响应组织结构，管理层级也将从现场位置逐步上移，直至上升到国家层面，如图 9—3 所示。

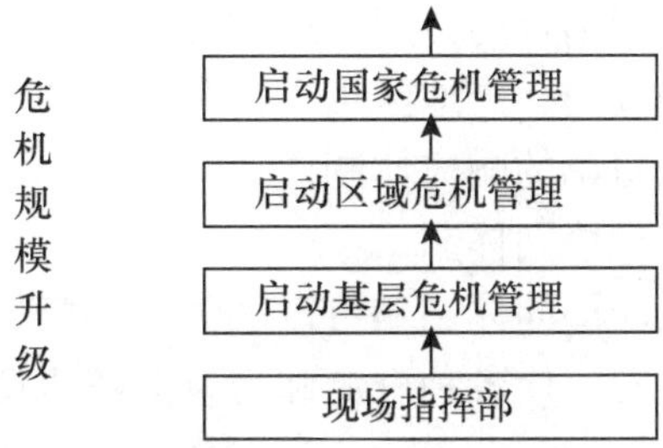

图 9—3　公共危机管理逐级响应组织结构

3. 公共危机管理体制

公共危机管理体制建设所要解决的核心问题是：第一，明确指挥关系，按照统一指挥、分工协作、协调行动的要求，建立一个规格高、有权威的公共危机管理指挥机构，合理划分各相关机构的职责，明确指挥机构和公共危机管理各相关机构之间的纵向关系，以及各机构之间的横向关系；第二，明确管理流程，合理设定一整套危机管理响应的程序，形成运转高效、反应快速、规范有序的危机行动管理；第三，明确管理责任，通过组织整合、资源整合、信息整合、业务整合和行动整合，形成公共危机管理的统一责任体系。

（1）建立公共危机管理的统一指挥体制。

建立统一指挥体制是适应公共危机管理的需要。公共危机涉及不同部门、不同行政区域，分散的、部门化的管理模式难以适应危机管理的要求。统一的指挥体制，便于快速高效地决策和调动资源，减少管理环节，减少相互推诿。

集中统一的指挥体制，要求以一定的行政区域为单位，凡在此地域范围内发生的公共危机事件都应该由当地政府统一管理。

统一指挥体制具有不同的形式：第一，设置领导机构、总体协调机构。西方发达国家在国家层面均设有名称形式各异，但都具有统一指挥和协调职能的专门机构，如美国的联邦国土安全部、俄罗斯的紧急事务部等。国际经验表明，在国家层面之所以需要有一个专门机构来处理公共危机管理事务，就是为了解决部门分割、条块分割、力量分散等体制性因素所造成的公共危机管理难以整合资源、协调指挥力度不够等问题。第二，建立分类管理公共危机的专业机构。按照公共危机的性质和机理，将公共危机分为自然灾害、事故灾害、公共卫生事件、社会安全事件四类。与此相适应，将多个部门管理的某一类危机整合到一个部门管理，或者以一个部门为主、相关部门配合的体制。

（2）建立分级响应和属地管理相结合的体制。

建立分级响应和属地管理相结合的体制是适应公共危机难以预测性和扩散性的特点，为有效解决条块结合的问题而建立的管理体制。一方面，对于跨行政区域、跨行政层级、跨部门的公共危机的管理，需要由更高层次领导机构、协调机构来领导和协调，因而需要建立以应对危机能力为依据的分级响应体制。另一方面，属地管理体制是一项基础性制度，处理任何公共危机都应该遵守，即使是特别重大的危机，由中央派人或组织专门机关进行直接指挥和协调，也要充分尊重所在地政府。

建立分级响应和属地管理相结合的体制，还需要有一个主管部门牵头负责、其他部门予以配合的管理体制，以及跨部门、跨地区重大公共危机的危机管理处置由更高层次领导机构、协调机构来统一指挥和协调的响应体制。

（3）建立健全危机管理联动协同体制。

通过建立健全危机管理联动协同体制，可以加强各部门、各地区危机管理体系建设的统筹规划、资源整合和整体协同，使各种资源和力量能够协调和互相支援配合，避免了重复建设和资源闲置。

4. 公共危机管理职能

公共危机管理职能是指公共管理主体施行公共危机管理的职责与功能，包括职责权限和行为方式。公共危机管理理论强调对公共危机实施综合化管理，主张给予政府“一揽子授权”，往往采取在法律中确立政府管理公共危机的抽象的集中权限和具体的工作权限两种方式。抽象授权只适用于危机状态，而具体授权体现在任何时间和空间。公共危机管理过程表现为预防、准备、响应和恢复四个阶段，不同的阶段具有不同的危机管理职能，如表 9—1 所示。

表 9—1　公共危机管理职能

预防	（1）将公共危机管理纳入经济社会发展规划 （2）加强土地、建筑、工程的标准化管理 （3）组织实施减灾建设项目 （4）进行公共安全和风险评估 （5）监测监控风险源，排查隐患 （6）进行减灾防灾教育、宣传、培训
准备	（1）发布预测、预警信息 （2）组织演习培训 （3）编制应对危机的预案 （4）部门之间制订危机管理联动计划 （5）准备危机管理人员、装备、物资
响应	（1）启动危机管理预案和措施 （2）实施紧急处置和救援 （3）协调危机管理组织和行动 （4）向社会通报危机状况及政府采取的措施 （5）恢复关键性公共设施项目
恢复	（1）启动恢复计划和措施 （2）进行重建、修复 （3）提供补偿、赔偿、社会救助 （4）进行评估、总结和审计

9.1.3　公共危机管理过程

1. 公共危机管理阶段

根据公共危机的发展周期，公共危机管理过程可以划分为危机预警及准备、识别危机、隔离危机、管理危机以及善后处理阶段，各个阶段之间体现了危机发展的一个循环周期。[①] 如图9—4所示。

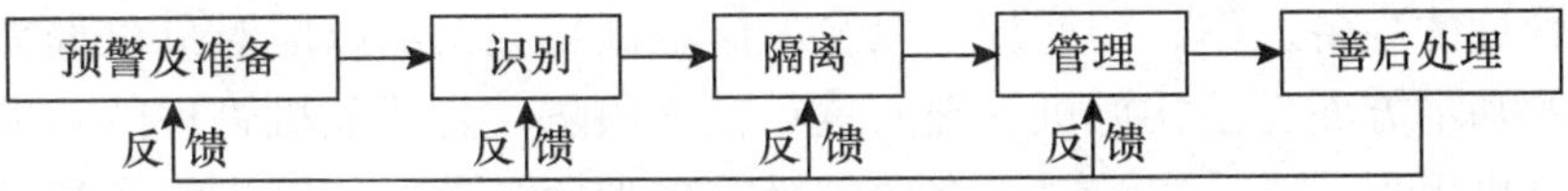

图9—4　公共危机管理阶段示意图

从时间系列的角度分析，危机事件遵循一个特定的进程或者发展周期。公共危机所具有的周期性，使公共危机管理在危机发生的各个阶段需要危机管理者采取相应的管理行为和应对策略，因地制宜、对症下药。从最广泛的意义上说，公共危机管理包含对危机事前、事中、事后所有事务的管理；公共危机管理的任务是尽可能控制事态，在危机发生后把损失控制在一定的范围内，在事态失控后要争取重新控制；公共危机管理在本质上是一种非程序化决策。

因此，公共危机发展演变的过程可以笼统地分为：（1）前兆阶段：危机发生之前各种危机先兆出现的阶段；（2）紧急阶段：关键性的事件已经发生，演变迅速，出人预料；（3）持久阶段：事件得到控制，但没有得到彻底解决；（4）危机解决阶段：事件得到完全解决，社会价值和行为准则回归到常态。公共危机管理的过程，正如罗伯特·希斯（Robert Heath）用一个简单的几何图形所描述的，如图9—5所示。[②]

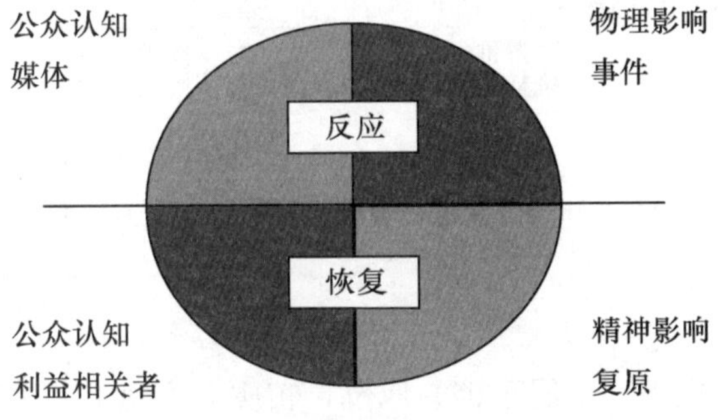

图9—5　公共危机管理过程示意图

---

① 在众多的危机管理的阶段分析方法中，有三种最为学界所认同的模型，分别是：芬克（Fink）的四阶段生命周期模型（1986）、米特罗夫（Mitroff）的五阶段模型（1994）和库姆斯（Coombs）的三阶段模型。详情可以参见 Timothy W. Coombs，*Ongoing Crisis Communication：Planning，Managing，and Responding*，Sage Publications，Inc.，1999。

② 参见［美］罗伯特·希斯：《危机管理》，31页。

在公共危机管理过程示意图中，左边两个象限代表公共危机管理的沟通活动；右边两个象限表示公共危机管理的行为构成；上面两个象限反映的是处理危机事件的初期阶段，以生理上可见的影响为主；下面两个象限反映的是恢复管理时期，在该阶段精神影响更加突出，反应和恢复管理中强调的重点是公众认知。需要说明的是，公共危机管理针对的是利益相关者，因为在危机的不可预见的影响中，只有对每一利益相关群体进行分析，才能够做出相对准确的判断，从而降低不确定性。这个公共危机管理过程示意图，有助于公共管理者从总体战略高度进行公共危机管理。公共管理者如何减少危机情境的发生、如何做好公共危机管理的准备工作、如何规划以及如何培训有关人员以应对危机局面，构成了公共危机管理的基本方面。公共危机管理的重点在于预防；公共危机管理的功能是防范、化解危机，在危机出现后，采取及时、有效的措施减少危机带来的损失，恢复社会秩序，保障人们的正常生产和生活秩序，维护社会稳定，促进社会的和谐健康发展。

2. 公共危机管理系统

根据公共管理主体在公共危机管理中发挥的作用、参与危机管理过程的直接与否等因素，将公共危机管理系统分解为五大系统，如图9—6所示。

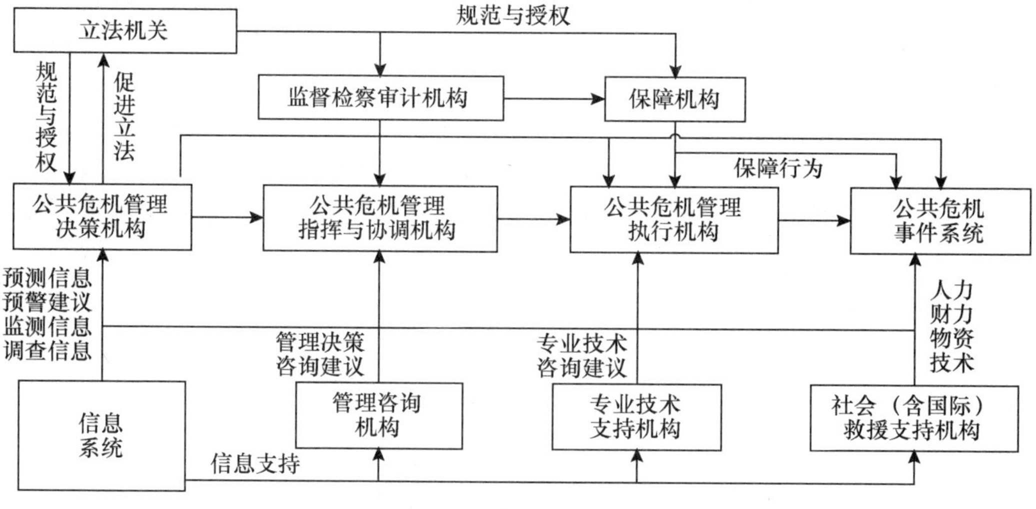

图9—6 公共危机管理系统的组成及其环境

（1）决策系统。

决策系统在公共危机管理中居于核心地位，实质上体现了一个国家的战略决策效能和危机应变能力。正如叶海尔·德洛尔（Yehezkel Dror）《在逆境中的政策制定》一书中所说的那样，“危机应对（危机决策）对许多国家具有极大的现实重要性，对所有国家则具有潜在的至关重要性。危机越是普遍或致命，有效的危机应对就显得关键。危机中作出的决策非常重要，而且大多不可逆转”①。

决策系统承担的职责是：保证国家安全；制定危机防范、危机状态控制的目标、原

① 参见北京太平洋估计战略研究所：《应对危机——美国国家安全决策机制》，前言，北京，时事出版社，2001。

则；选择危机的对抗行动、对抗方案等重大职能[①]，这个系统扮演着公共危机管理的核心决策者和指挥者角色。

（2）统一的指挥与综合协调系统。

公共危机管理涉及不同的部门、不同的行政区域，是由职责不同的各个部分所组成的结构体系。构建指挥与综合协调系统，由常设的、权威的、具有独立地位的、凌驾于各执行部门和机构之上的专门部门来担任。统一的指挥与综合协调系统在公共危机管理中处于核心领导地位，有利于保证各执行部门之间高效的协同运作，避免因相互扯皮、推诿而延误战机、影响危机救助的现象出现。

（3）执行系统。

公共危机管理的执行系统主要是指，“主管国家安全事务，直接负责危机防范、危机检测和危机控制的主要职能部门或机构”，“它们依据决策指挥中心的方针、政策，具体主管、执行某一方面的危机管理事务”[②]。各执行部门承担着大量日常的危机预防和快速反应应对的责任，成为公共危机管理系统中的骨干和中坚力量，是公共危机管理的直接行动力量。

（4）辅助系统。

公共危机管理辅助系统主要是指那些“自身拥有特殊的专业技能、业务范围，特定的资源、设备和能力，主管着特殊的事务，担负着紧急事务应对中的某些特殊任务”[③] 的部门，它们相当于危机管理的后勤系统，不直接具有危机管理的职能，而是提供危机管理过程所需的各种服务。

（5）信息、参谋咨询系统。

公共危机管理的时机把握和快速应对，需要应急指挥决策中心具备及时、有效的灾害信息，这就不仅有赖于危机管理职能组织系统和辅助部门的信息来源，而且还必须依赖于公共部门甚至是民间的信息、参谋咨询系统的工作和服务。公共危机管理的信息、参谋咨询系统包括以下三种组织结构：行政性的决策信息、咨询机构，半官方的政策研究、咨询机构，民间的政策研究、咨询机构。[④]

3. 公共危机的动态管理模式

公共危机管理是一种动态的过程，包括危机预警及准备、识别危机、隔离危机、管理危机以及善后处理等步骤与阶段。努纳梅克（Jay Nunamaker）强调危机发展的三个阶段，即应将危机爆发前、危机发生期间和危机解决后三个阶段作为探讨指标，然后依此指标来分别规划各阶段所需的管理活动，并建构出如图 9—7 所示的动态管理模式。

从图 9—7 分析出，决策者在危机计划中，将组织所能承受危机侵害的程度传递到危机感应系统，再由该系统依据组织的主要价值来拟订相关的感应程序；当外界环境所传递的危机信息超出组织所能承受的程度时，危机感应系统便会将此警讯透过一定的管道传达到危机管理小组，使得危机管理小组能够采取适当的措施予以回应。

---

① 参见胡宁生主编：《中国政府形象战略》，1240 页，北京，中共中央党校出版社，1998。

② 胡宁生主编：《中国政府形象战略》，1242 页。

③ 同上书，1248～1249 页。

④ 参见上书，1245～1247 页。

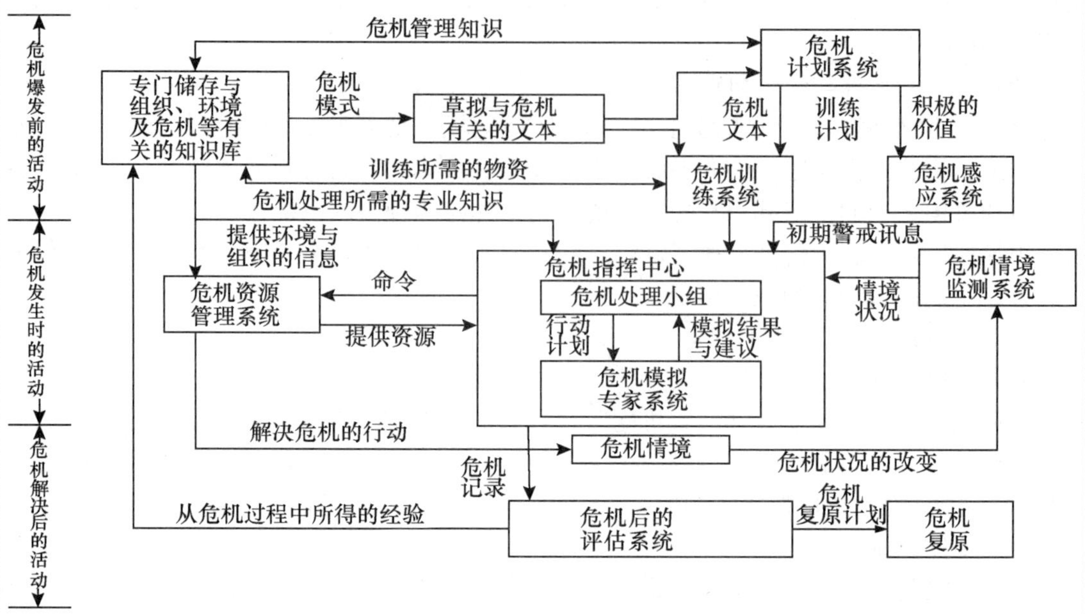

图 9—7　公共危机管理的动态模式

（1）危机爆发前的活动。主要是负责协助组织对危机情境进行预期，并在危机发生前即将危机消弭于无形。这个阶段的活动包括：建立危机计划系统、危机训练系统、危机感应系统等，并成立危机知识库，负责危机相关情境的草拟及推演。

（2）危机爆发时的活动。主要为危机管理小组提供相关的支持，如重要信息及资源等的提供。这个阶段的执行机构大致可分为：第一，危机指挥中心；第二，危机情境监测系统；第三，危机资源管理系统。

（3）危机解决后的活动。对组织的执行绩效工作进行评估，并将评估结果作为对目前危机管理过程修正的参考。这个阶段的主要任务有：第一，成立评估调查系统，确认危机的成因；第二，加速复原工作的进行；第三，继续推行下一波的危机管理计划。

9.2　公共危机管理机制

公共危机管理机制是一系列机构和职能运行的路径与程序，是对公共危机进行预警和监测、面对危机进行决策和有效的资源配置、危机发生后进行善后处理预评估的动态管理。公共危机管理机制主要包括公共危机预警机制[①]、决策机制、资源配置与保障机制、

① 对于公共危机发生前的划分，学者们说法不一。薛澜等认为在危机发生前，有危机预警、危机识别。详见薛澜等：《危机管理——转型期中国面临的挑战》，55～56 页，北京，清华大学出版社，2003。肖鹏军认为在危机发生前，有危机识别、危机预警、危机预防。详见肖鹏军：《公共危机管理导论》，50～80 页。这主要是对预警范畴的界定不同所致。在此，预警机制包含危机识别和危机预防两个部分，所以在公共危机爆发之前，就用了预警机制一个部分。

新闻发布机制、控制处理机制、善后处理与评估机制。

9.2.1　公共危机预警机制

1. 公共危机预警的含义

“预警”一词起源于军事领域，原指通过预警提前发现、分析和判断敌人的进攻信号，并把这种进攻信号的威胁程度报告给指挥部门，以提前采取应对措施。后来，这一概念逐渐运用到政治、经济、社会、自然等多个领域。

公共危机预警，是指公共危机管理主体根据有关危机现象过去和现在的数据、情报和资料，运用逻辑推理和科学预测的方法、技术，对某些危机现象出现的约束性条件、未来发展趋势和演变规律等做出估计与推断，并发出确切的警示信号或信息，使公共部门和公众提前了解危机发展的状态，以便及时采取应对策略，防止或消除不利后果的一种决策活动。

2. 公共危机预警机制的功能

公共危机预警机制具有的功能主要包括以下五个方面：

（1）信息收集与分析。公共危机预警机制通过一个多元化、全方位的信息收集网络，将真实的信息以完整的形式收集、汇总起来，并加以分析、处理，去粗取精、去伪存真，并通过快捷、高效的信息网络将公共危机事件的信息和事态发展情况传送到公共危机指挥系统和相关部门，从而保证危机信息的时效性、准确性和全面性，为公共危机应对与处理提供可靠的信息基础。

（2）公共危机预报。在信息收集与分析的基础上，对得到的信息进行鉴别和分类，全面清晰地预测各种危机情况，捕捉危机征兆，对未来可能发生的危机类型、涉及范围及其危害程度作出估计，并在必要时向决策者建议发出危机警报，启动危机处理程序。

（3）危机监测。在确认公共危机发生后，对引起危机的各种因素和危机的发展进行严密的监测，及时搜集危机状态的有关信息，特别是要监控掌握能够表示危机严重程度和进展状态的特征性信息，对危机的演化方向和变化趋势作出分析判断。

（4）信息发布与媒体管理。当公共危机发生时，在情况不明朗、信息不完整的情形下，极易导致人们的主观猜测与种种传闻。信息发布与媒体管理要求恰当地选择媒体，尽量及时、准确、全面、客观地发布有关信息，即使在危机发生初期不能确切、全面地掌握情况，也应及时、客观地发布有关信息。

（5）信息沟通。公共危机管理中与利益相关者及有关政府部门、社会团体及时、有效地沟通信息，是取得相关人员和机构理解、配合和支持的前提。在对抗性危机事件的处理中，信息沟通包括两个方面：一是建立冲突双方之间的谈判沟通渠道，增进交流沟通，减少误解；二是洞悉对方的动机、实力和决心，有针对性地拟订有效的危机处理方案。

3. 公共危机预警机制的框架体系

完善的公共危机预警机制包括公共危机监测、咨询、组织网络和完善的法规体系，以确保公共危机的科学识别、准确分级和及时发布。

（1）公共危机预警的监测系统。建立监测系统的主要目的是及时发现危机征兆，准确把握危机诱因、未来发展趋势和演变规律。公共危机预警流程，如图 9—8 所示。

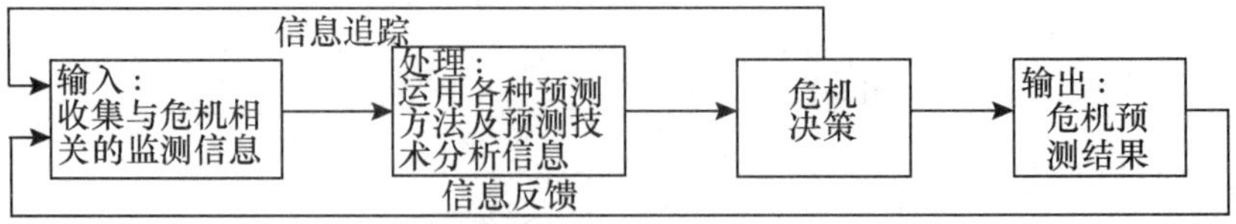

图 9—8　公共危机预警流程

公共危机预警流程包括：信息收集、信息分析或转化为指标体系；将加工整理后的信息和指标与危机预警的临界点进行比较，从而对是否发出警报进行决策；发出警报。因此，公共危机预警机制监测系统包括了以下几个子系统：第一，信息收集子系统：主要是对有关危机风险源和危机征兆等信息进行收集；第二，信息加工子系统：主要是对收集来的信息进行整理和归类、识别和转化，以保证信息的准确性和及时性；第三，决策子系统，该系统的任务是根据信息加工子系统的结果（信号和指标）决定是否发出危机警报和危机警报的级别，并向警报子系统发出指令；第四，警报子系统，该系统的任务是当监测结果显示社会中有冲突或危机的征兆时，立即向危机反应者和潜在受害者发出明确无误的警报，使他们采取正确的措施。

（2）公共危机预警的咨询系统。公共危机预警的咨询系统主要承担的功能是定期信息沟通，提供与危机有关的研究报告，提出危机处置的建议和意见等。专家和智囊团可以通过自身专业方面的知识和经验，对危机预测对象的外部环境（包括社会环境和自然环境）以及预测对象的过去、现在的状况及变化发展的过程，进行综合分析和研究，为公共危机决策提供信息，发挥危机预警作用。

（3）公共危机预警的组织网络。公共危机预警的组织网络，主要包括：一是专门的机构和工作人员，长期从事危机预警的分析、研究与及时报告工作；二是规范化、制度化的监测、防范体系；三是畅通准确的信息沟通与处理渠道，尽可能化解矛盾、问题与纠纷。

（4）完善的法规体系。建立和健全公共危机预警的法规体系，目的在于保障公共危机预警“有法可依”，促进信息收集、处理、分析、报告和公开的规范化、法制化。完善的公共危机预警法规体系包括两方面内容：一是制定出相关的制度与法规，规定预警机构有从相关部门、行业、企业、单位等获取有关信息的权力，相关部门、行业、企业、单位等也有向预警机构提供真实信息的义务。二是公共危机预警的法规制度要体现出激励奖惩作用。

9.2.2　公共危机管理决策机制

1. 公共危机管理决策的特点

公共危机管理面临着事态的严峻性、时间的紧迫性、信息的不充分性和可用资源的有限性，这决定了公共危机管理决策在本质上是非程序化决策。与正常状态下的决策相比，公共危机管理决策具有以下特点：

（1）公共危机管理决策是要在有限的信息、资源和时间条件下寻求满意的处理方案。因此，一旦危机被察觉和认定，它就必然被列入公共政策议程，而且会排在最优先的位置。

（2）在危机状态下，利益群体和公众的参与将非常有限，媒体也主要是协助政府进行社会动员；在危机决策中，为决策者提供咨询的专家数量不多，但他们的作用更为突出。

（3）在危机状态下，政策的合法化主要是通过已有法律事先授权，即通过事先制定的法律明确规定在危机状态下决策机关及其首脑的决策权限。

2. 公共危机决策的主体

公共危机决策主体是指为避免和应对公共危机而履行决策职责、参与决策过程的特定个人和组织机构。公共危机决策主体包括以下三个系统：

（1）中枢决断系统。依法拥有最终决定权的中枢决断系统是指按照一个国家或地区的有关法律，在出现危机状态下，拥有做出最终决定的权力并承担相应责任的特定个人和政府机构。

（2）参谋咨询系统。参谋咨询系统是具有专业知识和相关经验的参谋咨询人员参与公共危机决策，为中枢决断系统提供有关知识和建议，协助做出最终的决定，有助于提高危机决策的科学性、有效性。

（3）协调系统。促进中枢决断系统和参谋咨询系统有效运转、获取决策所需各种资源的协调系统。公共危机涉及不同的部门、不同的行政区域，预防和处理危机需要多个部门的配合。在机构设置上，一是不设置独立的协调机构，而是在相关机构设立专门的部门负责协调工作；二是为协调危机处理与应对工作而设立的专门性综合协调机构，在实践中也承担着部分危机决策的协调职能，成为危机决策机制的一部分。

3. 公共危机决策制度

规范公共危机决策行为的法律制度涉及以下内容：一是就防范或处理特定的危机而言，谁是决策主体，最终做出决定的是哪个层次的个人和机构、什么范围的人员，是特定决策机关的首脑还是核心群体；二是决策主体的决策权限；三是危机决策的程序；四是最终决策采用的方式，包括决策表决方式等。

公共危机决策所涉及的上述问题，都应以法律法规的形式加以明确规定。从其他国家的情况来看，涉及这些制度的法律法规可分为几个层次，主要包括：（1）通过宪法的相关条款对涉及上述内容的问题进行原则性的规定；（2）制定专门的紧急状态法；（3）就有关危机决策机构的构成、权限以及运作方式等制定法律法规；（4）针对具体领域的公共危机制定的法律；（5）在其他相关法律中拟订针对性的条款。

通过这些法律法规，明确了危机状态下的决策主体及其权限，规范了危机决策行为，从而可以避免在出现紧急危机的情况下决策主体不明、责任不清、权力滥用、程序混乱等现象，减少公共危机决策失误，尽可能提高公共危机决策的成功几率。

9.2.3　公共危机管理资源配置与保障机制

1. 公共危机管理资源及其配置问题

公共危机管理过程所涉及的资源配置问题，既包括狭义资源的人力、财力、物力等有形资源，还包括广义资源的各种社会文化与政治资源。公共管理应对公共危机的能力，不仅取决于所掌握资源的数量与质量，更在于其配置资源的效率。因此，公共危机管理中的资源配置与管理的主要问题就是如何使各种资源得到有效配置。

与通过市场机制来配置资源不同，公共危机管理的资源主要是通过权威机制来配置的。而利用权威机制进行资源配置时，并不存在一个相对具有客观性的信号引导体系。因此，要解决公共危机管理的资源配置效率问题，关键在于引入一个比较客观的评估机制；建立健全一整套的资源获取与管理的组织、制度体系；建立和完善综合性的资源协调机制，从而把相应的公共预算分配和划拨体系、人事管理、信息管理、组织运行与设施维护计划、危机管理项目评估、成本与管理的审计、对各种物资供应商的支付、现金管理体制等制度性的安排整合起来，统一运行。

2. 公共危机管理资源配置与管理机制

建立一个良好的公共危机管理资源配置与管理机制，包括一系列不同层次上的制度基础建设，可以从广义与狭义两个方面来理解。从广义上看，公共危机管理不是某一个或几个公共部门的事情，而是整个公共管理的一种基本职能，公共危机管理应该融入公共管理的每一个层级和每一个公共部门，把公共危机管理看成是日常管理的一部分。这就需要通过广义的公共管理体制改革，形成一种及时、高效且具有一定学习能力因而能不断自我革新和自我进步的资源动员与配置机制。从狭义上看，就是要对现有的有关公共危机管理机构和组织进行优化重组，并适应新的危机管理形势，组织新的机构、组建新的队伍，优化公共危机管理的人力资源结构。在此基础上，建立健全相关的制度，包括适应现代公共危机管理的财政预算与分配制度、支出制度、监督与审计制度等，形成规范化、法治化和制度化的公共危机管理的资源动员与分配、使用、监督、审计、评估机制。

（1）公共危机管理资源的整合机制。危机处理成败的关键，一是反应快速，二是资源整合，两者并重。就当代各国的危机管理实践来看，危机的类型逐渐从单一型向复合型发展，而复合型危机的处置往往需要多个部门的紧密协作；同时，公众对公共管理绩效的要求越来越高。这些都要求公共危机管理的职能设置从权力分散向集中领导转变。

（2）公共财政预算与支付制度。在应对公共危机中，公共财政支出的根本作用在于化解风险，维护社会稳定。有效的公共危机管理是建立在充分的资源保障基础之上的。因此，在转变政府职能、推动公共管理体制改革的同时，要合理地调整公共财政支出范围，专款专用，确保应对复杂危机事件的正常运转。

（3）公共危机管理的监督与审计。就当代公共危机管理的国际经验看，解决各种资源浪费、挪用、滥用乃至盗用和贪污各种公共危机管理资源问题的主要途径包括：内部控制、第三方评估、社会和舆论监督。这三方面是相辅相成的，只有把这三方面的力量结合起来并使之制度化、法治化，才能形成比较有效的监督机制，片面强调内部控制是不够的。

内部控制的主要任务是如何在公共危机管理实践中把相应的公共预算分配和划拨体系、人事管理、组织运行与设施维护计划、危机管理项目评估、成本与管理的审计、对各种物资供应商的支付、现金管理体制等制度性的安排整合起来，统一运行。

结果（绩效）评估是公共危机管理的重要手段与工具。在我国公共危机管理中引入评估机制，特别是第三方评估，可以减少下级部门虚报、谎报危机或灾害而骗取救灾款的行为。

媒体监督是公众监督的一个有效手段。在公共危机处理过程中，对媒体实行规制与发挥媒体的舆论监督作用之间的确存在着矛盾，需要一系列细致的制度安排予以解决。但不能因为危机管理的特殊性而只讲媒体规制、只讲媒体的宣传作用而排斥其舆论监督作用。

9.2.4　公共危机新闻发布机制

公共危机的新闻发布是危机处置和管理工作的重要组成部分。加强公共危机新闻发布工作的规范化、制度化建设，及时准确地发布信息，对于妥善处理危机事件、减少危机损害和维护公共部门的良好形象，具有重要意义。

1. 新闻发布应急响应机制

公共危机发生后，在启动紧急处置机制的同时，要迅速启动新闻发布工作，在负责处置事件的指挥部下面，设立专门的新闻发布机构，确定专人负责新闻发布工作。新闻发布作为处置公共危机的重要组成部分，在研究和决定处置公共危机的方案时，要根据公共危机的不同应急响应级别，成立相应的新闻发布机构，确定新闻发布方案，明确新闻发布内容、组织新闻发布工作，使新闻发布工作更好地为处置公共危机服务。

2. 新闻发布机制

公共危机新闻发布要坚持及时、准确、适度、“于我有利”的原则。公共危机的报道一定要抢时间，争取先声夺人，只有及时地报道，才能有效地引导舆论，避免和减少猜测性和歪曲性报道，争取主动权。

3. 中外记者采访管理机制

新闻工作机构要及时受理中外记者的采访申请，采取符合国际惯例的、科学有效的管理方式，主动向记者提供危机事件的有关信息。要加强对记者采访组织、现场管理工作。

4. 境内外舆情跟踪和通报机制

负责新闻发布工作的机构要密切关注境内外媒体的报道，汇编舆情简报，及时向上级和有关部门通报，并组织有针对性的舆论引导工作，澄清事实，解疑释惑，驳斥谣言。

5. 互联网信息安全管理机制

互联网作为一种新兴和特殊的媒体，具有传播快、影响大、互动性强、管理困难的特点。一方面，要充分发挥和利用互联网的优势，及时传达政策、举措以及各种正面信息，主动引导舆论，要利用互联网信息汇聚的特点，作为了解搜集舆情的重要来源；另一方面，要警惕并及时删除各种歪曲事实、制造矛盾、影响公共危机处置的有害信息，对境内外一些采取恶意攻击和敌视态度的网站要及时封堵。

6. 公共危机事件分类处理新闻发布机制

对自然灾害、事故灾难、突发公共卫生事件等危及公共安全并对全局有重要影响的突发公共事件，应及时组织新闻发布；对于一些涉及重大政治性、群体性、危害国家安全、损害国家形象的社会安全事件的新闻发布要十分谨慎，要得到统一的授权。

9.2.5　公共危机管理控制处理机制

1. 公共危机管理的控制

公共危机管理的控制是指公共危机管理者通过监督、监察等行为，保证危机应对活动按照危机应对计划进行、实现危机管理目标，并不断纠正各种偏差的活动过程。从管理学的角度分析，控制在行动之前，称为前馈控制；行动之中进行，称为同期控制；结束之后进行，称为反馈控制。

公共危机管理的前馈控制能够避免预期出现的问题。公共危机管理的同期控制是指活动开始以后，对正在进行的管理活动进行检查监督，发现管理活动与计划标准不一致，及时采取纠偏措施，加以控制。公共危机管理的反馈控制是指在危机管理过程已经结束以后，按照危机应对计划要求检查各项危机应对的结果，进行总结评价。反馈控制的主要作用，是通过总结过去的经验、教训，为未来危机应对计划的制定和活动的安排提供借鉴，偏差的信息可以用来对未来危机管理活动的控制提供帮助。①

2. 公共危机处理

按时间序列，公共危机处理分为危机开始和危机蔓延两阶段。

（1）公共危机的开始阶段。

公共危机开始阶段是指从危机的第一个征兆出现到危机开始造成可感知的损失这段时间。这个时期的特点为：一是人们很难在这个时期有较高的警惕性；二是如果能认识到这个阶段并采取有效的措施，就能有效明显地减少危机带来的损失。而要达到这个目的，必须做好危机的准备。在这个阶段上的主要公共危机管理工作有：第一，迅速成立危机处理小组是危机处理的首要任务。危机处理小组是危机处理中的信息枢纽，发挥领导和协调作用。主要任务是针对危机情况做出判断，制定决策并发布执行，并不断监测危机进程，适时调整措施或制定新政策，对整个危机治理起到全面指导和决策的作用。第二，搜集危机信息，着手危机调查。获取准确、有效、全面、真实、及时的信息是危机处理有效进行的保障，深入的危机调查是制定危机处理方案的前提。第三，制定危机处理计划的方案。这是迅速控制事态发展的关键和保证。危机处理计划一般包括：确定危机处理的目标和原则；选择危机处理的策略，制定对受害人的赔偿措施；明确危机沟通的对象、方式、策略；明确危机的回应策略；确保危机处理的人财务等。

（2）公共危机的蔓延阶段。

为了减少损失，消除危机的消极影响，公共管理者应该在危机管理活动中积累更多的改善危机情境的控制技能和策略。这些策略包括：第一，危机中止策略。当危机发生后，应及时发现危机产生的根源和扩散途径，采取积极有效的手段阻断其发展，中止其危害。第二，危机隔离策略。由于危机的发生往往具有“涟漪效应”，如果不加以控制，危机影响的范围将不断扩大，隔离的策略主要有两种：一是危害隔离；二是人员隔离。第三，危机消除策略。消除策略旨在消除危机所造成的各种负面影响，这种影响包括物质上、财富上的损失和精神上的打击。第四，危机利用策略。越是在危机时刻，越能反映出一个优秀组织的整体素质、综合实力和博大胸怀。在危机中处理得当、表现得体、诚实负责，往往有可能变坏事为好事。

9.2.6 公共危机管理的善后处理与评估机制

1. 公共危机的善后处理机制

危机事态得到控制，当人们从紧张和失衡状态中恢复后，并不意味着公共危机管理的

---

① 参见肖鹏军：《公共危机管理导论》，97页。

过程已经结束，只是危机管理进入了一个新的阶段——善后处理阶段。公共危机管理有两个重要的任务：一是以危机问题的解决为契机，进行危机后的恢复重建和危机责任人员的责任追究、公众惊恐心理的慰藉和生活信心的恢复，巩固危机管理的成果，防止危机的复原和反弹；二是从危机中总结经验教训，堵塞危机管理中的制度、机构和政策漏洞，制定长期的反危机战略，真正从危机事件中受益。

公共危机管理的善后处理机制主要包括以下几个方面内容：第一，灾后生产、生活基础设施的重建和秩序的恢复；二是按照程序清算损失；三是赔偿损失，要抢救受伤人员，救济群众，对住房、食品、用水、医疗、生产资料等进行妥善安排；四是对公众灾难心理创伤的安抚和慰藉；五是进行事故调查与危机直接责任人员的处理。

2. 公共危机管理的评估机制

公共危机管理的评估机制是公共危机管理的一个阶段性总结。将危机防范的意识和危机管理的评价专门化、制度化，使其成为一项常规工作，这有助于避免将来不必要的损失。

公共危机管理评估是指依据科学与综合的评估指标体系、运用严格的程序和科学方法，对公共危机处理结果进行测量的活动。这个公共危机处理结果包括做了什么——业绩；做得怎么样——质量、水平、效率；社会影响和公众的反应。

公共危机管理评估应坚持客观性、准确性和时效性原则，评估的内容项目主要包括：公共危机管理架构的评估、公共危机预警情况的评估、公共危机管理计划完备性的评估、公共危机管理沟通的评估、公共危机的媒体管理评估、公共危机管理措施的评估和公共危机管理效果的评估。

科学构建评估指标体系，既要考虑公共危机管理的经济效益和社会效益，也要考虑短期效应和长期效应、直接效应和间接效应；要建立统一性指标与专业性和特殊性指标相结合的、综合的、多层次的绩效评估指标体系，避免出现评估指标对被评估者产生逆向激励效应；要建立和完善评估指标体系和评估基础资料数据库，使公共危机管理目标能够量化和具体化，从而为评估提供技术支持。

公共危机管理评估应科学、合理运用评估方法，注重评估过程中定量评估与定性评估有机结合、内部管理评估与社会效应评估结合。

9.3　公共危机管理法治

公共危机管理是非常状态下的公共管理。应对危机，既要采取非程序化决策和充分行使自由裁量权，又必须依法行政。这样，强化公共危机管理法治就非常必要。公共危机管理法治包括公共危机管理法制体系和处置突发事件的行为必须依法这两个部分。

9.3.1　公共危机管理法制体系

1. 公共危机管理法制的含义和特点

公共危机管理法制属于非常态法制，是针对突发事件引起的公共紧急情况制定或认可的处理国家权力之间、国家权力与公民权利之间、公民权利之间的各种社会关系的法律规范和原则的总和。公共危机管理法制的基本功能就是要在公共危机状态下，保障全社会能够恢复正常的社会生活秩序和法律秩序，维护和平衡社会公共利益与公民合法权益。①

公共危机管理法制具有以下五个方面的特点：（1）内容和对象上的综合性、边缘性；（2）适用上的临时性和预备性；（3）实施过程具有很强的行政紧急性②；（4）立法目的上更强调对权利的保障性；（5）法律制裁具有更大的严苛性。

2. 我国公共危机法制体系的组成

我国从 1954 年首次规定戒严制度至今，已经颁布了一系列与公共危机管理有关的法律、行政法规、部门规章，各地方根据这些法律、法规又颁布了适用于本行政区域的地方立法，从而初步构建了一个从中央到地方的突发事件应急处理法律规范体系。其组成主要包括：（1）战争与政治突发事件法律规范；（2）恐怖性突发事件法律规范；（3）骚乱社会突发群体事件危机法律规范；（4）灾害性突发事件法律规范；（5）各种安全事故引发的危机法律规范；（6）其他有关危机管理的法律规范。

此外，在我国批准和签署的国际条约、协议中，涉及一般紧急状态法的有 20 余部。这些法律法规，在防治和处理各种公共危机中发挥了积极作用。

3. 我国公共危机管理法制的原则

一般来说，公共危机管理法制的原则分为两个层次：一是从宏观方面对公共危机管理进行全面指导的“基本原则”，它们贯穿于公共危机管理法制的始终和诸方面；二是从微观方面对公共危机管理的某一领域进行单项指导的“具体原则”，它们的适用范围仅及于应急法制的某一方面。③

（1）我国公共危机管理法制的基本原则。主要包括：

第一，法治原则。在危机状态下，为了使政府能够带领民众战胜危机，需要依法授予政府“紧急权力”，但紧急权力同样受到经济状态法的严格规范。

第二，应急性原则。应急性是公共危机管理存在的前提，是紧急权力存在的前提。应对公共危机之所以动用紧急权力，是因为公共危机具有突发性、紧迫性、危害性、破坏性、不确定性和扩散性，不采取紧急措施就无法控制危机的扩散和升级。与公共危机管理有关的一切法律制度，都必须与应急性原则相适应。应急性原则的另一层含义在于：为保障重大公共利益，维护正常的经济、社会和法律秩序，政府可以在面临重大突发危机事件时采取紧急措施，既包括实施法律法规明确授权的行为，也包括先予实施没有法律授权的紧急措施并于事后请求追认，甚至包括暂停某些法律规范的实施；既可以对公民的某些宪法权利加以限制或剥夺（但不能剥夺公民的基本人权），也可以设置一些较平常时期更为简易的紧急程序（当然也不排除针对某些特殊行为设置比常态下更严厉的程序约束）。

第三，基本权利保障原则。保障人权和基本权利是民主宪政精神的核心理念之一，也是任何紧急权力不可逾越的界限。

---

① 参见韩大元、莫于川：《应急法制论——突发事件应对机制的法律问题研究》，4～5 页，北京，法律出版社，2005。

② 参见莫于川：《公共危机管理与应急法制建设》，见 www.chinalawedu.com。

③ 参见韩大元、莫于川：《应急法制论——突发事件应对机制的法律问题研究》，51 页。

(2) 我国公共危机管理法制的具体原则。

公共危机管理法制的具体原则是公共危机管理法制基本原则的细化和延伸。它主要是根据公共危机管理的特征，从目的、方法、手段和后果等方面对公共危机管理法律制度提出的较为细致的要求，它不能违背公共危机管理基本原则的精神。[①] 主要包括：

第一，公共利益原则。公共危机是发生在公共领域的危机事件，危机威胁到的是全社会或者局部社会的利益，可能给全体民众或者部分民众的生命健康和财产造成巨大损失。

第二，比例原则。比例原则是指对人民基本权利的限制必须使目的与手段之间符合一定的比例，使限制和保护之间达到某种均衡。具体包括：一是适当性或妥当性原则，指行政主体采取的措施及方法应有助于行政目的的实现；二是必要性或最小侵害原则，指行政行为应以达到行政目的为限，不能给相对人造成过度的不利影响；三是均衡或相当性原则，指采取行政措施所造成的损害，不得与达成的行政目的的利益明显失衡。

第三，主动性和防范性原则。现代公共危机管理的一切思路和方法，都应建立在主动和防范的基础上。在公共危机管理的机制中，危机预防、危机预警、危机预案，使危机爆发后按照事先准备好的各种方法去处理。因此，公共危机管理法制必须在制度上确保公共危机管理把重心放在主动性和防范性上。

第四，积极责任原则。与常态法治一般比较注重政府的消极责任有所不同，公共危机管理法制更强调政府科学、及时、有效应对危机的积极责任。

第五，权益救济原则。危机管理法制的权益救济原则包括：一是当公共危机对群众的权利和利益造成侵害时，如果是企业的生产事故造成的危机，企业必须承担对受害者的权利和利益进行赔偿的责任。二是当政府对危机爆发负有某种责任时，政府应当承担对受害者的权利和利益进行赔偿的责任。三是当公共危机的引发是由于自然灾害，没有特定的责任者时，政府应尽其所能，发动所有的力量应对危机，使危机的损害降到最低。四是在危机应对的紧急情况下，人们为了控制危机蔓延，防止危机升级，往往会牺牲一些较小的利益，来保护较大的利益。在危机之后，应根据情况对受害人的损失作出一定的补偿。

9.3.2 公共危机管理中行政紧急权力法治

公共危机管理中行政紧急权力法治，指的是行政紧急权力的法律规制。

1. 公共危机管理中的行政职责

公共管理的基本目标就是实现公共利益、维护公共秩序。因此，当公共秩序、生命健康和财产安全受到威胁的时候，公共管理必须采取可能的手段给予救助。正确理解公共危机管理中的行政职责，应注意：(1) 为了应对危机，必须赋予政府公共部门权力和责任，并能够根据紧急情况依法限制公民的权利、增加公民义务；(2) 公共危机管理中政府公共部门的各项职责跟其他常态事务的管理职责一样，具有法定性、不可随意处分性。不履行、怠于履行、不完全履行或不依法履行其应当履行的职责，将构成为违法或犯罪，要承担相应的法律责任。

---

① 参见韩大元、莫于川：《应急法制论——突发事件应对机制的法律问题研究》，57页。

2. 公共危机管理必须依法行政

依法行政是法治的具体体现，依法行政的实质在于行政权力要受到法律的约束。行政紧急权力要受到法律的控制，其原因在于：（1）同其他行政权一样，紧急行政权同样有被滥用的可能性。紧急行政权是紧急状态下一种必要的权力，但又是一种最为危险的权力。紧急行政权是一种影响力和支配力极大的权力，稍有不当就可能影响国家的命运和人民的根本利益。（2）紧急行政权如果没有合法的权力来源，就不会具有普遍的、持久的感召力；紧急行政权如果没有必要的规范和约束，就难以取得法律强制力的支撑；紧急行政权如果没有必要的自律和他律，就得不到国民的普遍认同和支持。（3）紧急事件的不断出现以及各国之间的相互学习，使人们逐步认识到了处理紧急事件的一些基本规律，从而为紧急状态下的法治化创造了条件，也打破了紧急行政权不能或难以规范的神话。

因此，将紧急行政权纳入法治轨道、建立相应的应急法制，是公共危机管理所必需的。法治政府不仅能在正常社会状态下运用法律维护好社会秩序和公众权益，而且在非常时期也能做到依法办事。

3. 行政紧急权力的法律规制

行政紧急权力在公共危机管理中受到的法律规制主要体现在以下几方面：

（1）范围规制。这实际上是法律保留原则的体现。法律对于政府在紧急状态下有效、及时处理各种突发事件，应对危机所必须具有的权力等所作的详尽、明确的列举规定。

（2）程度规制。行政紧急权力的行使不仅有范围的限制，还有程度上的约束，这主要是要求行政紧急权力以及紧急措施要符合比例原则。具体含义是：1）适当性或妥当性原则，指行政主体采取的措施及方法应有助于行政目的的实现；2）必要性或最小侵害原则，指行政行为应以达到行政目的为限，不能给相对人造成过度的不利影响；3）均衡或相当性原则，指采取行政措施所造成的损害，不得与达成的行政目的的利益明显失衡。

（3）程序规制。正当程序原则在紧急状态下受到限制已是国际惯例，然而政府公共部门行使行政紧急权力应当遵循必要的明确的法律程序规定，已被很多国家的立法机关所接受。公共危机事件与紧急状态下行政紧急权力的行使要遵循一些特殊的行为程序，但不能不受到程序的规制。

（4）目的和条件规制。现代行政法规范和控制政府权力的重要方式之一，即是在法律授予政府公共部门权力时明确规定授权的目的；同时，通过紧急状态法和其他有关法律确定政府公共部门行使紧急权力的条件。在紧急状态下，政府公共部门虽然享有比平时更多、且更具强制性的权力；但是，法律授予政府公共部门这些权力是附有条件的。

9.3.3 公共危机管理中的公民权利保障

1. 公共危机管理中公民权利保障的必要性

现代公共危机管理以法治为原则，以保障人权为核心。在公共危机管理中强调公民权利保障的必要性有：（1）公共危机的出现意味着一种可以对公民权利加以必要限制的正当的国家紧急权力，而且这种权力比正常权力更具权威性、强制性。但是，这种权力比正常权力更容易被滥用，而紧急权力滥用的最直接后果就是对公民权利的过度侵害。（2）无论是行使紧急权力，还是限制公民权利，最终目的还是为了更好地实现对人权的保障。

(3) 我国第四次宪法修正案不仅写进了“紧急状态”条款，同时也写进了“国家尊重和保障人权”条款，这一原则在非常态下仍然适用。因此，在公共危机管理中保障公民权利也是落实宪法的需要。

2. 公共危机管理中的公民权利及其救济

目前，世界上最主要的三个人权公约《公民权利和政治权利国际公约》、《欧洲人权公约》、《美洲人权公约》都对紧急状态下的人权保障作出了原则上的规定。我国在 1998 年 10 月 5 日签署了《公民权利和政治权利国际公约》，该公约所确立的紧急状态下人权保障的原则有比例原则、非克减原则、非歧视原则等。公共危机管理中的公民权利主要包括：

(1) 不可克减的基本人权。不可克减的基本人权，划定了人权保障的最低标准，也划定了政府行使紧急权力限制人权的底线或范围，如果应急措施或紧急权力限制或剥夺了宪法或法律规定的这些人权，就构成了违宪或违法行为，将受到法律追究。

(2) 知情权。在民主宪政体制下，知情权是公众的基本权利。在紧急状态下，建立健全信息公开制度能够使广大公众迅速、及时、准确地了解突发危机局势的真相以及相关信息。

(3) 监督权。国家应建立突发事件举报制度，任何人都有权向上级人民政府及其有关部门举报地方人民政府及其有关部门不履行突发事件应急处理职责或者不依法规定履行职责的情况。

(4) 紧急救助请求权。当发生突发事件或紧急状态，处于危难中的公众或组织有权利向有关政府及其职能部门请求救助，国家有义务提供必要的救助。危机状态下，公众都享有平等的紧急救助请求权，有关行政机关不履行紧急救助的法定职责，将构成不作为违法，要承担相应的法律责任。

(5) 申请行政复议或提起行政诉讼权。公共危机管理中的公民权利保护，除了划出对公民权利保护的底线外，还必须明确紧急状态下公民权利受侵害时的救济手段和途径，这里主要包括行政复议和行政诉讼。

(6) 补偿和赔偿请求权。在公共部门处置各种突发事件时采取一些紧急征用或征收行动，这对于公共利益是非常必要的，但对一些公民的合法权益受到的特别限制或损害，应作公正合理的补偿。

本章小结

1. 公共危机管理是公共管理不可或缺的重要组成部分和全面履行公共管理职能的重要体现，公共危机管理能力是公共管理能力的充分体现。这是我们强化学习与研究公共危机管理、理解其意义的应有态度。

2. 有效的公共危机管理是一项非常复杂的动态管理过程，要以“凡事预则立，不预则废”的态度来面对危机；要在机构设置、职能和资源配置、体制完善、危机管理机制健全和运行有效、危机管理法制健全等方面作出努力。

3. 要以长期规划的观点来对可能发生的危机作准备，并建构一套周详、科学的公共危机管理策略；要培养人们的危机意识、应对危机的能力和心理素质。

4. 公共危机管理就是公共部门为避免或减轻危机情境所带来的严重损害与威胁而从事长期的规划、不断学习与适应，而采取各种管理措施与策略的动态过程。因此，要通过技术应用与危机管理的有机结合、多学科知识结合的学习与操作研究，探索公共危机发生的原因、危机的各种类型、危机可能造成的危害与影响、最适当的危机管理模式。

关键术语

突发事件　　公共危机　　公共危机管理　　公共危机预警　　行政紧急权力　　公共危机管理法制　　危机分级　　危机分类

复习思考题

1. 分析突发事件与公共危机之间的关系。
2. 根据我国行政体制的情况，分析如何合理构建公共危机管理体制。
3. 分析公共危机管理各个阶段上的管理内容与措施。
4. 如何科学剖析公共危机管理的动态模式。
5. 列举公共危机管理包含的各种机制及功能。
6. 如何正确处理危机应对与行政紧急权力规制之间的关系。
7. 如何理解进行危机管理的意义。
8. 案例分析题：认真阅读案例材料，然后按照要求回答问题。

2004 年 12 月 26 日早上 8 时，在印尼苏门答腊岛西北部海域，大洋深处突发强烈 9 级地震，使几乎整个苏门答腊岛、马来半岛的很多地方以及震中附近的一些岛屿都震颤起来。在海边休闲、劳作的人们惊奇地瞪大了眼睛。谁也没想到，一场灾难就要降临了。

根据科学知识，大地震可能引发海啸，而且，地震引起的海啸一定是发生在地震之后，并需要一段时间传播。这次海啸的传播速度是 800 公里/小时。从震中到斯里兰卡需要两个多小时。因此，只要不是离地震源太近，就可以有时间逃避。然而，当海啸降临时，人们同样无以应对。斯里兰卡的一名灾民说，当时他们刚干完早晨的活，正在休息，不知不觉间，海水逼近了他们的房子，随后又很快退去，一切都很平静。村民们从没见过这种情况，都感到莫名其妙。没过多久，海浪又咆哮着扑来，把成年大象大小的石头卷了起来，还将成吨的海鱼抛到岸上。几分钟后，海面又趋于平静。很多渔民跑去看自己的渔船，有的人则到海滩上抓鱼。就在此时，更大的海浪冲了过来，“房屋眨眼间变成了垃圾”。

遭受地震和海啸袭击的印度洋沿岸各国官员承认，他们没能在苏门答腊岛附近海域发生 9 级地震后及时向国民发出海啸预警，若非如此，定将挽救成千上万人的生命。印度内政部负责人说，从印尼苏门答腊岛附近发生强烈地震到海啸抵达印度海岸，需要一个半小时的时间。如果在这段时间内政府能够通知人们海浪可能抵达的地区，很多生命就可以获救。印尼官员坦白说，他们根本不知道大地震会引发海啸，也不知道这种自然灾害到底有多恐怖。据泰国《国家报》消息，泰国气象部门曾有 45 分钟时间对苏门答腊岛附近的地震进行分析并决定是否发出海啸警告，但担心如果发出警报而未发生海啸可能影响国内旅游业，因而没有发出。一名泰国气象局官员称，印度洋地区已经数十年没有发生海啸，因此他们不愿意发出海啸警告。事实上，就在地震发生的 30 个小时前，一份包含 14 条减小海啸危害措施的报告就张贴在了泰国气象部门。报告明确指出，在海达曼海发生海下地震后，泰国气象部应当立即准备应对海啸。但他们由于担心影响旅游业瞒报了警告。斯里兰卡负责灾后救援工作的一位高级官员说，斯里兰卡没能认真对待地震预警警告，应对破坏性海啸来袭的准备工作也没有做好。

印尼气象和地质部门的一位官员承认，该国在监控灾害性天气工作上存在薄弱之处，他说："很不幸，我们没有能预警海啸来袭的设备。这些设备都太贵了，我们没有钱来买。"泰国官员称，该国没有在受海啸袭击的泰南部地区西部海岸部署海浪监控传感器，因此当地民众和游客无法得知海啸预警。

2004 年 12 月 26 日发生的印度洋特大地震海啸灾害先后殃及十余个国家，死亡约 30 万人，造成 140 亿美元的财产损失。

问题：(1) 分析海啸造成生命财产损失与公共危机管理之间的关系。

(2) 结合案例，运用公共危机管理机制的有关理论分析预警机制、信息沟通机制的作用。

第10章

公共管理技术与方法

管理的本质是目标与手段关系的理性化。从组织管理的角度看，理性化是合适地使用一切可调动资源达到既定目标，这是工具性理性的体现；从公共治理的角度看，理性化包含工具性理性与内涵性理性。后者要求公共治理参与者共同考虑现有发展目标是否值得追求、是否适合发展趋势和现有管理手段能否在新的社会条件下实现理应争取的目标。本章就战略管理、传统的行政方法和当代公共管理新工具进行阐述。

重点问题

- 传统行政方法：行政手段、法律手段、经济手段和思想教育手段
- 当代公共管理新工具：市场化工具、工商管理技术、社会化手段
- 战略管理

10.1 传统行政方法

10.1.1 行政手段

1. 行政手段的含义及特点

作为一种普遍使用的公共管理方法，行政手段是指政府公共部门凭借行政权力，依靠从上到下制定、颁布、运用政策、指令、计划的方法，来实现国家对公共事务的领导、组织和管理的目的。行政手段具有以下特点：

（1）权威性。行政手段以权威和服从为前提，行政命令接受率的高低在很大程度上取

决于行政主体的权威大小。提高领导者的权威有助于提高行政手段的有效性。

(2) 强制性。行政强制要求人们在行动目标上必须服从统一的意志命令、指示、决定等，下级必须坚决服从和执行。

(3) 垂直性。行政指示、命令按行政组织系统的层级纵向直线传达的垂直隶属关系，横向结构之间一般无约束力。

(4) 具体性。一定的行政命令、指示只在特定时间对特定对象起作用。

(5) 非经济利益性。行政主体与行政对象之间的关系不是经济利益关系，而是一种无偿的行政统辖关系，两者之间不存在经济利益利害关系的纽带。

(6) 封闭性。行政方法依靠行政组织和行政机构，以行政区划和行政系统的条块为基础实施，具有系统的内化约束力，因此产生封闭性。

2. 行政手段的具体方式

在市场经济条件下的行政手段，同传统的计划经济条件下的行政手段相比，无论在机制、运用界限和条件等方面，都存在着显著的差异。现阶段，行政手段主要表现为四种方式，改变了过去单一的纵向的情况，其机制与功能也随之改变。

(1) 行政命令方式。这是凭借国家政权的权威和权力，主要通过发布命令、指示等形式，由上级按纵向垂直的上下级隶属关系，直接调节和控制下级的经济活动，带有强制性。

(2) 行政引导方式。行政引导方式是指上级对下级的经济活动的控制，不采用命令的方式，而是采用指明方向、加以引导，进行说服规劝。这种引导手段在一定条件下将取代行政命令手段，并日益显示出其在行政手段中的重要性。

(3) 行政信息方式。这一方式的主要特征是，上级对于下级的经济活动，存在需要加以调控的必要，但既不采用行政命令的方式，也不采取说服、引导的方式，而是通过各种信息渠道和工具，提示下级在经济活动中应按照上级意图自行抉择，从而起到宏观调控的某种作用，这种方式将突破行政手段纵向联系的典型运用方式，而向横向联系方面发展。

(4) 行政咨询服务方式。这是指行政系统的上下级之间或地方政府之间，就经济活动的某些疑难问题提供咨询服务，如提出可行性论证的建议，对重大工程提出关键性的个性意见，从而提高某些经济活动的科学性、可行性和完善程度，实际上就是达到了行政咨询的预期目的。这也是值得提倡与发展的行政手段。

与法律手段相比，行政手段具有简便、灵活的特点，能迅速有效地处理各种新情况、新问题，具有一定的弹性；与经济手段相比，行政手段具有无偿性的特征，上级可根据管理工作的需要，有权无偿调拨使用下级的人、财、物、技术，不用考虑价值补偿问题；与思想教育手段相比，行政手段更能直接迅速有力地贯彻上级的方针、政策，有助于组织内部统一目标、意志、行动，有效控制全局，时效性强。但行政手段不利于发挥下级的积极性、主动性和创造性。另外，纵向层级信息传递迟缓，易失真，横向沟通困难。当然，行政手段是有其局限性的。其弊端是缺乏平等、协商的民主精神，容易挫伤下属和公众的积极性。

10.1.2 法律手段

1. 法律手段的含义与特点

法律手段是指公共部门在公共管理领域内，依照法定职权和程序，把国家法律、法规实施到具体的公共管理活动中，以达到有效而合理的管理目的。它是依法治国、行政法治的工具，是公共部门以法律为武器，根据法律手段的规律、程序和特点实施公共管理。其内容既包括国家立法机关制定的宪法、法律，也包括国家行政机关在职权范围内制定颁布的各种行政法规、自主性法规。法律手段的特点主要有：

（1）权威性。法律作为一种社会行为规范，是上升为国家意志的统治阶级意志，对全体公民具有普遍的约束力，比行政手段具有更高的权威性。

（2）强制性。法律手段是凭借国家政权力量强制实施，违者必究，比行政手段的强制性更严厉。

（3）规范性。法律是以明确、不能产生任何歧义的语言严格规制人们的社会行为，是所有组织和个人行为的统一准则。

（4）稳定性。法律一经制定颁布，便具有相对的稳定性和严肃性，不得因人而异、随时随意更改。

2. 法律手段的具体方式

行使法律手段具有不同的方式，按行政执法进行分类，法律手段主要有行政决定、行政检查、行政处置和行政强制执行等不同类型。

（1）行政决定。这是指行政机关及其公务员经法定程序依法对行政相对人的权利义务作单方面处分的行为。其特点是：具有强制性和单方性；直接处分相对人权利和义务，须依法定程序，通常不能及时作出。其具体表现为行政许可、行政奖励、行政命令和行政处罚四种。

（2）行政检查，又称为行政监督检查。这是指国家行政机关依法对相对人是否遵守法律、法规和具体行政决定所进行的能够间接影响相对人权利和义务的检查、了解行为。它具有义务性、限制性和单方自主性的特点。

（3）行政处置，又称为即时强制。这是指国家行政机关及其公务员在国家安全受到威胁、社会公共利益受到危害的紧急状态出现或将要发生的情况下，临时采取特别行政命令、特殊强制措施的行为。它具有紧迫性、即时性和直接强制性三个特征，是紧急状态下行政管理的一种特殊的必要的手段。

（4）行政强制执行。这是指特定行政机关采取强制手段保障法律、法规和行政决定得到贯彻落实的一种执法行为。其特点表现为：行政性——发生于执行管理过程中，由特定行政机关实施；强制性——基于国家行政机关的权力作用，强行抑制行政相对人的意志，迫使负有义务的行政相对人履行义务；执行性——旨在确保实现法律、法规或行政决定所要求达到的行政管理的目的和状态。这是行政强制的最本质特征。

法律手段是公共管理中运用其他方法的基础、前提和保障，为公共管理活动提供基本的规范程序；它调节各种管理要素之间的关系，使公共管理的各个方面都纳入法制化轨道，有助于公共管理的集中统一，保证行政管理工作和社会生活的秩序。法律手段的权威性、强制性使人们自觉抑制、摒弃不合法的思想和行为，提高公共管理的效率。

10.1.3 经济手段

经济手段是公共管理主体根据客观经济规律，运用价格、信贷、利率、税收、工资、奖惩等经济杠杆和方式，通过调整经济利益关系而实施管理的方法。它是经济部门按经济运行规律的要求，来管理下属经济组织及其活动的一种方法，强调利益诱导和间接管理。在市场经济条件下，也就是要通过市场机制引导企业和其他经济组织，使它们的活动符合整个宏观经济发展的目标。经济手段的特点主要有：

（1）利益性。物质利益是经济手段管理的核心，通过按劳取酬、物质刺激以调动人们的积极性是经济手段不同于其他方法的最根本特点。

（2）间接性。公共管理中运用经济手段，是通过对人们经济利益的调节来间接影响组织或个人的行为，间接调控经济运行。

（3）多样性。经济手段多种多样、丰富多彩。一是简政放权，政企分开，使企业和经济组织真正成为自主经营、自负盈亏、自我发展、自我完善的法人实体，充分发挥企业和经济组织的主观能动性；二是发挥政府的经济职能，根据价值规律，利用经济政策，如经济计划、财政政策、货币政策、产业政策、区域政策、收入分配政策，或者说是经济手段的方式，进行宏观调控与管理。

经济手段以物质利益为基础，通过物价调整、利率升降、税收调控，能充分有效地调动组织和个人的积极性和主动性，促进横向组织间的沟通、联系与合作。但它不能解决人们的精神和社会需求问题，作用领域主要限于经济领域，运用不当，还可能对人们的思想产生消极影响。因此，运用经济手段必须符合客观经济规律的要求，坚持按劳取酬，正确处理各种利益关系，还要有效处理好效率与公平的关系。经济手段特别要与思想教育相结合，加强对全体公民的社会公德、责任心和文化教育。

10.1.4 思想教育手段

1. 思想教育手段的含义与特点

思想教育手段是指依靠宣传、说服、沟通、精神鼓励等，激励人们的积极性，使公共管理者和管理对象自觉自愿地去从事政府公共部门所鼓励的工作或活动，实现公共管理目标的方法，是通过对人们进行确定的、有目的的、系统的政治思想教育、心理诱导和行为激励，引导被管理者自觉为实现组织目标而努力的管理方法。其方法有：启发教育、说服劝告、建议协商、树立典范、舆论抑扬等。

思想教育手段的特点为：第一，潜在性和长期性。思想教育往往要通过对被教育者反复、细致、长期的潜移默化工作，其作用程度还依赖于教育对象对教育内容的吸纳、消化程度。第二，内在稳定性。思想教育手段能使管理要求逐步内化为管理对象内心的自觉意识，从而产生一种稳态的动力，激励、指导管理对象的行为。第三，主动超前性。思想教育手段一旦生效，便能在基本管理手段相对滞后的情况下，使管理对象预先主动地规范自己的行为。

2. 思想教育手段的具体方法

（1）行为激励方法。行为激励方法属于行为科学的方法。从20世纪30年代开始，国外的学者，特别是美国的学者，对激励理论中的人类需求、动机和激发、组织中的人性等问题进行了大量的研究。行为激励方法主要有：目标激励方法、奖惩激励方法、竞争激励方法、反激励方法。

（2）参与管理方法。它是通过由下级公共管理主体或客体参加管理和决策来提高人们的积极性和管理效率的一种公共管理方法。这种方法也可被视作一种特定的激励手段，它与我们长期提倡的“从群众中来，到群众中去”的路线相吻合，也是当今公共管理民主化趋势的具体体现。参与管理方法的主要途径包括：团体决策、咨询制度、建议制度、信访制度等。

（3）公共责任方法。公共责任方法是传统公共行政中一种综合性的管理方法，它利用公共管理体制中的权责机制将公共部门中的目标与人事中的职位有机地结合起来，从而使公共管理中的权、责、利诸要素一致起来。公共责任方法的本质内容是权力与责任的关系，它将以事为中心的事务主义和以人为中心的人本主义方法相统一，综合了强制性与诱导性的方法所共同具备的积极效应。

思想教育手段能帮助人们明辨是非、消除隔阂、加强沟通和凝聚力，能从根本上调动人们的主观积极性，作用持久稳定。但思想感悟需要时间长、工作艰巨，而且教育的效果具有不确定性。

10.2 当代公共管理新方法

当代公共管理新方法，也就是被人们称之为当代公共治理的新工具。本节主要对市场化工具、工商管理技术和社会化手段三类方法进行介绍。[①]

10.2.1 市场化工具

市场化工具指的是公共部门利用市场这一资源有效配置手段，来达到提供公共物品和公共服务的目的的公共管理方法。民营化、用者付费、合同外包、特许经营、凭单制、分散决策、放松规制、产权交易、内部市场，是市场化工具的具体方法。

1. 民营化

民营化有时被用做私有化的同义语。民营化是指将原先由政府控制或拥有的职能交由企业承包或出售给私人，通过市场的作用，依靠市场的力量来提高生产力，公共服务及垄断行业向私营部门开放。世界上推行民营化最为典型的国家是新西兰、英国和其他欧洲国家等。

民营化的方式主要有：一是采取向公众出售股份的形式，实现国有企业的撤资；二是通过特许投标、合同承包，鼓励私营部门提供可市场化的公共产品或公共服务。

2. 用者付费

用者付费就是通过把价格机制引入到公共服务之中，对一些公共服务采取收费的方式。用者付费工具有如下优点：一是有利于公众显示对公共产品和服务的真实需求，有效配置资源和提高服务质量；二是能够克服免费提供公共服务所导致的对资源的不合理配置和浪费；三是无偿提供公共服务将导致无目的的补贴和资助，对社会公平造成损害；四是

---

① 参见陈振明：《公共管理学》，509页。

可以使价格真正起到信号灯的作用，即市场机制在公共服务领域得以有效应用；五是可以增加公共财政收入，缓和公共财政危机。西方国家在许多公共服务领域推行用者付费工具。

3. 合同外包

合同外包把民事行为中的合同引入到公共管理的领域中来，它的作出以合同双方当事人协商一致为前提，变过去单方面的强制行为为一种双方合意的行为。政府与其他组织一样都以平等主体的身份进入市场。政府的职责是确定需要什么，然后依照所签订的合同监督绩效。合同外包被视为既能提高服务水平又能缩小政府规模的重要途径，是降低成本、节约开支的有效公共管理工具。

4. 特许经营

公共管理中的特许经营是由公共部门授予私人企业经营和管理某项公用事业的权利，通过特许协议明确双方的权利与义务，承担相应的风险，从而达到公共管理目的的一种工具。1994 年世界发展报告把特许经营解释为一种私人团体为提供服务而从公共部门长期租赁资产的安排。私人团体在此期间有责任为特定的新固定投资提供资金，这些新的资产在合同期满时将返还给公共部门。

5. 凭单制

凭单制是一种借用私人市场凭单的理念和技术来改造公共服务供给的公共管理方法。凭单也称为有价证券、代金券、消费券，是“政府公共部门给予有资格消费某种物品或服务的个体发放的优惠券”。有资格接受凭单的个体在特定的公共服务供给组织中“消费”他们手中的凭单，然后政府用现金兑换各组织接受的凭单。它的基本特征是：凭单是围绕特定物品而对特定消费者群体实施的补贴；凭单不同于补助，是直接补贴消费者而非生产者；凭单通常采取代金券的方式而非现金。

6. 分散决策

分散决策就是分权与权力下放的过程，其主要目的是通过政治和执行的分离来赋予执行者更大的自主权，使被授权的下级组织或单位能够更加独立，能够自由地与其他组织进行竞争。分散决策通过财政分权和建立内部代理机构及其他组织来实现。这种方法既涉及中央与地方的关系，例如，美国联邦政府向州和地方政府放权；又涉及政府公共部门内上下级之间的关系，例如，英国的“下一步行动方案”和新西兰的公司化改革。

7. 放松规制

规制是由行政制定并执行的直接干预市场配置机制或间接改变企业和消费者的供需决策的一般规则或特殊行为。大部分规制通过行政法规来进行，并由政府公共部门或特别的机构（如美国的独立规制委员会）来管理。规制采取不同的形式，如规章、标准、许可、禁止、法律秩序和执行程序等。政府规制遍及社会生活的许多领域，尤其是物品和服务的价格和标准等方面。规制可以划分为经济规制和社会规制两大类型。经济规制是规制的传统形式，它控制诸如产品的价格和数量、投资回报、某一产业中公司的进入或退出等一类的事项；社会规制是一种较新的规制类型，它控制诸如健康、安全、职业歧视一类的社会事项。

8. 产权交易

财产权利指的是人们操纵一项事物的排他性权利，它由使用权、收益权、占有权和处分权等组成。因此，所谓产权的交易与变更，并非单纯指的是产权整体的转让。事实上产权的划分越明细，就越能够发挥出产权的整体效益，所以只有实现对产权的明晰与重组，最大限度地发挥产权所有者的积极性，才能实现资源配置的最大化。比如，对于一些公共设施，在财产所有权、收益权不变的前提下，通过使用权的出让，就可以取得巨大的经济效益。

9. 内部市场

内部市场是将提供公共服务的公共部门人为地划分为生产者和购买者两方以形成“公对公的竞争”，这样在政府组织内部便产生了“生产者”和“消费者”两个角色，或促使内部组织之间进行竞争，达到提高服务质量的效果。英国、新西兰、瑞典等国家是应用这种方法比较典型的国家。

10.2.2 工商管理技术

工商管理技术是把企业的管理理念和方式引入到公共部门中来，吸取有效经验达成公共管理目标，全面质量管理、目标管理、顾客导向、标杆管理和流程再造等，都是工商管理技术的具体方法。

1. 全面质量管理

（1）全面质量管理的含义与 PDCA 循环。

“质量”（quality）是指产品或服务的优劣，是“反映实体满足明确和隐含需要的能力的特性之总和”[①]，包括产品质量、服务质量、过程质量、工作质量等。质量管理（quality management）是指“确定质量方针、目标之后，在质量体系中通过诸如质量策划、质量控制、质量保证和质量改进，使其实施的全部管理职能的所有活动”[②]。全面质量管理（total quality management，TQM）就是以质量为中心、以全员参与为基础，目的在于通过让顾客满意和本组织所有成员及社会受益而达到长期成功的管理途径。[③] 全面质量管理的特点是：对象的全面管理、全过程的管理、全员的管理、全面运用各种管理方法和提高全社会的效益。[④] 全面质量管理有助于改进公共管理、提高服务质量和改善公共部门的形象。

为了实现全面质量管理，许多管理者采用由戴明最先提出的 PDCA 循环。PDCA 循环分为四个阶段，PDCA 循环的应用意味着不断解决问题的过程就是质量逐步上升的过程。P 阶段是计划制定阶段，工作内容包括对质量现状进行分析，找出存在的质量问题；分析造成产品质量问题的各种原因和影响因素；从各种原因中找出影响质量的主要原因；拟订相应的管理和技术组织措施，提出执行计划。D 阶段是计划执行阶段，即共同按照预定的质量计划、目标和措施，完成具体的作业工作，生产出最终产品。C 阶段是执行结果检查阶段，即根据计划的要求，对工作的执行结果进行对比检查，确定出存在的问题。A 阶段是处理阶段，即对存在的问题进行深入的剖析，确定其原因，采取相应措施。

---

① 龚益鸣：《质量管理学》，42 页，上海，复旦大学出版社，2000。

② 参见魏娜、张璋：《公共管理中的方法与技术》，4 页，北京，中国人民大学出版社，1999。

③ 隋丽辉、舒喆醒：《21 世纪全面质量管理的新模式》，载《管理科学》，2003（6）。

④ 参见余明南、丁正平：《质量管理》，大连，大连理工大出版社，2005。

（2）政府全面质量管理的主要内容。

从欧美各国的实践来看，政府全面质量管理的内容主要包括：以顾客满意为目的、以质量为中心、取得高层支持是关键、以全员参与为基础。

政府实施全面质量管理包括六个步骤：第一，高层领导带头推动；第二，和上级疏通并征得同意；第三，聘请质量评估中心专家培训指导；第四，培训结束后各部门成立质量改进小组；第五，实践全面质量管理之后进行再学习；第六，试点成功大面积推广。[①]

因此，政府公共部门推行全面质量管理必须注意以下事项：注意循序渐进，做好思想转换和教育培训工作，重视激励机制的作用，需要制度的、文化的支持。

2. 目标管理

1954 年，管理学大师德鲁克（Peter Drucker）在其代表作《管理实践》中首次提出"目标管理与自我控制"（management by objective and self-control）的主张，并建构起目标管理的理论体系。从此，目标管理就作为一种管理模式、管理思想和管理哲学风靡世界。

德鲁克认为，管理的原则是能让个人充分发挥特长，凝聚共同的愿景和一致的努力方向，建立团队合作，调和个人目标和共同福祉的原则。而"目标管理和自我控制是唯一能够做到这一点的管理原则"[②]。在他看来，组织是为了某些使命而存在，而目标确定具体工作，因此组织的使命必须转化为目标和任务，经分解，组织成员便有明确的工作。

目标管理作为一种新型的管理模式和管理思想，是一种综合的以工作为中心和以人为中心的系统管理方式。目标管理的中心思想是让具体化展开的组织目标成为组织每个成员、每个层次、部门等行为的方向和激励，同时又使其成为评价组织每个成员、每个层次、部门等工作绩效的标准，从而使其有效运作。正如杰克·贝蒂（Beatty）所说："从根本上讲，目标管理的一个重要假设是把经理的工作由监控下属变成给下属设定客观的标准和目标，让他们靠自己的积极性去实现目标。这些共同的衡量标准，反过来又使得被管理的经理用目标和自我控制来管理。"[③]

目标管理的具体方法与形式上是多种多样的，实践中可采用的模式主要有：组织中心模式、个人中心模式和成果中心模式。

目标管理具有以下四个特征：第一，目标管理是一种分权与自我控制的管理；第二，目标管理是一种参与式管理，它要求上级部门充分发挥下级的能动作用，吸收下级参与到各项管理决策中来；第三，目标管理是一种面向成果的管理，目标管理引导管理者从重视流程、管理制度等细节问题转向重视组织的目标；第四，目标管理是一种系统化的管理，通过完整的目标体系来指导和安排工作。

目标管理被广泛应用于私营部门和公共部门。它以目标为基础，实行以成果为中心的人事考核制度，是提高组织绩效的有效方式。它能够激励工作人员的积极性，加强组织内部的信息沟通，通过明确组织目标，并予以具体化，避免产生个别部门将自己的目标当成

---

① 参见张卫国：《在公共组织引入全面质量管理探讨》，载《合作经济与科技》，2006（2）。

② Peter F. Drucker，*The Practice of Management*，New York：Harper Press，1954：128-129.

③ Jack Beatty，*The World According to Peter F. Drucker*，London：Simon & Schuster Inc.，1998：162.

整个组织工作的最终目标，从而有利于整合组织内各种力量，改善各种关系，为实现组织的最终目标而努力。

3. 顾客导向

公共部门管理以顾客满意为导向，最初是从企业管理中借鉴过来的，其基本取向是：以顾客为中心，即从顾客的角度出发开展活动和提供服务；以追求顾客满意为基本精神；以社会和顾客的期待为理想目标。这些基本取向被发达国家引入到政府公共部门的管理中。

作为一种公共管理方法，顾客导向技术要求公共部门像管理其他资源那样对顾客进行管理，做到顾客至上，公众优先，了解顾客，针对顾客的需求生产和提供公共物品和服务，以顾客价值作为政策的基点，注重与顾客互动、沟通，依据收集到的顾客相关信息改善公共部门的产品和服务，为顾客创造利益和价值。

4. 标杆管理

标杆（benchmarking）是一种业绩标准。标杆管理是一个认识和引进最佳实践，以提高绩效的过程，是一个帮助机构发现其他组织更高绩效水平（标杆）的过程，并尽量了解它们是怎么样达到那种水准的，以便使产生那种水准的做法和程序得以运用到自己的组织机构中。

威廉·盖伊（William Gay）认为，标杆管理是“消费者给公共部门的报告”。他说，标杆给市民——消费者提供了精确可靠的信息，通过这些信息，可以建立标准，作出比较，评估绩效。他将标杆管理说成是一种“推动行业具备高水准的质量和生产力管理竞争力的产物”。公共部门之间不存在为争夺市场份额而发生的生存竞争，这样，公共部门内部明显地缺少一种激励机制。公共部门对标杆管理的运作不仅可以改变其组织的运行节奏，而且可以促使它及时改进，以便继续满足市民的期望和避免福利的净损失。

5. 流程再造

“再造”这一概念最早出现在计算机软件工程领域，与现代信息技术紧紧联系在一起。1993年美国学者迈克尔·哈默（Michael Hammer）和詹姆斯·钱皮（Janes Champy）在《企业再造——经营革命宣言》一书中给出的定义是：业务流程再造（business process re-engineering，BPR）就是对企业的业务流程进行根本性（fundamental）的再思考和彻底性（radical）的再设计，使企业获得在成本、质量、服务和速度等方面业绩的戏剧性（dramatic）的改善，从而达到削减成本、提高利润、对市场变化作出快速灵活的反应和提高企业市场竞争力的目的。[①]

流程再造是用成本、质量、服务和速度等衡量和改善工作业绩，对业务流程进行的根本性再思考和彻底再设计。公共部门流程再造是要对公共治理的理念、原则、组织结构、行为方式等管理模式、组织结构模式、业务模式和服务传递方式进行根本性再思考和彻底再设计，以提高公共管理的绩效和服务质量，而不是简单的组织精简和结构重组。为此，形成了“服务链”的流程再造模式。

---

① 参见［美］迈克尔·哈默、詹姆斯·钱皮：《企业再造——经营革命宣言》，45～50页，牛顿出版公司，1995；王玉荣：《流程管理》，45页，北京，机械工业出版社，2002。

10.2.3 社会化手段

社会化手段是指公共管理更多地利用社会资源，在一种互动的基础上来实现公共管理目标，社区治理、志愿者组织、公众参与及听证会等，都是社会化手段的具体方法。

1. 社区治理

加强社区建设是政府管理的重要课题。随着市场经济体制的逐步建立和完善，从政府和企业分离出来的社会职能，大部分需要依托于城市社区来承担，许多社会问题的解决都需要发展和完善社区治理。

在我国大力发展社区建设和社区服务的实践中，社区治理是一种重要的政策工具。在社区内通过建立各种敬老院、福利院、康复中心、医疗站、托儿所、幼儿园等设施，对老年人、儿童和残疾人等实行社区照顾；调动社区居民不定期地参加保护社区环境的清洁卫生工作，美化居住环境；加强社区治安管理等。

社区治理的优点在于：不花或者很少花政府的钱；调动公民的积极参与，受到广泛的支持和欢迎。

2. 志愿者组织

作为一种政策工具，志愿者组织的活动免受国家强制力和经济利益分配的约束。志愿者组织提供某些社会服务，例如，慈善机构为穷人提供医疗保健、教育和食品；志愿者组织提供诸如海滩和公园的公益服务等。

在传统社会里，志愿者或非营利组织就提供了大量的社会服务，尤其是从事公益事业，现代福利国家的出现曾一度降低了它们的重要性程度。但是，在当代社会中，它们仍然被广泛地当做一种处理社会问题的重要手段。在我国，随着政府职能的转变，志愿者或非营利组织作为一种政策工具的地位和作用也将日益重要。

3. 公众参与及听证会

政府决策民主化要求增强政府决策的透明度，建立公众参与的制度，赋予公众在国家决策中的发言权。公众依照法律赋予的民主权利，通过各种形式反映社会生活中的各种问题，提出各方面的建议。

公众参与是衡量现代社会民主化程度和水平的一项重要指标，它的具体形式很多，包括直接选举和全民公决，还包括公共决策听证会。其中，公共决策中的听证制度是现代民主社会普遍推行的用于保证各方利益主体平等参与公共决策过程，最终实现决策民主化、公开化、科学化和公正的一种重要制度安排。

10.3 战略管理

战略管理作为一种管理方法，在当代公共管理中发挥着越来越重要的功能。我国提高公共管理能力、构建和谐社会及实现全面建设小康社会等重要战略，都需要战略管理理论的支撑和引领，应借鉴、吸收、学习与创新西方企业战略管理及公共部门战略管理理论与方法。

10.3.1 战略管理概述

1. 战略的含义

战略（strategy）一词来源于希腊语“strategos”或演变出的“stragia”，前者意为“将军”，后者意为“战役”、“谋略”，均指军队指挥的艺术和科学。其后，战略在政治学领域得到应用，被用于描述有计划地运用权力和影响贯彻国家目标的活动。在现代管理科学中，战略是指组织在复杂多变的环境下，为实现组织目标而制定的一系列长远性和全局性的关于组织发展方向和行动方案的规划。

公共部门战略管理兴起于20世纪80年代。公共部门战略管理的兴起绝非偶然，也不只是对私营部门战略管理的一种响应，而有其自身逻辑和内在根源，是对公共部门面临的不确定的复杂环境的能动适应以及公共管理改革的产物。正是由于面临着诸多复杂而难以厘清的困境，公共部门开始感受到改变传统运作方式、进行战略性思考与行动的必要性。而且随着公共部门战略管理实践及研究的深入，公共部门战略管理呈现了以下深入发展的趋势：战略管理将成为政府重塑的主要战略选择；战略管理不仅关注战略计划的构思和制定，而且更关注战略计划的执行和战略结果的实现；战略规划的参与主体走向多元化和分散化；战略过程变得更加灵活迅速，目标结果指向更加明确；战略计划更多地融入了内部取向的因素，如对组织文化特征和竞争优势的阐明；政府和非营利组织广泛合作，逐渐发展为战略联盟等。

因此，公共部门战略管理是作为新公共管理运动以及公共管理范式的一个重要组成部分而出现的，是公共部门对急剧变迁的不确定环境的能动适应。保罗·C·纳特、罗伯特·W·巴可夫从环境、交易、组织程序三个方面阐述了公共部门引入战略管理的需要。[①]

2. 战略管理的特征

战略管理作为高层次的管理，不是各种专业职能管理的简单相加，而是整体层面、宏观层面的综合管理；关注现在发展、潜在威胁和未来机会，是对生存和发展具有决定性意义的决策管理，它具有七个主要特征：

（1）战略管理注重整体目标的达成。战略管理超越了各部门的日常管理活动，更为重视公共管理整体的发展方向，通过对各具体职能部门进行协调和整合，集中全部资源来实施整体战略规划。

（2）战略管理是未来导向的，它着眼于长远的、总体的谋略。战略管理为公共管理的未来发展建立了蓝图，是在对外部环境变化和内部资源状况进行了分析和预测的基础上形成的，着眼于在今后相当长的一段时间内管理实践与外部环境的协调问题，目标一旦形成便不会轻易改动，而是作为长期的战略来实施。

（3）战略管理是公共管理寻求发展机会以及识别威胁的过程。战略管理的一个基本宗旨就是利用外部机会来化解或回避外部威胁。也就是说，它关注外部环境，如政治、经

① 参见［美］保罗·C·纳特、罗伯特·W·巴可夫：《公共和第三部门组织的战略管理：领导手册》，北京，中国人民大学出版社，2001。

济、社会、文化、人口、技术、国际竞争等方面的变化对公共管理的影响，及时地识别、监视、评估和处理外部机会与威胁。

（4）战略管理是多重目标的统一。公共管理存在着各个阶段、层次的目标，制定统一的战略目标是通过对众多目标进行协调和妥协，达成一致的整体战略目标，避免了因为目标模糊和矛盾冲突而造成的资源浪费，可以在统一的战略目标框架下整合各方面的努力。

（5）战略管理是直觉分析和理性分析的产物。战略管理从决策角度可以视为进行重大决策的客观、逻辑的方法，因为它旨在对定性和定量的信息进行分析，以便在不确定的情况下作出决策。然而战略管理不是一种采用精密、明晰方法的纯粹科学研究。因为未来的事情不可能用理性分析完全推测出，这就需要战略制定者的直觉分析起作用。经验、判断、感觉甚至直觉都成为战略管理制定中至关重要的因素。

（6）战略管理是一个持续性和循环性的过程。外部环境是不断变化的，因此战略管理也是个持续不断的过程。战略管理者要密切关注内、外部环境的变化，预测其发展趋势，以便及时地调整战略管理的目标，使之对内、外部环境的变化应对自如。而且战略管理过程不是一个线性过程，而是循环进行的。战略形成后，在实施阶段如果发生偏差，就会返回到战略制定阶段，重新调整制定战略，也就是说战略管理各阶段之间是可以逆向进行的。

（7）战略管理要求公共管理主动搜集外部环境信息，根据外部环境的变化，主动调整战略发展规划。公共管理在推行战略管理模式后，从搜集外部信息，整合内部资源，影响外部环境变化等活动都是处于主动的状态。尤其是在战略规划进入实施阶段后，不仅要适应环境，还要通过宣传、沟通等来主动影响外部环境因素的变化，同时继续对外部环境的变化保持监测，并根据战略实施的效果评估，对战略规划进行修正和调整。

10.3.2　公共部门战略管理的性质

公共部门战略管理是在私营部门战略管理的影响下发展而来的，但首先公共部门战略管理与私营部门战略管理在需要方面存在着差异，如表 10—1 所示。[①]

表 10—1　　公共部门和私营部门战略管理需要的不同

因素	私营部门战略管理	公共部门战略管理
环境市场	市场由顾客的购买行为决定，资金来源于收费，市场信号清晰，战略制定和实施依赖于市场的变化。	市场由监督机构构成，资金来源于预算拨款，市场信号弱，战略制定和实施必须认清权威网络成员的信仰和需求。
制约	战略制定和实施具有自主性和灵活性，只受法律和内部多数人意见的限制。	授权和义务经常限制自主性和灵活性，战略制定和实施过程中需要维持资金来源渠道的安排。
政治影响	影响间接且只是当做例外处理，没有特别安排。	影响直接，需要应对外部影响，采用讨价还价和谈判技巧以做出重要决定。

① 参见［美］保罗·C·纳特、罗伯特·W·巴可夫：《公共和第三部门组织的战略管理：领导手册》，179 页。

续前表

因素	私营部门战略管理	公共部门战略管理
交易强制力	根据市场自愿消费的变化来制定和实施战略。	将强制机会当成制定和实施战略变革的一部分。
影响范围	战略的社会影响范围较小。	战略的社会影响范围广泛。
公众审查	战略计划的制定和实施可隐蔽进行并保密，不必对外公开。	战略计划的制定和实施要受到公众的审查，并寻找可让外界参与和检查的途径。
所有权	所有权属于股东，除了股东外几乎没有利益相关者，战略只需要考虑股东的利益。	利益相关者众多，每个公民可能都是利益相关者，战略要了解公众对服务的要求和期望，有效和高效地识别利益相关者。
组织程序目标	目标清晰且上下一致认同，战略最关注效率和利润。	长短期目标不断变化且难以界定，战略关注效率，但更关注公平，战略要找出目标替代物，以克服目标不明确及潜在的冲突。
权力限制	执行被授权给有权力行动的权威人物，机构管理基本不受外界影响，战略管理者控制管理资源，行动基本没有限制。	执行依据利益相关者而定，行动受政府控制下的机构管理，战略要学会应对有限的行动空间，战略管理者没有控制管理资源，因而要辨明和管理行动所需要的资源。
绩效期望	战略绩效目标清楚，且长期稳定不变，因此战略使管理者和员工有紧迫感。	战略绩效目标模糊且处于不断变化中，受政治影响较大，因此战略管理要创造紧迫感、明确绩效目标并采取行动实现它。
激励	主要以金钱激励为主。	很难实施基于个人成就的激励机制，通过稳定的工作、角色和任务以及战略参与使员工得到激励并获得工作动力。

公共部门战略管理和私营部门战略管理在需要方面存在着这些差异，最主要的原因就在于公共管理是运用公共权力而进行的管理。从现实来看，公共部门引入战略管理的实践只是管理方式上的变革，并没有影响到公共部门的性质。公共部门战略管理的性质是公共性的。

1. 公共部门战略管理的根本性质是公共性

私营部门战略的性质是自利性的，即其产生、存在的目的是追求合理的自身利益的最大化。而公共战略的性质是公共性的，即其产生、存在的目的是为了公共利益、公共目标、公共服务以及创造具有公益精神的意识形态等。政府作为这些目标的最重要的实现手段，在其公共战略中从来不会公然宣布自己丧失公共目的而沦为私营机构。政府必须保护国家安全，提供法律手段惩治违规者，提供社会福利以及保护国民财产等。

公共性是现代公共管理的首要规范性取向，公共性是衡量公共管理活动性质和基本价值的分析工具，具体表现在公共管理的长远目标、公共管理人员的职业道德以及公共决策与管理过程的开放性对于保障公共利益的完整性和完全性等方面。公共部门战略管理的公共性质是由公共管理的公共性所决定的，公共部门引入战略管理依然是在法律和相关规章的制约下采取公共行动以实现公共利益。与此同时，公共部门战略管理在公共性的选择上，在维护正义和提供公共物品之间，即公平和效率之间，它必须首先维护社会正义，如运用司法手段，维护一个独立的、公正的司法审判；运用舆论宣传手段，对公平、民主、权利等价值进行宣传、灌输；运用社会福利手段，对弱势群体提供社会保障；运用税收手段，采取累进税制调节社会分配等。在公共部门中推行战略管理也是为了更好地实现公共管理的公共性。

2. 公共部门战略管理追求的目标是创造公共价值，实现公共利益

效率和利润是私营部门战略管理的最直接也是最根本的终极目标。然而，公共部门战略管理的目标确定具有相对的模糊性。由于公共部门所处的政治环境具有复杂性、多元性和不确定性，同时不同的利益集团对政治的各个方面具有不同程度的影响，加上政治的不断变迁等，公共部门通常同时具有很多模糊的、往往处在不断变化中的目标，这些不同的目标以及长期与短期的目标常常是相互冲突且难以界定的。对于公共部门来说，公平地对待每一位委托人并为其提供服务是其首要宗旨，即从公共部门本身的价值目标来说，公共性和公平是最重要的。在市场化需求下，公众对公共物品的需求呈现多样化和个性化，公共部门越来越处在与私营部门竞争提供公共物品的位置上。因此，效率的提高也将随之为公共部门战略管理所关注，公共部门在体现公平和公共性的同时还必须做到高效。公平与效率又往往是相互冲突的，公共部门的战略管理目标往往要在公平与效率的冲突中进行权衡而使其又具有了模糊性。

3. 公共部门战略管理的内容及过程与其特殊的背景结合在一起

（1）在战略内容上，公共部门战略管理的公共性表现在：第一，私营部门的战略管理相对来说是一种微观上的规划和管理，在内容上它往往实现的是一种具体的可见的利润，而公共部门的战略管理是一种宏观上的规划和管理，其内容往往涉及对人类某些价值和理想的追求。第二，公共部门战略管理无论在内容的广度上还是深度上较之私营部门来说，更具有广泛性和复杂性。私营部门战略管理仅仅涉及本企业在一定行业领域、市场范围内的竞争活动，而公共部门的战略管理在内容上往往涉及社会各个领域的团体与个人，其中所包含的利益关系要比私营部门广泛复杂得多。第三，私营部门的战略管理是为获得更多的顾客而进行的一种竞争性的战略管理，其内容具有明显的竞争性。相对来说，公共部门为获得顾客而进行的竞争不是最直接的也不是最根本的，而是与公共背景相结合的，在其战略规划中它与其他机构更多的是一种协作关系而非竞争关系。因此，公共部门的战略管理在内容上更多体现的是一种协作性的规划和管理。

（2）在战略的制定实施过程中，公共部门会受到不同于私营部门的特有因素的制约，这些制约因素是公共部门管理者在战略制定中所必须要考虑的。这些制约因素包括：一是政策、法令的制约；二是资金来源的制约；三是政治权威的制约。

（3）公共部门战略管理的公共性还表现在战略管理过程的公开性上。公共部门本着为公众服务、维护公共利益的宗旨，其运作的公开化、透明化以及公民参与是基于价值上的一种取向。公共部门的战略管理无论在内容上还是过程上都必须保持一定的公开性，让公民在知情的前提下进行参与、监督、检查，而私营部门的战略管理则完全可以在保密的情况下进行。这样，公共部门的战略管理中必须寻求可以让外界参与战略制定、战略实施和战略控制的有效途径，通过公民的广泛参与来保证实现公众利益的最大化。

综上所述，公共部门战略管理虽然大量借鉴私营部门战略管理的方法和经验，但其根本性质没有因此改变，仍然是公共性质的，它的主要价值目标仍是为了创造公共价值，实现公共目标。公共部门战略管理借用私营部门战略管理的方法和手段是为了让公共部门更好地履行其功能，实现其目标，二者是手段和目的的关系。我们不能因为战略管理来源于私营部门，就否定其管理的公共性。

10.3.3 公共部门战略管理过程

1. 公共部门战略管理系统

公共部门战略管理系统是公共部门战略管理实施的载体，是战略管理过程展开的基础。该系统各要素联系是否得当，直接影响战略管理的运行，并决定战略管理的目标能否实现。

公共部门战略管理系统主要由以下要素组成：公共部门战略管理的主体、公共部门战略管理的客体、公共部门战略管理的环境。公共部门战略管理系统的这三部分相互依赖、相互影响、相互作用，共同构成了战略管理的有机系统。战略管理主体在整个战略管理过程中起主导作用；战略管理客体不仅影响主体的性质和规模，也制约着主体的结构、功能和活动方式；战略管理主体要实现战略管理目标，必须要正确认识和把握环境。

2. 公共部门战略管理过程

战略管理是一个客观、系统、逻辑的过程与步骤。从系统的观点出发，可将战略管理分为三个阶段：战略规划、战略实施、战略控制。它们之间相互联系、不可分割，共同形成一个循环的、持续上升的过程（见图 10—1）。

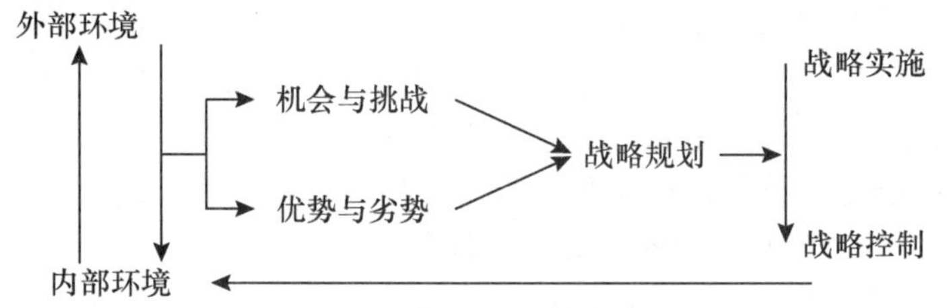

图 10—1　战略管理的过程

（1）战略规划。

战略规划是战略管理的第一步。战略规划阶段所要完成的任务是要清楚明确地表达战略，并对战略演变加以适当的管理。战略规划就是对公共部门内外环境进行分析，在此基础上研究拟订战略的过程，也就是寻找发展的趋势，发现发展的威胁和机会，以使潜在利益最大化。战略规划立足于实然状态和应然状态的差距，目的是寻求公共部门与外部环境的最佳结合。一般而言，它主要包括主要决策者对制定战略规划达成共识；了解相关法律制度，明确组织（可以是一个部门、一个行业，也可以是一级政府）的使命；战略分析（内外部环境分析）；列举战略清单，并按优先顺序排列，确定组织的战略；在综合分析的基础上，选择出具有可能性和可行性的战略，确定战略方案。

战略分析是战略规划中最重要的一环，PEST 分析法和 SWOT 分析法是常见的战略分析方法。PEST 分析方法是一个宏观环境分析模型：首先是搜集对组织战略产生影响的政治法律（politics）、经济（economy）、社会文化（society）和技术（technology）四个方面的因素；其次是对这四个因素进行仔细分析，理清这些因素对战略的影响，找到本组织需要考虑的因素；最后是对这些因素进行评价（比如专家打分法），确定关键战略因素。

SWOT 分析法（自我诊断法）是目前战略管理与规划领域广泛使用的分析工具，是一种综合考虑组织内部条件和外部环境的各种因素，进行系统分析评价，进而选择最优战略的常用方法。这里的 S 是指组织内部的优势（strengths），W 是指组织内部劣势（weaknesses），O 是指组织外部环境的机会（opportunities），T 是指组织外部环境的威胁（threats）。从整体上看，SWOT 可以分为两个部分：第一部分 SW，主要用来分析内部条件；第二部分 OT，主要用来分析外部条件。另外每一单项又可以分为内部因素和外部因素，这样就可以对组织情况有一个比较完整的了解。SWOT 分析是通过了解本组织的优势和弱势，抓住组织外部的机会，规避组织外部的威胁，从而制定行动战略的方法。通过 SWOT 分析可以明晰组织所具备的能力，正视组织的弱点和威胁，直面组织所面临的压力，以促使组织人员更积极地寻找有助于实现组织目标或理想的各种机遇。

进行 SWOT 分析并将分析结果用于战略决策，要遵循以下四个原则：一是使各种优势相互结合、有机联系，在结构上建立耦合关系；二是扩大优势，使系统功能更加完善，运转更加良性；三是抓住机会，绕开不利因素的干扰，化解和防范风险；四是两害相遇取其轻。

SWOT 分析法为组织提供了可供选择的战略。战略管理者经过对内外部环境的 SWOT 综合分析，可以制定多层次战略，促使战略管理者更了解组织的独特能力（distinctive competencies）。如图 10—2 所示，英国伯明翰城市议会的 SWOT 分析实例。[①]

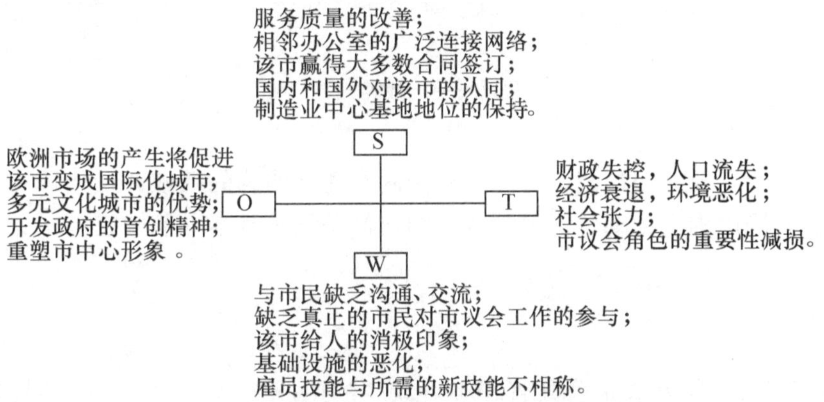

图 10—2　英国伯明翰城市议会的 SWOT 分析

资料来源：英国伯明翰市《城市战略与报告》，1992。

战略规划在公共管理的应用方面分为三个层次：第一，涉及全国（省）的应用，这种较高层次的应用，通常需要公民广泛参与，而且有赖于各组织之间的合作与协调；第二，

① 参见陈振明：《公共部门战略管理》，11 页，北京，中国人民大学出版社，2004。

以部门为基础的策略性长期规划，关注部门的战略目标与计划；第三，以部门为主的战略议题管理，此种应用是在前面战略计划中选择特定的议题，而非全面性的战略规划。随着层次的降低，宏观性逐渐降低，内容的具体操作性逐渐增加。

（2）战略实施。

战略实施是将战略管理方案付诸实践，逐步实现战略规划的过程。战略规划是战略实施的基础；战略实施是战略规划的执行，在实施过程中往往渗透着规划。

战略实施是一个复杂的过程，它可能会受到组织结构、组织文化、信息沟通、资源分配、领导人员素质等因素的影响。战略实施包含了战略发动、制定行动计划、组织保障、物质基础保障、营造战略实施软环境、战略实验和全面实施。战略设计的合理性、行政结构与战略的匹配程度、行政体制因素、行政文化、公务人员对战略的实际支持程度及其能力状况、沟通与协调的程度都有可能影响战略实施的效果。

（3）战略控制。

战略控制是建立在战略管理前期工作基础上的管理活动，是一个不断监视和控制战略实施进程，评价实施结果是否符合原定目标和要求，发现问题并及时采取措施，以保证战略实施结果与战略规划的要求相吻合的过程。如图 10—3 所示。

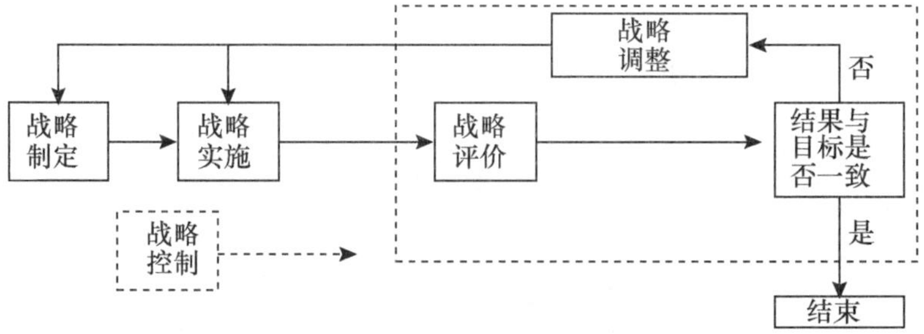

图 10—3　战略控制

战略控制主要涉及前提控制、实施过程控制和建立明确的绩效评估指标三个方面的活动。战略控制程序由确立标准、衡量绩效、纠正偏差三个基本环节构成。

本章小结

1. 公共管理技术与方法是公共管理不可缺少的组成要素，是实现公共管理目标的重要途径。随着社会政治、经济和文化的发展，公共管理的各种技术与方法在不同时期表现出不同的内涵，体现了工具理性和价值理性的有机统一。

2. 战略管理是将环境变化与公共管理目标实现有机结合在一起的管理方式，是公共部门在分析内外环境变化的基础上确立和调整战略目标、进行政策选择、整合资源以实现公共管理目标的过程；目标管理是一种综合的以工作为中心和以人为中心的系统管理方式，是一种组织成员自我控制的管理、参与式的管理、注重效果的管理和系统化的管理；全面质量管理是对象的全面管理、全过程的管理、全员的管理、全面运用各种管理方法和提高全社会效益等方面的有机统一；公共伦理和法治是公共管理的保障机制，公共伦理强化公共管理者的内省制约机制，法治强化社会权利、公民权利对公共权力的制约机制。

3. 公共管理的各种工具与方法，都是从不同角度去发挥实现公共管理目标的作用。从分散地、单独地使用到综合使用各种工具和方法，是公共管理发展的必然趋势。

关键术语

传统行政方法　市场化工具　工商管理技术　社会化手段　战略管理　PEST 分析法　SWOT 分析法

复习思考题

1. 比较分析传统行政方法与当代公共管理新工具之间的联系与区别。
2. 举例说明市场化各种工具在当代公共管理中的具体应用。
3. 举例说明工商管理技术的各种方法在当代公共管理中的具体应用。
4. 举例说明社会化手段的各种方法在当代公共管理中的具体应用。
5. 分析战略管理各学派的特点，并正确区分“战略的管理”与“管理的战略”。
6. 请分析在采用市场化工具推行公共服务民营化过程中，应考虑的限制因素或条件。

第 11 章

公共管理规范

规范公共管理行为、促进行为公正、提高管理效能和社会服务质量，这是当代公共管理的要求。本章围绕公共管理伦理、公共管理法律和公共管理监督等内容进行阐述。

重点问题

- 公共管理伦理在规范公共管理中的作用、形式及途径
- 公共管理的法律途径及其价值
- 公共管理监督体系及其完善

11.1 公共管理伦理

11.1.1 公共管理伦理的内涵

1. 公共管理伦理的含义

在中国现代语境中，“道德”与“伦理”两个概念并没有严格的区分，“伦理学”也常常被称为“道德哲学”或“道德科学”。[①] 一般来说，伦理有其普适性，但应用于不同领域就有着不同的伦理，诸如，经济伦理、行政伦理、私营部门的伦理、公共部门的伦理、企业管理伦理和公共管理伦理等。公共管理伦理是公共管理领域的规范体系，它所针对的对象是公共管理行为，虽然它不可避免地涉及管理者与管理对象之间的关系，但作为公共管理对象的公众、社会群体和公共场所的道德行为或伦理关系不是公共管理伦理所要考虑的

① 参见《辞海》(上)，上海，上海辞书出版社，1989。

主要问题。

公共管理伦理的概念是：以“责、权、利”的统一为基础，以协调个人、公共部门与社会的关系为核心的公共管理领域的基本伦理维度、公共管理行为的基本道德规范和公共伦理精神。它包括以下三个方面：第一，公共管理伦理所涉及的基本范围是公共管理领域；第二，公共管理伦理的基本道德规范主要是针对公共管理行为，是以公共管理系统或者以公共管理者为主体，是针对公共管理行为和政治活动的社会化角色的伦理原则和规范；第三，公共管理伦理既是关于公共管理行为道德规范的集合，也是社会基本伦理精神和普遍价值的体现。

2. 公共管理伦理的提出

在欧美，行政和伦理曾长期处于相互分离的隔绝状态。人们曾经认为，公共行政属于决策与执行的“事实领域”，伦理学属于哲学和道德的“价值领域”，是两个截然对立、完全不同的领域。把技术管理和实际效率视为最终目标的公共行政，却将伦理价值排斥在科学管理的大门之外[①]，这的确有助于政府工作的改进和政府行政效率的提高。但随着时代的发展和社会的进步，社会发展的速度和节奏越来越快，社会管理的复杂程度较以前大为增加，强调绝对“价值中立”、“价值无涉”的公共管理面临着越来越多的挑战与困境。

（1）公共管理伦理是现代公共管理理论和实践催生的产物，是现代公共管理本身的内在组成部分。传统的公共行政寻求“价值中立”和效率最高的技术化组织管理方式，已经满足不了公众日益高涨的价值诉求。在一个民主的社会，公共权力的行使必须直接或间接地对人民负责，实行责任行政，这是民主的内在要求。责任行政意味着政府能积极地回应、满足和实现公民的正当要求，履行其社会义务和职责，承担道德的、政治的、行政的、法律的责任。[②] 行政权力的公共性特性，决定了其运作的主要目的是提供公共政策和发展公共服务，维护公共秩序和实现公共利益。也因此，新公共行政以其强调社会公平和正义，以其对公共利益的扩展性理解而与传统公共行政区分开来。[③]

（2）公共行政的自由裁量权强化了公共伦理的诉求。行政与伦理的二元对立完全否定了公共管理者自由裁量权的现实存在，认为在民主政治的运行体制下，正当的政治意图能完全体现在行政组织的规则、程序以及职务与职能的界定中，任何超越这些政治意图的行为与决策都是不允许的。然而，现代行政国家的政府行政事务越来越趋于多样化、复杂化，行政管理的专业性、技术性不断增强，立法机关不可能制定出包罗万象、严谨周密的法律法规来满足行政管理各个方面的需要。在这种情况下，行政自由裁量权作为确保政府充分发挥能动作用的重要方式，就得以合理存在并不断扩大。它允许行政主体依据赋予其权力的法律、法规所确定的法律目的、精神、原则和行政合理性的法治原则，在法律规定的范围内自行判断、自行选择和自行决定具体行政行为的权力。为此，自由裁量权应构成现代行政权的核心。[④] 因此，公共行政与伦理价值并非截然不同的两个领域，它们具有相

① 参见吴翠丽：《试论公共行政的伦理诉求》，载《东南大学学报》（哲学社会科学版），2004（7）。

② 参见张成福：《责任政府论》，载《中国人民大学学报》，2000（2）。

③ 参见王云萍：《伦理理论的整合与公共利益的伦理学论证》，载《安徽大学学报》（哲学社会科学版），2005（5）。

④ 参见章剑生：《现代行政程序的成因和功能分析》，载《中国法学》，2001（1）。

融共通的基础。努力增进行政与伦理的沟通融合，是行政活动的内在需要和必然要求。

（3）公共管理内在地包含着对公共伦理的诉求。在现代民主政治社会中，“公共管理的目的和本质在于维护、实现、增进和公平地分配公共利益，不断满足社会的公共需要”[①]。这意味着公共管理是代表社会施政，是源于社会公共事务管理的需要。它从社会中获取公共权力的力量，以独有的“服务性管理”的方式实现和增进社会公共利益；运用公共权力、按照法定程序公平地分配利益。

3. 公共管理伦理的构成与思考方式

（1）公共管理伦理是一个有机联系的整体，由诸多层面的要素所构成：第一，观念形态。观念形态就是伦理意识，是用以指导公共管理者作出行为选择的价值观，包含伦理准则意识、伦理责任意识和伦理目标意识。第二，实践形态。实践形态就是以一定的伦理规范为指导的公共管理行为，是将公共管理价值规范和公共管理义务以及这些义务所导向的最终目标统一起来。第三，准则评估形态。准则评估形态是观念与实践的结合形态，是检测实际公共管理活动的正确性、公平性和合理性，是依据一定的历史标准和公共管理伦理标准，通过社会舆论、传统习惯和内心信念的作用，对公共管理者行为以及对整个公共管理系统的现状进行价值判断的活动。社会舆论、传统习惯、内心信念是道德评价的三种主要形式。

（2）公共管理伦理的思考方式。在公共管理实践中，什么是正确的、什么是应该做的、如何对所面临的具体伦理问题作出决策，都是要着力思考和解决的问题。特里·L·库珀将人们进行伦理思考的方式界分为四个区别明显的层次[②]：情感表达层次、道德规则层次、伦理分析层次、后伦理层次。这四个层次构成的公共管理伦理分析框架，是一个高度动态的系统，各个层次并没有明确的前后顺序。这个分析框架指导公共管理者努力弄清什么是正确的、什么是应该做的以及如何对所面临的具体伦理问题作出决策等。

11.1.2 公共利益是公共管理伦理的实质

1. 公共利益及其特性

公共利益作为判断公共管理行为是否正当的价值标准，是公共权力赖以运作的价值基石和道德基础，反映了公共管理伦理的实质。

公共部门的双重性，除了集中代表和体现公共利益之外，还代表自身的利益。代表公共利益是它的法定义务，体现了公共管理伦理道德的属性；代表自身利益则体现了它的“经济人”属性。当公共部门代表其自身利益的时候，它所代表的就不再是“公共利益”，而是“权力利益”。

公共利益不一定就是国家公共部门所认定的利益，也不一定就是多数人的利益。如果认为公共部门所认定的利益就是公共利益，会导致公共权力培育真理的结果；如果认为多数人的利益就是公共利益，会抹杀公共利益的整体性、全局性特征。在排除“权力利益”

---

① 王乐夫：《试论公共管理的内涵演变与公共管理学的纵向学科体系》，载《管理世界》，2005（6）。

② 参见［美］特里·L·库珀：《行政伦理学：实现行政责任的途径》，8～18页，北京，中国人民大学出版社，2001。

的前提下，公共部门所代表的利益才能被推定为“公共利益”。尽管公共利益就如同“普洛透斯的脸”一般，以其抽象而变幻莫测[①]，但在一般意义上，“公共利益就是社会的不同利益主体间的共同利益。也就是说，它不是个人利益的相加总和，也不是特定的团体利益或部分人的利益，而是具有社会公共性和社会共享性”[②]。或者说，“公共利益是一定的社会群体存在和发展所必需的并能为他们中不确定多数人所认可和享有的内容广泛的价值体”[③]。

因此，公共利益的概念是：公共利益是在一定社会条件下或特定范围内各种社会主体间利益关系的平衡性与一致性，公共利益能够超越不同利益主体和地域，对社会中的不确定的人或团体产生普遍的非特定的影响。公共利益总是和一定社会群体的存在和发展所必需的社会价值有关，是一定社会群体存在和发展的前提。公共利益具有社会公共性、公共利益辐射地域范围和主体范围的广泛性、公共利益内容的广泛性、公共利益的超越个体性和一定层次性等特征。

2. 公共利益的评价功能

公共利益是公共管理伦理的实质，是公共管理的价值准则和评价尺度[④]，如果一个公共管理行为真的是为了“公共利益”，那么它是可以被接受的；否则，就会遭到谴责，人们会运用有效的手段制止此类行为再度发生。因此，公共利益在公共管理伦理中的地位和作用突出地表现在它的评价功能方面。

(1) 维护公共利益是公共管理伦理主要的实体内容。利益矛盾和冲突是人类社会的普遍现象，是公共管理及公共管理主体产生和发展的根据。在现代社会，公共管理主体运用所掌握的公共权力来调节社会各种利益关系问题，解决社会各种利益矛盾和冲突，维持社会的长期稳定和发展。

(2) 公共利益是判断公共管理行为是否正当的价值标准。公共管理是为了公共利益的目的，由社会上发展出来的多元管理主体以及它们所组成的网络结构，在公民广泛参与、参加、制约下，对公共事务所进行的一种多层次、多方法的管理活动。[⑤] 公共管理存在的合理性及合法性就在于对公共利益的保护和促进。

(3) 公共管理伦理的最终目的在于促进公共利益的实现。就公共管理伦理的研究对象来看，它指向的是社会整体，或者说共同体；就其内容而言，指涉的是公共利益。而公共利益的出现，是以大规模国家政权的建立、广泛的社会互动的增加以及市场经济的繁荣等为条件的。公共利益自其产生之日起，就成为公共权力的基础和价值导向。政治哲学家洛克就认为，“政治权力的目的，在于保护个人权利，保障公共利益，政府的权力不过是来自最高权力的委托，而最高权力则掌握在人民手中”，“社会或由他们组成的立法机关的权力决不允许扩张到超出公众福利的需要之外”[⑥]。

---

① 参见孙笑侠：《论法律与社会利益》，载《中国法学》，1995 (4)。
② 马永庆：《公共利益：行政伦理建设的根基》，载《山东师范大学学报》(人文社会科学版)，2004 (5)。
③ 王太高：《公共利益范畴研究》，载《法学研究》，2005 (5)。
④ 参见王家峰：《政治伦理：公共利益：公共伦理的价值基础》，载《伦理学研究》，2006 (5)。
⑤ 参见刘熙瑞：《中国公共管理：概念及基本框架》，载《中国行政管理》，2005 (7)。
⑥ [英] 洛克：《政府论》(下篇)，91～92 页，北京，商务印书馆，2003。

当代公共行政学的最新理论“新公共服务”秉承了这一传统，“重新肯定公共利益在政府服务中的核心地位”，并将其视为公共行政理论的核心原则之一，强调“公共行政人员必须建立一种集体的、共同的公共利益观念”①。这也同时使公共伦理将公共利益纳为它的基本准则和价值追求。

11.1.3 公共责任是公共管理伦理的具体化

1. 公共责任的含义

公共管理伦理与公共责任（public accountability）是紧密联系、内在统一的，从某种意义上说，公共责任是公共管理伦理的具体化。公共管理为了实现其目标，都必须具有为之服务的公共责任制度。现代公共责任在整个公共管理中占有不可忽视的地位。

公共责任包含两个层次的含义：第一个层次是指公共部门在公共管理过程中，依法应当履行的职责。因此，从这个角度来说，公共管理是一种权力，同时也是一种责任，权力是手段，责任是目的，责任是第一位的。第二个层次是指公共部门在公共管理过程中对不履行、不完全履行或违法履行其应当履行的职责而引起不良后果时所必须承担的责任。公共责任第二层次的含义是从第一层次派生出来的，是以第一层次的公共责任作为前提条件的。公共责任是公共管理伦理的具体化、契约化，公共责任是公共管理的基础。

因此，公共责任具有以下基本特征：（1）公共责任是一种普遍的义务。公共责任在法律、法规和伦理道德的约束下，表现为一种普遍的义务。作为公共管理主体，承担公共责任的过程，就是一个承担为社会尽义务的过程，承担起为其服务对象尽责效力、谋取利益的义务。（2）公共责任是一种任务。公共管理者在承担义务的基础上，还必须通过认真履行自己的义务和职责的方式，对行为后果承担责任。公共管理过程，实际上就是具体完成依法应全面完成的任务的过程。（3）公共责任是一种监督、控制和制裁的约束方式。公共责任是一种以外在的约束力为支撑力的约束方式。公共责任是可以以外力甚至国家强制力为支持的约束方式，通过应用法律制度来制止公共部门及其成员的权力寻租行为，监督公共部门及其管理活动，防止公共部门肆意追求特殊利益而置公共利益于不顾。

2. 公共管理伦理的责任冲突与选择

责任冲突是公共管理伦理困境的最典型的表现形式。在公共管理实践中，公共责任冲突最常见的三种形式为：权力冲突、角色冲突和利益冲突。

（1）权力冲突。库珀关于客观责任的分析显示，客观责任具有多种权力来源，包括法律、组织上级和公众等。法律要求一个公共管理人员这样做而上级却又要求他那样做，或者上司指导一个公共管理人员朝某一个方向活动但公众却希望他朝相反的方向活动。这就明显地产生了冲突。在权力冲突中，公共管理人员面临着由两种矛盾的权力资源所带来的两种不同的客观责任之间的冲突。

（2）角色冲突。角色概念是角色责任冲突的关键原因。在特定的情形中，公共管理者所体验到的特定角色的价值观是不相容的或者是互相排斥的。现代社会中的社会关系和个人身份认同变得越来越复杂。人们不再将自己的身份认同为某一个角色或某一些角色，而

---

① ［美］珍妮特·V·登哈特、罗伯特·B·登哈特：《新公共服务：服务，而不是掌舵》，40页。

是复杂的网络系统中相互关联的角色群。

(3) 利益冲突。责任冲突的另一种情况是，在现代社会中，公共管理人员必须是不同利益的管理者，这是价值相对性和社会的多元化的必然产物。公共政策的制定与执行都是不同利益关注的焦点。公共部门越来越被严重地卷入管理这些不同利益的问题当中。这种冲突包括角色冲突和各种权力资源之间的紧张关系，但这些冲突中较典型的就是以权谋私，即个人利益与我们作为一个公共管理者的义务之间产生了冲突。它们表现为公共角色与私人利益之间的冲突，客观责任与个人可能利益之间的冲突。一般说来，这种冲突的解决方式在很大程度上依赖于与我们生活的私人领域和公共领域相关的价值观。

11.1.4　公共管理伦理建设

公共管理伦理建设是一个涉及政治、经济、法律、文化、道德等诸多方面的综合的系统工程。因此，加强公共管理伦理建设，需要从实际出发，加强各种措施的协调配合，特别是要根据市场经济条件下公共管理伦理建设的内容、形式、特点和规律，使公共管理伦理建设具有较强的针对性和可操作性。

1. 加强公共管理伦理教育

良好的公共管理伦理，有赖于正确的公共管理价值观的确立，公共管理的意识、理论、认知、情感、态度和道德等文化要素，构成了公共管理模式取向，直接决定着公共管理伦理的状况。因此，应加强公共管理伦理教育和促进公共管理文化建设，使公共管理者树立正确的公共管理伦理观，从而形成内在的约束机制。

2. 加强立法，将更多的伦理规范纳入法律规则体系

公共管理伦理立法，是把公共管理伦理规范的一部分通过立法程序确认为法律，使公共管理伦理具有与上层建筑的政治、法律同等地位的效力和作用。道德信念作为软件必须通过政治法律等硬件系统的功能才能很好地发挥作用，如果没有相应的硬件设施，再好的道德体系也很难对社会产生实际的影响。

3. 完善社会对公共管理活动的干预和监督机制

公共管理活动的两个基本方面：公共管理结果与公共管理行为的关系。所谓公共管理结果，是指公共管理主体做了什么——业绩，做得怎么样——质量、水平、效率，以及社会影响和公众的反应如何，这方面的基本问题是公共管理的效率与质量问题，也就是是不是把该做的事都做好了的问题。所谓公共管理行为，是实现公共管理目标的具体过程，这方面基本的问题是公共部门是否能获得公众的基本信任问题，它包括两层相互联系的含义：一是指公共管理所做的事是不是该做的事；二是指公共管理该做的事是不是都做了。

4. 把公共管理伦理作为公共管理人员任职、升降、奖惩的必要条件

在公共管理人员的任免、升降等行为中引入道德赏罚机制，是公共管理伦理得以发挥其规范作用的重要保证。它是社会以利益作为对公共管理主体行为责任或道德品质高低的一种特殊的道德评价和调控方式。对于公共管理人员来说，职位的升降是其最关注的利益函数。在人员使用上，形成奖善罚恶的道德赏罚导向和机制，对那些道德模范者给予重用和提拔；对那些品行不端、道德不良者，决不提拔重用。

11.2 公共管理法律

近代以来，随着法治主义的兴起和行政权力的发展，公共管理与法律的关系变得日益紧密起来。如何通过法律使公共部门拥有的公共权力不被滥用，同时促进公共部门有效发挥作用，已成为现代公共管理的重要课题。在现代社会，公共管理与法律的结合是维护公民权利和实现公共利益的根本保障，是公共管理走向法治化管理的重要标志。

11.2.1 公共管理的法律逻辑

1. 公共权力需要法律约束与规范

公共权力从产生之日起就具有双重性，是一把“双刃剑”，这就产生了对其加以约束的必要性问题。将公共权力列入法律裁判的范畴，强调法对公共权力的规范和约束，是现代公共管理的重要特点。在现代社会，只有公共管理严格按照法律行使权力，并为自己的所有违法行为承担责任，真正的法治社会才能形成。

公共管理走向法治化是现代公共管理方式的重大变革，更是现代公共管理模式的一场深刻革命。建设法治国家，首先要建立法治政府，把公共管理纳入法制化的轨道。法治通过预先制定的规则来划分政府和个人的权利范围，建立决策和解决纠纷的程序。通过这种方式，公共管理受到约束。当然，法治并不是约束政府的唯一方式。公民社会和民主是约束政府的另外两种方式。公民社会通过非政府组织、舆论、媒体等途径约束政府。民主是以投票的方式，根据少数服从多数的原则确定政府人员，作出决策和决定，从而约束政府。

2. 公共管理研究的法律途径

（1）公共管理的研究途径。

从历史的观点来分析，公共管理存在着三种主要的研究途径，即管理途径、政治途径和法律途径。管理途径又称为B途径或商业途径，它秉承管理学和经济学的传统，主要从组织结构和功能、程序、技术方法以及效率和产出的角度来理解公共管理，强调工具理性；政治途径又称为P途径或政策途径，它秉承政治学和法学的传统，关注民主、社会公平等价值，强调公共权力的制约和限制；法律途径将公共管理视为法律在具体环境中的应用和实施，赋予了公共管理法治和裁决的主题。

（2）公共管理法律途径的兴起。

公共管理法律途径的兴起主要是由于：第一，宪法和行政法对公共管理调节和规范的力度不断加大。宪法和行政法确立了公共权力，特别是政府行政权力的边界，把政府行为的合法性建立在保护公共利益的基础上。第二，司法机制对公共管理的裁判作用越来越明显，以致出现了“公共行政司法化”的趋势，即将行政运作程序视为与司法程序一样，目的在于确保个人合法权益不受侵犯。第三，现代公共管理改革的一个重要特点，就是“政府从权威的源泉和法律权威的享有者转变为市场合同的缔结者”。换言之，过去属于私法调整范畴的工具，如合同制、民营化和公司化等，在公共部门改革中发挥着日渐重要的作用，这也促使人们更深入地探索公共管理与法律之间的关系。

（3）公共管理法律途径的基本理念。

公共管理法律途径强调法治，重视对个体权利的保护。正如英国学者 H. 韦德所揭示，“法治”的主要目的“就是控制政府的权力不超出它们的法律规范，以此来保护公民不因权力滥用而受到侵害”①。公共管理法律途径包含的基本理念有：第一，维护公众的基本权利，个人应享有的实质权利和法律的平等保护；第二，正当法律程序，“不按照正当的法律程序不得剥夺任何人的生命、自由和财产”②；第三，建立畅通、有效的救济渠道，包括建立司法审查制度、撤销制度、违宪审查制度、权力制约与监督制度、律师制度等。③

（4）公共管理法律途径的主要内容。

公共管理法律途径主要包含以下方面的内容：第一，强调宪法层面的公正、程序、权利和平等价值；第二，把公共部门视为一种能够通过公正的抗辩程序来解决争端的结构形式；第三，注重建立明确的公共管理行为准则和监督机制；第四，把公共管理的对象看做完整和独立的个体，关心个人宪法权利和法律权利的保障；第五，重视公共管理结果的合理性，不仅要求公共管理行为的主体和程序合法，还要求有利于保护公共管理相对人的合法权益和提高效率。

11.2.2　西方国家法治行政的历史演进

法治行政是资产阶级宪政运动的产物。在资产阶级革命胜利以后，法治成为人类目前所能认识到的一种治国方法，法治原则也作为一个重要的宪法原则得以确立。没有行政法治，则不会有法治国家的存在。

西方国家法治行政的基本要义、基本精神体现在法律制度和具体的法律规范之中，体现和贯彻实施于公共行政活动之中且历时变迁。在自由资本主义时期，与反对国家干预的自由主义的统治方法和议会至上的资本主义政治制度相适应，法治行政的基本要义表现为：（1）行政权的作用不得与法律相抵触；（2）行政权没有法律依据，不得使人民负担义务，或分割其权力；（3）行政权没有法律依据，不得免除特定人在法律上应负的义务，或为特定人设定权利；（4）法律经各个行政机关自由裁量时，其裁量权的界限，仍须受法律限制。一切行政权力的行使都必须根据法律，服从法律，遵守法律。这反映了自由资本主义时期“无法律即无行政”的法治行政现实，也是“政府法治主义”的充分体现。④

随着资本主义自由经济的发展，资本主义所固有的矛盾日益激化，并已开始危及资本主义的统治。自由竞争的极端化制造了可以摧毁自由竞争制度本身的社会矛盾和冲突，客观上需要一个超脱于所有竞争主体来扼制垄断的协调执行官，需要一个维持基本社会公正

---

① ［英］H. 韦德：《行政法》（英文版），4、38 页，1982。

② 参见美国宪法修正案第五条的规定。

③ 参见［美］戴维·H·罗森布鲁姆等：《公共行政学：管理、政治和法律的途径（第五版）》，37 页。

④ 自由资本主义时期，自由主义的统治方法以及“管事最少的政府就是最好的政府”的观念，使政府的一切活动均应严格置于制定法之下，国民议会所制定的法律只就政府行政的一些而并非所有的事项进行规定。这样，实行“法治”的结果，就是政府的权力及其活动被限制在比较狭窄的范围内，政府职能仅限于维护公共安全和基本秩序、消除社会危险等方面。这就是“政府法治主义”的全部内涵。

而免于社会崩溃的社会产品分配者。生产高度社会化和科技进步成为经济发展的第一动力，又需要一个执行共同社会事务的组织者。正如日本社会学家真田足教授所说："国家在经济领域的出场是垄断资本主义的资本积累和集中，比资本主义积累一般规律速度要快、规模更大、竞争更剧烈，从而越发增强了资本增殖的冲动，为此就必然要动员一切方法和手段，其中最有利的是实现对国家的动员。"① 因此，从维护资本主义生产关系的需要出发，垄断资产阶级不得不采用对社会经济事务的积极干预主义，充分运用和强化了政府的政治统治职能。这就使政府公共行政的权限范围以及公共行政活动所依之法发生了变化，法治行政的要义明显表现为：（1）凡规定有关人民自由、财产权的法规，应受法律的支配；（2）以法律指导行政，行政行为与法律相抵触时，不产生效力；（3）行政活动虽非必须全部从属于法律，但基本权力的限制非以法律制定不可。

垄断资产阶级面对尖锐的矛盾冲突，既要求授予政府广泛的委任立法权和自由裁量权，同时又要在根本上坚持资产阶级的民主宪政原则，对政府行使委任立法权和自由裁量权加以控制。因此，法治行政原则就包括了既要强调行政权威，授予政府必要的行政权力，以应付日趋复杂的社会关系和各种利益冲突，又强调控制政府，防止政府滥用行政权力的双重要义。正如列宁所说："资产阶级从一种方法转而采用另一种方法，并不是由于个别人用心险恶的算计，也不是由于什么偶然的原因，而是由于它本身地位的根本矛盾性。正常的资本主义社会要顺利发展下去，就不能没有稳固的代表制度，就不能不给予在'文化'方面必然有较高要求的人民以一定的政治权利。"②

由此可见，从自由资本主义时期发展到垄断资本主义时期，随着社会条件的变化，资产阶级法治行政的原则，在含义上和应用上也发生了变化。政府不再以议会制定的法律为行政权力的唯一依据。政府可以依照职权在法定的范围内活动，并按照法定程序行使权力。法治行政所依之法，已由议会制定的成文法律扩展到政府行政机关根据议会或法律授权而制定的规章。行政权的目的也不再限于对社会的管理控制，而是要主动地为公众谋福利，对社会公众的关怀"从摇篮到坟墓"，由"最好政府最少管理"进而发展到"最好政府，最多服务"的"服务行政"。这样，"法治行政"就不能只是恪守现行的法律。法治行政原则的这种发展变化，对保护行政机关有效地行使职权、为社会提供更多的服务起到了非常积极的作用。但是政府行政权力的日趋强化，使"三权分立"的传统观念逐渐被打破，国家公共权力日趋向政府行政部门倾斜，政府除了享有行政权外，还拥有委任立法权和司法权。这无疑是对资产阶级议会至上的政治制度和民主宪政原则的极大威胁。资本主义一步一步走上国家资本主义或资本垄断之路，它的政治将不可避免地要极权化、官僚主义化。③

这种极权化、官僚主义化，形成了政府垄断，从而导致了公共行政的低效率；带来了巨额的政府财政支出与赤字，从而导致了政府干预的高额成本。针对这种社会现实，自 20 世纪 70 年代以来，西方国家掀起了政府改革运动。改革所采取的措施就是将民主宪政对

---

① 王惠岩主编：《政治学概论》，114 页，北京，高等教育出版社，1999。

② 《列宁全集》，中文 2 版，第 20 卷，68 页，北京，人民出版社，1989。

③ 参见蔡立辉：《政府法制论——转轨时期中国政府法制建设研究》，158～162 页，北京，中国社会科学出版社，2002。

公共权力的限制与制约，在形式上已不再局限于刻板的法律条文对公共权力的限制，而是寓市场竞争机制于公共管理之中，强化公共部门的责任和"服务意识"；变过去的过程控制和单纯的规则控制为绩效控制、结果控制。这样，既适应了当今社会发展的要求，充分调动了政府公共部门及其公务人员的主动性、积极性，又保证了对公共权力的制约。

11.2.3　我国公共行政的法治化

1. 我国公共行政法治化建设的目标

（1）法治行政的必要性。

其内容主要包括：

第一，法治行政是法治国家的基本要求。行政法治是现代公共管理的必然要求。在当代，公共管理内容最为丰富，涉及的社会范围最为广泛，与社会民众的联系最为普遍，在社会经济生活中具有重要的影响力。因此，必须通过完善的法制系统来规范和约束公共管理，把其潜在的对公众权益的危害降到最低限度。

第二，法治行政是市场经济运行的基石。市场经济本质上是一种法制经济。没有法治，市场经济就不能正常运行。因此，公共行政必须为市场经济的健康发展提供公平合理的法律规则，并通过有效地执行与市场规则有关的公共政策来维护合理的市场交易规则。

第三，法治行政是实现公共利益的保障。法治行政是公共治理的基本要求，是实现公共利益的重要保证。从公共性的角度分析，公共行政存在的目的就是为了提供公共服务、促进公共利益的实现。没有法治行政的保障，公共利益往往会被私人利益侵蚀，公共目标也会被经济人的自利动机扭曲，最终降低了公共行政的合法性。行政行为变化无常，缺乏法律约束，表面上是行政权威的丧失，实质上是公共利益的严重损害。

法治行政建设，最根本的就是要建设法治政府。法治政府是具有"法律性"的法律意义上的政府，是严格按照法定权限和程序行使权力，履行职责，接受监督的政府。根据国务院 2004 年颁发的《全面推进依法行政实施纲要》，法治政府的含义主要体现在：合法行政、合理行政、程序正当、高效便民、诚实守信和权责统一六个方面。

（2）法治行政建设的目标。

法治行政建设是法治国家建设的重要部分，是当代政府管理创新的重要内容。法治行政的原则可概括为：第一，法律优先原则，行政机关的一切活动都必须受法律的约束，不得与法律相违背；行政法规、地方性法规、规章以及其他规范性文件都不得与法律相抵触或相冲突；第二，程序公开原则，行政行为、行政过程和行政结果公开，同时，行政行为中涉及的文件、资料、信息情报公开；第三，权力监督原则，行政权是宪法和法律赋予国家行政机关管理政治、经济和社会事务的最重要的国家权力但又容易滥用的一项权力，因而制约权力的核心首先是依法监督行政权；第四，法律救济原则，公民、法人权利受到损害时必须要有公正的救济机制，政府行政组织必须保证公民、法人和其他组织对其实施的行政行为有向法院提起司法审查的权利。

《全面推进依法行政实施纲要》明确提出了我国法治行政建设的目标：

第一，就依法行政体制而言，政企分开，政事分开，政府与市场、政府与社会的关系基本理顺，政府的经济调节、市场监管、社会管理和公共服务职能基本到位；中央政府和地方政府之间、政府各部门之间的职能和权限比较明确；行为规范、运转协调、公正透明、廉洁高效的行政管理体制基本形成；权责明确、行为规范、监督有效、保障有力的行政执法体制基本建立。

第二，就依法行政主体而言，行政机关工作人员特别是各级领导干部依法行政的观念得到巩固，形成尊重法律、崇尚法律和遵守法律的法治氛围；依法行政的能力与依法行政实践相适应，善于运用法律手段管理经济、文化和社会事务，能够依法妥善处理各种社会矛盾。

第三，就行政法律制度建设而言，政府提出法律议案、地方性法规草案，制定行政法规、规章和规范性文件等，能够符合宪法与法律规定的权限和程序，能够充分反映客观规律和广大人民的根本利益，能够为社会主义物质文明、政治文明和精神文明协调发展提供制度保障。

第四，就法律实施和行政决策而言，法律、法规、规章能够得到全面、正确实施，法制统一，政令畅通，公民、法人和其他组织合法的权利和利益得到切实保护，违法行为得到及时纠正、制裁，经济社会秩序得到有效维护；科学化、民主化、规范化的行政决策机制和制度基本形成，人民群众的要求、意愿能够得到及时反映；政府提供的信息全面、准确、及时，制定的政策、发布的决定相对稳定，行政管理做到公开、公平、公正、便民、高效、诚信。

第五，就权力监督和纠纷化解而言，行政权力与责任紧密挂钩、与行政权力主体利益彻底脱钩，行政监督制度和机制完善，政府的层级监督和专门监督有力，行政监督效能很高。在上述基础上，形成一套高效、便捷、成本低廉的防范、化解社会矛盾的机制，社会矛盾得到有效防范和化解，政府应对突发事件和风险的能力明显增强。

2. 我国公共行政法治化的主要内容

我国已把“依法治国，建设社会主义法治国家”确立为治国方略与目标，“依法治国必先依法行政”已在公共管理领域达成广泛的共识。我国公共行政法治化的主要内容包括：

（1）行政法治意识的培养。美国著名法学家伯尔曼说过：“法律必须被信仰，否则形同虚设。”在我国推进公共行政法治化的进程中，一个重要的方面就是在行政人员中培养法治意识和精神，把作为外在控制的法上升为发自内心认识的信仰，最终达到法的形式约束和自我约束的有机统一。法治意识包含三个方面的内容：法律至上意识、服务意识和责任意识。

（2）行政组织法治。行政组织是行政行为的载体和基本构架，因此，实行行政组织法治具有影响全局的关键作用。行政组织法治就是要严格按照《编制法》、《行政组织法》等法律规范来管理行政机构的设立、职能和职权配置、行政编制和管理幅度、管理方式；处理中央与地方的权力分配及相互关系，处理各级政府之间、各政府部门之间的关系。

（3）行政职权法治。行政职权法治，就是要坚持行政职权来源于法。行政组织的各项职权都是由法律明文规定的；行政组织自身不能为自己设置任何权限。行政权力是国家公共权力的组成部分，坚持行政职权法治就是要从根本上杜绝国家公共权力部门化、部门权力个人化的做法。因此，行政职权法治，必须从立法、执法和监督三个方面进行规范。

（4）行政程序法治。行政程序是行政主体在行政活动中由行政行为的方式、步骤、时间、顺序等要素所构成的行为过程，包括行政行为程序、行政组织程序和行政诉讼程序。行政行为程序是行政组织对行政相对人实施管理活动以及行政相对人申请行政组织实施某种法定行为时所遵循的程序，是行政活动中最主要的程序。行政组织程序是行政组织自身实现组织、管理、协调等内部机能的程序，是保障行政活动的顺利进行不可缺少的。行政诉讼程序是作为行政活动的监督程序，在行政活动引起相对一方的异议，而由司法机关介入予以处理的程序，是对行政活动本身所产生的不良后果的预防和消除程序。

11.3　公共管理监督

公共管理监督就是指各类监督主体依法对政府和公共事业组织等公共组织及其工作人员行使公共权力的行为是否合法、合理所实施的监察和督导活动。公共权力失去监督就容易产生腐败，正如孟德斯鸠所言："一切有权力的人都容易滥用权力，这是万古不易的一条经验。有权力的人们使用权力一直到遇到有界限的地方才休止。"① 因此，加强对公共管理过程的监督和控制，对保证公共管理的公正、稳定、高效具有重要意义。

11.3.1　公共权力制约的基本理论

公共权力是公共管理主体管理公共事务所享有的合法资格和相应的强制力，以实现维护公共利益和维持、调整与管理社会基本秩序的目的。公共权力制约的基本理论最早可以追溯到古希腊时期，现代意义上公共权力制约的基本理论则是由资产阶级思想家提出的。

1. 分权制衡理论——以权力制约权力

分权制衡理论也称为权力制约论，它是西方国家的立法、行政和司法三种公共权力各自独立又相互制约和均衡的理论。这一理论强调，为防止公共权力的腐败或滥用，必须对它进行合理分割，并建立相互制约和监督的关系。分权制衡理论是近现代西方国家政治制度和监督制度的重要理论基础，它既为西方国家的权力架构提供依据，又为各种监督方式的拓展奠定基础，从而成为西方国家重要的行政监督理论基石，并受到后世很多西方思想家的推崇、继承与发展。在实践中，分权制衡是西方国家政治体制的普遍原则，对近现代西方政治民主化进程产生了深远的历史影响。

分权制衡理论主导下的以权力制约权力的权力制约模式虽然能有效制约权力，但不可能解决所有的权力滥用问题。就三权分立自身而言，立法权、行政权和司法权三者虽然是并列的，但在事实上，司法权是其中最弱的，而行政权则是其中最具有扩张性的，因此，很难达到理想的制衡效果。可见，对权力的制约不能只寄托于分权与制衡。

2. 人民主权理论——以权利制约权力

人民主权理论是西方思想家基于社会契约论和主权论所提出的民主理论，是近代西方

---

① ［法］孟德斯鸠：《论法的精神》（上册），154页，北京，商务印书馆，1961。

政治发展史上一个重要的理论成果。这一理论强调人民拥有主权，国家的主权源于人民权利的让渡，人民对国家有天然的监督权。人民主权论是人类在对政治发展历史经验的基础上获得的并经检验为真理的认识，它意味着对“家天下”和野蛮政治的彻底否定，是较好的解释权力来源的理论学说。

人民主权是公共权力的逻辑基础，没有人民主权就不可能有公共权力。政府是人民缔结契约、转让权力的结果；一切权力属于人民；公共管理者只是人民权利的具体执行者，其权力是人民赋予的，他们必须承担维护人民权利的义务；为了防止政府滥用职权和侵犯民权，人民可以通过各种形式来监督政府的行为；在公共权力体系中，建立有效的监督机制对政府的行为进行监督。

在现实中，虽然人民主权理论很好地解释了权力的真正来源，并引申出人民应该起到监督政府和制约政府权力的作用，但事实上，由于作为委托人的人民本身出于权力约束的弱势，因此，很难有效地制约公共权力。

3. 社会契约论——以道德制约权力

在西方，契约一开始就被人们当做社会的最高制度伦理看待，成为行为规范。由于社会契约理论较多地涉及人与人之间的关系，因此人们普遍认为它为责任提供了一种即使不充分也是必要的条件。[①]

在西方政治思想史上，霍布斯、斯宾诺沙、洛克、卢梭、康德和罗尔斯等都从不同层面上探讨了社会契约论。虽然各种契约理论的形式有所差别，但从其契约价值上讲，它们至少包含以下两个共同点：（1）契约签订的直接动力在于契约双方当事人之间要达到某种目的。在社会契约论中，政府权力的产生是公民与政府之间订立契约的结果，其直接动力和目的都是为了维护全体公民的公共利益，政府权力行为必须服从这个目的，为公民之公共利益负责。因此，维护社会公共利益是社会契约论对行政道德的内在规定。（2）契约意味着双方当事人之间权利义务的对称，政府掌握管理社会的公共权力，同时必须负起维护公共利益的义务、责任，公民有服从政府公共权力管理的义务，同时公民有被保护的权利，有监督和制约公共权力的权利。因此，政府公共权力的执行者必须对自己的行政行为负责。布坎南认为，在公共权力机构担任公职的是既有理性又很自私的人。如何保障公权的使用具有节制和理性，避免公权的滥用，除了通过政治契约的监督以外，还须通过价值的洗礼、道德的升华，消除公共权力使用者心理灰色的一面。

11.3.2 公共管理监督体系

公共管理监督体系，是指具有法定监督权的多元的监督主体在对公共部门及其工作人员进行监督时的任务和权限划分体系。根据不同的标准，可以将公共管理监督体系划分为不同的类型。本节中，我们根据公共管理监督主体与监督客体的关系，将公共管理监督体系划分为内部监督体系与外部监督体系。

1. 公共管理监督的内容

公共管理监督的对象是一切公共部门及其所属工作人员和一切公共管理活动，其内容

---

① 参见［美］艾伦·格沃斯：《伦理学要义》，90页，北京，中国社会科学出版社，1988。

主要有以下四方面。

（1）监督决策是否科学、合法。监督公共决策是否科学、合法，在具体内容上，就是要对决策目标、决策依据、决策方案，以及决策的程序是否合法、科学、民主，特别是对公共决策是否严格遵循发现问题、确立目标，集思广益、拟订方案，分析评估、选择方案，实施方案、完善决策的决策步骤实行监督。实施决策监督的目的就是要防止主观盲目的决策，尤其要防止一些公共领导为了追求政绩而做出的急功近利的决策和“形象工程”。为此，要合理界定公共部门的决策权限，进一步健全重大事项集体决策、专家咨询、社会公示与听证、决策评估等制度。

（2）监督公共管理行为是否合法、合理。公共管理行为可区分为抽象的和具体的行为，这两种行为都必须受到切实有效的监督。对抽象行为的监督要以防止国家政策部门化为重点。只有切实加强对抽象公共管理行为的监督，才能从源头上清理“公共权力部门化、部门权力个人化、个人权力商品化”的“权力三化”现象。对具体行为的监督，一是要对具体行为的合法性进行监督，确保公共管理行为严格依照法律行事；二是要对具体行为的合理性进行监督，确保公共部门在法律、法规没有明确规定时的具体行为能以民为本，在不损坏国家及公共利益的前提下适当考虑、照顾管理对象的眼前利益。

（3）监督公共部门及其工作人员是否廉洁勤政、不滥用权力。廉政和勤政历来是公共管理的基本要求。任何公共部门及其工作人员不廉或不勤，便会失去行使公共权力的资格。

腐败的本质是公共权力的滥用。公共部门及其工作人员必须用人民赋予的权力为人民谋利益，不能以权谋私，从而实现廉政。勤政就是要促使公共部门及其工作人员切实地、完全地履行职责，对那些精神状态不佳、两袖清风不干事、遇事推诿扯皮、该作为时不作为的失职渎职行为，进行有效的监督，发挥公共管理监督治懒、治庸的功能，促使公共部门及其工作人员勤政为民。

（4）监督自由裁量权是否被违规滥用。自由裁量权是指公共部门及其工作人员在法律、法规、规章规定的范围内依据立法目的和公正合理原则自行判断行为的条件、自行选择行为的方式和自由作出相应决定的权力。自由裁量权是社会、经济发展的必然产物，并且随着社会、经济的发展而不断扩大，以至于已成为当代公共管理中不可或缺的一种权力。自由裁量权可弥补立法的不足，使公共部门及其工作人员充分发挥积极性和主动性，从而卓有成效地提高行政效率、更好地管理公共事务。然而，在关注自由裁量权的合理性与必然性的同时，我们不能忽视自由裁量权被滥用所产生的损害管理对象的合法权益、助长官僚作风和特权思想、导致公共管理者法律观念淡薄、使自由裁量权行为反复无常与宽严不一、形成不良社会风气和滋生腐败等负面影响。

2. 公共管理内部监督体系

公共管理内部监督，是指上级公共管理部门对下级公共管理部门、专门公共管理监督机关对一般公共管理机关及其所属工作人员进行的监督，它是公共管理系统内部建立的检查、督促等自我约束、自我制衡的自体监督体系。专门公共管理监督机关在中国主要是指行政监察机关和审计机关。公共管理内部监督是一种自我监督，是由公共部门自身来发现并处理公共管理过程中出现的违法或不当行为。我国的公共管理内部监督体系主要有一般监督、专门监督、行政复议和特种监督四种基本形式。

（1）一般监督。一般监督是指基于组织层级和隶属关系，上下级公共管理部门之间、同级公共管理部门之间以及公共管理部门对其自身或所属公务员进行的监督活动。一般监督的种类主要有：上下级之间的监督、一级政府内部平行机关之间的监督和公共管理部门对其自身或所属公务员的监督。一般监督的形式主要有：审查批准；备案；听取、审议工作报告；实施执法检查；行政复议；信访；惩戒。

（2）专门监督。专门监督是指在公共管理主体内部设置专门监督机关，即专门监察机关实行的监察活动。目前，我国公共管理专门监督中，最为核心、常用、有效的专门监督是国家行政监督机关实行的行政监察活动。国家行政监察机关以宪法和法律为依据，在我国县及县以上各级政府中都有设立。它在上级行政监督机关和所属人民政府的领导下，独立地行使监察权，只服从国家有关法律、法规和政策等，因而其监督地位具有公正性和权威性的特点。

（3）行政复议。行政复议是指行政相对人认为行政主体的具体行政行为侵犯其合法权益而依法向行政复议机关提出复查该具体行政行为的申请，行政复议机关依照法定程序对被申请的具体行政行为的合法性、适当性进行审查并作出行政复议决定的一种行政监督法律制度。行政复议的目的是为了纠正行政主体作出的违法或者不当的具体行政行为。因此，它是一种行政自我纠错机制。

（4）特种监督。特种监督是指公共管理主体内部依法实行的针对某种专门的公共管理活动进行的专业性监督，如审计监督、物价监督等。其中审计监督就是国家审计机关进行经济监督的一种活动，它有权依法对政府组织、企事业单位以及其他同国家财政有关单位的财政财务收支的真实、合法和效益进行审核、稽查的活动。如果发现有违法行为，审计机关有权责成有关单位予以纠正，并有权对其做出没收非法所得、处以罚款、停止财政拨款、终止银行信贷等处理。

3. 公共管理外部监督体系

公共管理外部监督是指公共部门以外的各种监督主体对公共部门及人员的管理活动所进行的多渠道的、多种形式的异体监督。外部监督体系主要包括权力机关监督、司法机关监督、政党监督、社会监督等形式。

（1）权力机关监督。权力机关监督是指国家立法机关对公共管理机构及其活动实施的监督，是具有法律效力的最高层次的异体监督。由于世界各国的政体和国体的不同，国家权力机关的监督内容与模式存在着差异性。在实行“三权分立”体制的国家，立法权、司法权、行政权分别交由不同的国家机关行使，以实现权力的相互制约、相互监督。议会或国会作为国家权力机关，行使立法职能并享有某种监督政府的权力。世界各国权力机关监督的方式主要有质询、诘问、不信任表决、弹劾、审批、调查等。

我国实行的是人民代表大会制度。在公共管理监督中，人民代表大会是通过中央和地方各级人民代表大会及其常务委员会来实施监督权的。各级人民政府、人民法院和人民检察院都由人大产生，并对人大负责和报告工作。人民代表大会的监督既是代表人民意志和国家利益的监督，也是最高层次、最具权威以及享有最高法律效力的监督。

（2）司法机关监督。司法机关监督是指国家司法机关作为监督的主体对机构及其活动实施的强制性的监督活动。司法监督是一种兼具公正性与合法性的监督形式，对于保障国家法制秩序的稳定，完善法制建设都具有重要意义。其监督主体与监督内容都由国家法律明确规定，具有特定性。这种监督形式的重点是监督公共管理主体及其人员具体行为的合法性；监督主体主要是国家检察机关和国家审判机关。

在我国，司法机关是指人民法院和人民检察院，它们对政府机关及公务员的具体的、违法的行政行为行使审判权和检察权。人民法院作为我国的审判机关，通过审理、判决与公共管理组织机构及其人员相关的案件，处罚违法犯罪的公共管理人员的行为，对公共管理活动实行监督。人民检察院作为我国的法律监督机关，肩负着维护国家法制的职责，主要是通过对公共管理组织机构人员触犯法律的罪行和利用职权犯罪的事件进行侦查、批捕和提起公诉来实施监督的。

(3) 政党监督。政党在监督领域中占有重要的地位。在西方实行两党制和多党制的国家中，政党对政府组织的监督主要是通过两个方面来进行的：制造社会舆论来支持或反对政府的某些决策和行为；政党议员代表本党利益对政府工作进行监督。

我国的政党监督与西方国家的两党制或多党制的政党制度不同，我国实行的是共产党领导的多党合作的政党制度，相应地，我国的政党监督是以共产党监督为主，各民主党派监督为辅的政党监督形式。各民主党派在中国共产党的领导下，对公共管理活动进行监督，成为我国公共管理外部监督体系的一个重要组成部分。民主党派的监督是民主政治的生动体现，它在一定程度上是对民主党派代表的特定阶层和范围的公众利益的尊重。

(4) 社会监督。社会监督是指由各种社会组织和团体及公民作为监督的主体对公共部门及其所属人员所实施的监督，这也是公民行使权利、参与管理的一种形式。虽然这种监督不具有任何法律强制力，不能直接改变和撤销公共管理机构的决定和行为，但这种监督的广泛性和灵活性仍然会对公共管理机构的权力形成一定的制约作用。

11.3.3　我国公共管理监督机制的完善

公共管理监督机制是指由公共管理监督的主体、对象、内容、程序、方式、手段等各要素之间相互依存、相互制约和相互作用所构成的有机联系。完善我国公共管理监督机制，就是要协调各公共管理监督子系统的功能并发挥其作用，减少和避免各监督主体之间的摩擦与冲突，使各监督主体相互协调配合，形成结构合理、功能互补、和谐统一的监督体系。

1. 我国公共管理监督机制存在的问题

(1) 监督机构内在动力不足。公共管理监督工作最终是依靠监督人员来完成的，而监督机构能否有效地实施监督，很大程度上取决于监督人员的主观能动性。这种主观能动性主要决定于三个方面：一是道德规范；二是责任机制；三是激励机制。目前我国监督机构的内在动力主要依赖于监督人员的道德水平，缺少有效的责任机制的约束，内在的精神力量和外在的制度力量缺乏有机结合。在我国公共管理监督体系中，责任机制也是不健全的，各项监督机构的工作业绩缺乏科学的考核和有效监督，没有建立相应的奖惩机制和责任追究制度。

(2) 监督体系设置不合理。经过多年的建设，当前我国的公共管理监督体系已形成一个主体多元、内容广泛、多层次的系统，发挥了很大的作用。但是，由于监督责任体系的构建、制度设计以及具体实施过程中各种主客观因素的影响，并未形成一个明确的核心，各种监督机构不能组成一个整体，内外监督各不相属，国家、社会监督相脱节，监督合力较弱，“漏监”、“虚监”、“难监”等现象还不同程度地存在，主要是各种监督形式本身还存在着明显的缺陷和不足。

（3）法律制度不健全，监督缺乏可操作性。公共管理监督立法是建立和完善监督机制的前提和保证。监督主体的监督职能，必须以一定的法律法规为准绳，并通过一定的方式和程序来实现。有关监督的法律法规既是对行政监督权力及其行使的规范，又是这种权力及行使的保障。目前，我国实施监督所必需的法制规范还很不完备，缺乏明确的监督标准和具体的实施细则，难以准确判断和及时纠正监督对象的违法行为，使具体的监督活动无法可依、无章可循，缺乏可操作性，无法行使监督权力，同时又会造成对监督权力缺乏有效约束的现象。这就难免导致监督的盲目性和随意性。

（4）权力机关监督的实际效力比较小。人民代表大会是国家权力机关，享有至高无上的权力，有权力对一切国家行政机关实施全面监督，人大对行政机关及其工作人员的监督，是最高层次、最有权威的监督，其监督应该最具权威性和强制性。但在实际运行过程中，人大监督的实际效力比较小。

（5）新闻舆论和人民监督的实际效力弱。新闻舆论和人民监督属于社会监督的范畴，当二者平衡时，社会权利能有效制约公共权力。但由于中国是一个在历史上缺少民主传统的国家，加之公共管理的制度、程序、行为活动公开化机制不健全，透明度不高，监督渠道不畅，仍会表现出社会权利依附公共权力的现象。即使依宪法对公共管理过程进行监督，但由于没有规范的监督途径和确定的法律效力，以至于不能对公共权力产生应有的约束力。

2. 完善我国公共管理监督机制的措施

从我国公共管理监督体系中存在的主要问题分析，要提高我国公共管理监督体系的整体效能，维护监督主体的独立性和权威性，应采取以下措施：

（1）强化监督机构的动力机制。强化监督机构的动力机制，一是要全面提高监督人员的素质，加强道德自律教育，包括进行理想、信念教育和权力观教育，弘扬先进、树立爱岗敬业的奉献精神。二是要明确监督主体的职责与责任，建立和完善责任追究制度，包括责任确定机制和责任奖惩机制，并与晋升任用制度和物质利益分配政策紧密结合。这样，促使监督主体形成强大的压力和动力，驱使监督主体高效地实施监督。

（2）建立公共管理监督体系的协调机制。只有建立监督体系的协调机制，使隶属于各系统的监督主体互相配合，协调一致，形成合力，才能充分发挥公共管理监督的整体功能，取得良好的监督效果。具体要做好两方面工作：一是要从加强监督立法入手，从法律上具体规范和明确各监督主体的地位、职责、权限，以及监督活动的范围、方式和程序等，建立监督主体之间以及监督主体与客体之间的责任、利益、权利、义务相统一和相协调的关系，形成一个全方位、多层次、强力的行政监督体系网络。二是为了更好地加强各监督主体的整合，应建立一个专司公共管理监督协调的权威机构，赋予其相对独立的地位和较大的权威来统一协调各个监督主体对公共权力的监督问题。

(3) 健全和完善公共管理监督法律机制。健全和完善公共管理监督的法律机制，从总体上说，要在公共管理监督立法、守法、执法三个环节齐抓共管。具体说来，就要制定一系列专门用于监督的法律，既要制定实体法规，还要制定公共监督程序法。这些法律中会明确监督的主体、监督的内容、监督的手段和方法，以及可操作的公共管理监督的程序等，使监督纳入法制化的轨道，形成科学、合理而又完善的监督机制。只有完善监督法制，才能为健全行政监督法律机制，依法实行行政监督提供基本的规范程序和保障。

(4) 强化人大监督机制。人大及常委会是代表人民行使国家权力的机关，行使对公共权力的监督职能，它是以人民作后盾，以国家强制力为保证的国家权力的监督。强化人大监督机制是制约公共权力的重要途径。

(5) 完善新闻舆论和人民监督制约机制。充分发挥新闻舆论的监督作用，一是要加强新闻立法，以法律形式明确规定舆论的监督权、审稿权、批评权和采访、报道程序、方法以及侵权责任等，从而为舆论监督提供法律保障，使舆论工作者能更好地依法履行监督职责；二是要实现舆论监督与其他监督相结合。舆论监督是一种非权力型监督形式，要保证其有效性需要通过权力监督机制的制衡才能真正得以实现。因此，权力机关监督、司法监督以及政府部门内部专门监督，既要充分重视舆论监督的作用，又要善于主动从舆论揭露出的问题中发现重要案件线索进行有力查处。

充分发挥人民监督的作用，第一，要强化人民监督的法律保障，通过制定专门法律，确立人民监督的法律地位，明确人民监督的权限和程序，使之能够依法行使监督权，并受法律应有的保护；第二，要进一步提高公共管理机构工作的公开性和透明度，建立更广泛的公开办事制度，使社会各界切实参与到监督活动中，实现多元化监督；第三，要继续加强信访举报工作，要从完善人民信访举报的体系和网络、健全保护和保密制度、健全举报奖励反馈机制等制度和机制上保证言路畅通，举报有门，保护举报者的合法权限，使举报者免受打击报复，维护正义；第四，要科学推行群众评议、领导干部任前公示制等制度。

本章小结

1. 公共管理规范可以从两个方面进行理解，一是制定公共管理的行为准则，主要是通过对公共管理主体进行伦理的和法律的规约，形成完善的公共管理规范体系，促使公共管理者秉承一种乐业爱岗的敬业精神和高度的责任心与使命感去从事公共管理；二是对公共管理行为过程及其结果的规制与监督，这主要体现为公共管理监督。

2. 阐述公共管理伦理理论，强调伦理实践，不断提高公共管理人员的伦理意识和伦理实践能力，是现代公共管理的重要组成部分。加强公共管理伦理建设的重点，就是要把公共管理伦理规范渗透到公共管理中，对公共管理者的伦理行为进行严格的管理、评价和奖惩，增强公共管理伦理的权威性，为促进公共管理制度化、规范化、秩序化提供伦理保证。

3. 公共管理内容最为丰富，涉及范围最为广泛，与社会公众的联系最为密切与普遍，在社会经济生活中具有重要的影响力。因此，通过完善的法制系统来规范公共管理行为、促进行为公正、提高行为效率，把其潜在的对公众权益的危害降到最低限度，成为必要。

4. 公共管理监督体制及其机制是一个国家政治体制、公共管理体制的重要组成部分。公共权力必须受到监督，这是普遍的；但与各个国家政治体制、公共管理体制以及发展阶段相适应，公共管理监督体制和监督方式也会存在特殊性，如何健全和完善适合本国情况的公共管理监督体制、如何处理好公共权力监督与发挥公共权力积极作用的关系，是当代公共管理研究的重要课题。对公共权力的制约方式，主要有以权力制约权力、以权利制约权力、以道德制约权力。

关键术语

公共伦理　公共责任　公共管理法律途径　法治　分权制衡理论　人民主权理论　社会契约理论　内部监督　外部监督

复习思考题

1. 分析公共利益、公共责任在公共管理伦理中的地位和作用的具体体现。
2. 分析法治行政的科学内涵以及推行法治行政的具体措施。
3. 分析公共管理监督体制的构成。
4. 分析我国公共管理监督机制存在的问题，并论述如何健全我国的公共管理监督机制。
5. 分析公共管理伦理规范与法律规范的内在联系及其作用形式。
6. 分析对公共权力进行监督的原因与具体措施。
7. 案例分析题：认真阅读案例材料，然后按照要求分析和回答问题。

审计风暴引发的思考

2007 年 6 月 27 日，国家审计署审计长李金华向全国人大常委会报告了 2006 年度中央预算和其他财政收支的审计情况，审计发现，发改委、文化部等 25 个部门所属的 92 个单位挪用财政资金和其他专项资金等 27.54 亿元。具体表现为：

第一，2006 年度中央预算执行和其他财政收支审计发现，环保总局、烟草局、民航总局 3 个部门多报多领财政资金 8 489.2 万元。第二，2006 年度中央预算执行和其他财政收支审计发现，南水北调办、海关总署等 33 个部门挤占挪用财政资金和其他专项资金等 8.59 亿元。第三，2006 年度中央预算执行和其他财政收支审计发现，供销总社、新闻出版总署等 15 个部门截留、少报和转移资金等 3.94 亿元。第四，2006 年度中央预算执行和其他财政收支审计发现，民航总局、信息产业部等 4 个部门所属的 5 个单位存在未经批准和超标准、超概算建设办公楼、培训中心等问题，涉及金额 17.39 亿元。第五，2006 年度中央预算执行和其他财政收支审计发现，农业部、国资委等 11 个部门所属的 16 个单位违规收费或未严格执行非税收入管理规定，涉及金额 2.49 亿元。第六，2006 年度中央预算执行和其他财政收支审计发现，中科院、水利部等 13 个部门所属的 50 个单位对外投资管理不严，转制不规范，少计国有资产和权益等，涉及金额 22.84 亿元。第七，审计发现，卫生部、国家信息中心等 12 个部门存在违规收费或未严格执行非税收入管理规定的问题，涉及金额 1.85 亿元。

已经有种种迹象表明，李金华以及由他发布的审计报告，已经或正在“击碎”着什么。

首先，审计的不断强化推动了“阳光政府”的建设，促使政府的行政行为更加公开、透明。有人评价认为，审计报告本身的内容固然重要，但比报告内容更重要的是它的公开性。这次报告在报纸上进行了公开的报道，在不同的网站上公开传播。伴随着报告公开的，是舆论界公开的报道、专家学者们的公开分析以及社会各阶层人士的公开议论。由于有了这种公开性、透明性，公众更多地了解到一些政府机构在怎样行使权力，纳税人的钱又是怎么花的。如此，政府机构不得不面对公众的审视，不能不拉近与公众的距离，自觉或不自觉地回归到它应有的位置上。正如李金华所言：“惩治腐败也好，惩治官僚主义也好，最好的办法就是公开透明，这是全世界都认同的看法。”

其次，“看门狗论”从另一个角度表述了公仆的责任。有人说，李金华自称“看门狗”是用自嘲的方式来进行自我保护。李金华说，“看门狗论”不是他的发明，是德国前审计长扎威伯格的名言。而从西方的审计观念来说，“看门狗”不仅表现为一种忠心，更表现为一种责任。事实上，这次审计报告公开后，人们更为关心的是应该追究谁的责任和怎样追究责任的问题，提出必须将审计结果与问责制联系起来的合理要求。人们心里在比较，如果李金华能当好“看门狗”的话，难道其他部门机构的领导们就不能当好公仆，把人民的利益放在首位吗?

再次，审计署的作为是执政为民观念的具体化。李金华感慨地说，审计公开主要是揭露了一些问题，老百姓感到为他们说了话。其实，审计报告是受国务院的委托而作的，通常可以看做审计机关的“例行公事”。然而，由于这份审计报告认真、尽责，揭露的问题与老百姓的利益息息相关，其分量就不一样了。据了解，李金华正在酝酿“审计变法”，决心从“收支审计并重”向“支出审计为主”的方向转化，加强效益审计的力度。这意味着，审计工作不再站在政府财政的立场上只是监督下面的工作，而是站在纳税人的角度上监督政府怎样把老百姓的钱用到位、用得好。

最后，李金华以一种前所未有的方式挑战“潜规则”，在因循相袭、彼此默契、厚幕重重、盘根错节的官场之中扔下了一颗炸弹。中国的官场规矩多，潜规则更多。部门之间、地方之间各有各的利益。尽管他们相互之间也有利益冲突，但在不少人看来，既然同在官场上“混”，彼此就要心照不宣，自己有了问题别人少管闲事，别人出了问题自己也缄口不言。正是由于这种官场潜规则积重难返，国家政法体制改革步履维艰。恰在此时，李金华毫不留情地向一批同僚开火，勇于揭露政府自身的问题，让人顿感耳目一新。人们不禁期望，如果我们认清战略机遇期稍纵即逝的形势，如果下定“再干一个 20 年”的决心，那就必须以破釜沉舟的勇气打响改革的攻坚战。

担心和争论集中在如下几个方面：

其一，在审计报告与被审计单位的意见出现矛盾的时候，人们相信谁？审计署有关官员曾表示，审计有两种风险：一是查错了；二是查不出问题来。实际工作中查不出来的情况是主要问题，查错的情况也有。为此，有学者建议，应该建立一种“报告—申辩”机制，允许被审计单位对自己的问题进行申辩，把问题说清楚。

其二，出了问题责任由谁承担？在现行体制下，明明是一把手或主要领导起决策的主要作用，但“集体决策”这一形式往往成为事后推卸责任的借口。为此，有学者建议应加强决策的科学化，解决领导责任界限不清的问题。同时严格实行问责制，使主要领导承担相应的领导责任。

其三，审计机关能否独立于政府之外？在欧美一些国家，审计机关独立于政府之外，只对议会负责，通过公开、透明的审计报告和舆论的力量发挥监督作用。我国目前的审计机关是政府的一个组成部分，虽然审计机关可以联合司法、行政监察等部门一道工作，而且审计机关还拥有一定的处罚权，但缺少独立性，当审计涉及政府强势部门，涉及政府相关领导时，不免遇到阻力。

其四，谁来监督审计机关？李金华说，他在任期内最想做的事情之一是加强内部的控制和管理，加强审计队伍的建设。同时，在即将进行的《审计法》修改中，建议将来设立专门的部门对审计机关进行监督，以保证审计工作的客观公正。

资料来源：《审计报告：25个部门共挪用资金27.54亿元》，见新华网，2007-06-27。

问题：(1) 结合案例事实，分析审计监督的性质和内容。

(2) 从本案例反映的审计监督的效果，分析市场经济下更好地发挥审计监督作用的措施。

(3) 结合本案例，分析审计监督的具体途径。

第 12 章

公共部门绩效评估

12.1 公共部门绩效评估概述

公共部门绩效评估（performance measurement of public sector）是一种新型的公共管理模式，体现了时代发展对公共管理改革的要求，推行公共部门绩效评估制度已经成为一种世界性的潮流。从社会发展阶段上说，更加注重履行社会管理和公共服务职能，谋求建立服务政府、责任政府、法治政府、廉洁政府、绩效政府，是当代中国深化公共管理体制改革、强化和创新社会管理的重要内容和措施。本章主要讨论公共部门绩效评估的含义、特征、指标体系构建、评估程序设计以及公共部门绩效评估的发展完善等。

重点问题

- 公共部门绩效评估的含义、特点和发展趋势
- 公共部门绩效评估指标体系的构建
- 公共部门绩效评估的程序与评估结果的运用
- 当代中国公共部门绩效评估存在的问题与推进途径

12.1.1 公共部门绩效评估的内涵

1. 绩效与公共部门绩效评估的含义

(1) 绩效的含义。绩效是一个包含多种含义的概念，人们对于绩效的认识经历了一个

不断发展的过程：从单纯强调数量到强调质量再到强调满足顾客需要；从强调“即期绩效”发展到强调“未来绩效”。这说明，不论是对公共部门还是对公务人员来说，都应该以综合的、发展的眼光来认识和理解绩效的含义，包括综合考虑绩效产生的过程、方式、时间以及结果等。

为此，我们将公共部门绩效的概念界定为：公共部门及其公务人员在依法履行职能过程中投入所获得的初期和最终结果及其所产生的社会效果。具体包括：公共部门绩效是公共部门履行职能过程中取得的；公共部门绩效的范围，不仅包括做了什么——业绩，还包括做的怎样——效率、质量和水平如何，以及所产生的效果与影响；不仅有数量，而且还有质量；不仅表现为初期结果，还有最终结果，具有绩效周期。

（2）公共部门绩效评估。公共部门绩效评估是在西方新公共管理运动中孕育和发展起来的一种新的公共管理方法和新的公共责任实现机制，是放松规制改革的根本性措施。公共部门绩效评估概念的界定，是与新公共管理运动密切相连的，是实现放松规制、调动公共部门及公务人员积极性和主动性、强化公共责任的重要改革措施。西方国家公共部门绩效评估的概念主要有三种不同角度的界定：

第一类是西方国家学者对公共部门绩效评估内涵的界定。例如，詹姆斯·Q·威尔逊（James Q. Wilson）认为，公共部门绩效评估意味着这样一种制度设计：在该制度框架下以取得的结果而不是以投入要素作为判断公共部门的标准。

第二类是以美国为代表颁布的一系列政府报告、法案对公共部门绩效评估所作的具体规定，由此形成的公共部门绩效评估内涵。例如，1993 年美国《国家绩效评论》把公共部门绩效评估界定为公共部门对结果负责，改变照章办事的组织，谋求有使命感的组织；改变过程控制、规则控制的责任追究机制，谋求以结果为导向的责任实现机制，以取得的结果而不是以投入作为评价公共部门的标准；其目的在于把公共部门从繁文缛节和过度规制中解脱出来，发挥它们的积极性和主动性。

第三类是西方国家以绩效预算、绩效审计为内容而产生的绩效评估内涵。例如，英国 1983 年公布的《英国国家审计法》将公共部门绩效评估定义为：“检查某一组织为履行其职能而使用所掌握资源的经济、效率和效益情况。”① 我国关于公共部门绩效评估的研究，具有起步晚、研究热烈的特点。学者们从不同的角度对公共部门绩效评估的含义进行了讨论，但至今还没有形成一个统一的概念。

综上所述，公共部门绩效评估是指根据绩效目标，运用评估指标和科学的评估方法，按照一定的评估程序对公共部门及其公务人员履行职能或岗位职责所产生的结果及其影响，包括做了什么——业绩、做得怎么样——质量、水平、效率以及社会影响和公众的反应（外部反应）进行测量（evaluating）、划分绩效等级（grading）、提出绩效改进计划和

① “3E”评价法是公共部门绩效评估在方法探索上的开端，是美国会计总署在 20 世纪 60 年代提出来的，它们率先对政府工作的审计重心从经济审计转向经济、效率、效益并重的审计，渐渐地形成了“3E”评价法，后来为许多国家所效仿。但由于政府在社会中所追求的价值理念和“3E”评价法单纯强调经济效率之间存在矛盾与冲突，“3E”评价法在实践中暴露出一系列的不足。随着管理民主化的深入发展，在“3E”评价法的基础上逐渐形成了“4E”评价法，增加了第 4 个“E”，即公平（equity）。“公平”指标关注的是接受服务的团体或个人是否都受到公平的待遇，需要特别照顾的弱势群体是否能够享受到更多的服务。在此基础上，各国制定了相对比较具体的评估指标体系。

运用评估结果改进绩效的活动。公共部门绩效评估强调以结果为本，评估目的是为了规范公共管理行为，提高效能，使公共部门在管理公共事务、提供公共服务和改善公众生活等方面具有竞争力。

当然，要施行以结果为导向的公共部门绩效评估方法，就要使公共部门明确地知道其行为要达到什么样的结果（进行绩效计划，确定绩效目标和绩效标准），如何调整组织结构以实现这些结果（实施绩效计划），如何构建和运用评估指标来评估绩效结果以及所处的绩效等级和所存在的绩效问题（进行绩效评估与绩效反馈），决策的做出都需要收集什么样的资料，使用什么样的激励手段和责任机制以确保成功（有效使用评估结果）。[①]

2. 公共部门绩效评估的特征

公共部门绩效评估作为公共管理的一种新方法，其特别之处在于它对目标、任务的定位和对结果的测量已经推动了公共部门用一种新的眼光去思考对管理计划或具体目标完成情况的判定。[②] 公共部门绩效评估具有复杂性、多层次性、难量化性、利益性、评估主体的多元性和客观性等特征。

（1）公共部门绩效评估具有市场责任机制性质。

菲利普·J·库珀将公共部门绩效评估所具有的市场责任机制性质概括为：一是“经济学的效率假设”；二是“采取成本—收益的分析方式”；三是“按投入和产出的模式来确定绩效标准，注重对产出的评估”；四是“以顾客满意为基础来定义市场责任机制，这种定义方法是把公民视为消费者”。[③] 因此，简而言之，公共部门绩效评估所体现的市场责任机制就是消费者对公共服务的直接控制和直接选择，公共部门对消费者负责。没有消费者的选择就难以形成市场机制，就不能激发公共服务供给者的竞争，最终也就难以使得公共服务的供给者对公众负责。

公共部门绩效评估这种市场责任机制就是消费者对公共服务的直接控制和选择，公共部门对消费者负责，形成了委托—代理关系。公共部门由公众选举产生，公共部门活动所需经费开支来自于人民的同意；公共部门是公众事务和公众服务的受托人。在这种委托—代理关系下，公共部门作为受托人，同时又是执行人，必须忠实于委托人（公众）的利益，在委托范围内按照委托人的需求切实履行各种受委托的职责，包括维护公共秩序和对不良行为的治理、最大限度地实现公共利益等。同时，受托人履行职责的情况如何、提供公共产品和公共服务的质量如何，委托人具有评判的权利。正是基于这种评判权利所形成的监督机制，来保证受托人——公共部门按照委托人的需求切实履行各种受委托的职责。这样，公共部门及其所属人员就需要处理委托代理过程中面临的各种问题，包括信息不对称、利益冲突、公共责任、逆向选择和道德风险等问题。只有正确处理这些问题，才能建

---

① General Accounting Office, *Major Management Challenges and Program Risks: A Governmental Perspective*, January 1999, pp. 33-34, (GAO/OCG-99-1).

② Kathryn E. Newcomer, *Using Performance Management to Improve Public and Nonprofit Programs*, Jossey-Bass Inc., 1997.

③ Phillip J. Cooper, Accountability and Administrative Reform; Toward Convergence and Begond, in Guy B. Peters and Donald Savoie (eds), *Governance in a Changing Environment*, Ottapwa: Mc Cill-Queens University Press, 1995.

立良好的责任关系。公共部门绩效评估强化了公共部门的责任意识，有助于构建和完善责任实现机制。这对于建立和完善具有中国特色的“问责制”，也具有非常重要的意义。

（2）公共部门绩效评估意味着公共部门职能的具体化。

查利斯·K·科克（Charles K. Coe）认为，公共部门绩效评估还具有使公共部门职能具体化的性质，公共部门绩效评估都指向某一部门所具有的特殊职能。[①] 公共部门绩效评估指向每一个部门所具有的特殊职能，具有使公共部门职能进一步具体化的特征。

因此，合理界定公共部门职能、科学进行工作分析是确定绩效目标、设计绩效评估指标的前提与基础。否则，就会把本来不属于某一部门职能和岗位职责及其履行所产生的“绩效”当成是绩效来加以评估，而把应属于某一部门职能和岗位职责及其履行所产生的绩效却没有纳入到绩效的范围加以评估，导致绩效评估与职能行使之间的严重脱节。

确定绩效目标和绩效标准、建立评估指标体系是有效施行公共部门绩效评估的核心环节；而确定绩效目标和绩效标准、建立绩效评估指标体系是与公共部门和岗位的具体职能、岗位职责密切联系的。不同部门、不同岗位的绩效评估虽然存在着许多相同的地方，但是，由于每一个部门、每一个岗位的具体职能和具体工作内容、提供的公共服务种类和管理的公共事务性质都不尽相同，这就必然要求绩效评估既要有反映共性的评估指标，又要有根据职能、职责的不同来确定具体不同的绩效目标、评估指标和绩效标准。离开了具体职能和岗位职责，就不可能构建科学的绩效评估制度。

公共部门绩效评估指向每一个部门的特殊职能和岗位职责的特征，有助于发现绩效问题、规范公共管理行为和为决策提供科学依据，有助于促进职能转变、科学设置岗位和进行编制管理。科学界定公共部门职能和进行工作分析是公共部门绩效评估的基础；公共部门绩效评估反过来又进一步检验职能定位和岗位设置的科学性、合理性。

（3）公共部门绩效评估意味着政务信息的交流与沟通。

信息资料是影响评估指标层级划分、评估内容选定和评估结果的关键因素。[②] 公共部门绩效评估意味着一种信息的交流与沟通[③]，评估主体只有完全了解被评估者的行为过程及各项服务，才能对其绩效作出客观的评估；公共部门也只有完全了解公众用户和其他用户的需求，才能保证他们所需要的服务得到有效供给。没有充分的信息沟通就不可能获得充分的信息，也就不可能获得准确、客观的绩效评估结果。这种信息沟通机制包括信息传递机制、信息反馈机制和回应机制三个层面。信息资料是选定评估内容和进行绩效等级评定的关键因素。[④] 没有完善的信息交流与沟通机制也不可能科学地施行绩效评估。收集信息资料的关键，一是要在公共部门之间、公共部门与公众之间建立起一种广泛的信息沟通机制；二是要建立和完善绩效评估指标体系和绩效评估基础资料数据库，使绩效目标能够

---

① Charles K. Coe, Performance Measurement: Grading Report Cards and Single Performance Measurement, *Paper of the* 2001 *Annual Meeting of the American Political Science*.

② Kathryn E. Newcomer, *Using Performance Management to Improve Public and Nonprofit Programs*, Jossey-Bass Inc., 1997, p. 7.

③ Donald F. Kettl, Putting Performance Measurement to Work in the Federal Government, *Paper of the* 2001 *Annual Meeting of the American Political Science*.

④ Kathryn E. Newcomer, *Using Performance Management to Improve Public and Nonprofit Programs*, Jossey-Bass Inc., 1997, p. 7.

量化和具体化，从而为评估公共部门绩效提供技术支持。正是基于这种信息交流沟通机制，提高了公共管理的透明度，使公共管理置于社会的监督之下。哈里（Harry P. Hatry）认为，绩效评估的目的就是为了提高公共服务的质量。①

12.1.2 公共部门绩效评估的兴起

20 世纪 80 年代，在西方国家，公共项目及其产生的结果成为了公共管理活动的核心和人们关注的焦点。“来自于社会公众和媒体对选举出来的官员在公共项目管理中的责任提到了一个新的高要求。克林顿政府的‘国家绩效评论’和国会通过的‘1993 年政府绩效与结果法案’都反映了政党中的各个政治家们和联邦政府各部门对公共项目执行的关心；各种迹象需要使社会公众确信政府所开展的各种公共项目。”② 以结果为本的公共部门绩效评估正是新公共管理运动所普遍推行的一项根本性措施。

1. 公共部门绩效评估兴起的社会背景

公共部门绩效评估作为公共管理的一种新方法在公共部门中的广泛运用并不是偶然的。它是社会政治、经济、文化发展的结果。从社会背景上说，它主要缘于三个方面：

（1）新公共管理理论的出现是公共部门绩效评估兴起的先导。

古典管理理论采用权力节制、纪律约束、制度规范、经济刺激等管理方法，强调专业分工、层级节制和严格规范，并以此作为提高效率、实现管理目标的基本方式。但这种管理理论专注于各种规章制度和等级节制的指挥系统，形成了一种典型的官僚体制，导致了中央集权、层次繁多、行动迟缓、效率低下等弊端，不利于公务人员积极性、创造性的发挥。行为科学管理理论强调人格尊重、人性激发、民主参与、上下沟通的管理方法。但这种管理理论过分偏重于对人的行为的研究，贬低了组织结构、规章制度对公共管理的重要意义，同时这一管理理论仍然缺乏建立管理者与公众之间联系与沟通的机制，带有浓厚的封闭性。

20 世纪 70 年代出现的新公共管理运动以公共部门管理问题的解决为核心，融合了多学科相关的知识和方法，创立了一个新的公共管理理论框架，以适应当代公共管理实践发展的迫切需要。新公共管理理论强调从经济学的途径来研究公共管理问题，被人们称为“以经济学为基础的新政策管理理论”或“市场导向的公共行政学”。新公共管理强调民主参与、民主管理的理念，强调以公众的需要为导向，强调公共管理引入市场竞争机制和利用社会与市场力量实现公共服务市场化，强调公共部门引入私营部门的管理理念与方法。公共部门绩效评估正是在这种理论指导下被引入公共部门的。

（2）解决公共管理问题是公共部门绩效评估兴起的重要推动力。

财政严重赤字、政府管理低效率、公众对政府的不信任以及科学技术的飞速发展，共同形成为公共管理面临的重要问题。解决公共管理面临的这些重要问题是公共部门绩效评估兴起的重要推动力。公共部门绩效评估兴起的主要推动力首先就是经济压力造成的财政

---

① Harry P. Hatry，Tracking The Quality of Services，James L. Perry，*Handbook of Public Administration*（Second Edition），Jossey-Bass Inc.，Publishers，1996.

② Max Sawicky，What's New Paradigm，A Guiding Theory of the New Right，*Social Policy*，Winter，No. 1992.

困境。“从历史上看，任何以提高效率为主要目的的行政改革运动，其直接动因都是经济状况不佳而造成的政府财政拮据、政府管理危机和公众对政府的信任危机。”[①] 例如，就美国的实际情况来说，严重的财政赤字在事实上开始践踏美国的政治；公共部门绩效赤字使公众对公共部门有效地、有回应力地和高质量提供公共服务的能力失去了信心。[②] 为了解决国家的这两个赤字问题（deficit problem），美国把公共部门绩效评估视为重新调整公共部门与社会关系能否取得成功、能否再造出有效公共责任实现机制的决定性条件。

公共部门绩效评估隐含的公众导向理念，强调绩效指标设计的外向特征和多样化的满意度调查，强调社会组织对公共部门进行独立评价和审视。因此，公共部门绩效评估能够作为改善公共部门与公众之间信任关系的有效措施，强化了公共责任机制的宪政理念和顾客至上的管理理念。

（3）放松规制、提高公共部门的主动性是公共部门绩效评估的功能目标。

自近代法治观念确立以来，西方国家为加强政府公共管理，制定了大量的行政规章、制度和条例，用以约束、规制公共部门及其公务人员的公共管理行为。以规制控制、过程控制为特征的公共管理又在后来的历次改革中得到了强化和补充。到 20 世纪 70 年代，西方国家有关规章制度之多几乎达到泛滥的地步。随着知识经济和信息时代的到来，随着公务人员素质的普遍提高以及独立决策和经办能力的增强，这种规制管理越来越表现出与时代发展要求的不相适应性，甚至压制了公共部门及公务人员的积极性和创造性。

在这种社会背景条件下，以美国为代表的西方发达国家在放松规制（deregulation）理论的指导下，采取了公共部门绩效评估的改革措施，以求改变公共部门的规制模式：从单纯的法律规则控制转变为法律支配下的绩效控制、从过程控制转变为结果控制，导致了以结果为导向的公共部门绩效评估措施的普遍推行。公共部门绩效评估就是要寻求一种新的公共责任实现机制：既要放松具体的规制，又要谋求结果的实现；既要提高公务人员的自主性，又要保证公务人员对公众负责、对结果负责；既要提高公共管理效率与能力，又要切实保证服务质量，实现效率、责任和法治的内在统一。

公共部门绩效评估强调以结果为本和以公众为中心，强调公共管理活动要以公众的需要为其行为导向而不以公共部门自己制定的规则为其行为导向，强调纳税人是为公共部门的工作结果而纳税，强调公共部门不再是高高在上的官僚机构，强调公共部门应增强对社会公众需要的回应力、更加重视公共管理活动的产出、重视提供公共服务的效率和质量。

2. 公共部门绩效评估的意义

公共部门绩效评估是公共管理改革的重要内容，在相当程度上带来了西方国家公共管理效率的提高和能力的增强，各种社会危机和矛盾得到了相对缓和。[③]公共部门绩效评估旨在提高公共管理效能和能力、提升服务质量、发展公共部门责任、改进公众与公共部门之间的信任关系，是以公共责任和公众至上为核心理念的公共管理策略，是持续改进和提高公共部门绩效的一种行之有效的管理工具。

---

① 胡宁生主编：《中国政府形象战略》，1015 页。

② John J. Dilulio Jr.，Gerald Garvey and Donald F. Keetl，*Improving Government Performance*：*An Owner's Manua*，The brookings institution，1993，p. 79.

③ 参见蔡立辉：《西方国家公共部门绩效评估的理念及其启示》，载《清华大学学报》，2003（1）。

美国 1993 年颁布的《政府绩效与结果法案》把施行公共部门绩效评估的意义概括为以下六个方面：第一，通过绩效评估制度使联邦部门负责任地达到项目成果目标，以提高美国人民对联邦政府的信任度；第二，推行绩效改革，在设定绩效目标、按照目标衡量项目的绩效、公开报告进度方面采取一系列试点措施；第三，将重点放在关注成果、服务质量和公众的满意度方面，改善联邦政府部门的工作效果与公开性，从而提高政府计划项目的效力和对社会公众负责的责任心；第四，通过要求政府工作人员的工作计划与社会公众的需求相符合，以及通过要求制定项目绩效目标计划和为公众提供有关项目成果和服务质量的信息，帮助联邦政府改进公共服务的提供；第五，通过提供更多的关于实现法定目标和有关联邦政府项目和支出成效及效率方面的信息，来改善国会的政策制定，特别是每个公共部门每年所能得到的经费预算，将与其制定的战略规划、绩效规划和绩效评估结果直接相联系；第六，要求联邦政府部门从法定任务和工作预期的最终结果出发，设定明确的定量绩效目标，并对照预设目标来检查工作进展和成果，以改善联邦政府的内部管理。①

为什么要开展公共部门绩效评估，总的来说，绩效评估是科学选人、用人的基础；绩效评估是提高选人用人公信度的重要途径；绩效评估是科学激励的基础；绩效评估是有效监督，形成事前、事中、事后三位一体的动态监督机制的基础；绩效评估是公共管理方法的一种创新，提供了新的公共责任实现机制，为提高公共管理绩效提供了动力机制，有助于改进政府公共部门与社会公众之间的信任关系。具体来说，公共部门绩效评估的意义主要表现为：

（1）从解决部门内部的管理问题来说，在一个部门内部，究竟设置多少个内设机构、各个内设机构职能和工作职责如何配置、流程如何设计与优化；一个内设机构究竟设置多少类具体工作岗位、岗位职责如何明晰；究竟哪个内设机构做得好、谁应该晋升、谁应该降薪、谁应该获得奖金、谁应该进行调动等问题，都是目前严重影响部门内部工作效率、工作质量的关键问题。绩效评估有助于解决政府部门内部的管理问题。因为，通过工作分析、明确绩效目标与绩效标准、构建绩效评估指标体系和实施绩效评估，就使得部门内部职责分工更加明确、业务流程更加清晰、行为及其结果的评判有了客观的尺度，就建立起了部门内部认同的标准，从而科学地解决了谁应该晋升、谁应该降职、谁应该获得奖金、谁应该降薪、谁应该进行调动等长期困扰部门内部的这些管理问题。这些问题得不到科学解决，不仅导致部门内部吃大锅饭的现象严重、缺乏生机与活力，而且还导致干群关系紧张、破坏和谐的工作氛围和行政文化建设。

（2）从解决公务人员发展问题来说，以人为本的现代管理，要求我们将部门目标的实现建立在个人获得充分发展的基础上。但是，在目前，谁适合做什么工作，如何科学进行人与事、人与岗位的配置；在工作能力、工作态度、业务知识与技能方面，谁需要补充什么、谁需要学习什么，绩效评估有助于解决部门内部公务人员个人发展问题。绩效评估以问题为导向、以结果为导向，通过科学的绩效评估，根据每个人在每个评估指标上的具体得分，就能够非常清楚每个公务人员的职业路线、能力特点，并能够为其进行能力提升、绩效提升提供具体的改进方案与措施；就能够科学判断谁适合做什么工作、谁需要补充基

① “Government Performance And Results Act of 1993”（USA）.

础知识、谁需要学习新的知识，从而有利于区分每个公务人员的绩效等级，有利于发现存在的问题，有利于帮助先进持续发展和鼓励落后者前进。因此，这种以问题为导向、以结果为导向的管理，充分体现了以人为本的现代人力资源管理理念，有利于公务人员职业生涯的规划和发展。

（3）绩效评估有助于政府部门科学制定管理策略，解决部门的管理策略问题。包括通过建立科学的绩效目标、绩效标准和构建评估指标体系，来规范行为，确保公务人员目标与部门目标保持一致，增强公务人员责任感，提升部门核心凝聚力和工作效率；才能针对部门管理工作中存在的公务人员工作不负责任、优秀公务人员流失、工作效率低下等现象和问题科学制定应对策略，包括对缺乏工作态度的公务人员如何处置、对工作效率低下和绩效不佳的公务员如何处置、对不负责任的公务人员如何处置，提供了解决的策略。

（4）公共部门绩效评估强调以社会公众的需求为依据并对社会公众负责。因此，开展公共部门绩效评估有利于建立和发展广泛的社会公共责任机制、树立服务行政意识。公共部门绩效评估是政府职能的具体化，可以明确政府职能、清晰和优化业务流程、厘清各种关系，是科学开展公共部门绩效评估的前提与基础。公共部门绩效评估在很大程度上为衡量公共部门职能定位的合理性与必要性提供了一个较为清晰的标准和尺度，利于促进职能转变、提升效能，并为降低行政成本和提高公共部门绩效提供了有效途径。公共部门绩效评估倡导以公众满意度为重要评价标准，强调公共部门与公众之间的交流与沟通，吸纳公众参与绩效评估，这样有利于改善公共部门形象和提高公共部门信誉。

3. 公共部门绩效评估在实践中的应用

（1）英国公共部门绩效评估实践。英国在20世纪70年代后期推行的以效率为中心的公共管理体制改革，包括了组织结构、工作程序、监督机制、公共责任机制、管理方法等方面。1979年，撒切尔政府开展了著名的“雷纳评审”①，雷纳效率评估分析小组的改革方案推动了公共部门绩效评估的开展。

1982年，英国财政部颁发了《财务管理新方案》（Financial Management Initiative，FMI），标志着公共部门绩效评估的正式推行。1983年，英国公布的《英国国家审计法》，进一步明确公共部门绩效评估是检查公共资金使用情况的方式与效果，其中对经济的评估主要是关注在保证质量的前提下降低资源消耗量，将政府支出降到最低水平；对效率的评估主要是对比产出或服务与资源投入的关系，以一定的投入实现最大的产出或实现一定的产出应使用最少的必要投入，保证资金支出的合理性；对效益状况的评估，则主要是通过对比资金支出后所实现的实际效果和预期效果之间的关系，保证资金支出达到理想效果。

当代英国，已经建立起了比较成熟和完善的绩效评估与管理机制，广泛运用于中央、地方各层级的政府部门以及其他诸如学校、国民保健等公共部门。特别是在公共部门人事制度改革方面所推行了以工作结果确定工资及奖励代替统一的等级工资制等措施。

---

① 雷纳评审是对政府公共部门工作特定方面的调查、研究、审视和评价活动，其目的是提高组织的经济和效率水平；其性质是“以解决问题为导向”的“经验式调查”，调查的起点是“人们已经了解的东西而非不了解的东西”。正是针对那些人们相当熟悉并似乎司空见惯的东西，评审者提出问题和质疑，以便发现存在的问题。雷纳评审的重点是经济和效率，目的是通过提高效率来降低公共部门的开支和运营成本。雷纳评审取得了巨大的成就，大大减少了发文数量，提高了质量和效果。

（2）美国公共部门绩效评估实践。1993年《国家绩效评论》（NPR）、《戈尔报告》和1993年《政府绩效与结果法案》是美国推行公共部门绩效评估的纲领性文献。特别是《政府绩效与结果法案》已成为美国公共部门"全职职员工作绩效的评估器"，并提供了公共管理中许多通用的绩效评估方法。[①] 概括起来，美国公共部门绩效评估制度主要应用于：财政预算，推行绩效预算制度；政府采购，推行绩效采购制度；公共人力资源管理，推行以绩效为基础的公共人力资源管理制度。

根据经合组织的统计，除了美国和英国外，当代公共部门绩效评估在加拿大、丹麦、芬兰、挪威、德国、法国、新西兰、澳大利亚、荷兰等国都得到了广泛运用。荷兰学者瓦尔特·基克特在总结荷兰行政现代化进程时指出："改革可以说具有管理主义的特点，改革的主要目标是提高政府组织和动作的绩效与效率。"[②] 也有西方学者认为"评估性国家"或"审计性国家"正在西方出现。

（3）中国公共部门绩效评估的实践。为有效推进服务型政府建设、改进机关作风、构建和谐社会，中国积极推进公共部门绩效评估。公共部门绩效评估的类型，主要表现为三类：第一类：普适性的公共部门绩效评估。这类绩效评估是作为公共管理机制中的一个环节，通常表现为目标责任制、社会服务承诺制、效能监察、效能建设、行风评议、干部实绩考核等评估形式；这类绩效评估主要在政府组织内部进行，目的是要通过目标责任制等评估手段追求传统行政模式下行政效率的提高，存在着对上不对下、对内不对外的责任缺位现象。第二类，行业绩效评估。这类绩效评估是将评估应用于具体行业，由政府主管部门设立评估指标，并组织对所管辖的行业进行定期评估，具有自上而下的单向性特征。第三类，专项绩效评估。这类绩效评估是针对某一专项活动或政府工作的某一方面而展开；这类绩效评估主要强调了外部评估，目的是要通过社会调查、满意度评估等方法提高公众对政府工作的满意程度；这类绩效评估存在着顾客资源识别、满意度评估是否适用于所有党政机关、是否能够表征所有被评估对象的绩效等问题。

当代中国公共部门绩效评估方式，主要有：第一，与目标管理责任制相结合的绩效评估方式，例如，目标管理方式；第二，以改善政府及行业服务质量，提高公民满意度为目的的公共部门绩效评估方式，例如，行业行风评估方式；第三，专业职能部门开展的公共部门绩效评估方式，例如，审计部门进行的管理审计、效益审计，人事部门在国家公务员考核中加入的量化评估内容，组织部门对领导班子的考核中引入的绩效评估等；第四，以效能监察为主要内容的绩效评估方式；第五，由第三方专业评估机构开展的公共部门绩效评估方式；第六，引入通用模型和评估方法进行的绩效评估方式。

12.2　公共部门绩效评估指标体系的构建

根据公共部门的职能履行和公共管理业务的实际情况构建科学的绩效评估指标体系是

---

① Kathryn E. Newcomer, *Using Performance Management to Improve Public and Nonprofit Programs*, Jossey-Bass Inc., 1997, p. 1.

② 宋世明：《西方国家行政改革评述》，178页，北京，国家行政学院出版社，1998。

公共部门绩效评估的一个核心工作。评估指标错误或者不科学，评估的结果就不客观、不准确。因此，科学、合理地建构公共部门绩效评估指标对科学开展公共部门绩效评估、使绩效评估具有可操作性、树立科学政绩观，都具有十分重要的意义。

12.2.1 绩效评估指标的含义与分类

1. 绩效评估指标的含义

绩效评估指标就是评估因子或评估项目。绩效评估指标指的是从哪些方面来对评估对象的工作绩效进行衡量或评估，解决的是评估什么的问题。在绩效评估过程中，指向被评估者绩效的各个方面就是评估指标。绩效评估指标是用于衡量被评估者的实际行为结果是否达到绩效目标或达到了什么程度。针对一个具体的绩效目标，需要建立众多的相关评估指标，包括数量、质量、时效、成本、产出等方面的指标。因此，评估绩效的指标不是单一的一个指标，而是由多个相关评估指标构成的评估指标体系。绩效评估指标是影响评估结果客观、准确的关键因素，要准确、科学地评估公共部门绩效，就要建立一套科学、综合的绩效评估指标体系。

2. 绩效评估指标的分类

绩效评估指标有多种分类方式。为了更好地构建公共部门绩效评估指标体系，我们应熟悉各种评估指标，并将各类评估指标纳入公共部门绩效评估指标体系之中。

（1）根据绩效评估的内容分类。公共部门绩效评估的内容是公共部门职能、职责及其目标的具体体现，从通用标准的角度，一般可以划分为：

第一，业绩指标，就是指测量公共部门及其公务人员履行职能、职责及其实现目标所产生的结果和所产生的社会影响的指标；第二，能力指标，就是测量公共部门及其公务人员公共管理能力的指标，例如创新能力、依法行政能力、沟通协调能力等，能力指标包括公共管理一般通用的能力和各个部门因业务、职能不同而表现的特殊能力；第三，工作态度指标，就是测量公共部门及其公务人员履行职能、职责的工作指导思想、积极主动性等方面的指标，工作态度是影响公共部门绩效等级、影响公共部门在公众中的形象的重要因素，是反映公共管理和服务质量的重要方面。

业绩、能力和工作态度是相互影响的有机整体。公共管理能力与工作态度在一定程度上共同决定了一个部门的实际业绩。但是，即使工作态度很好，公共管理能力也未必能够全部得到发挥，转化为相应的业绩。这是因为从公共管理能力、工作态度向业绩转化的过程中，还会受到许多其他因素的影响，包括职能配置是否合理、管理体制是否健全、业务流程是否优化高效、管理手段是否先进有力，以及文化、观念、社会环境、设备条件和资源配置情况等。这进一步说明了公共部门绩效评估的复杂性。

（2）根据指标是否可以量化，将评估指标区分为软指标和硬指标。第一，硬指标就是可以量化的指标，是指那些能够以统计数据为基础，把统计数据作为主要评估信息，建立评估数学模型，以数学手段求得评估结果，并能够以数量表示评估结果的评估指标。尽可能量化、建立定量指标，是当代公共部门绩效评估的发展趋势。第二，软指标指的是通过运用人的知识、经验进行判断和主观评估方能得出评估结果的评估指标。软指标属于定性判断、难以量化的指标，软指标的适用主要依赖于评估者的知识和经验来作出主观判断和评估，容易受各种主观因素的影响。所以，软指标的评估通常由多个评估主体共同进行，有时甚至由一个特定的集体共同做出一个评估结论，以彼此相互补充与印证，从而产生一个比较准确、客观的结论。第三，硬指标与软指标相结合。在实际公共部门绩效评估中，单纯使用硬指标或单纯使用软指标进行评估，都是不可取的。因此，要将硬指标与软指标各自的长处加以综合应用，实行硬指标与软指标的有机结合，以弥补各自的不足。

硬指标与软指标的结合主要表现为：在数据比较充足的情况下，以硬指标为主，辅以软指标进行评估；在数据比较缺乏的情况下则以软指标为主，辅以硬指标进行评估。在绩效评估中，对于硬指标的评估也需要一个定性分析的过程；适用软指标进行主观判断、评估时，也必须建立在定量分析的基础上。在建立指标体系的时候，应尽量将指标量化，收集相关的统计资料，提高评估结果的精确度。同时还要考虑评估对象的具体情况，将硬指标和软指标的评估技术有效地结合起来使用。需要注意的是，软指标与非量化指标并非一个概念。软指标和硬指标的区分强调的是评估方式上的区别；量化指标和非量化指标则强调评估结论表现方式上的区别。

3. 绩效标准

绩效标准（performance standard）又称为绩效评估标准（performance measurement standard），指的是在各个评估指标上所应达到的具体绩效要求，或者说是各个评估指标上分别应该达到什么样的绩效水平，解决的是要求行为者（被评估者）做得怎样、完成多少的问题，是区分不同绩效等级的依据。绩效标准包括基本标准和卓越标准两个方面，这样才能发挥绩效管理的激励作用。因此，一般在同一层次评估指标上，都会区分出几种不同的绩效要求，不同的绩效要求就有不同的绩效得分。这样，就把同一层次评估指标上的不同绩效情况进行了区分。

4. 绩效等级

绩效等级（performance level）是依据绩效评估指标对行为者（被评估者）的绩效进行评估后，将绩效评估结果划分为不同的等级层次。绩效等级表明了实际绩效结果与绩效目标之间的差距，反映了实现绩效目标的程度。距离绩效目标越远，绩效等级就越低；距离绩效目标越近，绩效等级就越高。

绩效等级的划分，既与绩效评估指标和绩效标准有关，也与参加绩效评估的评估主体和评估方式有关。不同的绩效等级，就有不同的绩效标准（绩效要求），也就有不同的利益。奖惩、待遇、晋升、薪酬与绩效挂钩，实际上就是与绩效等级挂钩。因此，在做到公正、客观对公共部门及其公务人员绩效进行评估的基础上，绩效等级划分的多少等级和等级之间的差距，将会对行为者（被评估者）的奖惩、待遇、晋升、薪酬产生很大影响。

12.2.2 构建公共部门绩效评估指标的原则与要求

1. 构建公共部门绩效评估指标的原则

构建公共部门绩效评估指标，应遵循几个原则：

（1）综合、全面性原则。所谓综合性，就是不能以某一个方面的指标代替绩效评估指标的全部，不是从一个方面而是从多个方面综合地对政府绩效进行评估；所谓全面性，就是指绩效评估指标要全面、合理、客观，要能涵盖和全面反映公共部门职能行使的情况。

（2）系统性原则。根据这一原则，公共部门绩效评估指标体系实际上就是围绕着公共管理系统的绩效目标进行分解而形成的一个由一定数量的绩效评估指标所构成的集合。组成这个集合的各个评估指标既相互独立，又相互作用，构成一个有机联系的整体；组成这个集合的各个评估指标并不是胡乱地堆积在一起，而是有权重之分、划分为不同的层次。

（3）硬指标与软指标相结合、定量与定性相结合的原则。由于公共管理的特性，公共部门绩效具有多维性。因此，绩效评估的指标既有硬指标，又有软指标；既要定量评估，又要定性评估；同时，使用定性指标、软指标时也必须建立在定量分析的基础上。

（4）可操作性原则。绩效评估指标是用来测量政府绩效的一个特点数值或特性。这就要求所建立的评估指标体系具有可行性、可操作性，包括评估指标所涉及的数据容易采集，计算公式科学合理，评价过程简单、利于掌握和操作。也就是数据资料的可获得性、数据资料可量化性，以及评估指标不宜过细和复杂。

（5）与职能行使保持一致的原则。这个原则是指所构建的绩效评估指标体系必须与评估对象的职能、工作职责相符合，能够真正反映评估对象职能行使的实际，体现政府绩效的本质或主要特征。

（6）导向性原则。公共部门绩效评估的目的就是通过绩效评估，获得有效的绩效信息，了解和把握政府绩效的现状，发现问题，找出差距，降低公共管理成本，规范公共管理行为，改进和提高公共管理效率和服务能力，促进经济社会全面协调和可持续发展。因此，评估指标的选择必须有利于实现公共部门绩效评估的目的。

（7）独立性与差异性原则。独立性原则指的是评估指标之间的界限应清楚明晰，不会发生含义上的重复，指标体系的各项指标都具有独立的信息，相互不能替代。差异性原则指的是评估指标之间的内容可以进行比较，能明确分辨各个指标的不同之处以及内涵上明显的差异。

2. 构建公共部门绩效评估指标的要求

构建科学的、综合的、多层次的绩效评估指标体系，是施行绩效评估的一个难点，其具体要求包括：

（1）要注重符合综合的、多层次评估指标体系的构建。包括：第一，既要有共性指标，也要有差异性指标；既要有定性指标，也要有定量指标。第二，既要体现行为者实际行为结果与绩效目标之间的比较，测量出效果，也要体现本部门、本岗位自己跟自己历史的比较，部门之间、岗位之间的横向比较，测量出进步幅度与绩。第三，既要考虑行为者绩效的经济效益和社会效益，也要考虑短期效应和长期效应、直接效应和间接效应，避免出现绩效评估指标对被评估者产生逆向激励的效应。第四，既要科学设定基本的评估事项与基本分，又要科学设定加分和减分的评估事项，还要科学设定“一票否决”的特殊评估事项。第五，要充分听取各方面专家和公众的意见，要避免出现绩效评估指标对被评估者产生逆向激励效应。

（2）要注重评估指标体系的科学性。包括：第一，评估指标的设立应具有明确、合法的依据，绩效评估指标是绩效目标、承担职能与职责以及中心工作的具体化，要准确反映绩效目标、承担职能与职责以及中心工作的具体绩效要求；第二，评估指标体系中评估指标划分科学合理，权重设定和分值安排是根据多个影响因子不同程度的影响来确定的，能够科学反映不同评估指标之间、不同被评估的单位之间或岗位之间的差异和绩效难度；第三，评估指标所依据的评估资料具有可获取性，评估资料的客观性、准确性及其对评估的价值具有可辨别性。

（3）要注重评估指标体系的设计步骤，整体绩效评估、岗位绩效评估和项目绩效评估的指标体系设计步骤不同；注重每一个指标内涵的明确清晰性、针对性、相互之间的内在逻辑性；注重评估指标与被评估者公共管理行为目标的一致性、评估指标与绩效评估目的的一致性、绩效评估目的与被评估者公共管理行为目标的一致性。

（4）科学设计评估指标的权重。在绩效评估实践中，权重的设计如果靠主观确定，或采取多人对不同因素依靠主观打分确定权重，这既在理论上缺乏科学性，难以服众，又在实践上极大地损害了积极性和公平性，甚至误导公共管理实践和产生负激励效果。因此，如何摆脱主观确定或简单打分确定权重，从而使绩效评估真正具有科学性，这是绩效评估中普遍存在的难题。

为了解决这一难题，美国学者萨特（T. L. Saaty）在 20 世纪 70 年代创建的层次分析法（AHP 法），对权重设计方法做出了创新，特别是在权重设计中采用了统计检验方法，提升了层次分析法的科学性。后来萨特进一步改进了层次分析法、统计检验方法，构建了对不同因素重要性判断的“两两比较”判决的“成对比较”矩阵和 1～9 标度法则。如果判断者认为 A 比 B 绝对地强，便赋值 9；如果 A 比 B 明显强，便赋值 7；如果 A 比 B 强，便赋值 5；如果 A 比 B 稍强，便赋值 3；如果 A 与 B 的效用相等，便赋值 1；而 2、4、6、8 则表明 A 与 B 的比较中出于各相邻等级之间。也有学者对萨特的这个标度方法提出质疑[①]，认为萨特的方法在一定程度上仍未能回避现代公共选择理论所批判的“基数效用”方法。为此，我们根据公共选择理论提出的“序数原理”，优化了萨特的方法，提出了权重设计的基本步骤，概括起来就是：序数效用→结果统计→建立统计结果与 1～9 标度（包括 1/9～1/2 标度）的映射法则→回到层次分析法→确定权重或难度系数。具体来说：

第一，按照“序数效用”原则，排除人为打分法。将需要进行“价值判断”的评估指标、评估主体、被评估的各部门或岗位放入列联表中，采用“两两”效用比较法，让参与选择的人独立地对不同指标、评估主体、被评估的各部门或岗位按照其价值程度作两两比较判断，即由参与重要性判断的决策群体每人独立地对各指标、评估主体、被评估的各部门或岗位作序数判断。在调查表上判断者就相对重要性做出“优于”、“等于”、“劣于”的两两比较判断，并用符号“＋”、“＝”、“－”表示。

第二，收集汇总参与者填写的调查表，运用基数统计方法计算每个指标、评估主体、被评估的各部门或岗位所得到的“净优”（或“净劣”）数占总（有效）调查表的百分比，然后建立这些百分比值与萨特 1～9 标度（包括 1/9～1/2 标度）的数值映射，重新得到 AHP 法中的“成对比较矩阵”。

① 有关的质疑与批评，请参见［美］肯尼斯・阿罗：《社会选择：个性与多准则》，48 页，北京，首都经济贸易大学出版社，2000；刘颖芬、占济舟：《比例标度一致性比较的新方法》，载《统计与决策》，2007（8）；袁政：《政府绩效评估权重设计 AHP 法之改进》，载《统计研究》，2008（7）。

第三，回到萨特层次分析法中“成对比较矩阵”以后的计算步骤，得到各指标、评估主体、被评估的各部门或岗位的权重或难度系数初始结果，再根据专家意见对这个初始结果做适当调整，得到最后各指标、评估主体、被评估的各部门或岗位的权重结果。

12.3　公共部门绩效评估的程序

12.3.1　公共部门绩效评估程序的含义

公共部门绩效评估是一个范围相当广泛的术语，评估所指向的是公共部门在管理公共事务和供给公共服务过程中的投入、产出、中期成果、最终成果及其社会影响；评估活动主要集中在对公共管理活动的花费、运作过程及其社会效果等方面的测定来测量公共管理实现绩效目标的程度并由此划分绩效等级、发现绩效问题，从而改进绩效。公共部门绩效评估过程并不是一个单一的行为过程，而是包含了确定绩效目标、阐明评估的任务与目的要求、构建可量化的评估指标和评估标准、收集信息资料、划分绩效等级、公布评估结果、运用评估结果等环节在内的综合行为系统。

因此，公共部门绩效评估程序是指为了实现公共部门绩效评估的目标与任务，针对公共部门绩效评估活动的过程、步骤、环节、方式、方法等要素所做出的、具有指导性和规范性的计划与流程安排，它需要对评估全过程中的各个步骤、各个环节的具体活动内容进行详细规定和明确，需要对实施效评估工作基本路径、方式、方法进行具体描述。评估程序的规范化、科学化和程序化，是公共部门绩效评估规范化、科学化和程序化的前提。

同时，在评估过程中应当注意三个相互影响又特别重要的方面：一是要选择一个适当的评估策略，包括选定与划分评估项目、开展以问题为基础的调查、选择评估的时机、评估的影响力等；二是要选择评估工具，包括选择评估方式、审计、经济与效率评论、评价说明、成本—收益分析、成本—效率分析、努力程度评价、执行过程评价、绩效监控、比较案例研究、实验设计、准实验设计、过程分析、设计和使用平衡计分卡等；三是应当重视绩效评估结果的公布，运用具有影响力的评价结果来提高政府部门的绩效。[①]

12.3.2　公共部门绩效评估的过程

公共部门绩效评估的实施是由多个主体、多个环节、多种方法和技术组成的行为过程。如图12—1所示，绩效评估过程主要表现为前期准备阶段、组织实施阶段和结果运用阶段。

1. 前期准备阶段

（1）明确评估目的和时机。明确公共部门绩效评估的目的，是实施公共部门绩效评估的基础，具有非常重要的意义。第一，绩效评估的目的决定评估活动的内容，不同的评估目的，就会有不同的被评估者、不同的评估重点、不同的评估指标和不同的评估时间；第

① 参见蔡立辉：《政府绩效评估的理念与方法分析》，载《中国人民大学学报》，2002（5）。

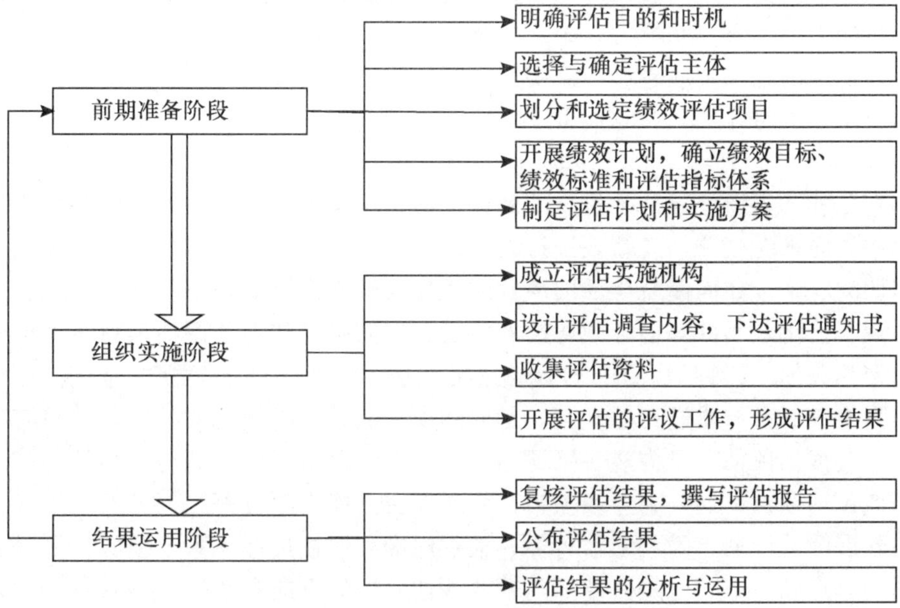

图 12—1　公共部门绩效评估程序运行图

二，明确了评估目的，才能突出评估工作的针对性，使评估工作真正起到应有的激励和规范作用；第三，明确了评估目的，才能确定通过该评估所要达到的效果；第四，评估的目的也不是单维度的，不同利益相关者可能有不同的评估目的，对评估的标准要求不同。

绩效评估的时机是否妥当是保证绩效评估有效、顺利进行的重要因素。绩效评估的时机随评估目的的不同而不同，比如对公共部门业绩情况的评估可以在绩效管理结束时进行，主要服务于未来的绩效规划；对公共部门政治方面或为特定的目的进行评估，可以在特定的时间进行。应该把绩效评估的时机与评估目的和效果统一起来，通过评估实际的选择做到不同目的的兼顾和均衡，如对业绩评估的时机选择可以考虑同时兼顾对部门进行奖惩或对部门领导进行调整评估的结合。这样的评估一方面可以很好地确定评估的时机和评估目的，另一方面可以很好地利用评估资源以及节约评估资源。[①]

（2）选择与确定评估主体。评估主体及其对被评估者的期望值，对被评估者来说具有导向作用，谁是评估主体，谁就拥有了话语权。谁是评估主体，以及评估主体的专业素质、价值观念和主观态度都会对评估结果的客观性、准确性、公正性和科学性产生重要影响。因此，必须科学选择评估主体，确定不同评估主体在评估中的权重和确定公共的评估尺度与标准。

公共部门绩效评估主体多元结构（multiplex evaluation main bodies structure）是保证绩效评估有效性的一个基本原则。一般而言，成为公共部门绩效评估主体必须具备以下基本条件：第一，具有一定的政治素质和政策水平，熟悉国家和相关部门的方针、政策；第二，具有基本的公共行政、财务会计、数学统计及法律等方面的专业知识；第三，熟悉公

---

① 参见卓越主编：《公共部门绩效评估》，79 页，北京，中国人民大学出版社，2004。

共部门绩效评估指标体系，与被评估者具有管理与被管理、服务于被服务的关系，有较强的综合分析能力和沟通协调能力；第四，坚持原则，清正廉洁，秉公办事，公道正派；第五，由于评估的信息化发展趋势，需要具备基本的计算机专业知识。为保证评估人员达到以上资格要求，需对评估人员进行培训使其掌握所需的评估技术以确保评估结果的真实有效。①

（3）划分和选定绩效评估项目。绩效评估项目就是指绩效评估指向的具体内容，表明的是从哪些方面来对被评估者绩效进行评估的问题，因此，评估项目划分与绩效评估之间存在着密切的联系。如何使公共部门绩效的优势与缺陷都涵盖到不同的评估项目中，这是使评估客观、公正，发挥评估导向作用的关键。如何确定和划分评估项目与如何建立评估指标是紧密相关的。② 评估项目的划分与选定，是评估指标体系建立的基础；评估指标是对评估项目上绩效量与质进行的规定，是评估项目的进一步细化或具体化。只有确定了评估项目，才会根据评估项目构建一级评估指标、二级评估指标，甚至三级评估指标。一般而言，绩效评估项目可划分为业绩项目、效果项目、能力项目等。

（4）开展绩效计划，确立绩效目标、绩效标准和评估指标体系。绩效计划是公共部门绩效评估的起点和基础，也是公共部门绩效评估开展的方向和依据。绩效计划，是一个由部门领导、部门分支机构及部门工作人员共同设计制定的、在一个绩效周期内要做什么、需做到什么程度、为什么做、何时应做完、分支机构及工作人员的决策权限等问题进行讨论，促进相互理解并达成共识的过程。因此，绩效计划就是要明确公共部门及其公务人员在一定时间内所要达到的工作目标，目的是使每个部门和每个员工都知道自己追求的目标，并且知道“做什么、怎么做、做到什么程度”。

绩效目标（performance objective）是指被评估者履行职能或岗位职责所应达到的程度。绩效评估就是将被评估者履行职能或职责的实际结果与其应达到的程度（即绩效目标）所进行的对照或比较。因此，明确绩效目标是科学实施绩效评估的第一步。没有绩效目标，行为就失去了方向；没有绩效目标，绩效评估就没有参照系，评估就只能测出“绩”而不能测出“效”。

在评估指标遴选上，一般应把握好以下关系：第一，内部指标和外部指标相结合；第二，定性指标和定量指标相结合；第三，肯定性指标和否定性指标相结合；第四，技术性指标和民主性指标相结合；第五，支出指标和回收指标相结合；第六，客观指标和主观指标相结合；第七，工作指标与业绩指标相结合；第八，行政成本指标与业务成本指标相结合；第九，数量指标与质量指标相结合。在此基础上根据绩效评估理论和方法，采用专家分析法、相关分析法和辨别力分析法等多种方法对评估指标进行实证筛选和修正，并对评估指标体系进行信度和效度分析，最后确定公共部门绩效评估指标体系。③

（5）制定评估计划和实施方案。为了保证绩效评估的顺利进行，在绩效评估开始之前要对评估对象的政策、目标、主要活动、主要资源以及开展这项评估的主要风险、有关的

---

① 参见张旭霞编著：《公共部门绩效评估》，137 页，北京，对外经济贸易大学出版社，2007。

② 参见蔡立辉：《政府绩效评估：理论、方法与应用》，60 页，北京，中国教育文化出版社，2006。

③ 参见范柏乃：《政府绩效评估理论与实务》，323 页，北京，人民出版社，2005。

政策进行大量的调查研究和论证，并制定政府绩效评估计划，包括评估内容、评估方法、评估中可能发现哪些问题、怎么样解决发现的问题、评估的结果将会是怎么样、评估中要向评估对象提问哪些问题、预计将得到怎样的回答、各种答案的说明等。有了这样详尽的计划，到了调查阶段只是用搜集到的信息和资料证明评估的计划。在这个阶段还要对评估的人力、物力、财力，评估的时间，涉及的部门和人员进行安排。在绩效评估计划中，要重点回答四个问题：为什么要进行绩效评估、由谁去评估、评估什么、如何进行绩效评估。

确定绩效评估的计划后，要制定出详细而具体的实施方案。制定绩效评估的实施方案并不是一个困难的任务，特别是在有明确的评估目的、对象和计划的前提下，但是也需要要谨慎行事。它需要建立一种形式和结构，但不是杂乱无序的，必须按照以下内容来限定：评估的频率；评估的标准；评估本身的布局及内容；解决评估者与被评估者争端的程序；记录评估结果的安排；指导该方案的引入、执行及继续的安排。① 具体的评估实施方案根据具体评估情况而制定，注意评估阶段的划分，也要注意评估中标准和方法的使用等方面的问题。

2. 组织实施阶段

（1）成立评估实施机构。为确保客观、公正和科学地开展绩效评估工作，树立评估的权威性和严肃性，需要在整个评估开始之前建立一个评估机构。需要特别指出的是，虽然评估机构的成员可能同时也是评估主体的成员，但是评估机构并不等同于评估主体，评估主体是评估行为的实施者，评估机构是评估活动的组织者。

在评估过程中，评估机构的主要职责是：第一，拟订评估方案；第二，制定评估工作实施计划；第三，组织实施绩效评估工作。总之，评估机构就是要组织实施和执行绩效评估的方案与计划，既要防止走过场，也要防止评估过程中出现不良现象，及时纠正方向性偏差，具体指导每个步骤和环节的评估工作。②

评估机构又可分为评估领导机构和日常实施机构。评估领导机构的职责是负责绩效评估的整体指导和协作工作，从宏观上对评估实施机构和评价对象进行监督和指导。

（2）设计评估调查内容，下达评估通知书。为科学评估公共部门绩效，使定性评估建立在充分而有效的信息资料分析的基础上，从而提高绩效评价结果的客观性和公正性，评估机构就需要根据定性评估指标的要求具体设计出相关调查内容。调查内容的设计，一要考虑评估者与被评估者是否存在管理与被管理、服务与被服务的关系；二要紧密围绕评估目的、任务和宗旨；三要根据评估指标的具体内容和要求，调查的资料要能够作为评估指标区分不同绩效等级的依据。

通知书是评估组织机构出具的行政文书，是公共部门接受评估的依据。如果委托社会中介机构实施评估，通知书也是由中介机构对公共部门进行评估的依据。通知书主要说明本次评估的目的、评估的时间安排以及通知被评估部门做好评估工作的前期准备工作，包括整理本部门的基本资料、相关的财务等内容并向评估机构提供；同时要求政府部门对自

---

① 参见于军编译：《英国地方政府行政改革研究》，206 页，北京，国家行政学院出版社，1999。

② 参见周凯主编：《政府绩效评估导论》，135 页，北京，中国人民大学出版社，2006。

身进行总结，做到心中有数；确定评估工作的联系人，根据评估管理机构的安排，做好评估者需要了解的人员安排等。①

（3）收集评估资料。准备和收集评估资料是开展公共部门绩效评估极为重要的一环，必须取得详细丰富、具有说服力的相关资料才能确保评估结果的准确、客观。绩效评估所依据的资料主要包括有关法律法规、服务承诺、工作计划与方案、工作报表、回复与解释公众提出问题或抱怨的信件与电话数量的统计与记录、解决实际问题的数量、实际取得的服务结果与社会效果、会议记录、物质投入与消耗、成果鉴定结果、管理方法的改进与调整等。②

绩效评估资料要从量和质上反映公共部门及其公务人员的绩效和存在问题，绩效评估所收集的资料必须全面、客观与真实。收集资料要为绩效评估的目的进行，否则造成收集工作的盲目性和收集资料的离散性，重点主次不分，也不一定有用。收集资料可以采取公共部门上报或者评估工作机构自行收集的方式进行，收集的方法通常包括：访谈法、问卷调查法、统计资料法、个案法、研讨会和专家听证会等。为了保证资料的真实性和可靠性，通常需要多种方法相互印证和相互补充，评估主体应根据评估目的和所选择的评估视角对收集的资料加以筛选、核实和整合。③

（4）开展评估的评议工作，形成评估结果。在收集完数据以后，评估工作小组根据评估指标，运用评估资料，独立进行分数评定，并根据所取得的分数划分绩效等级。因此，开展评估工作、形成评估结果的过程，实际上就是根据评估指标、运用评估资料的过程。

评估小组根据掌握的被评估者的情况，首先对评估资料进行判断、处理，将已记录的各种分散的资料，经过分类汇总而汇集成有用的评估资料，一般包括对资料进行手工检查校正、编码、录入、利用计算机对录入数据再次核对检查等过程。④ 数据处理的最终结果反映形式是编制成各种表格。在编制了各种交互表之后，评估小组就需要对这些处理的资料以及其他收集的一些资料进行初步讨论和分析，以确定其准确性和全面性。其次，根据选定的评估标准，计算出基本指标的分值，再进行修正，得出实际分数；然后根据指标模型权重以及维度指标得出绩效评估的总分。

与此同时，评估工作者在整个评估过程中，必须听取专家咨询组的意见：一方面评估指标的设立、评估方法的运用以及评估结果的分析应充分征求专家咨询组意见，发挥专家前期的智力支持和辅助作用；另一方面，当评估工作组所依据的基础资料一致但综合评议结论存在较大争议的情况下，应提请专家咨询组对评估结论进行论证，听取他们对结果的分析和建议。在此基础之上，会同有关被评估者和相关评估参与者进行反馈和协商，最终形成科学性较强的评估结果。

3. 结果运用阶段

（1）复核评估结果，撰写评估报告。对评估结果的复核主要包括对定量指标基础数

---

① 参见卓越主编：《公共部门绩效评估》，80～81页。

② 参见蔡立辉：《政府绩效评估：理论、方法与应用》，59页。

③ 参见范柏乃：《政府绩效评估理论与实务》，324页。

④ 参见邓国胜：《非营利组织》，210页，北京，社会科学文献出版社，2001。

据、评分标准、评估记分过程及评议指标的复核等。在结果形成前，有必要把评估结果与被评估部门进行商榷。如果评估结果与公共部门的自评以及公共部门期望的差距较大，则需要进行基础资料的重新核实，寻找产生差异的原因，把评估结果反馈给专家咨询组征求意见，增强评估的公正性和可接受性。

评估报告是评估工作组完成绩效评估后，向评估组织机构（委托方）提交的说明评估目的、评估程序、评估标准、评估依据、评估结论以及评估结果分析等基本情况的文本文件，也是公共部门绩效评估工作最终成果的体现。评估报告主要由概述（前言）、正文和附录组成。评估报告内容应力求言简意赅、重事实分析、重视激励功能，并划分可控因素和不可控因素，管理者应对其负责范围内的绩效可控因素负责。①

（2）公布评估结果。绩效评估结果的公布是指评估者通过制定评估报告，客观地再现整个评估过程，再现被评估者的绩效等级，根据评估的任务与要求得出结论。公布绩效评估结果对公共部门及其公务人员来说具有重要的激励和监督作用，同时也为公众对不同的部门及其所提供的服务进行选择提供了依据和参考系数。公众正是通过对公共部门及其所提供的服务的选择，来促进公共部门责任的实现和绩效的提高。

在公共部门绩效评估的实践中，公布绩效评估结果应当成为政务公开和行政程序公正的重要内容。绩效评估结果的封闭性会使公共部门难以通过绩效评估而真正去发现公共管理的绩效问题，公众和利益相关者由于对公共部门绩效评估信息不甚清楚，也难以对公共部门起到监督作用。评估书或者评估报告不仅要对被评估者所处的绩效等级进行分析和说明，而且还要有对公共行政过程中存在的问题的说明及其原因分析，并提出改进建议。在此基础上，政府部门通过公告、网络、电视和报纸等媒体向社会进行公布，并设立相应的沟通渠道，收集社会公众和有关部门的反馈意见，以利于改进下次的绩效评估活动。

（3）评估结果的分析与运用。评估结果的分析是正确运用评估结果的重要一环。“测量目前后果的水平是重要的，但仅靠它自身还不够，最好是将目前的业绩和适当的标准相比较。”② 这就要求我们对公共部门绩效评估结果进行分析比较，对比可以按照时间序列的指标，根据历次评估结果进行纵向的比较，也可以进行横向部门之间的比较。通过将相对独立的维度指标得分以及具体量化指标的实际值和参与评估同级同类的指标得分和实际值进行横向对比，综合定性指标的评估标准，可找出评估对象的优势和存在的差距。在对公共部门绩效评估结果进行分析时，除了对评估总分进行比较，还应该对评估对象的基本建设、运作机制、业务实绩等指标分别进行分析评述，从而厘清公共部门绩效与环境因素影响的关系，力求得出一个客观公正的评估结论。

公共部门绩效评估结果的应用是公共部门绩效评估权威性和评估目的的体现，通过绩效评估来促进被评估者全面履行职能或职责的重要途径，也反映了公共部门绩效评估对公共管理实践活动的导向性作用。评估结果的运用具体包括：第一，对于监管部门，可以作为改善监督的手段，将事后监管变为日常监管；第二，对于上级部门和组织人事部门，可

① 参见卓越主编：《公共部门绩效评估》，80 页。

② ［美］凯瑟琳·纽科默等主编：《迎接业绩导向型政府的挑战》，112 页，广州，中山大学出版社，2003。

以作为被评估者责任人进行晋升、任免、奖惩和待遇的参考依据，作为部门预算的参考依据；第三，对于被评估者，可以作为其发现问题、改进工作业绩的参考依据；第四，对于社会公众，通过定期有选择地发布评估结果可以作为加强社会舆论监督的手段。①

因此，绩效评估结果必须与被评估者的利益挂钩。通过对被评估者绩效的评估，可以为职务任免、奖惩、各项待遇制定提供可靠的依据，还可以帮助被评估者发现工作中存在的问题，为上级部门的有关决策和部门工作的改进、个人绩效的提高提供必需的依据和指导，从而从根本上改变能上不能下、能进不能出的状况。正如卡罗尔·H·韦斯（Carol H. Weiss）所认为的，“根据项目结果的客观信息，在预算分配及项目规划上就可以做出明智的决策，产生好结果的项目会扩展，而那些表现不好的项目则会被抛弃或进行大幅度修改”②。

12.4 公共部门绩效评估的发展与完善

12.4.1 西方国家公共部门绩效评估的局限性

公共部门绩效评估作为当代西方国家公共管理的一种方法和措施，并不是完美无缺的，而是存在着诸多矛盾和缺陷。

1. 西方国家公共部门绩效评估自身隐含了许多矛盾

西方国家公共部门绩效评估自身隐含着许多矛盾，具体表现为：

（1）公共部门绩效评估所追求的既要提高公共管理效率和能力，又要确保社会公平和对公众负责、提高服务质量，这种效率目标和解决各种利益冲突的民主目标在实际运作上是无法达到统一的；（2）公共部门绩效评估以绩效结果为导向的课责方式与西方国家民主共和制的课责方式、与西方文官制度的核心价值存在冲突；（3）公共部门、公众、企业在价值目标上有冲突，公众个人和企业追求自身利益最大化的“经济人”特性与公共管理追求整体利益、公共利益之间也会产生冲突。

为此，西方学术界对公共部门绩效评估的理论与实践存在着许多不同的争论。凯特尔认为戈尔的《国家绩效评论》报告存在着两个令人伤脑筋的问题，一是当务之急如何提高公共部门绩效；二是缺乏一个清楚的战略来处理政府与国会的关系。③ 莫尔（R. C. Moe）也认为，效率或企业化运作的原则将违背民主程序中分权与制衡的理念；以市场机制解决公共问题基本上违背了政府公共部门存在的目的。④

---

① 参见中华人民共和国人事部、中国人事科学研究院行政管理科学研究所、中国政府绩效评估研究课题组：《中国政府绩效评估》，107～112页。

② ［美］詹姆斯·W·费斯勒、唐纳德·F·凯特尔：《行政过程的政治：公共行政学新论》，313页，北京，中国人民大学出版社，2002。

③ Donald F. Kettl，Reinventing Government，*Appraising the National Performance Review*，The Brookings Institution，1994，p. pv.

④ R. C. Moe，The Reinventing Government Exercise：Misinterpreting the Problem，*Misjudging the Consequences*，*Public Administration Review*，Vol. 54，1994，No. 2.

2. 西方国家公共部门绩效评估自身存在着许多缺陷

西方国家公共部门绩效评估自身存在着许多缺陷，具体表现为：

（1）公共部门绩效作为被评估的对象内容，难以量化。绩效评估的一个重要前提就是必须将被评估的绩效都以量化的方式呈现出来。但作为公共部门绩效的公共产品、公共服务及其社会效果，难以通过量化的方式表现出来；同时，公共部门绩效一般没有进入市场交换领域，导致公共部门绩效评估难以用市场价格来直接标示必要的公共管理成本。公共部门绩效难以量化，越追求精确的量化就可能越偏离科学。

（2）公共部门绩效评估所依据的测量标准难以确立。由于公共部门绩效的难以量化性特点，使公共部门绩效评估所必需的绩效目标如何确定、评估指标体系如何建立、绩效标准如何确定以及公共部门绩效结果如何测量，都存在着相当大的困难。

（3）公共部门绩效评估所依据的信息资料难以收集和识别，存在着信息不对称的问题。包括绩效评估时应当收集哪些信息与资料、有根据的和可信赖的信息与资料的价值是什么等，都会严重影响公共部门绩效评估的质量。

（4）其他因素，包括如何最大限度地使用绩效评估的结果来改进公共部门绩效，越来越高的评估费用以及实施绩效评估与已有的制度之间的冲突和体制性障碍如何解决等。

公共部门绩效评估自身存在的缺陷既有技术性的因素、费用支出增长的因素，也有公共部门及其所属工作人员、绩效评估者主观的因素和现行体制的因素，使公共部门绩效评估比较复杂、困难和难以操作。正如凯瑟琳·纽科默所说，绩效评估是试图冷静、客观地评价行政行为所产生的效果，但是，由于努力的复杂性和各种地方利益，使这种冷静、客观的评价很难实现。①

因此，即便是在西方发达国家，公共部门绩效评估也有着自身难以克服的缺陷，还需要进一步丰富与发展，还需要与其他制度、措施的相互配合。

12.4.2　西方国家公共部门绩效评估的发展趋势

西方国家公共部门绩效评估作为一种世界性的潮流和趋势，其蕴涵的理念、方法和技术逐步向世界其他国家扩展。总的来说，西方国家公共部门绩效评估的发展趋势表现为公共部门绩效评估的价值取向由注重经济与效率、追求投入产出比的最大化向注重综合考虑效益、顾客满意程度和政府服务质量方面发展；注重多层次的绩效评估指标体系的确立，由经济、效率和效益“3E”评估向经济、效率、效益和公平“4E”评估发展；公共部门绩效评估评估的方法更加注重定性评估与定量评估相结合、科学运用数学模型，更加注重信息化手段的充分运用，注重评估策略和评估工具的选择；公共部门绩效评估的程序更加注重评估程序规范化、系统化、程序化和民主化，呈现出法制化、制度化和科学化的发展趋势；更加趋向公民导向，强化绩效指标设计上的外向特征和多样化的满意度调查，强化民间组织对公共部门进行独立评价和审视等。具体来说，这种发展趋势主要表现为：

---

① Kathryn E. Newcomer, *Using Performance Management to Improve Public and Nonprofit Programs*, Jossey-Bass Inc., 1997, p. 1, p. 91.

1. 强调结果导向

传统公共管理由于受官僚制的影响，多注重过程和规则，而很少衡量结果。公共部门绩效评估作为公共管理改革的根本性措施和公共管理方法，强调了结果导向的课责方式，公共部门绩效评估就是要建立一种新的公共责任实现机制。如 1983 年英国在 721 个评估指标中，效益性和服务质量评估指标分别是 7 个和 15 个；到 1989 年，在 2 327 个指标中，效益性和服务质量评估指标分别是 556 个和 110 个，大大提高了效益和服务质量方面的评估比重。

2. 主题更加趋向公民导向

20 世纪 90 年代以来，有关质量和顾客满意度指标在评估指标体系中大幅度增长，公共部门绩效评估的焦点逐渐转向了效益和顾客满意方面，质量被提到了重要地位。加拿大等国家还进行大范围的顾客满意度调查，将提升顾客的满意度作为公共部门绩效的重要目标和公共部门绩效评估的重要内容。

3. 评估主体逐步走向多元化

在公共部门绩效评估过程中广泛吸收公众和服务对象参与，公众成为了重要的绩效评估主体。公共部门绩效评估正在由单纯的公共部门内部评估发展到由社会机构对公共部门绩效进行评估。美国民间机构锡拉丘兹大学坎贝尔研究所自 1998 年以来就与美国《政府管理》杂志合作，每年对各州或市的公共部门绩效进行评估，并发布评估报告，引起了公共部门和民众的广泛关注，一些州政府在对其部门年终业绩进行评估时，也往往邀请专门的社会评估机构参与。公共部门绩效评估的主题趋向公民导向和评估主体趋向多元化，促使绩效指标设计的外向特征和多样化的公民满意度调查，以及民间组织对政府绩效的独立评价和审视，从而促进了绩效评估的客观性和公正性。

4. 逐步走向制度化、法制化

这主要表现在两个方面：一是建立和健全绩效评估机构。除各公共部门根据预先确定的标准和程序进行自我评估外，多数国家还设立了专门的机构、人员及固定的程序，一方面对各部门的绩效评估结果进行整合汇总，以便公众比较评价；另一方面有选择地独立对一些部门的绩效进行评估，避免部门自我评估可能导致的失准现象。二是健全公共部门绩效评估的法制，使绩效评估成为公共部门的法定要求。美国的《政府绩效与结果法案》和《以绩效为基础的组织典范法》、荷兰的《市政管理法》、英国的 1997 年《地方政府法》、日本的 2002 年《政府政策评价法》等，都以法律的形式要求公共部门提交年度绩效规划和报告、财政预算与公共部门绩效挂钩和进行绩效评估。立法支持是绩效评估推进的法制基础，也是绩效评估制度化的重要形式。

5. 评估技术与方法不断成熟，科学化程度提高

包括信息技术、量化技术、针对不同部门的不同评估方式和方法技术等在绩效评估中更加广泛的运用。绩效信息的获取和处理是公共部门绩效评估的关键，而信息技术在此方面具有无可比拟的优势。现代信息技术的飞速发展使公共部门绩效评估的信息化实现成为可能，为建立科学、便捷、实用的绩效管理信息系统提供了技术支持。通过政务信息化等电子政务手段实现公共部门绩效，已成为一个普遍的趋势，这有助于绩效评估更加高效、公正和提高评估结果的准确性、客观性。

12.4.3　中国公共部门绩效评估的发展途径

西方国家公共部门绩效评估的实践经验、存在问题与发展趋势，对于正确把握中国未来公共部门绩效评估发展的方向并使之有效发挥作用，具有重要的借鉴与启发作用。在中国，科学推进公共部门绩效评估的途径应当是：

1. 促进公共部门绩效评估理论研究科学化

构建适合我国国情的、科学化的绩效评估理论体系，对有效推行公共部门绩效评估措施起着关键性的作用。公共部门绩效评估理论研究科学性的具体体现就是要结合公共管理的特征，把企业绩效评估的理论与方法加以改造，形成有效的公共部门绩效评估理论与方法，而不是机械照搬；就是要把西方国家公共部门绩效评估措施及其方法本土化并符合我国经济社会发展的实际，而不是简单移植。要进行科学化的公共部门绩效评估理论研究，就要做到：

（1）注重公共部门绩效评估与企业绩效评估的差异。公共部门绩效评估不仅包含了公共管理中民主价值与效率价值的冲突，也包含了公共部门、公众、企业在价值目标上的冲突。公众、企业追求自身利益最大化的“经济人”特性与公共管理追求整体性、公共性特征之间往往隐含着整体利益、公共利益与个人利益之间的对立。因此，只有注重公共部门绩效评估与企业绩效评估的差异，才能科学地建构公共部门绩效评估的相关制度，才能逐步完善公众作为公共部门绩效评估的主体及其相关制度，才能真正形成良好的激励机制。虽然公共部门绩效是基于每个人、各个工作部门和工作机构绩效的集合体的基础之上[①]，但要科学区分公共部门绩效评估与公务员个人绩效评估之间的差异，而不能把这两类评估混为一谈。

（2）注重我国所处的发展阶段和具体国情。与西方国家相比，我国还处在发展的初级阶段，发展阶段和具体国情的差异，必然导致所要解决的社会问题、社会主要矛盾和中心任务的不同，必然引起公共部门职能定位、绩效目标、绩效标准、评估指标、绩效评估目的与任务、评估主体的选择与确定等方面的差异，甚至包括公共部门实施途径的差异。因此，对于西方国家、企业和国内不同区域之间，开展公共部门绩效评估的经验和评估指标不能盲目、机械地套用。

（3）清晰界定我国公共部门绩效评估的功能价值。公共部门绩效评估措施的功能不是万能的；它的强大生命力不是因为它是一股世界性的潮流，而是因为它是针对公共管理所面临的具体问题而采取的解决措施。因此，研究中国的公共部门绩效评估必须明确我国政府公共管理面临的问题及其成因，结合中国社会所处的发展阶段、围绕我国开展公共部门绩效评估的历史使命来探索公共部门绩效评估的具体功能、实现途径及其价值，从而构建具有我国特色的公共部门绩效评估理论体系和评估指标体系。

2. 促进公共部门绩效评估实施的科学化

公共部门绩效评估实施的科学化，就是要尊重公共部门绩效评估施行的发展规律，不

---

① Tracey B. Weiss，Franklin Hartle，*Performance Management*：*Breakthroughs in Achieving Strategy Through People*，St. Lucie Press，1997，p. xvi.

能一刀切，不能一哄而起；要注重公共部门绩效评估实施的现实条件和基础性工作、具体进程与方法，科学地推进公共部门绩效评估。

（1）要按照立法程序构建公共部门绩效目标和通过工作分析确定岗位工作职责。没有明确的绩效目标和绩效标准，公共部门绩效评估就失去了方向，绩效等级就无法确定。为了真实、准确、完整地反映公共管理的成本和绩效，应在部门职能和岗位职责配置中引进权责发生机制。①

同时，要根据公共部门职能、工作岗位职责与绩效标准、绩效评估指标之间的内在关联性，科学构建绩效评估指标体系。职能、工作岗位职责是绩效评估指标确立的基础；反之，实施公共部门绩效评估能够进一步检验职能定位、工作岗位职责配置的科学性，从而促进职能转变、规范公共管理行为和树立科学的政绩观。绩效评估就是通过具有法律效力的绩效目标、绩效标准和评估指标来规范公共管理行为，并把公共管理对法律负责、对行为结果负责与对人民负责统一起来。

（2）要建立与完善公共部门绩效评估中信息系统和信息沟通机制。信息资料是影响绩效评估的重要因素，收集信息资料的关键是在公共部门之间、公共部门与公众之间建立起一种广泛的信息沟通机制。通过推行和完善政务信息公开机制、政务信息共享机制，提高公共部门收集、处理信息的能力和实现资源共享，建立和畅通公众表达利益与意志的渠道，提高公共部门对公众需求的回应力。

（3）要根据当前中国社会经济发展阶段和具体国情，按照“积极试点，先易后难，分步实施，逐步推进”的原则来推进和实施公共部门绩效评估，包括选择若干专业性强、业务水平高的行政行业开始进行试点，在总结各行业公共部门绩效评估工作经验的基础上，逐步扩大试点范围。建立与社会主义市场经济体制相适应的公共管理体制是深化改革的重要内容，也是社会发展的需要，而科学、规范、高效的公共部门绩效评估机制应是公共管理体制中不可缺少的组成部分。

公共部门绩效评估的推进，应该按照基础性阶段——过渡性阶段——成熟阶段的发展规律逐步推进。在基础性阶段，公共部门绩效评估主要表现为公共部门内部评估，以达到规范行为与管理、提高管理效能的目的；在过渡性阶段，公共部门绩效评估逐步表现为内部评估与外部评估并重的特征；在成熟阶段，公共部门绩效评估主要表现为外部评估。

3. 积极营造公共部门绩效评估有效施行的环境条件

公共部门绩效评估作为公共管理体制中的组成部分，不是孤立存在的，而是不可避免地要与其他部分发生联系；也不是单独产生作用的，而是要与其他部分、其他措施相互作用、相互配合。因此，营造公共部门绩效评估有效施行的环境条件，就要解决制约我国公共部门绩效评估的体制性障碍，就要采取相应的配套措施来促进公共部门绩效评估发挥积极作用和防治公共部门绩效评估本身的缺陷性。具体包括：

（1）创新公共管理观念，树立以绩效为导向的理念。创新公共管理观念，就是要摒弃那些在计划经济条件下形成的、被实践证明与社会主义市场经济发展不相适应的管理观念，要形成新的、能适合市场经济和 WTO 规则的公共管理理念，要实行从规制向规制与

---

① 参见蔡立辉：《科学实施政府绩效评估的难点分析及其解决》，载《社会科学战线》，2011（4）。

服务并重的转变，从单一主体的公共管理向党领导、政府负责、社会协同、公众参与的社会公共管理转变，从效率型公共管理向绩效型、责任型、法治型公共管理转变，从部门分割、地方分割向一体化的业务协同和资源共享转变，经济生产与管理方式从工厂经济、注重实物向知识经济、注重品牌与服务转变。

（2）根据社会的需要科学界定公共部门职能。这里所说的社会的需要，主要是指经济体制的需要。在当今市场经济条件下，市场经济体制具有配置资源、提高生产率、促进效益分配的功能，对社会经济生活起着基础性的调节作用。市场经济体制所表现出来的配置资源和对经济生活的基础性调节作用，决定了公共部门必须由过去无所不包的职能发展为将一些职能交给社会民间去办和由市场机制去指挥调节，实现从社会的部分撤退。

只有根据社会的需要确定公共部门职能，才能科学地确定公共部门的绩效目标、绩效标准和科学构建评估指标体系，才能将原有公共部门行使的部分职能交给社会组织、企业或个人承担，收缩公共部门的社会职能和经济职能及其相应的机构，才能真正明确政府绩效的内容和范围，也才能保证公共部门有足够的精力和资源去实现其绩效目标。

（3）打破制约公共部门绩效评估施行的体制性障碍，营造公共部门绩效评估有效施行的体制环境。公共部门绩效评估措施的施行及其作用的发挥，在相当程度上取决于体制环境的持续改善；同时，体制环境条件还会影响公共部门绩效评估的实际效用。

因此，营造体制环境是推进公共部门绩效评估有效施行的关键。打破体制性障碍最根本的途径就是要通过制定相关的法律法规来解决施行绩效评估与已有制度和措施之间的矛盾冲突，通过立法来确认公共部门绩效评估的效力与地位。

本章小结

1. 以结果为本的公共部门绩效评估，作为公共部门内部改革的措施，是一种新的责任实现机制，有助于提高公共部门的自主性；作为改善公众与公共部门之间关系的措施，有助于提高公共管理效率和服务质量，有助于构建公共部门负责、社会协同、公众参与的社会公共管理格局；作为公共管理的一种新方法，它对目标、任务的定位和对结果的测量已经推动了公共部门用一种新的眼光去思考对管理计划或具体目标完成情况的判定。

2. 科学、合理地建构公共部门绩效评估指标体系是确保绩效评估结果客观、准确、公正的关键。构建公共部门绩效评估指标体系的一个重要出发点就是把公共部门绩效所涉及的所有领域的复杂关系简单化，用综合的评估指标获取尽可能多的绩效信息，为公共管理提供行为规范，为把握和了解公共部门绩效现状提供科学的测量依据。

3. 公共部门绩效评估过程并不是一个单一的行为过程，而是包含了确定绩效目标、阐明评估的任务与目的要求、构建可量化的评估指标和评估标准、划分绩效等级、公布评估结果、运用评估结果等环节在内的综合行为系统。在这个行为系统中，确定绩效目标、进行工作分析是起点和基础，建立一套能够反映行政效能的评估指标、绩效标准和计量方法是核心。

4. 公共部门绩效评估是针对当代西方国家普遍面临的公共管理问题而采取的公共管理改革措施，它在公共部门的广泛运用，显示了强大的生命力并形成一种世界性的潮流和趋势。在我国开展公共部门绩效评估研究必须要有原创性，不能机械地套用；要根据当前中国社会经济发展阶段和具体国情，按照“积极试点，先易后难，分步实施，逐步推进”的原则科学推行。

关键术语

绩效　绩效评估　绩效计划　绩效目标　绩效标准　评估指标体系　绩效改进　评估结果运用　国家绩效评论　《政府绩效与结果法案》

复习思考题

1. 分析西方国家公共部门绩效评估对我国的启示与参考意义。
2. 联系实际论述绩效标准的作用。
3. 构建公共部门绩效评估指标体系应考虑哪些依据。
4. 论述在当代中国推进公共部门绩效评估的具体措施与途径。
5. 为什么说绩效管理是一种激励管理？
6. 阅读下段材料，然后回答问题：

政府绩效评估是公共部门绩效评估的重要组成部分。在政府绩效评估中，评估主体与被评估主体（即行为者）之间，存在着内在的联系：评估主体的需求、期望值是被评估主体的行为导向。因此，在某种意义上，谁是评估主体，谁就拥有了话语权，被评估主体就对谁负责。在我国，在本质要求上，政府作为公共服务的提供者、公共事务的管理者，应该由公众来进行评估，给公众评估的话语权，请公众打分考评政府工作和干部业绩；同时，在客观实际上，政府管理与服务的质量如何，体会最深、体验最直接的是接受管理与服务的对象——公众，政府服务的满意程度如何，公众最有发言权。因此，广大公众作为评估主体参与政府绩效评估、行使政府绩效评估的民主权利，属于情理之中的事。

但也有人认为，中国目前还只能是处在公众有限参与阶段，公众评估所占的权重不宜过大；把政府绩效评估、官员政绩考核的权力还给公众，扩大公众的话语权，这是一个巨大的进步，但要真正实现这一点还需要一个过程。

问题：(1) 概括上述材料中包含的观点，并运用政府绩效评估的有关知识进行分析评价。

(2) 请结合我国现阶段的具体实际分析和论述如何选择确定政府绩效评估主体？

第13章

公共部门改革

公共部门改革作为一个比较热门的话题，是一个全球化的术语，不管是国外还是国内都使用公共部门改革这个概念来解释公共部门自身职能、结构及其与社会、市场、企业之间关系的调整。就中国而言，随着经济体制改革和政治体制改革的深入开展，与这种“体制化”概念相对应，常常使用行政体制改革这个术语，中国公共部门改革注重的是对现有行政体制所进行的调整。本章围绕公共部门改革的含义、内容、西方国家公共部门改革及其评价、中国行政改革等方面进行阐述。

重点问题

- 公共部门改革的含义
- 当代西方国家公共部门改革的内容、特点及其评价
- 我国行政改革的发展历程、改革内容及发展趋势

13.1 公共部门改革概述

13.1.1 公共部门改革的含义

公共部门改革，又称为行政改革。关于行政改革的含义，具有代表性的有以下几种：

美国学者蒙哥马利（J. D. Montgomery）认为，行政改革是一个政治过程，是指调整行政机构与社会其他要素之间的关系，或者行政机构内部的关系，改革的目标和所提出的

种种弊病都随着政治情势的不同而改变。①

凯顿（G. E. Caiden）认为，行政改革是指“克服阻力，人为地诱导行政的转变”②。

K. R. 霍普认为，“行政改革可以被解释为：为了根本改变政府官僚机构的结构和办事程序以及有关人员的态度和行为而专门筹划和慎重进行的努力。旨在提高组织的效能，实现国家的发展目标……从技术和实践的观点来看，改革是对政府机器的重建”③。

中国学者黄达强、刘怡昌认为：“根据我国情况，行政改革一般是指在政府行政管理范围内，为了提高行政效率，改变旧的和建立新的行政制度和方式的行政行为。”④ 学者王沪宁、竺乾威提出了与“行政改革”相似的“行政发展”概念，即通过采用科学方法、健全行政体系、改善行政活动方式和行政关系、提高行政效率，来使行政更好地执行政治权威的意志。⑤ 学者任晓认为，行政改革即行政组织和行政人员的改革，是有意识地改变行政组织的结构、功能和行政人员的行为方式，增强行政效能，以适应环境变化和要求的活动，它包含了三个层次的意思：第一，行政改革是一种有目的、有意识的理性活动；第二，行政改革着眼于改变行政组织的结构、功能和人员的行为方式；第三，行政改革的目的是增强行政效能，以适应变化着的环境所提出的变化着的要求。⑥

综上所述，公共部门改革的含义是：公共部门改革是对利益关系、权力格局、组织结构进行重新调整和建立的一种政治行为，它涉及公共部门自身的改革和公共部门在整个社会的职能定位方面的改革两个方面，其目的是为了优化公共组织结构及其职能、提高效率和服务质量以适应社会发展变化的要求。

13.1.2 公共部门改革的内容

1. 公共部门改革内容的一般性、普遍性

公共部门改革内容的一般性、普遍性，指的是任何公共部门改革都涉及公共部门自身和公共部门在整个社会的职能定位这两个方面。公共部门自身的改革一般都包括优化与调整组织结构、改革管理体制、健全公共权力运行机制、改革人事管理制度。公共部门在整个社会的职能定位的改革一般都包括明确公共部门职能、改革各种职能关系（诸如政府与企业、政府与市场、政府与社会、政府与各类中介组织的职能关系）、优化职能配置、重新塑造公共管理行为模式。

公共部门改革内容的一般性、普遍性，为我们认识各种公共部门改革的共性提供了理论指导。学者们认为，当代西方国家公共部门改革体现了政府退缩与市场回归这个主线，在关注公共部门内部改革的同时，也强调了政府与社会、政府与市场关系的改革。美国学者帕特里夏·英格拉姆（P. Ingraham）把当代西方公共部门改革的内容概括为四个方面：

---

① 参见［美］J. D. 蒙哥马利：《行政改革的根源》，见《比较行政学研究》，英文版，印第安纳州布鲁明顿，1页，1967。

② ［美］G. E. 凯顿：《行政改革》，英文版，8页，加利福尼亚大学出版社，1969。

③ ［美］K. R. 霍普：《发展中国家的政府腐败和行政改革》，载《国外社会科学》，1988（9）。

④ 黄达强、刘怡昌：《行政学》，381页，北京，中国人民大学出版社，1988。

⑤ 参见王沪宁、竺乾威：《行政学导论》，382，上海，上海三联书店，1988。

⑥ 参见任晓：《中国行政改革》，16页，杭州，浙江人民出版社，1998。

"(1) 预算和财政改革；(2) 结构改革，包括中央机构的重组、中央向地方分权化改革、私有化和其他卸载 (off-loading) 改革、规模缩小 (down-sizing) 或适度化 (right-sizing) 改革；(3) 程序或技术改革，包括简化程序、增加灵活性、实行绩效工资；(4) 相互关系方面的改革，包括政治家与公务员之间的关系、公务员与公民之间的关系。每一类改革都涉及公共部门内部运转及其与外界的关系；每一类改革都试图从略为不同的角度解决公共管理和公务员中的问题。"①

美国学者彼得斯 (B. Guy Peters) 则从组织结构、人事管理制度、政策制定和公共利益四个方面来讨论当代西方公共部门改革的内容。②

美国学者赫伯特·考夫曼提出，公共部门改革的内容包括七个方面：(1) 限制行政机构直接管辖下的人员数量；(2) 将有关职能置于统一的指挥之下；(3) 为公共管理人员配备充分的辅助人手（各级行政部门都曾经一贯地不断增加这类人员）；(4) 授权公共部门公正而自主地改组其所领导的机构；(5) 减少某些单位和单位领导人对政治领导人所承担的影响与责任，保持政策的稳定性；(6) 分散行政权限；(7) 增加公众对公共管理的参与。③

我国学者周志忍教授把当代西方国家公共部门改革的基本内容归纳为三个方面：(1) 社会、市场管理与政府职能的优化（包括非国有化、自由化、压缩式管理等）；(2) 社会力量的利用和公共服务社会化（包括政府业务合同出租、以私补公、打破政府垄断、建立公共部门与私营企业的伙伴关系、公共服务社会化）；(3) 公共部门内部的管理体制改革（包括利用信息技术革命成果建立与完善公共行政信息系统、分权与权力下放、部门内部的组织结构改革、公共人事制度改革、提高服务质量以改善公共机构的形象、实现公共行政传统规范与工商企业管理方法的融合等）。④

2. 公共部门改革内容的变动性、特殊性

公共部门改革内容的变动性、特殊性，指的是不同国家的公共部门改革，其内容及侧重点有所不同；同一个国家在不同时期，公共部门改革的内容及侧重点有所不同。也就是说，就某一次特定的公共部门改革来说，总是有其侧重点和不同的内容。

在不同的国家，由于发展阶段和发展水平的不同，历史条件、文化环境、面临的主要社会问题和根本任务等的不同，改革的内容无疑是有差异的。美国等发达国家的改革，所涉及的大多是具体的技术性层面的问题。但在正经历着经济和社会大转变的发展中国家，除了技术性的削减开支、提高效率外，公共部门改革更多的是着眼于调整公共部门功能、增强公共管理效能、推进国家发展、较多地涉及重新估价和认识公共部门的作用、回应国际环境提出的挑战、塑造有效的公共管理队伍以及反腐败等主题。

在同一个国家，公共部门改革在不同的历史时期也有不同的内容。因为，一个国家公

---

① [美] 帕特里夏·英格拉姆：《公共管理体制改革的模式》，见国家行政学院国际合作交流部编译：《西方国家行政改革述评》，48 页。

② 参见 [美] 彼得斯：《政府管理与公共服务的新思维》，见国家行政学院国际合作交流部编译：《西方国家行政改革述评》，2 页。

③ 参见 [美] 斯蒂尔曼：《公共行政学》，下册，北京，中国社会科学出版社，1989。

④ 参见周志忍：《当代国外行政改革比较研究》，30～37 页。

共部门改革的内容，是由这个国家所处的社会发展水平、发展阶段和所面临的主要社会问题与根本任务所影响和决定的。一个社会成熟度越高，一般说来其公共管理体系的发展也越完善，越不需要作出重大的变革。而对于一个社会转型中的国家来说，其公共管理体系的重新塑造往往是社会变革的重要内容。同时，一个国家的公共部门改革还要受到这个国家历史和文化传统的制约。

13.1.3　公共部门改革的目标与新模式

1. 公共部门改革的目标

关于公共部门改革目标的学习与研究，应当树立的总的观点是：一是公共部门改革都要有目标，没有目标就会使公共部门改革失去方向；二是公共部门改革目标不是固定不变的，公共部门改革目标会因各个国家政治、经济、社会状况的不同而有所不同，会因一个国家所处的发展阶段、所面临的社会问题和根本任务的不同而有所不同。不同国家或同一个国家在不同时期，对公共部门改革的目标都有不同的选择。

概括起来，公共部门改革目标包括以下方面：

（1）促使公共管理更富有创新、开拓精神。对挑战的积极回应意味着创新与开拓，意味着摒弃陈旧的思维方式和思想观念，摒弃陈规陋习，创造新模式，走出新路子。创新、开拓表现为观念与理论创新、职能优化与管理体制创新、公共管理手段创新与管理能力提高这三个相互联系、相互作用并构成为有机总体的层次体系。如图 13—1 所示。[①]

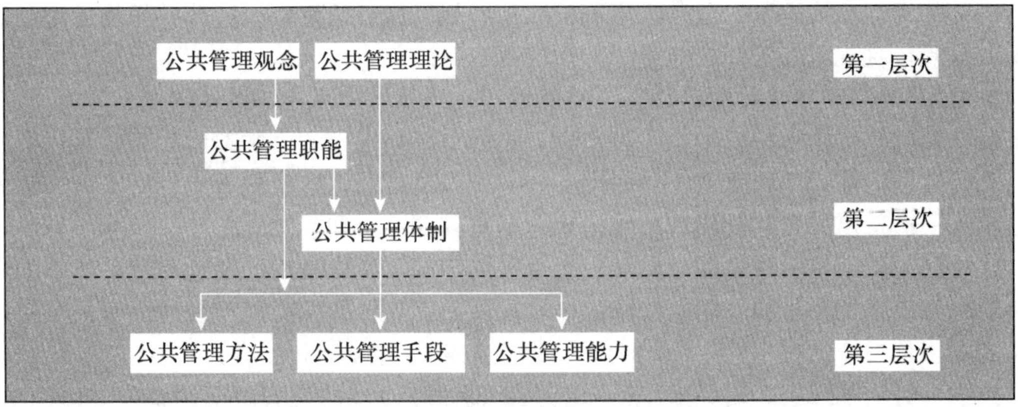

图 13—1　公共管理创新的内容及目标

（2）促使公共管理更为经济，降低人力、物力和财力投入。公共部门不堪财政支出上升的重负，往往导致公共部门改革的提出。可以说，历史上的公共部门改革多是以财政危机为契机而被提出的，在很大程度上都是迫于财政的压力。[②] 因此，公共部门改革通常都包括削减行政开支的内容。

① 参见蔡立辉：《应用信息技术促进政府管理创新：内涵、目标与任务》，载《中国人民大学学报》，2006（4）。

② 参见秦郁彦：《日本官僚制研究》，205 页，上海，上海三联书店，1991。

(3) 促使公共部门更具绩效，提高公共管理效能。这是公共管理结果方面的目标，强调通过改革促进公共管理能够制定出更为科学的政策，为社会提供更具高质量水平的服务与公共产品，提高公众对公共部门的满意程度。这个目标反映了社会需要和公共管理目标的多重性。为实现这个目标，公共部门改革就要涉及公共部门内部结构的重组、组织间协调的增强、公共管理模式和行为的改进等。

(4) 促使公共管理提高效率。公共管理效率是指公共部门在公共管理活动过程中，投入与产出的比例，或公共部门在单位时间、单位物质投入中所获得的产出数量。提高公共管理效率最根本的是要提高纳税人的办事效率、降低纳税人的办事成本。①

(5) 促使公共管理系统更具适应性。当今世界科学技术的飞速发展、社会生活复杂性的日益增强以及社会的不断变化，都要求公共管理系统能够根据环境的变化及时作出反应，积极回应社会变革对公共管理系统提出的挑战。因而，增强公共管理系统的适应能力成为公共部门改革的题中应有之义。

(6) 促使公共部门更为负责。公共管理的民主精神和适应管理民主化的发展要求，越来越强调公共管理向公共服务的方向转化。公共部门服务的对象是公众，而且不具有选择性。因此，公共部门改革就必然要促使公共管理体系更加贴近公众、对公众更为负责，提高公众对公共部门的满意和信任程度，发展公共责任。

当代中国行政体制改革的目标就是要通过改革，建立与社会主义民主政治体制相配套、与社会主义市场经济体制相适应的中国特色社会主义的行政体制，主要包括：造就高素质的专业化行政管理干部队伍；把依法施政贯穿于公共行政全过程；建设廉洁、勤政、务实、高效的人民满意的政府；要进一步转变政府职能，改进管理方式，推行电子政务，提高行政效率，降低行政成本，形成行为规范、运转协调、公正透明、廉洁高效的行政管理体制。

2. 公共管理的新模式

当代西方国家的行政改革形成和造就了新的公共管理模式。由于各国情况的不同、各位学者研究角度的不同，这些新模式主要包括：

(1) 奥斯本、盖布勒在《改革政府——企业精神如何改革着公营部门》一书中，全面阐述了“企业家政府”模式：1) 起催化作用的政府：掌舵而不是划桨；2) 社区拥有的政府：授权而不是服务；3) 竞争性政府：把竞争机制注入到提供服务中去；4) 有使命感的政府：改变照章办事的组织；5) 讲究效果的政府：按效果而不是按投入拨款；6) 受顾客驱使的政府：满足顾客的需要，而不是官僚政治需要；7) 有事业心的政府：有收益而不浪费；8) 有预见的政府：预防而不是治疗；9) 分权的政府：从等级制到参与和协作；10) 以市场为导向的政府：通过市场力量进行变革。奥斯本和盖布勒强调借用私营部门的管理理论、管理模式、管理原则、管理方法和技术，包括录用私营部门的管理人员来“重塑政府”，认为这是提高政府工作效率和管理水平的根本途径。

(2) 欧文·E·休斯将公共管理新模式概括为以下六个方面：1) 意味着一种与传统公共行政不同的重大变化，较为引人注意的是结果的实现和管理者的个人责任；2) 明

① 参见蔡立辉：《政府绩效评估：理论、方法与应用》，44 页。

确表示了脱离古典官僚制的意图，目的是使组织、人事、任期和条件更具灵活性；3）明确规定组织和人事目标，以便用明确的绩效指标评估工作业绩，以及对项目进行系统评估，其背后的推动力是经济、效率和效能的“3E标准”；4）公共管理人员更有可能带有政治色彩地致力于政府工作，而不是政治中立或无党派立场的；5）政府职能更有可能受市场检验（如合同外包），或奥斯本所说的“将掌舵与划桨分开”，政府介入并不一定指政府非通过官僚制手段不可；6）通过民营化或市场检验以及合同外包等方式减少政府职能。[①]

（3）美国学者彼得斯在《治理的未来》中提出了当代西方公共部门改革及公共管理实践中正在出现的以新公共管理定向的四种治理模式：市场式政府模式、参与式政府模式、弹性化政府模式、解制式政府模式。他从组织结构、管理过程、政策制定和公共利益四个方面来刻画和比较这四种模式的特征，如表13—1所示。[②]

表13—1　　四种模式的主要特征

	市场式政府	参与式政府	弹性化政府	解制式政府
主要的诊断	垄断	层级节制	永久性	内部规制
组织结构	分权	扁平型组织	虚拟组织	没有特别的建议
管理过程	绩效工资制及其私营部门管理技术	全面质量管理	管理临时人事	更大的管理自由
政策制定	内部市场	咨询、谈判	试验	企业化政府
公共利益	低成本	参与、咨询	低成本、协调	行动主义

（4）英国学者E.费利耶（E.Ferlie）等人在《行动中的新公共管理》一书中认为，在现实中并不存在统一的新公共管理模式，而是有着各种不同类型的新公共管理模式。由此他们论述了在当代西方国家公共部门改革过程中，至少有过四种不同于旧的公共行政模式的新公共管理模式。这些模式都包含着重要的差别和明确的特征。[③]

费利耶的新公共管理模式包括：1）效率驱动模式（the efficiency drive），基本内容与特征为：关注财政控制、成本核算和效率问题，关心信息系统的完善，建立更强有力的一般管理中心，采用层级管理和“命令与控制”的工作方式；强化明确的目标定向和绩效管理，权力向资深管理者转移，推进和改善正式的绩效评估方法，强调对顾客负责；让非公共部门参与公共物品的提供，以市场为基础和顾客导向，以及在边际上进行类似于市场的实验（准市场）；解除劳动力市场的规制，加快工作步伐，采用绩效工作制以及短期聘用合同；雇员自我调节权力的减少，权力向管理者的转移，吸收部分雇员参与管理过程，采用更透明的管理形式；增加更具有企业管理色彩而较少官僚色彩的授权，但更强调责任

① 参见［澳］欧文·E·休斯：《公共管理导论（第二版）》，62页。

② Guy B. Peters, *The Future of Governing: Four Emerging Models*, Kansas: University Press of Kansas, 1996, p.19.

③ E. Ferlie, L. Ashburner, L. Fitzgerald and A. Pittigrew, *The New Management in Action*, Oxford: Oxford University Press, 1996, pp.10-15.

制；采用公司治理的新形式，权力向组织战略顶层转移等。2）小型化与分权模式（downsizing and decentralization），主要特点是：从早期强调以市场为中心向更精致和更成熟的准市场的扩展，从计划到准市场的转变成为公共部门配置资源的机制；从层级管理向合同管理的转变，较松散的合同管理形式的出现；小战略核心与大操作边缘的分离，市场检验和非战略职能的合同承包；分权和小型化——公共部门领取薪金者的大量减少，向扁平型组织结构转变，组织高层领导与低层职员减少；公共资助与独立部门供应相对分离，购买者和提供者分离组织，出现了购买型组织形式；从"命令与控制"的管理方式向诸如影响式管理、组织网络形式相互作用等新风格的管理方式转变，日益重视组织间的战略；从标准化的服务向灵活多样的服务系统的转变。3）追求卓越模式（in search of excellence），主要特点是：在由下而上的形式中，强调组织发展和组织学习，将组织文化看做一种组织发展的黏合剂；强调由结果判断绩效，主张分权和非中心化；在由上而下的形式中，努力促进组织文化的变迁，管理组织变迁项目；重视领导魅力的影响和示范作用；强化团队精神，强调更具战略性的人力资源管理职能。4）公共服务取向模式（public service orientation），基本内容及特征是：主要关心提高服务质量（如应用质量诱因、采用全面质量管理方法），强调产出价值，但必须以实现公共服务使命为基础；在管理过程中反映使用者（而不是一般的顾客）的愿望、要求和利益，以使用者的声音而非顾客的退出作为反馈回路，强调公民权理念；怀疑市场机制在公共服务中的作用，主张将权力由指派者转移到民选的地方委员会；强调对日常服务提供的全社会学习过程（如鼓励社区发展、进行社会需要评估）；要求一系列连续不断的公共服务的使命与价值，强调公民参与和公共责任制等。

公共管理的新模式取代旧的管理模式，不只是在公共行政内部实行技术性专业化，不只是对公共部门进行改革，而且还要求公共部门转换机制并改变其与政府和社会的关系。作为人类政治文明、管理文明的共同遗产，当代西方国家公共管理新模式对转轨时期的中国公共部门改革，具有一定的借鉴意义和参考价值。事实上，当代中国所进行的公共部门改革在一定程度上也受到了西方国家公共管理新模式的影响。在中国转轨时期进行的完善社会主义市场经济体制、引入市场竞争机制实行间接化管理、转变政府职能、推行服务型政府建设和电子政务、改进管理方式、提高行政效率等各项改革，既涉及公共部门内部管理机制与方式的转换与完善、涉及机构改革，也涉及改进政府公共部门与社会、与市场、与企业关系的改革。这都表现出西方国家公共管理新模式对于中国公共部门改革的实践具有较强的适用性。

但是，由于基本国情不同、所处发展水平和历史发展阶段不同，又决定了转轨时期的中国行政体制改革不能照搬、照抄西方国家的公共管理模式，而必须结合中国的具体国情，在根本上实现西方国家公共管理新模式的中国化。因此，在全球化和信息化时代，对西方国家政治文明的成果包括现代公共管理理论和公共管理新模式采取一概排斥的态度，无疑是不符合社会发展潮流和发展规律的，但忽视基本国情的差别而一味照搬，甚至以西方的理论与做法为标准来比附中国的公共部门改革，无疑也是十分不科学的。任何国家的公共部门改革都必须立足于自己的国情。

13.2 西方国家公共部门改革

自20世纪70年代末以来，为迎接经济全球化、社会信息化、管理民主化、国际竞争加剧的挑战以及摆脱财政困境和提高公共管理效率，西方国家掀起了公共部门改革的浪潮。根据1993年经济合作与发展组织的调查，该组织的24个成员国都处于公共部门改革的浪潮中。该组织1995年度的公共行政发展报告《转变中的治理：OECD国家的公共部门改革》指出，经合组织国家的公共部门改革具有一个已经发展起来的共同的议事日程，那就是“管理主义”（managerialism）或“新公共管理”（new public management，NPM）。西方国家公共部门改革以采用工商企业的管理理论、方法和技术，引入市场竞争机制，提高公共管理水平与公共服务质量为特征，是一场追求“3E”目标的改革运动。这场改革成为了当代西方国家政府改革的基本趋势，促使西方国家的公共管理模式重新回到“管理主义”，并萌生了公共治理的新模式。

13.2.1 当代西方国家公共部门改革的兴起

当代西方国家公共部门改革以及新公共管理模式的兴起有其深刻的背景和原因。总的来说，西方国家公共部门改革缘于大致相同的社会背景，主要是由于政府职能膨胀、规制过多、基于分工的业务流程和公共管理模式已越来越不适应社会发展的要求、财政支出增长给社会带来沉重负担、现代科学技术的飞速发展以及要求加强市场机制的作用等。西方国家公共部门改革从英国、美国、澳大利亚和新西兰逐步扩展到其他西方国家乃至全世界。正如著名公共管理学者胡德（C. Hood）所说，公共部门改革成为了20世纪70年代中期以后公共管理领域中出现的一种显著的国际性趋势。①

1. 流程再造理论带来了公共部门改革问题上的观念更新

基于“劳动分工原理”和“制度化管埋理论”的业务流程与管理模式②，是以职能为中心进行设置的，已越来越不适应信息时代的发展要求。这种以职能为中心进行设计的方法，实行组织结构层级节制，具有效率高、便于控制和指挥、避免人财物分散等优点。但也具有使一个业务流程横跨多个部门和人为地把业务流程割裂开来、使一个完整的流程消失在具有不同职能的部门和人员之中、造成多头指挥和形成层级制组织结构等严重缺陷。

随着信息时代和知识经济的发展和到来，传统“领导下达目标，有关人员给出相应计划，计划到期检查”的事后的、表态的、各个部门之间缺乏及时信息交流和沟通的流程管

---

① Christpher Hood，“A Public Management for all Seasons”，*Public Administration*，69（Spring），1991，pp. 3-9.

② “劳动分工原理”和“制度化管理理论”是由亚当·斯密和弗雷德里克·泰勒所创造的。分工理论首先是亚当·斯密在《国富论》中提出的。他认为劳动生产率上最大的增进，以及运用劳动时所表现的更大的熟练、技巧和判断力，都是分工的结果。泰勒的“制度化管理理论”强调专业化分工，强调把业务过程分解为最简单、最基本的工序。这样员工只需重复一种工作，熟练程度大大提高，同时对各个业务过程实施严格控制。在当时工业经济时代，由于员工素质低、劳动力廉价和技术水平有限，在这种理论的指导下形成了科学管理，极大地提高了劳动生产率。这种理论也因此而得到了迅速推广，泰勒因此而被誉为“科学管理之父”。

理模式日益显露出其与社会发展的不相适应性和种种弊端。这些弊端主要包括：分工过细，造成权力交叉，导致层次重叠、冗员多、成本高、浪费大、对外界反应迟缓和行政效率低下；只注重局部环节，缺乏整体协调，导致了本位主义和相互推诿现象；强调以职能为中心进行组织机构设计，形成了科层制的组织结构，组织机构臃肿；公务人员技能单一，适应性差，缺乏积极性、主动性，责任感差；形成条块分割的管理体制，公共部门内部信息沟通不畅，资源共享程度差和重复劳动。分工理论在不断提高效率的同时，也给公共部门的持续发展套上了一道无形的枷锁。传统的组织结构形式、业务流程和管理模式使政府公共部门之间沟通不畅、缺乏协调，造成了很多问题。

传统官僚体制（科层制）的失效和商业管理模式的示范性影响对西方公共部门改革的兴起产生了重大影响。企业流程再造理论是具有革命性的、创新的管理理论，同时，又是不断发展和完善中的理论。[①] 当代西方国家公共部门改革吸取了企业再造的经验，也有人因此把从企业再造中吸取经验发展而来的政府公共部门改革称为政府再造。以往的改革大多将注意力集中于人员精简、组织结构调整以及组织的自我更新，却忽视了公共部门与环境的关联，使改革处于不推不动、推也不动的被动状态。

再造理论带来了公共部门改革问题上的观念更新。戴维·奥斯本和特德·盖布勒以企业型政府的理念提出了重塑政府理论（reinventing government），提出了官僚主义体制作为工业时代的产物已不适应信息时代的发展要求，提出了与传统公共管理范式不同的企业型政府管理范式（the entrepreneurial management paradigm）。[②] 凯特尔把这种公共管理范式称为“新治理”[③]。这种新的治理范式强调实行解除过度规制、引进市场机制、增强政府活力、顾客至上、充分授权、业务流程再造等改革方案。重塑政府理论对西方国家公共管理改革产生了重大的影响，再造业务流程成为了西方国家公共管理改革的重要内容。

2. 出现了促使公共部门改革提上议事日程的经济和政治因素

英国人普遍把二战后的时代称为“战后社会福利的年代”（the postwar settlement）。但是，到 20 世纪 70 年代石油危机之后的经济衰退，这个年代却随着政府背负沉重的财政赤字负担、政府公共部门规模庞大且运作失灵，以及随着公众对政府公共服务的需求急速扩张而彻底崩溃。[④] 西方各国出现的高额财政赤字、福利国家不堪重负和一系列新的社会与政治问题，是引发公共部门改革的直接原因。按照奥斯本和盖布勒在《改革政府——企业精神如何改革着公营部门》一书中的说法，解决财政赤字问题从原则上说有三种办法：一是限制开支和公共任务的终结；二是增加岁入尤其是税收；三是用较少的开支来实现公共使命，即“少花钱多办事”。只有第三条途径才是现实的可供选择的出路，公共部门改革所选择的正是这条道路。

---

① 参见彭东辉：《流程再造教程》，8 页，北京，航空工业出版社，2004。

② R. C. Moe，“The ‘Reinventing Government’ Exercise：Misinterpreting the Problem，Misjudging the Consequences”，*Public Administration Review*，No. 2，1994.

③ D. F. Kettl，“What Will New Governance Mean for the Federal Government?”，*Public Administration Review*，No. 2，1994.

④ G. D. Garson，E. S. Overman，“What is Public Management Today? The Search for an Organizing Paradigm”，in J. M. Ott，(eds)，*Public Management*：*The Essential Readings*，Chicago：Nelson-Hall Publishers，pp. 28-39.

3. 经济全球化趋势日益明显为西方国家公共部门改革提供了推动力

全球化趋势加强了各个西方国家对本国经济竞争力的高度重视；政府能力是一国综合国力和竞争力的一种主导性因素，政府如何引导和调控国民经济运行，参与国际经济竞争，促进经济发展，自然成为人们关注的焦点。经济全球化对政府的公共管理提出了更高的要求。经合组织把公共部门改革当做其成员国在国际市场上进行有效竞争的一个重要途径，认为顺应经济的全球化和保持国际竞争力的内在需要，为公共部门改革提供了新的强大动力；处理国际问题不再是传统的涉外部门的专门职责，所有公共部门以及地方政府都必须具有跟踪、理解和处理国际问题的能力；经济资源的稀缺和为避免不稳定而保持经济竞争力，这是公共部门改革的直接推动力。

4. 新技术的发展和广泛应用为公共部门改革提供支撑

正如理查德·赫克斯（Richard Heeks）所说，信息技术与公共部门改革之间具有两种联系方式，信息技术的运用能够支持公共部门改革；公共部门改革能够影响信息技术发生作用的方向和社会效果，它们之间的相互关系、相互作用如图 13—2 所示。①

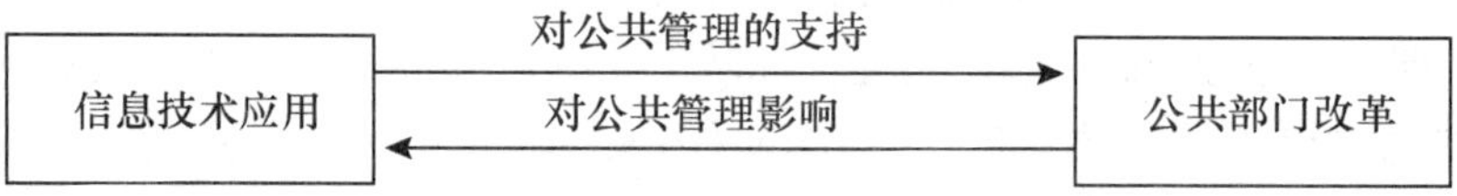

图 13—2　信息系统与公共部门改革之间的联系

信息技术的快速发展为建立起灵活、高效、透明的政府创造了可能性。信息时代的来临以及“数字化生存”方式要求公共部门对迅速变化的经济作出反应，这打破了长期以来公共部门对公共信息的垄断。新通信技术以及接收公共部门信息的便利使公民和社会团体更容易参与公共管理活动，这要求对公共部门及其运作过程作出变革与调整。信息技术被普遍运用来再造政府、改革公共部门和实现公共管理目标。②

13.2.2　当代西方国家公共部门改革的内容与特点

当代西方国家公共部门改革涉及许多国家，改革内容涉及公共部门自身的改革，公共部门与社会、市场、企业的关系的改革等多方面，形成了普遍性和范围广泛性的特点。

1. 重新界定和优化政府职能

20 世纪 70 年代，导致西方国家公共管理面临困境的一个重要原因就是政府职能扩张。因此，公共部门改革的第一要务就是重新界定和优化政府职能，解决政府应该管什么、不应该管什么和怎么管的问题。一是在政府部门内部实行大部制，将相近的职能尽可能集中到一个部门，精简政府机构，减少横向协调的困难；二是政府从大量社会事务中解脱出来，将这些职能交给或归还给社会，由社会经济组织或中介组织去承担，政府则制定法律和规章制度，执行法律和监督社会经济组织、中介组织的行为。

① Richard Heeks, *Reinventing Government in the Information Age: International Practice in IT-enabled Public Sector Reform*, New York: Routledge, 2001, p. 259.

② Ibid., p. 8.

当代西方各国优化政府职能的基本途径就是通过采取非国有化（de-nationalization）即公有企业和公用事业的产权转移或私有化[①]、自由化（liberalization）以及压缩式管理（cutback management）等途径将政府兴办和管理的大部分公共企业交给市场和社会，放松对市场的规制，尽可能地将公共部门承担的社会服务出租和承包出去，实现政府从社会的部分撤退。经过职能的优化和调整，西方国家政府的经济社会管理职能仅限于：一是建立全面而系统的经济立法体系，把社会经济活动纳入法制轨道；二是通过计划、财政、金融干预等手段，加强对经济的宏观调控；三是提供公共物品以及公共服务。

2. 利用市场和社会力量实行公共服务社会化、市场化

政府充分利用市场和社会的力量推行公共服务社会化、市场化是当代西方国家公共部门改革的重要措施。政府公共服务市场化是通过市场化工具来实现的；政府公共服务社会化是通过政府与社会建立伙伴关系、将部分公共服务交由社区或非政府组织来实现的。

引入市场机制或市场手段是西方各国公共部门改革的重要举措，我们把那些凡是在某一方面具有明显市场特征，诸如价格、利润、私有产权、金钱诱因、自由化等的方式、方法和手段，都称为市场机制的表现。西方国家实现公共服务市场化的工具有：私有化、使用者付费、合同外包、招标投标、委托代理、分散决策、产权的交易和内部市场。

公共服务社会化是在维持一定职能和服务水平的前提下实现政府机构和人员削减的有效途径，在对提高行政效率、降低财政支出、利用市场对公共机构形成竞争压力等方面具有重要意义。西方国家实现公共服务社会化的实践形式有：政府业务合同出租（contracting-out）；以私补公，打破政府垄断；建立政府部门与私营企业的伙伴关系；公共服务社区化。

3. 政府部门内部的管理体制改革

政府部门内部的管理体制改革包括组织机构改革、权责关系调整、人事制度改革、管理方法和技术改革等方面，其目的是提高政府工作效率和服务质量。改革内容主要有：

（1）利用信息技术革命新成果，建立公共行政信息系统。当代西方国家政府部门内部管理体制改革的一个显著特征就是充分体现了管理主义（managerialism）倾向，即引进现代化管理技术尤其是私营部门的管理技术、管理理论、原则和方法来“重塑政府”，实现政府管理现代化。1993 年美国提出了应用先进的网络信息技术克服美国政府在管理和提供公共服务方面所存在的弊端，构建“以顾客为中心”的电子政务，走向在线服务的政府改革目标。《运用信息技术改造政府》的报告，明确提出了借助信息技术实现政府信息化、提升政府生产力和效率等 13 项利用网络信息技术革新政府的建议。英国也出台了《政府现代化》白皮书和《政府信息服务计划》。

利用信息技术革命新成果推进电子政务建设、建立决策支持信息系统和管理信息系统等公共行政信息系统。英国部长管理信息系统（management information system for ministers）是西方各国建立的多样化政府信息系统和政策方案分析选择系统的突出代表。在这里，电子政务不是一个单纯的技术概念，而是一种以信息技术为基础的政府治理新模

---

① “私有化”包含两方面的含义：一是指国有企业的产权转移；二是包括自由化、合同出租、财源替代（financial substitution）等形式。

式。西方各国的公共部门改革广泛应用信息技术，并实现了技术应用与行政改革的一体化。[①]

（2）实行分权。当代西方国家公共部门改革的目标之一在于分散公共部门管理职能、缩小公共部门管理范围。因此，改革必然要实行分权与权力下放。分权与权力下放的改革既涉及中央与地方的关系，又涉及中央政府内部上下级的关系。政府部门内部上下级关系的改革是当代西方国家公共部门改革的热点。在政府机构改革中，许多政府经济部门被改为准政府机构或分离出去。英国的《下一步行动方案》和新西兰的公司化改革把原部门内的中下层组织转变为具有独立性质的单位，实行经理负责制——经理被赋予了机构、编制、人事管理和财务等方面的极大自主权，成为政府部门内部上下级关系改革的典型代表。政府部门内部上下级关系改革实现了上下级由直接隶属到合同关系的转变，上级对下级的控制由着眼于工作过程到着眼于工作结果的转变，体现了决策与执行分离和分权制度化的趋势。

（3）推行部门内部的组织结构改革。部门内部的组织结构改革主要包括推行不同部门的层级结构多样化、减少中间管理层次、限制并削弱幕僚机构的权力、改变上下级权责关系及控制方式等方面。

（4）推行公共人事制度改革。在公共人事制度改革方面，采取的改革措施有：一是放松规制、增强灵活性。西方各国在人事录用、报酬、职位分类、培训等方面放松规制，增强灵活性，举措包括消除繁杂的规则，减少繁文缛节以及办事拖拉等。二是公共管理者的非职业化，加强公共部门与私营部门管理者之间的交流，合同雇用制和临时聘用成为了公共部门以及政府机构用人的常见方式。三是实行绩效评估以及灵活的付酬制度，注重结果而非过程控制，重视绩效评估，并采取灵活的付酬与奖励措施。由此构成了人力资源开发、公共部门劳工关系、代表性官僚制（representative bureaucracy）、公务员激励机制等方面的改革内容。

（5）提高服务质量，改善公共部门形象。这一改革措施强调以顾客取向（customer orientation）和服务对象为中心，具体内容包括公共服务提供小规模化，打破传统划片服务的办法，从而为公众提供自由选择服务机构的机会；在公共服务机构之间引进市场竞争机制；推行公众参与管理，并借用“市场检验”方法，定期广泛调查公众的满意程度。英国保守党政府的“公民宪章运动”，体现了明确的服务标准、公开性与透明度、礼貌服务、公众自由选择、完善的投诉受理机制、“金钱的价值”（value for money）六个特点，被认为是提高公共服务质量的有效途径。

（6）实现公共行政传统规范与工商企业管理方法的融合。通过各种方法，吸引私营部

① “技术应用与行政改革的一体化”表达的是技术应用与行政改革二者相互作用的关系，并从本质上揭示了政府部门对网络信息技术的运用不能只追求自动化技术水平的提高，而是要提高为公众办事的工作效率和改善行政绩效；也不能只为了解决本部门内部的需求、形成自动化的孤岛，而是要能够加强与其他各部门的协作，形成跨部门的网络化协同工作的办公环境。因此，运用网络信息技术的力量对政府组织结构、运行方式、服务范式和行政业务流程进行优化重组和再造，从现有的、工业时代的政府形态和官僚体制结构向以信息技术等现代科学技术建构的适应以互联网为主要特征的信息化政府组织结构和运行方式转变，构成了“一体化”的核心内涵。参见蔡立辉：《电子政务：信息时代的政府再造》，13页，北京，中国社会科学出版社，2006。

门管理人才到政府部门任职或兼职；大力引进私营企业的管理技术和方法，如绩效评估、全面质量管理、顾客管理、成本管理、标杆管理等，以提高公共部门的效率和整体绩效。

4. 当代西方国家公共部门改革的特点

任何公共部门改革都是为了适应外部环境的变化，之所以采取组织内部结构的调整，也是因为相对于人们对外部环境急速变迁的束手无策，只得对其所创设的组织加以再造。① 因此，如果从宏观的历史视野进行考察，任何时代的改革理念，都是对那个时代环境挑战的一种回应。根据这种分析方法，当代西方国家公共部门改革也就是回应后资本主义社会(post-capitalist society，也称为后工业主义、后现代主义及后福特主义）时代所出现的各种问题。面对新时代的各种挑战，旧的公共行政显然已经欲振乏力，只有通过公共部门改革的途径才能适应时代发展的要求。② 当代西方国家公共部门改革的特点主要表现为：

(1) 有计划、渐进式地推进公共部门改革，改革遵循统一规划和逐年计划，使公共部门改革持续开展；(2) 组建精干、高效的改革机构，重视发挥参谋咨询机构的作用，例如美国的国家绩效评估委员会（NPR)、"重塑政府"、总统管理委员会，英国的首相效率小组、公民宪章运动领导小组、政策与创新部门（PIU)、公共服务改革办公室等；(3) 重视与改革配套的立法建设，把改革纳入法制轨道，通过法律来确认改革的效力，解决改革与已有制度措施的冲突；(4) 注重提高公共管理效能和服务质量，大力改善公共部门与公众之间的关系；(5) 注重内外部监督，形成以结果为本的公共部门绩效评估机制，西方国家把公共部门绩效评估作为消除改革阻力、提高公共管理效率和公共服务质量、建立和发展公共责任机制、提高社会公众的满意程度、改善社会公众对公共部门的信任的重要手段而加以运用。

13.2.3 当代西方国家公共部门改革评价

对当代西方国家公共部门改革，学者们从不同的视角进行了分析评价。有的学者认为，西方国家公共部门改革中出现的新公共管理实践模式是公共部门管理特别是政府管理中出现的一次重大突破或一次深刻的变化；也有学者对新公共管理理论基础、价值取向、具体改革措施及其内在矛盾进行了批判性评价。那么，我们应如何认识和对待当代西方国家的公共部门改革?

1. 评价标准

对同一个客观事物产生了不同的评价结果，这在相当程度上取决于评价者采用了不同的评价标准。因此，从已有的评价结果出发来认识某一事物，可能会出现对该事物认识的误导。这样，我们对当代西方国家公共部门改革的认识，也不能简单地从已有的评价结果出发，先入为主，而必须首先确定评价当代西方国家公共部门改革的标准。

(1) 内部标准和外部标准。评价公共部门改革的内部标准是从政府的角度出发、以政

---

① H. Z. Elcock, *Change and Decay? Public Administration in the 1990s*, New York: Longman, p. 61.

② D. Farnham, S. Horton, *Managing People in the Public Services*, London: Macmillan Press, 1996, pp. 24-25.

府为中心的，由此对政府内部的完善与合理化形成以职能优化、规模适当、结构合理、人员精干、运转协调、效率提高为主要内容的价值判断。外部标准是从社会的立场和视角评价公共部门改革、以社会为中心的，核心是评价改革是否给社会和公众带来了实惠。两类标准在一定程度上具有统一性，但也有矛盾。从内部标准出发、从外部标准出发对西方公共部门改革进行评价，就必然会有不同的评价结果。

（2）政治层面上的标准和操作层面上的标准。任何公共部门改革的目标都会有政治层面上的目标和操作层面上的目标。政治层面上的目标主要用于改革的政治动员并为改革赢得广泛的政治支持，具有全局性、抽象性的特征。操作层面上的目标则是政治目标的分化和具体化。如果以公共部门改革在多大程度上实现了既定目标来评价其效果，就会涉及评价改革的政治层面上的标准和操作层面上的标准问题。政治家倾向于从定性分析出发设立抽象的政治目标而避免具体量化指标；单纯定性的政治标准难以对改革效果做出客观、科学的评价。因此，评价改革效果时如何将政治层面上的标准具体化为操作层面上的标准就存在着分歧与差异，包括经济、效率、质量、效益等具体化的测定方法还处在实验摸索之中。

（3）公平标准和效率标准。从公共行政发展的历史来看，传统公共行政及其改革是以效率为目标的；20 世纪 60 年代末期和 70 年代初期的新公共行政是以公平为目标的，力图用以公平为核心价值的“社会性效率”取代传统的“机械性效率”。[①] 当代西方公共部门改革主体上体现了“效率至上”价值的回归，但在一定程度上也体现了加强公共部门责任的民主价值。效率目标与公平目标之间的矛盾，必然引起效率标准与公平标准之间的矛盾分歧。私营部门以追求效率至上为目标，公共部门作为社会利益、公共利益的集中体现和代表，在什么情况下追求效率目标、在什么情况下追求公平目标、在多大程度上可以牺牲公平来换取效率，就必然会带来对公共部门改革的不同评价。

2. 当代西方国家公共部门改革价值与方向的评价

对当代西方国家公共部门改革价值与方向的评价，主要是运用上述评价标准对改革的指导理论与指导思想、改革目标等进行的评价。评价所关注的焦点是公共部门改革的价值、方向及其措施的合理性，是否能够适应时代需要和公共管理发展趋势。市场化和管理主义是当代西方国家公共部门改革的两大方向。私有化、自由化、公共服务社会化、公共部门市场机制的引入和顾客导向等，都体现了改革者对“市场价值”、市场机制和管理主义的推崇。

欧文·休斯从积极方面高度评价了当代西方国家公共部门改革，认为自从 20 世纪 80 年代中期以来，许多发达国家公共部门的管理发生了变化，新公共管理的应用意味着在公共部门中出现了一种全新的典范，并认为，当代西方国家公共部门改革是作为观念上、理论上的和全球化的挑战结果。在这种改革中，存在着两种密切联系的趋势：一是公共部门向市场化发展的趋势，将公共活动转入私营部门；二是脱离官僚制的趋势，不再把它作为公共部门内的组织原则。[②] 学者约翰·哈里森认为，当代西方国家公共部门改革体现了公

---

① ［美］H. 弗雷德里克森：《论新公共行政学》，见彭和平等编译：《国外公共行政理论精选》，298～316 页。

② 参见［澳］欧文·E·休斯：《公共管理导论（第二版）》，1 页、22 页。

共管理方式的根本性、方向性的调整。[①]

但是，这种市场化和管理主义的改革取向，也有不尽完善之处，受到了人们的怀疑和批评。波利特等人认为，"新公共管理"是一种意识形态的思想体系，是一种新保守主义或新自由主义的公共管理哲学；认为这种公共管理新模式以公共选择理论和新制度经济学为其理论基础，滥用经济学的假设、理论和方法，是经济学帝国主义向公共领域的扩张。[②]

美国学者汉森（S. Hansen）认为，推崇和效仿私营部门管理方式，是把教科书中对私营企业的理想描述与现实混为一谈。[③] 帕特里夏·英格拉姆批评说，"管理主义"片面追求效率；对许多公共组织来说，效率不是追求的唯一目的，还存在其他目标；有效的改革追求更高的效能和生产率，但必须认清其中的政治和经济约束以及会对稳定带来的影响。[④]

对市场化和管理主义改革总方向的批评还涉及公共部门和私营部门之间是否存在本质区别的问题。管理主义立论的基础是否认或淡化这种区别；但阿里森研究得出的结论是：公共事务管理和私营企业管理的不同之处比相同之处多，并且不同之处比相同之处更为重要。[⑤] 英国学者格林沃德（J. Grenwood）和威尔逊从公共责任、公平、合法性和多样性四个方面论证公共部门与私营部门之间的差别，指出不能照搬私营部门的管理方式。[⑥]"管理主义"的改革取向忽视了公共部门与私营部门的本质差别，照搬私营部门管理模式，实质上是一种"新泰勒主义"。

显然，如果市场化、管理主义的立论基础站不住脚，市场化、管理主义指导下的公共部门改革就会面临挑战。在当代西方国家公共部门改革中，解决公共管理问题的市场途径备受青睐，私营企业被奉为公共部门的楷模。为此，莫尔对戈尔提出的创造市场机制、让市场机制解决政府公共管理问题进行了批评，认为以市场机制解决公共问题基本上违背了政府存在的目的。[⑦] 我们认为市场化、管理主义作为一种管理方法和管理现象，它本身有一个发展完善的过程，也并不是放之四海而皆准的真理。关键在于这些方法的运用是否适应时代发展的需要、是否符合基本的国情、是否有助于解决一定时期政府面临的社会问题和根本任务，也就是我们是运用什么评价标准来认识和对待市场化、管理主义。

3. 当代西方国家公共部门改革措施的评价

市场机制与竞争是当代西方国家公共部门改革的重要指导原则和措施，合同出租、竞争招标、私有化等则是这一原则的主要表现形式。这些实现市场机制与竞争的表现形式，

---

① 参见陈振明编：《政府再造——西方"新公共管理运动"述评》，39 页，北京，中国人民大学出版社，2003。

② C. Pollitt, *Managerialism and Public Service*: *The Anglo-American Experience*, Oxford: Basic Blackwell, 1990, pp. 121-126.

③ S. Hansen, Public Policy Analysis: Some Recent Development and Current Problems, in A. Finifter, (ed.), *Political Science*: *The State of the Discipline*, Washington D. C.: American Political Science Association, 1983, p. 227.

④ 参见［美］帕特里夏·英格拉姆：《公共管理体制改革的模式》，见国家行政学院国际合作交流部编译：《西方国家行政改革述评》，62～63 页。

⑤ 格雷厄姆·阿里森：《公共事务和私营企业管理：它们在所有不重要的方面是否基本上是相同的》，见彭和平等编译：《国外公共行政理论精选》，356 页。

⑥ J. Grenwood and Wilson, *Public Administration in Britain Today*, London: Hyman, 1989, pp. 7-10.

⑦ R. C. Moe, The Reinventing Government Exercise: Misinterpreting the Problem, Misjudging the Consequences, *Public Administration Review*, 1994, p. 2.

对于减小政府开支与规模、提高效率与服务质量、优化政府职能，都具有很好的积极意义。

但是，这些反应和实现市场机制的具体措施，依然面临各种批评。英国学者斯图亚特认为合同出租对公共责任具有负面影响。在他看来，这种负面影响表现在两个方面：第一，合同出租缩小了公共责任的范围；第二，也妨碍了当选官员与公众的联系与沟通。①

分权化是当代西方国家公共部门改革的一个主要方向，有利于增强自主性和灵活性。但是，“分权化的一个危险在于，公共服务机构会集中关注自己所提供的服务的领域，没有人能够对社区需求进行全面分析并做统筹安排”②。也就是说，分权化可能导致公共服务的分散化和相互割裂。分权和增加管理的灵活性有利于提高效率，也导致本位主义、分散主义、保护主义以及公共开支和行政成本的提高；半自治性的执行机构成为管理、服务水平的促进因素，但未达到减少检验、控制与协调的初衷，而出现了一系列失调和失控。③

私有化有助于精简政府机构，增强公共部门的活力，但也损害了公民参与，妨碍了政治导向，并产生了公共责任方面的问题；放松规制为各部门机构松绑，增加灵活性，但也带来新的控制问题；结果导向等企业化管理方式提高了效率，但也产生了如何与公共职能有机结合的问题；顾客至上提供了回应性、多样性的服务，却把公民降低为一般的消费者④；新的管理技术有助于提供公共管理的科学性，但还有一个与公共管理业务相结合的消化、吸收和改革过程；把企业文化融入行政文化之中，给公共部门注入了创造性，也会滋生腐败。

还有学者认为，公共部门改革中形成的新公共管理模式在理论上存在着内在的矛盾，正如贝伦（C. Bellon）等人所揭示的，企业化政府模式包含的四大价值冲突和价值矛盾为：（1）企业自主与民主负责之间的价值冲突；（2）公共企业愿景与公民参与价值之间的冲突；（3）企业运转的隐蔽性与民主所要求的开放性之间的冲突；（4）企业管理要求敢于承担风险与公共财政处置责任之间的冲突。⑤

---

① N. Flynn, Public Sector Management, 3rd edition, London: Prentice-Hall/Harvester Wheatsheaf, 1997, p. 132.

② N. Flynn, F. Strehl, (eds.), *Public Sector Management in Europe*, London: Prentice-Hall Europe, 1996, p. 170.

③ 参见国家行政学院国际合作交流部编译：《西方国家行政改革述评》，10～11页。

④ 市场化和管理主义取向的行政改革用“消费者”（顾客）的概念取代了“公民”概念，期望公共服务中的市场机制会导致“顾客主权”并促进服务水平和质量的提高。然而在许多学者看来，这种新文化并不是进步。波利特认为，公民是个人在宪法和相关法律框架下拥有的权利和义务的统一体，顾客则是市场情境中个人需求和需求满足的统一体。顾客需求的满足有赖于产品和服务的供求状况及个人的支付能力。“公民是社会契约的一部分，顾客是市场契约的一部分。顾客仅仅是公民的一部分。公民位居顾客之上。新公共管理完全颠倒了两者之间的关系。”彼得斯也认为，“公民如今只不过是政府服务的消费者了，公民相对于国家的个人权利和法律地位无形中被降低了”。参见 C. Pollitt, G. Bouckaert, Defining Quality, in Pollitt and Bouckaert (eds.), *Quality Improvement in European Public Services*, 1995, pp. 6-9。见［美］盖伊·彼得斯：《政府管理与公共服务的新思维》，见国家行政学院国际合作交流部编译：《西方国家行政改革述评》，18页。

⑤ C. Bellon, G. Hoerl, In Defense of Civil-Regarding Entrepreneurship of Helping Wolves to Promote Good Citizenship, *Public Administration Review*, Vol. 53, No. 4. 1992.

4. 当代西方国家公共部门改革效果的评价

无论如何，当代西方国家公共部门改革在改革价值、改革方向、改革措施和实践模式方面，在相当程度上都存在着不完善性，有着内在的缺陷或局限性。但改革所取得的效果则是客观存在的，这场“新公共管理运动”对当代西方政府公共管理实践及模式所产生的深刻影响却是不可否认的。例如，在英国，依据费利耶等人的评价，20 世纪 70 年代末 80 年代初开始的公共部门改革给英国的公共部门管理以及公共服务带来了四个方面的重大变化：第一，随着许多国有企业卖给工人和股东以及在经济活动中实行大规模的私有化，公共部门已从直接的经济活动中撤离；第二，在公共部门中保留的社会政策职能已服从于市场化的过程，在以前属于在线管理组织的公共部门出现了创造“准市场”（quasi-markets）的种种尝试，这些准市场的财政仍然是公共的，但引入竞争机制，如招标和合同承包；第三，在公共部门及公共服务领域出现了注重“少花钱多办事”、让钱更有价值、竞争绩效和成本指标的使用、加强成本核算和强化审计系统的趋势，相对绩效的评估更加公开化，并受中央指导系统的严密控制；第四，出现了一种由“维持现状的管理”向“变迁的管理”的转变。人们更强烈地要求透明的、积极的和个性化的领导方式，人力资源管理开始使用战略性的管理方式，组织发展不断地提出各种替代方案和更人性化的管理方式，学习型的组织也开始出现。[①]

又例如，在美国，依据经合组织 1997 年度公共管理发展报告《公共管理的问题和发展：1996—1997 美国概况》的评估结果，“重塑政府”运动的成效主要表现在政府的精简、机构的重建、顾客至上原则的确立、市场机制的引入、以绩效为基础的组织的出现和“重塑政府”实验室的建立等方面。[②]

与此同时，当代西方国家公共部门改革推动了旧的公共行政模式的变化。旧的公共行政模式被人们看做一种与西方工业社会的政府管理相适应的实践模式，加拿大学者唐纳德·萨维称之为“工业社会的政府组织模式”、“19 世纪的行政技术”。这种旧的公共行政实践模式有如下四个基本特征：一是政府组织及其结构应根据韦伯的官僚制（科层制）原则建立起来，严格遵守这一原则是政府运作的最佳方式；二是公共物品及服务应由政府机构（官僚机构）来提供，即政府是公共物品的唯一提供者；三是政治（政策制定）与行政（政策执行）分开，并且文官在政治上保持中立，这有助于责任制的落实；四是行政被当做一种特殊的管理形式，必须由终身雇用的职业化的官僚来担任。尽管这种模式曾在公共管理中发挥过重要的、积极的作用，但是，随着西方国家由工业化社会向后工业社会与信息社会的转变，旧的公共行政模式与之越来越不适应，它的基本原则受到了严峻的挑战，并在实践中逐渐失效或过时。公共部门改革形成的新公共管理模式在某种意义上正是为了克服旧的公共行政模式的弊端而出现的，它是公共管理实践变化的产物，与旧模式相比，这种新公共管理模式充分显示了其现实性和生命力。西方国家公共部门对旧的公共行政模式的改变，进一步丰富了公共管理的理论内容，拓宽了研究视野，并正在逐步推进公共管理范式的形成。

---

① Ewan Ferlie et al.，*The New Public Management In Action*，Oxford：Oxford University Press，1996，pp. 3-6.

② 参见陈振明编：《政府再造——西方“新公共管理运动”述评》，39 页。

13.3　当代中国行政体制改革

公共部门改革能解决某一时期内存在的问题，但在改革的过程中又会出现一些新的问题，进而又引发后续的改革。[①] 自从 20 世纪 70 年代末以来，世界各国不同程度地进行了公共部门改革。相比较而言，有些国家的改革是由公共部门内部自行启动的；有些国家的公共部门改革却是在外部因素的推动下而被迫进行的。但不管改革的主要推动力是什么、出于什么目的、手段是什么、以什么方式推进，世界各国都在进行改革这是事实；也不管这些改革冠以什么样的称号，诸如“新公共管理”、“企业化政府”、“重塑政府”等，一个公共部门改革的新时代来临了[②]，中国也不例外。

13.3.1　当代中国行政体制改革的兴起

从新中国成立到 1978 年党的十一届三中全会以前，中国一直坚持社会主义制度和计划管理制度必须对经济、政治、文化和社会生活都实行中央高度集权的管理体制，计划是资源配置的唯一手段。党的十一届三中全会以后，中国进入了以经济建设为中心和改革开放的新时期。

1. 当代中国行政体制改革的背景

当代中国行政体制改革，有其深刻的国内社会经济、政治变化发展因素，以及国际因素、科学技术飞速发展等多种因素的作用，都对政府管理提出了新的要求，体制改革日益迫切。

（1）逐步建立的市场经济体制要求进行相应的行政体制改革。1992 年，党的十四大正式提出了在中国建立社会主义市场经济体制，把建立社会主义市场经济体制作为改革的目标，并指出社会主义市场经济体制就是要使市场在国家宏观调控下对资源配置起基础性作用。[③] 社会主义市场经济理论为深化经济体制改革和推进行政体制改革指明了方向。

中国经济关系、经济体制的发展变化，引起了政府与企业之间、中央与地方之间、政府与市场之间、政府与公众之间、政府与社会之间关系的变化。与经济体制的转变相适应，要求公共行政也要由适应计划经济的行政体制转变为适应社会主义市场经济的行政体制。这是推动中国行政体制改革的首要的、直接的动因。

（2）民主化政治体制改革为中国行政体制改革提供了广阔的空间。中国经济关系、经济体制的发展变化，激发了改革政治体制的要求；经济体制改革过程中遇到的深层次问题，也需要通过政治体制的改革才能予以解决，经济体制改革的成果也需要通过政治体制改革来确认和保证。这样，政治体制改革在经济体制改革的推动下，在中国各个领域得以

① Kaufman，Reflections of Administrative Reorganization，in *Setting National Priorities*：*The 1978 Budget*，ed. J. A. Pechman，Washington，D. C.：Brooking Institution.

② G. E. Caiden，*Administrative Reform Comes of Age*，N. Y.，WalterdeGruyter.

③ 参见乌杰主编：《回眸世纪潮：中国共产党“一大”到“十五大”珍典纪实》（下册），2354 页，北京，国家行政学院出版社，1998。

展开。政治民主化、法制化的发展促进了政府与国家权力机关的关系、政府与党的关系、政府与事业单位的关系、政府与群众团体的关系的改革。这为进一步理顺职能关系奠定了基础。

（3）行政效率低下导致公众的满意度降低，为行政体制改革提供了社会动力。中国高度中央集权的行政体制既承袭了两千多年的文化传统，又强化了苏联体制中的集权倾向。这种管理体制，一是权力高度集中；二是把太多的社会功能加在政府肩上，大大扩充了政府的职权范围，使政府权力日益强化，政府机构愈加臃肿庞大。这种与计划经济体制相适应的高度集权的行政体制，在市场化的改革进程中，日益暴露出其不足：表面上政府无所不包、无所不能，实际上却是管了许多管不了、管不好的事，弱化了宏观调控能力；政府部门林立、机构臃肿、人浮于事，使财政不堪负荷；官僚主义盛行、效率低下，甚至为腐败的滋生提供了温床。要求建立精干、高效、廉洁的行政体制日益成为社会公众的呼声。

（4）西方国家公共部门改革的理论与实践给中国提供了有益的参考。西方国家公共部门改革措施，包括在政府公共行政中引入市场竞争机制、改善公共部门的管理方式、提高公共部门服务质量、实行公共服务竞争制度（诸如非垄断化、适度规制、推动竞争、公共部门与民营部门竞争、公共组织间的竞争）、推行政务信息化建设和在线电子化服务等，以及公共管理理论，给中国行政改革注入了新的观念、开拓了新的视野、启迪了新的思维。在管理国际化、市场化和全球化的影响下，西方国家的市场观念、合同承包、企业化政府等观念、理论、改革措施和新公共管理取向及模式对深化中国行政体制改革，都具有一定的参考价值。

（5）现代科学技术发展为中国行政体制改革带来了机遇和挑战。以信息、技术和知识为主要特征的知识经济需要与之相适应的行政体制。实践表明，与机械工业社会相适应的官僚机器难以运行在信息高速发展的社会。新经济形态下的行政组织必须具有结构简单、层次较少、反应灵敏、运转协调、高效廉洁的特点，世界各国公共部门改革都致力于这一目标。加速中国行政体制改革正是顺应这一时代发展潮流的需要。

2. 当代中国行政体制改革的理论

当代西方国家公共管理理论如何结合中国的具体国情实现中国化、构建中国特色的行政体制改革理论，这是当代中国公共管理理论研究和公共管理实践的迫切任务。

（1）当代中国行政体制改革的基本价值体系。当代中国的行政体制在本质上是社会主义的行政体制。社会主义行政体制是在社会主义国家制度基础上建立起来的一整套组织管理政治、经济、文化事务的权力划分体系、组织体系和制度体系的综合体。社会主义行政体制也具有双重性：一方面，它要体现社会主义政治制度的本质，这是政治层面的内容；另一方面，它又反映古今中外行政活动、行政发展的一般规律，这是技术层面的内容。由于所处的时代不同、面临的公共管理问题不同、要解决的社会矛盾和根本任务不同，因而，在社会主义发展的不同阶段，所表现出来的行政研究与行政发展实践也就存在不同的着力点。一般而言，在创建社会主义理论和取得社会主义政权时期，比较多地从政治层面上思考问题，也比较多地重视行政体系政治层面的内容；而在社会主义建设时期，则比较重视在社会主义制度框架内从技术层面上思考问题。因此，当代中国行政改革，既要强调行政改革是社会主义制度的自我完善，又要从技术层面上完善和改进行政体制、政府职能定位、管理方式和机构设置。

据此，当代中国行政体制改革的基本价值体系应包括：第一，社会公仆观念是社会主义国家机关建设及其改革的重要价值；第二，“廉价”政府是社会主义国家机关的重要标志，也是改革追求的重要目标；第三，高效率的管理是保证社会主义能够创造比资本主义更高生产率的一个基本条件；第四，反对官僚主义是社会主义国家机关的一项艰巨任务；第五，坚持不懈地改革和调整国家机关是完善社会主义政权组织及其管理体制的主要方法，也是一项长期的任务；第六，在经济全球化与市场化、政治民主化、管理国际化和社会信息化的时代背景下，中国行政改革还必须坚持市场经济的发展取向、民主化的法治取向、以人为本的民本取向和公共服务取向等扩大民主、健全法制和科学发展、协调发展的价值取向。

（2）当代中国行政体制改革的理论。围绕当代中国行政体制改革的基本价值体系，形成了改革的具体理论。行政体制改革的基本理论主要围绕行政体制改革原则与目标、行政体制改革内容而展开。

就中国行政体制改革原则与目标而言，当代中国行政体制改革的原则和目标是建立与社会主义市场经济体制相配套、与社会主义民主政治制度相配套的法治国家。正如邓小平所说：“我们要在大幅度提高社会生产力的同时，改革和完善社会主义的经济制度和政治制度，发展高度的社会主义民主和完备的社会主义法制。”① “必须使民主制度化、法律化，使这种制度和法律不因领导人的改变而改变，不因领导人的看法和注意力的改变而改变。”② 行政体制改革的目标主要是三个方面：“第一，党和行政机构以及整个国家体制要增强活力，就是说不要僵化，要用新脑筋来对待新事物；第二，要真正提高效率；第三，要充分调动人民和各行各业基层的积极性。”③

当代中国行政体制改革要达到的一个重要目的，就是克服官僚主义，提高行政效率。官僚主义的“总病根”是权力过分集中的行政体制，因而，克服官僚主义必须从改革权力过分集中的管理体制做起。提高行政效率，要从上到下建立和加强责任制，要采用先进的管理方法。

就当代中国行政体制改革内容而言，邓小平把当代中国行政体制改革的内容概括为三个方面。他指出：“首先是……解决党如何善于领导的问题。这是关键，要放在第一位。第二个内容是权力要下放，解决中央和地方的关系，同时地方各级也都有一个权力下放问题。第三个内容是精简机构，这和权力下放有关。”④ 同时，要改革干部人事制度。邓小平指出：“干部缺少正常的录用、奖惩、退休、退职、淘汰办法，反正工作好坏都是铁饭碗，能进不能出，能上不能下。这些情况，必然造成机构臃肿，层次多，副职多，闲职多，而机构臃肿又必然促成官僚主义的发展。因此，必须从根本上改变这些制度。”⑤

① 《邓小平文选》，2版，第2卷，208页，北京，人民出版社，1994。
② 同上书，146页。
③ 《邓小平文选》，1版，第3卷，241页，北京，人民出版社，1993。
④ 同上书，177页。
⑤ 《邓小平文选》，2版，第2卷，328页。

改革党和国家的领导制度，这是当代中国行政体制改革的重点。根据邓小平的概括，当代中国行政体制改革的内容应包括：改革行政权力体制，理顺党与政府的关系、立法机关与行政机关的关系、司法机关与行政机关的关系；推进政府职能转变，理顺政府与企业、政府与社会、政府与公众的关系；推进权力下放，建立中央与地方合理分权的权力体制，保证中央宏观调控和地方自主权，调动中央与地方两个积极性；推进行政组织体系改革，精简机构，精简政府部门与内设机构；推行社会生活的民主化，让公众参与公共产品的提供，推进基层自治；建立国家公务员制度与岗位责任制等方面。

（3）政府职能转变的理论。政府职能转变的理论，是当代中国行政体制改革的指南。中国官僚主义的“总病根”是中央高度集权的管理体制，这种管理体制主要表现为政府对经济、政治、文化、社会事务的全面的集中统一管理，这是一种“无所不能、无所不管”的“全能政府”体制。中国转轨时期政府职能转变的理论主要包括：

第一，在政府职能范围方面，要改革“无所不能、无所不管”的全能政府，政府要集中精力为社会提供公共产品与公共服务；减少政府对企业、事业、社会单位的直接管理、微观控制和审批干预；处理好政府与市场的关系，发挥市场机制在资源配置中的基础性作用。在市场经济条件下，政府职能要实现公共化，政府集中精力管理公共事务，而不要干预市场事务与社会自我协调处理的事务，这样有利于调动各方面的积极性；促进政府职能转变。

第二，在政府职能方式方面，政府公共管理要引入经济管理、企业管理的方法和手段来管理政府经济事务和其他政府事务，改变管理手段落后的问题，由直接管理到间接管理；积极吸收和借鉴国外先进的公共管理经验与国际惯例，构建中国特色的政府职能体系。

第三，健全和强化小康社会的宏观管理职能。小康社会[①]的实现是一个比较长的历史过程。在走向小康社会的过程中，政府的宏观管理职能应该是不断提高政府公共服务在政府工作中的比重，不断适应市场经济深化发展的需要，弥补市场缺陷，提供公共产品，不断提高政府宏观调控的能力和水平的过程，最后达到建立与市场经济相适应的政府公共产品体系的目的。与政府职能的这种转变过程相适应，要同时建立公共财政体制和公共行政体制，公共财政体制是以提高财政收入占国内生产总值的比重，提高中央财政收入占全国财政收入的比重为基础的，在此前提下，要加大中央政府财政政策、税收政策、金融政策的力度，有效进行适应市场经济的宏观调控；公共行政体制就是建立在法治基础上的，政府主要提供公共产品、管理公共事务、行使公共权力、承担公共责任的政府体制。

第四，以建设服务型政府、强化社会管理和公共服务职能为重点的构建社会主义和谐

① 小康社会的实现是一个比较长的历史过程，邓小平将这一个历史过程设想为两个阶段：一个阶段是迈向小康社会的阶段。这一阶段是从 1978 年改革开放起一直到 2000 年，国内生产总值达到 1 万亿美元，人均国内生产总值达到 800 美元。这一阶段是温饱社会阶段，与这一阶段相对应的是温饱阶段的政府管理。下一个阶段是小康社会阶段。这一阶段从 2000 年起一直到 2050 年左右，我国的国内生产总值达到 6 万亿美元左右，人均国内生产总值达到 4 000 美元左右，达到中等发达国家水平。这一过程是由小康社会的初级水平达到较为富裕的小康，与这一阶段相对应的是小康社会的政府管理。在小康社会之后，即 2050 年之后，将是我国建设发达社会主义的阶段，与这一阶段相对应的是发达社会的政府管理。

社会的职能。按照转变职能、权责一致、强化服务、改进管理、提高效能的要求，深化行政体制改革，优化机构设置，更加注重履行社会管理和公共服务职能。以发展社会事业和解决民生问题为重点，优化公共资源配置，注重向农村、基层、欠发达地区倾斜，逐步形成惠及全民的基本公共服务体系。创新公共服务体制，改进公共服务方式，加强公共设施建设。深化行政审批制度改革，进一步减少和规范行政审批事项，简化办事程序，创新管理制度，为群众和基层提供方便快捷优质的服务。推行政务公开，加快电子政务建设，推进公共服务信息化，及时发布公共信息，为群众生活和参与经济社会活动创造便利条件。完善公共服务政策体系，提高公共服务质量，增强政府公信力。推进政事分开，支持社会组织参与社会管理和公共服务。加强市场监管，整顿和规范市场经济秩序。

13.3.2 以转变政府职能为中心的行政体制改革

自新中国成立到 2008 年，中国行政体制改革的基本特征和发展趋势是，改革着重点由集中在权力收放上、机构精简和人员精减的外延式改革逐渐向改革重点越来越注重转变职能、改革目标更具有多重性和改革内容更为丰富的方向发展，全面推行以转变政府职能为中心的行政体制改革。

1. 政府职能的含义与内容

政府职能的含义是：根据社会需求，政府在国家和社会管理中承担的职责和功能，包括管理的公共事务的范围（管什么）以及采取什么方式进行管理（怎么管）这两个方面。政府职能具有整体性、执行性、多样性、动态性、程序性、依法性等特点。

关于政府职能的内容，有着不同历史文化传统、处于不同发展阶段上的国家就会有不同的规制。为此，学术界自 19 世纪以来形成了对政府职能内容的不同理解及其划分标准。

按照斯密的理论，政府的作用只在于这样三大职能：君主的义务，首在保护本国社会的安全，使之不受其他独立社会的暴行与侵略……君主的第二个义务，为保护人民不使社会中任何人受其他人的欺侮和压迫，换言之，就是设立一个严正的司法行政机构……君主或国家的第三种义务就是建立并维持某些公共机关和公共工程。①

按照布坎南的理论，政府的职能（集体行动）可以分为三个层次："第一，执行现行法律的那些行动。这一类行动包括霍布斯所说的君主的合法行动，即包括在我称之为'保护性国家'，诺齐克称之为'最低限度国家'和 19 世纪哲学家称之为'守夜人国家'的那些行动。打一个熟悉的体育比赛上类似的譬喻，这里的任务是裁判员的任务，指定他来执行规则，督促比赛的进行。第二，包括现行法律范围内的集体行动的那些活动。……用经济学家熟悉的话来说，这一套活动包括提供资金，供给和提供'公众所需的商品和服务'。个人和私人团体在现行法律范围内的活动可能不足以充分供应那些商品和服务。第三，包括改变法律本身和现行成套法律规定的那些活动。……用体育比赛作比喻，这里所说的活动是指改变过去和现在实行的比赛规则的那些活动。"②

① 参见［英］亚当·斯密：《国民财富的性质和原因的研究》，北京，中国社会出版社，1999。

② ［美］詹姆斯·M·布坎南：《自由、市场与国家——80 年代的政治经济学》，244 页，上海，上海三联书店，1989。

中国台湾张金鉴教授认为，在一般的意义上，行政职能大体可以分为维持、保卫、扶助、管制、服务、发展六个范畴。[①]

适应全面建设小康社会的经济社会发展要求，经济调节、市场监管、社会管理和公共服务构成了当代中国的政府职能体系。

（1）经济调节职能，是指政府保持宏观经济环境的稳定、调整国民经济结构、弥补市场失灵的职能。经济调节职能是政府资源配置职能的充分体现。[②] 政府通过宏观经济调控手段，保证总需求与总供给的平衡和国民经济总体结构的合理性，促使国民经济和社会发展良性循环。主要包括：政府运用货币政策、公共支出政策、税收政策、社会保障政策、大产业管理政策、综合治安政策等对经济、社会、政治生活进行的宏观管理与调控。

（2）市场监管职能，是指政府健全市场规制、加强市场监管的职能。政府以法律制度界定和保护产权，打破地方和部门的行政垄断，建立统一、公平、开放的市场经济秩序，为参与市场运作的各方提供一个有基本信用的、可预期的、透明的、公平竞争的市场竞争环境，创造各类市场主体平等使用生产要素的环境，促进商品和生产要素在全国市场自由流动；政府要运用法律手段及其相应的强制措施制定、执行各类市场规则，对违规行为进行处罚。

（3）社会管理职能，是指政府处理社会冲突、协调社会利益、保持社会稳定的职能，包括维持社会秩序，保障人身安全和私人财产安全的职能；确保社会公平分配的职能；环境保护职能；社会保障职能。具体要做到加强社会保障和社会救济职能，逐步建立和完善覆盖全社会的高效率的社会保障制度，通过有效的税收和转移支付制度，调节国民收入分配，促进社会公正与和谐；增强政府社会冲突管理职能，倡导政府与经济社会生活中不同利益集团的沟通与交流，统筹协调各方面利益关系，妥善处理社会矛盾，为困难群体提供必要援助，形成与社会多元发展趋势相适应的多渠道、多层次的社会利益协调机制，促进社会稳定和全面进步；完善应急管理体制机制，有效应对各种风险；加强社会治安综合治理，增强公众安全感。创新社会管理体制，整合社会管理资源，提高社会管理水平，健全党委领导、政府负责、社会协同、公众参与的社会管理格局，是社会管理职能最重要的内容。

（4）公共服务职能，是指政府提供公共产品（诸如科技发展、义务教育、卫生保健、公共工程、公用事业、就业培训）和公共服务的职能。政府应以发展社会事业和解决民生问题为重点，优化公共资源配置，逐步形成惠及全民的基本公共服务体系；创新公共服务体制，改进公共服务方式，健全社会组织，增强服务社会功能；为市场经济服务，加强教育和人力资本投资，促进科技发展，加强公共设施建设，通过公共财政投资来扶植和培育基础教育、公民基本保健、卫生防疫和计划生育等事关全民族素质的基础性文教事业建设。

---

① 参见张金鉴：《行政学典范》，103～104页，台北，台湾“中国行政学会”，1992。

② 政府资源配置职能指的是政府公共部门通过收支活动以及相应政策的制定、调整和实施，实现对社会现有人力、物力、财力等社会资源结构与流向的调整与选择。关于这一观点，参见［美］R. 科斯、A. 阿尔钦、D. 诺斯等：《财产权利与制度变迁——产权学派与新制度学派译文集》，上海，上海人民出版社，1994。

2. 政府职能的发展规律

政府职能的内容、范围和行为方式源于社会的需求，随着社会的变化，政府职能也是不断发展和变化的。在不同的历史时期、不同的环境条件下和不同的发展阶段，尽管政府的基本职能是维持一定的稳定性，但政府职能的重点、内容、强度和行为方式都表现出差异。政府职能发展的规律可以从以下五个方面来考察：（1）从政府职能作用的领域来看，政府职能是由以政治职能为重心，逐渐向以经济职能、社会事务管理职能、科技文化职能为重心转移的；（2）从政府职能作用的性质来看，政府职能是由以保卫性、统治性职能为主向以管理性、服务性职能为主的方向转变；（3）从政府职能的分化程度来看，其变化的规律是由原来混淆不清的职能向高度分化的职能转变；（4）从政府职能的行使方式来看，其变化的规律是由以人治为主、行政手段为主转向以法治为主，综合运用法律、经济和管理手段；（5）从政府职能作用的深度与广度来看，政府职能的变革呈现出“守夜警察”——“万能政府”——“有限政府”的发展规律。

政府职能变化的规律，同样适应中国以职能转变为中心的行政体制改革。推进政府职能转变、确定中国现阶段的政府职能要以公共管理的基本要求为指南，具体要求包括：一是要求私人组织、非政府组织与政府组织一起参与公共服务与公共产品的提供，要打破政府对公共管理权力的垄断；二是要求实行职能下属化原则，即尽可能多地把管理权力下放给下一级的政府与组织，直至乡村与社会团体；三是自治事务高于公共权力的原则，即在能以自治原则解决问题的情况下，尽量不采用权威原则。也就是说，公共事务应尽量在自治范围内处理，由企业、公民、非政府组织自行解决。因此，转变政府职能的改革，就要求必须明晰各级政府职能的重点和界限，将原有的部分管理职能下放给企业、非政府组织和公民个人，实现政府从社会中的部分撤退。

3. 促进实现中国政府职能重大战略转变

全面建设小康社会，必须实现中国政府职能重大战略转变。当代中国，推进政府职能转变的行政改革成就显著。但是，还存在着需要解决的问题：第一，政府职能转变还不到位，对微观经济运行干预过多，社会管理和公共服务仍比较薄弱，政府“越位”、“缺位”和“错位”并存等现象突出；第二，投融资管理体制改革滞后，规范、监管市场秩序的力度不够；第三，部门职责交叉、权责脱节和效率不高的问题仍比较突出；第四，政府机构设置不尽合理，行政运行和管理制度不够健全；第五，依法行政的统一性和透明度不高，对行政权力的监督制约机制还不完善，滥用职权、以权谋私、贪污腐败等现象仍然存在。

因此，从全面建设小康社会的总体发展要求出发，还必须在已有政府职能转变成果的基础上，进一步推动政府职能的重大战略转变。因为，构建社会主义和谐社会是从中国特色社会主义事业总体布局和全面建设小康社会全局出发提出的重大战略任务，这是一个长期的经济增长与社会发展的过程，是一个不断化解社会矛盾的持续过程。中国政府职能转变必须主动适应这一历史发展过程，实现政府职能的重大战略转变。这样，才能解决以往政府职能转变过程中存在的问题，才能适应社会发展的要求。

政府职能的重大战略转变不是一般性的改变和转换，而是一种具有方向性、根本性、长期性和全局性的战略转变。这种转变包括：由以经济增长为中心的发展职能向经济增长和社会发展并重的发展职能转变；由以物质资本为中心的发展向以人力资本为中心的发展转变；由以产业干预政策为中心促进经济增长向创造平等竞争的市场环境促进经济社会全面进步转变；由非规范性的为人民群众服务向制度性的公共服务转变；由单一推进市场化进程向完善市场竞争机制与完善社会安全网并重转变。

13.3.3 深化行政管理体制改革

行政管理体制改革是政治体制改革的重要内容，是上层建筑适应经济基础客观规律的必然要求，贯穿我国改革开放和社会主义现代化建设的全过程。必须通过深化改革，进一步消除体制性障碍，切实解决经济社会发展中的突出矛盾和问题，推动科学发展，促进社会和谐，更好地维护公众利益。

1. 深化行政管理体制改革的总体目标

行政体制改革是一个持续不断的过程和复杂的系统工程。在新的历史条件下，深化行政管理体制改革，要按照建设服务政府、责任政府、法治政府和廉洁政府的要求[①]，着力转变职能、理顺关系、优化结构、提高效能，做到权责一致、分工合理、决策科学、执行顺畅、监督有力，为全面建设小康社会提供体制保障。

深化行政管理体制改革的总体目标是，到 2020 年建立起比较完善的中国特色社会主义行政管理体制。通过改革，实现政府职能向创造良好发展环境、提供优质公共服务、维护社会公平正义的根本转变，实现政府组织机构及人员编制向科学化、规范化、法制化的根本转变，实现行政运行机制和政府管理方式向规范有序、公开透明、便民高效的根本转变，建设人民满意的政府。在"十二五"时期内，要加快政府职能转变，深化政府机构改革，加强依法行政和制度建设，为实现深化行政管理体制改革的总体目标打下坚实的基础。

2. 深化行政管理体制改革的主要内容

(1) 着力转变职能、理顺关系。深化行政管理体制改革要以政府职能转变为核心。加快推进政企分开、政资分开、政事分开、政府与市场中介组织分开，把不该由政府管理的事项转移出去，把该由政府管理的事项切实管好，从制度上更好地发挥市场在资源配置方面的基础性作用，更好地发挥公民和社会组织在社会公共事务管理中的作用，更加有效地提供公共产品。为此，一是要全面正确履行政府职能；二是各级政府要按照加快职能转变的要求，结合实际，突出管理和服务重点；三是合理界定政府部门职能，明确部门责任，确保权责一致，坚持一件事情原则上由一个部门负责，确需多个部门管理的事项，要明确牵头部门，分清主次责任，健全部门间协调配合机制。

(2) 推进政府机构改革。按照"精简、统一、效能"的原则和决策权、执行权、监督权既相互制约又相互协调的要求，紧紧围绕职能转变和理顺职责关系，进一步优化政府组

---

① 服务政府是指能够公正、透明、高效地为公众和全社会提供优质公共产品和服务的政府，是按照公众的需求提供公共产品和服务、以回应公众和社会的需要为政府职能定位的现代政府。责任政府是能够回应社会和公众的正当要求并加以满足，承担政治责任、行政责任、法律责任和道德责任的政府，具有完善的责任控制机制，强化对行政权力的监督和制约。法治政府是指合法行政、合理行政、程序正当、高效便民、诚实守信和权责统一的政府，是按照法定权限和程序行使职权、履行职责，既不能失职不作为，又不能越权乱作为的政府，是坚持和自觉接受监督的政府。廉洁政府是指公务人员普遍清正廉明、法律政策优良、惠民利民、法律至上、公共权力被用来实现公共利益的政府。

织结构，规范机构设置，探索实行职能有机统一的大部门体制，完善行政运行机制。为此，一要深化国务院机构改革；二要推进地方政府机构改革，根据各层级政府的职责重点，合理调整地方政府机构设置；三要精简和规范各类议事协调机构及其办事机构，不再保留的，任务交由职能部门承担；四要推进事业单位分类改革，按照政事分开、事企分开和管办分离的原则，对现有事业单位分三类进行改革；五要认真执行政府组织法律法规和机构编制管理规定，严格控制编制，严禁超编进人，对违反规定的限期予以纠正。建立健全机构编制管理与财政预算、组织人事管理的配合制约机制，加强对机构编制执行情况的监督检查，加快推进机构编制管理的法制化进程。

（3）加强依法行政和制度建设。一要遵守宪法和法律是政府工作的根本原则，必须严格依法行政，坚持用制度管权、管事、管人，健全监督机制，强化责任追究，切实做到有权必有责、用权受监督、违法要追究。二要加快建设法治政府，规范行政决策行为，完善科学民主决策机制，加强和改进政府立法工作，健全行政执法体制和程序，完善行政复议、行政赔偿和行政补偿制度。三要推行政府绩效管理和行政问责制度，建立科学合理的政府绩效评估指标体系和评估机制，健全以行政首长为重点的行政问责制度，明确问责范围，规范问责程序，加大责任追究力度，提高政府执行力和公信力。四要健全对行政权力的监督制度，各级政府要自觉接受同级人大及其常委会的监督，自觉接受政协的民主监督，加强政府层级监督，充分发挥监察、审计等专门监督的作用。依照有关法律的规定接受司法机关实施的监督。高度重视新闻舆论监督和人民群众监督。完善政务公开制度，及时发布信息，提高政府工作透明度，切实保障人民群众的知情权、参与权、表达权、监督权。五是加强公务员队伍建设，完善公务员管理配套制度和措施，建立能进能出、能上能下的用人机制，强化对公务员的教育、管理和监督。加强政风建设和廉政建设，严格执行党风廉政建设责任制，扎实推进惩治和预防腐败体系建设。

（4）健全科学民主的决策机制。具体表现为建立健全决策权、执行权、监督权既相互制约又相互协调的权力结构和运行机制；建立决策调查研究制度，涉及经济社会发展全局和群众切身利益的重大事项，经过实际调查研究后再纳入决策程序；完善集体决策制度，在领导班子集体讨论的基础上，按照少数服从多数的原则进行决策；推行政务公开，实行决策事项公示、听证和专家咨询制度，完善政府新闻发布制度和信息披露制度；建立健全行政问责制，严格实行决策失误引咎辞职、经济赔偿和刑事处罚制度；推行政务公开并逐步实现制度化，完善政府新闻发布制度，提高政府工作透明度，保障公民对政府工作的知情权、参与权、表达权和监督权。

（5）改进行政方式。就是要注重从技术性的管理方式入手，包括合理借鉴西方国家的政府工具理论、企业的工商管理技术与方法，充分发挥现代信息技术在政府管理创新中的作用，推行电子政务，设计出指导行政体制改革的操作性工具。从而实现由细微措施的改革进而引领政府职能的重新整合、调整、转变，并最终带来运作机制和行政体制的完善。

（6）完善社会管理。主要是健全党委领导、政府负责、社会协同、公众参与的社会管理格局，健全基层社会管理体制；重视社会组织建设和管理；完善突发事件应急管理机制；健全社会治安防控体系，加强社会治安综合治理。

本章小结

1. 公共部门改革作为一个全球化的术语，是一个普遍趋势，具有共性，但是，就各个国家而言，因国情不同、所处的发展阶段不同，也就会表现出不同特点和采取不同的措施。因此，我们关注公共部门改革，除了关注普遍性、规律性的东西之外，更要结合各国的具体实际。比较研究的方法将更有助于学习和研究公共部门改革。

2. 公共部门改革作为持续不断的政治过程，因为不同时期、不同发展阶段和不同的问题，也会表现出不同的改革重点。因此，公共部门改革并不是简单地重复，随着问题的解决，又会产生新问题或者改革本身也会引发问题，所以改革必须坚持以系统的思想为指导，坚持改革的持续性。

3. 公共部门改革过程中形成的各种公共管理模式，并不是表明现实中存在着统一的公共管理模式，而是有着各种不同类型的公共管理模式。因此，我们不应当把总结出来的这些模式作为一种标准来运用于不同的国家、不同的发展时期。

4. 公共部门改革在内容上，不仅要着眼于公共部门系统内部，而且还要注重公共部门与社会、与市场、与企业、与公众之间关系的建构。与我国现阶段社会发展要求相适应，要注重研究如何建立统一管理的大部门体制、如何科学开展当前我国行政体制的各项改革。

关键术语

公共部门改革　　政府职能　　行政体制　　业务流程再造　　法治政府　　责任政府　　有效政府　　服务型政府　　大部门制

复习思考题

1. 比较瓦格纳法则和帕金森定律在分析政府规模扩张方面的差异。

2. 比较分析彼得斯与费利耶的新公共管理模式。

3. “顾客理论”是当代西方公共管理理论的重要内容。请分析评价“顾客理论”有哪些贡献；同时，从批判学派的角度分析评价“顾客理论”的缺陷与不足。

4. 当代西方国家行政改革也被称为“新公共管理运动”、“政府再造运动”。我国随着社会主义市场经济体制的深入发展以及其他内外因素的发展变化，行政改革在我国社会经济发展过程中也日益重要，并推动着政府管理模式的变换和政府职能转变，特别是推动政府管理模式从“重管理型”的政府管理模式向“服务型”政府管理模式转变。请你分析说明下列问题：

（1）当前学术界关于“新公共管理”的论述，请你列举三个具有代表性的人物及其代表性观点，请分析评价这些观点并阐述你自己关于“新公共管理”的内涵。

（2）请你分析从“重管理型”的政府管理模式向“服务型”政府管理模式转变过程

中，所发生的重大变化是什么？并分析管理与服务的关系。

5. 在政府与社会关系中，一方面，如果社会自主性缺失，可能造成社会的虚弱及社会对政府的依赖，从而使社会最终失去其自身发展的动力；那些不同于政府的个人目标受到强力的压制而不能实现，最终将造成个人、社会对政府的疏远与冷漠，甚至引发社会对政府的反抗；社会将在政府之外创造自身满足的机制，这导致政府与社会的离异、导致社会对自身发展的冷漠。但是，另一方面，如果政府权威不足，则可能使国家的社会政治生活呈现出一种愈益明显的分散化的倾向，其结果是社会政治生活中的矛盾与困难，多民族国家的分裂。请运用政府职能的有关理论分析如何处理政府与社会的关系。

6. “掌舵而不是划桨”、“服务而不是掌舵”，这是当代西方公共管理理论中关于政府职能定位的两类观点。请比较分析在这两种理论观点支配下政府职能的具体定位，并对这两种观点进行分析评价。

参考文献

［美］阿里·哈拉契米主编．政府业绩与质量测评——问题与经验．广州：中山大学出版社，2003

［美］阿伦·韦尔达夫斯基，内奥米·凯顿．预算过程中的新政治学（第四版）．上海：上海财经大学出版社，2006

［美］艾伦·格沃斯等．伦理学要义．北京：中国社会科学出版社，1991

［美］艾萨克．政治学：范围与方法．杭州：浙江人民出版社，1987

［美］保罗·C·纳特，罗伯特·W·巴可夫．公共和第三部门组织的战略管理：领导手册．北京：中国人民大学出版社，2001

［美］博登海默．法理学：法律哲学与法律方法．北京：中国政法大学出版社，1999

［美］查尔斯·沃尔夫．市场，还是政府：不完善的可选事物间的抉择（第二版）．重庆：重庆出版社，2007

［美］戴维·奥斯本，彼德·普拉斯特里克．摒弃科层制：政府再造的五项战略．北京：中国人民大学出版社，2002

［美］戴维·奥斯本，特德·盖布勒．改革政府——企业精神如何改革着公营部门．上海：上海译文出版社，1996

［美］戴维·H·罗森布鲁姆等．公共行政学：管理、政治和法律的途径（第五版）．北京：中国人民大学出版社，2002

［美］菲利普·J·库珀等．二十一世纪的公共行政：挑战与改革．北京：中国人民大学出版社，2006

［美］菲克．危机管理．台北：经济与生活出版事业公司，1987

［美］弗兰克·费希尔．公共政策评估．北京：中国人民大学出版社，2003

［美］盖伊·彼得斯．政府未来的治理模式．北京：中国人民大学出版社，2001

[美] 盖伊·彼得斯. 公共政策工具：对公共管理工具的评价. 北京：中国人民大学出版社，2007

[美] 哈罗德·孔茨，海因茨·韦里克. 管理学（第9版）. 北京：经济科学出版社，1993

[德] 哈贝马斯. 公共领域的结构转型. 上海：学林出版社，2004

[美] 亨利·明茨伯格等. 领导. 北京：中国人民大学出版社，2000

[美] 华伦·本尼斯，伯特·耐纳斯. 领导者：成功谋略. 北京：九州图书出版社，1999

[美] 加里·尤克尔. 组织领导学（第五版）. 北京：中国人民大学出版社，2004

[英] 简·莱恩. 公共部门：概念、模型与途径. 北京：经济科学出版社，2004

[美] 杰伊·M·谢夫利兹等. 政府人事管理. 北京：中共中央党校出版社，1997

[奥] 凯尔森. 法与国家的一般理论. 北京：中国大百科全书出版社，1996

[美] 刘易斯·科塞. 社会冲突的功能. 北京：华夏出版社，1989

[美] 拉雷·N·格斯顿. 公共政策的制定——程序和原理. 重庆：重庆出版社，2001

[美] 理查德·尼克松. 领导者. 北京：世界知识出版社，1997

[美] 理查德·L·达夫特. 组织理论与设计. 北京：清华大学出版社，2003

[新加坡] 林志颂，[美] 理查德·L·德特. 领导学. 北京：中国人民大学出版社，2007

[法] 卢梭. 社会契约论——政治权利的原理. 北京：商务印书馆，1994

[美] 罗伯特·B·登哈特. 公共组织理论. 北京：中国人民大学出版社，2003

[美] 罗伯特·希斯. 危机管理. 北京：中信出版社，2001

[美] 罗纳德·克林格勒，约翰·纳尔班迪. 公共部门人力资源管理：系统与战略. 北京：中国人民大学出版社，2001

[美] 洛丝特. 人力资源管理. 北京：中国人民大学出版社，1999

[美] 老诺曼·弗里根，小哈里·杰克逊. 领导的科学与艺术：培养有效领导必需的技巧与个人品质. 上海：上海人民出版社，2000

[德] 马克斯·韦伯. 经济与社会. 上下卷. 北京：商务印书馆，1997

[美] 麦克尔·巴泽雷. 突破科层制：政府管理的新愿景. 北京：中国人民大学出版社，2002

[美] 迈克尔·豪利特，M. 拉米什. 公共政策研究：政策循环与政策子系统. 北京：三联书店，2006

[法] 孟德斯鸠. 论法的精神. 上册. 北京：商务印书馆，1961

[澳] 欧文·E·休斯. 公共管理导论（第二版）. 北京：中国人民大学出版社，2001

[美] 帕特里夏·基利等. 公共部门标杆管理：突破政府绩效的瓶颈. 北京：中国人民大学出版社，2002

[美] 派恩斯. 公共和非营利组织的人力资源管理. 北京：清华大学出版社，2002

[美] 乔塞夫·乔沃斯基. 领导圣经：关于领导力深层意义的探索. 成都：西南财经

大学出版社，1999

［美］理查德·J·斯蒂尔曼二世. 公共行政学：概念与案例（第七版）. 北京：中国人民大学出版社，2004

［美］斯蒂芬·罗宾斯. 组织行为学. 北京：中国人民大学出版社，1997

［美］斯格特. 组织理论：理性、自然和开放系统. 北京：华夏出版社，2002

世界银行编著. 1997年世界发展报告：变革世界中的政府. 北京：中国财政经济出版社，1997

［美］特里·L·库珀. 行政伦理学：实现行政责任的途径. 北京：中国人民大学出版社，2001

［美］托马斯·R·戴伊. 理解公共政策（第十版）. 北京：中国人民大学出版社，2004

［美］威廉·科恩. 领导者的艺术. 北京：光明日报出版社，2001

［美］威廉·F·韦斯特. 控制官僚. 重庆：重庆出版社，2001

［美］威廉·N·邓恩. 公共政策分析导论（第二版）. 北京：中国人民大学出版社，2002

［日］梶原丰. 人才开发论. 北京：中央编译出版社，2001

［美］文森特·奥斯特罗姆. 美国公共行政的思想危机. 上海：上海三联书店，1999

［美］沃纳·伯克. 组织变革——理论和实践. 北京：中国劳动社会保障出版社，2005

［美］西奥多·W·舒尔茨. 论人力资本投资. 北京：北京经济学院出版社，1990

［美］雅米尔·吉瑞赛特. 公共组织管理——理论和实践的演进. 上海：上海译文出版社，2003

［古希腊］亚里士多德. 政治学. 北京：商务印书馆，1996

［美］亚特·宏恩. 领导力：平衡工作关系与目标. 北京：经济管理出版社，2001

［美］约翰·W·金登. 议程、备选方案与公共政策. 北京：中国人民大学出版社，2004

［美］詹姆斯·麦格雷戈·伯恩斯. 领导论. 北京：中国人民大学出版社，2006

［美］詹姆斯·E·安德森. 公共决策. 北京：华夏出版社，1990

［美］詹姆斯·W·沃克. 人力资源战略. 北京：中国人民大学出版社，2001

［美］珍妮特·V·登哈特，罗伯特·B·登哈特. 新公共服务：服务，而不是掌舵. 北京：中国人民大学出版社，2004

北京太平洋估计战略研究所编. 应对危机：美国国家安全决策机制. 北京：时事出版社，2001

蔡立辉. 政府法制论——转轨时期中国政府法制建设研究. 北京：中国社会科学出版社，2002

蔡立辉. 政府绩效评估：理论、方法与应用. 北京：中国教育文化出版社，2006

蔡立辉. 电子政务：信息时代的政府再造. 北京：中国社会科学出版社，2006

财政部财政科学研究所《绩效预算》课题组. 美国政府绩效评价体系. 北京：经济管

理出版社，2004

陈畴镛. 信息资源管理. 杭州：浙江大学出版社，2004

陈天祥，王国颖编著. 人力资源管理（第二版）. 广州：中山大学出版社，2004

陈振明. 政策科学. 北京：中国人民大学出版社，2003

陈振明编. 政府再造——西方“新公共管理运动”述评. 北京：中国人民大学出版社，2003

陈振明，孟华主编. 公共人力资源管理. 福州：福建人民出版社，2003

陈振明. 公共部门战略管理. 北京：中国人民大学出版社，2004

陈振明主编. 公共管理学. 北京：中国人民大学出版社，2005

崔保国编著. 信息社会的理论与模式. 北京：高等教育出版社，2003

丁煌. 西方行政学说史. 武汉：武汉大学出版社，1999

范柏乃. 政府绩效评估：理论与实务. 北京：人民出版社，2005

冯惠玲. 公共危机启示录——对 SARS 的多维审视. 北京：中国人民大学出版社，2003

冯惠玲主编. 政府信息资源管理. 北京：中国人民大学出版社，2006

傅明贤主编. 行政组织理论. 北京：高等教育出版社，2000

国家行政学院国际合作交流部编译. 西方国家行政改革述评. 北京：国家行政学院出版社，1998

甘利人，朱宪辰. 电子政务信息资源开发与管理. 北京：北京大学出版社，2003

龚维宾. 公共危机管理. 北京：新华出版社，2004

郭济主编. 绩效政府：理论与实践创新. 北京：清华大学出版社，2005

韩伯棠，张平淡. 战略管理. 北京：高等教育出版社，2004

韩大元，莫于川. 应急法制论——突发事件应对机制的法律问题研究. 北京：法律出版社，2005

黄瑞华主编. 信息法. 北京：电子工业出版社，2004

黄顺康. 公共危机管理与危机法制研究. 北京：中国检察出版社，2006

姜海如. 中外公务员制度比较. 北京：商务印书馆，2003

李炳鉴主编. 政府预算管理学. 北京：经济科学出版社，2003

李和中. 比较公务员制度. 北京：中共中央党校出版社，2003

李文良. 公共部门与人力资源管理. 长春：吉林人民出版社，2003

李绪蓉，徐焕良编著. 政府信息资源开发与管理. 北京：北京大学出版社，2006

刘俊生. 公共人事管理比较分析. 北京：人民出版社，2001

刘旭涛. 政府绩效管理：制度、战略与方法. 北京：机械工业出版社，2003

刘颖，杨文堂编著. 绩效评估制度与设计. 北京：中国经济出版社，2005

马费成编著. 信息资源管理. 武汉：武汉大学出版社，2003

马国贤. 政府绩效管理. 上海：复旦大学出版社，2005

马海群主编. 信息法学. 北京：科学出版社，2003

蔡立辉. 电子政务. 北京：清华大学出版社，2009

孟华．政府绩效评估——美国的经验与中国的实践．上海：上海人民出版社，2006
孟广均．信息资源管理导论．北京：科学出版社，2003
彭和平等编译．公共行政学经典著作选读．北京：国家行政学院出版社，1992
彭和平等编译．国外公共行政理论精选．北京：中共中央党校出版社，1997
彭正龙主编．公共部门人力资源管理．上海：同济大学出版社，2007
钱再见等．公务员制度创新与实施．广州：广东人民出版社，2002
秦铁辉主编．企业信息资源管理．北京：北京大学出版社，2006
任晓．中国行政改革．杭州：浙江人民出版社，1998
宋世明．美国行政改革研究．北京：国家行政学院出版社，1999
孙柏瑛主编．公共部门人力资源开发与管理．北京：中国人民大学出版社，2006
孙建军．信息资源管理概论．南京：东南大学出版社，2003
孙耀君主编．西方管理学名著提要．南昌：江西人民出版社，1995
滕玉成，俞宪忠主编．公共部门人力资源管理．北京：中国人民大学出版社，2004
王乐夫．领导学：理论、实践与方法（第3版）．广州：中山大学出版社，2007
魏娜，张璋．公共管理中的方法与技术．北京：中国人民大学出版社，1999
吴琼恩等．公共人力资源管理——两岸公共行政丛书．北京：北京大学出版社，2006
吴志华．美国公务员制度的改革与转型．上海：上海交通大学出版社，2006
伍启元．公共政策（上）．香港：商务印书馆，1989
肖鹏军．公共危机管理导论．北京：中国人民大学出版社，2006
萧鸣政主编．人员测评与选拔．上海：复旦大学出版社，2005
薛刚凌主编．行政体制改革研究．北京：北京大学出版社，2006
薛澜，张强，钟凯斌．危机管理——转型期中国面临的挑战．北京：清华大学出版社，2003
阎树森．日本公务员制度研究．北京：国家行政学院出版社，2001
颜廷锐等编著．中国行政体制改革问题报告．北京：中国发展出版社，2004
俞可平主编．治理与善治．北京：社会科学文献出版社，2000
詹中原等编著．公共管理：政府再造的理论与实务．台北：五南图书出版股份有限公司，2002
张爱卿编著．人才测评．北京：中国人民大学出版社，2005
张德信，薄贵利，李军鹏．中国政府改革的方向．北京：人民出版社，2003
张广钦编著．信息管理教程．北京：北京大学出版社，2005
张国庆．现代公共政策导论．北京：北京大学出版社，1997
张金马主编．政策科学导论．北京：中国人民大学出版社，1992
张康之．公共行政中的哲学与伦理．北京：中国人民大学出版社，2004
张康之，齐明山．一般管理学原理．北京：中国人民大学出版社，2004
张小明．公共部门危机管理．北京：中国人民大学出版社，2006
张永华．教育系统突发公共事件应急管理．广州：广东高等教育出版社，2007
周敏凯．比较公务员制度．上海：复旦大学出版社，2006

周庆行等主编. 行政信息管理学. 重庆：重庆大学出版社，2003

周三多，邹统钎. 战略管理思想史. 上海：复旦大学出版社，2003

周晓英，王英玮主编. 政务信息管理. 北京：中国人民大学出版社，2004

周志忍. 当代国外行政改革比较研究. 北京：国家行政学院出版社，1999

朱国云. 组织理论：历史与流派. 南京：南京大学出版社，1997

竹立家，李登祥等编译. 国外组织理论精选. 北京：中共中央党校出版社，1997

赵雪章编译. 彼得·德鲁克管理思想全集. 北京：中国长安出版社，2006

蔡立辉. 公共管理范式：反思与批判. 政治学研究，2002（3）

蔡立辉. 政府绩效评估的理念与方法分析. 中国人民大学学报，2002（5）

蔡立辉. 西方国家政府绩效评估的理念及其启示. 清华大学学报，2003（1）

张成福. 公共行政的管理主义：反思与批判. 中国人民大学学报，2001（1）

Aaron Wildavsky，*The Politics of the Budgetary Process*，Little Brown and Company，1964

Allen Schick，An Inquiry into the Possibility of a Budgetary Theory，In *New Directions in Budget Theory*，Irene Rubin (Eds.)，pp. 59－69，State University of New York Press，1988

Albert Hyde，The Development of Budgeting and Budget Theory：The Threads of Budget Reform，In *Government Budgeting：Theory，Process，and Politics* (2nd)，Albert Hyde (Eds.)，pp. 1－6，Brooks/Cole Publishing Company，1992

Barry Bozeman，*Public Management：The State of the Art*，San Francisco：Jossey-Bass Publishers，1993

B. Guy Peters，*The Future of Governing：Four Emerging Models*，University Press of Kansas，1996

P. B. Beaumont，Public Sector Industrial Relations in Europe，In Belman，D. et al eds，*Public Sector Employment in a Time of Transition*，Madison：Industrial Relations Research Association，1996

Christopher Pollitt and Geert Bouckaert，*Public Management Reform：A Comparative Analysis*，Oxford University Press，2000

Terry L. Cooper and Diane Yoder，*Public Management Ethics in a Transnational World*，Public Integrity，2002

Donald F. Kettl，H. Brinton Milward (ed.)，*The State of Public Management*，Baltimore and London：The Johns Hopkins University Press，1996

David Osborne & Ted Gaebler，*Reinventing Government：How the Entrepreneural Spirit Is Transforming the Public Sector*，Addison-Wesley Publishing Company，Inc.，1992

D. Easton，*The Political System*，New York：Knopf，1953

F. W. Taylor，*Scientific Management*，Harper & Row，1947

J. K. Friend，J. M. Power and C. J. L. Yewlett，*Public Policy：the Inter-Corporate*

Dimension, London: Tavistock, 1974

Gary L. Wamsley and James F. Wolf ed., *Refounding Democratic Public Administration*, Sage Publications Inc., 1996

Herbert A. Simon, *Administrative Behavior: A Study of Decision-making Processes in Administrative Organization*, Macmillan Co, 1957

H. George Frederickson, *New Public Administration*, The University of Alabama Press, 1980

Hindy Lauer Schachter, *Reinventing Government or Reinventing Ourselves*, State University of New York Press, 1997

Michael Hill, *The Policy Process in the Modern State*, Third edition, Prentice-Hall/Harvester Wheatsheaf, 1997

S. Horton, The Civil Service, In S. Horton and D. Farnham ed., *Public Management in Britain*, Houndmills: Macmillan Press Ltd, 1999

Charles F. Hermann, ed., *International Crises*, Insights From Behavioral Research, New York: Free Press, 1972

Ian I. Mitroff, *Managing Crisis Before Happened*, New York, American Management Association, 2001

Charles Jones, *An Introduction to the Study of Public Policy*, 3rd ed., Belmont, Calif.: Wadsworth, 1984

James L. Perry, *Handbook of Public Administration*, Second Edition, San Francisco: Jossey-Bass Publishers, 1996

Gareth R. Jones, *Organizational Theory: Text and Cases*, Addison Wesley Longman Publishing Company, Inc., Reading, Massachusetts, 1998

W. I. Jenkins, *Policy Analysis*, London: Martin Robertson, 1978

Kathryn E. Newcomer, *Using Performance Management to Improve Public and Nonprofit Programs*, Jossey-Bass Inc., 1997

Kettle, *Sharing Power: Public Governance and Private Markets*, Washington, D. C.: Brookings Institution, 1993

J. W. Kingdom, *Agenda, Alternatives, and Public Policies*, Little Brown, Boston, Massachusetts, 1984

Leonard D. White, *Introduction to the Study of Public Administration*, Macmillan Publishing Company, 1926

Lyndall Urwick, *The Elements of Administration*, Pitman, 1947

Lester M. Salamon, Helmutk Anheier, *Defining the Nonprofit Sector*, Manchester University Press

Laurence Lynn, *Managing Public Policy*, Boston: little, Brown, 1987

Lester M. Salamon, Odus V. Elliot, *Tools of Government: A Guide to the New Governance*, Oxford University Press, 2002

Michael Hill, *The Policy Process in the Modern State*, London: Prentice-Hall/Harvester Wheatsheaf, 1997

Michael Bland, *Communicating out of a Crisis*, London: Macmillan Press Ltd, 1985

B. Guy Peters, *The Future of Governing: Four Emerging Models*, Lawrence, Kansas: The University Press of Kansas, 1996

Wayne Parsons, *Public Policy: An Introduction to the Theory and Practice of Policy Analysis*, Cheltenham: Edward Elgar, 1997

Phillip J. Cooper, Accountability and Administrative Reform; Toward Convergence and Begond, in B. Guy Peters and Donald Savoie (eds), *Governance in a Changing Environment*, Ottapwa: Mc Cill-Queens University Press, 1995

Rosenthal Uriel, T. Charles Michael, ed., *Coping with Crises: The Management of Disasters, Riots and Terrorism*, Springfield: Charles C. Thomas, 1989

Hal G. Raincy, *Understanding and Managing Public Organizations*, San Francisco, California : Jossey-Bass Publishers, 1997

Jay M. Shafritz, Ott, J. Steven, *Classics of Organization Theory*, Orlando, Florida : Harcourt Brace & Company, 1996

Jay M. Shafritz, Albert C. Hyde, *Classics of Public Administration*, Chicago, Illinois: The Dorsey Press, 1987

Walter J. Kickert and Erik-Hans, *Managing Complex Networks*, Sage Publications, 1997

T. L. Wheelen, J. Hunger, *Strategic Management and Business Policy*, Prentice-Hall, 2002

Aaron Wildavsky, Political Implications of Budgetary Reform, *Public Administration Review*, 21, pp. 183－190, 1961

Allen Schick, The Road to PPB: The Stages of Budget Reform, *Public Administration Review*, 26, pp. 243－258, 1966

D. Argyriades, Goodgovernance, Professionalism, Ethicsand Responsibility, *International Review of Administrative Sciences*, 2006

Donald A. Fishman, Crisis Communication Theory: Blended and Extended, *Communication Quarterly*, 47, p. 4, 1999

M. S. De Vries, The Changing Functions of Laws and Its Implication for Government and Governance, *International Review of Administrative Sciences*, 2002

Frederick Cleveland, Evolution of the Budget Idea in the United States, *Annals of the American Academy of Political and Social Science*, pp. 15－35, 1915

General Accounting Office, *Major Management Challenges and Program Risks: A Governmental Perspective*, January, pp. 33－34, (GAO/OCG-99-1), 1999

C. Harlow, Law and Public Administration: Convergence and Symbiosis, *Interna-*

tional Review of Administrative Sciences, 2005

H. George Frederickson, Comparing the Reinventing Government with New Public Administration, *Public Administration Review*, May/June, 1996

Irene Rubin, Budgeting for Accountability: Municipal Budgeting for the 1990s, *Public Budgeting & Finance*, 18, pp. 112-312, 1996

Larry D. Terry, Administrative Leadership, Neo-managerialism, and the Public Management Movement, *Public Administration Review*, May/June, 1998

Linda Kaboolian, The New Public Management: Challenging the Boundaries of the Management vs. Administration Debate, *Public Administration Review*, May/June, 1998

Nikolaos Zahariadis, Christopher S. Allen, Ideas, Networks, and Policy Streams: Privatization in Britain and Germany, *Policy Studies Review*, 1995

R. Rhodes, The New Governance: Governing without Government, *Political Studies*, XIIV, 1996

R. J. House, and Terence R. Mitchell, A Path-Goal Theory of Leader Effectiveness, *Adminstrative Science Quarterly*, 1971

P. Salway, Reporting on Public Sector Ethics and Values: A new Public Management Model in Practice, *International Review of Administrative Sciences*, 2001

V. O. Key, The Lack of a Budgetary Theory, *The American Political Science Review*, 34, pp. 1137-1144, 1940

Woodrow Wilson, A Study of Administration, *Political Science Quarterly*, Vol. 2, June, 1887

Yilin Hou, Budgeting under Central Economic Planning in China, 1949—1978, *Public Budgeting*, *Accounting & Financial Management*, 18, pp. 430-452, 2006

Government Performance and Results Act of 1993

Vice President Al Gore, Creating A Government That Works Better & Costs Less: Reengineering Through Information Technology, 1994

Vice President Al Gore, Creating A Government That Works Better & Costs Less: Federal Emergency Management Agency, 1994

Vice President Al Gore, Creating A Government That Works Better & Costs Less: Reinventing Support Services, 1994

Vice President Al Gore, Creating A Government That Works Better & Costs Less: Status Report, 1994

President Bill Clinton, Vice President Al Gore, Report of the National Performance Review: Putting Customers First, Standards For Serving The American People, 1994

Vice President Al Gore, Report of the National Performance Review, 1993

国务院：中华人民共和国预算法实施条例，1995

中华人民共和国预算法，1994

中华人民共和国政府信息公开条例，2007

美国联邦政府信息资源管理政策，见：http://www.digitalanhui.gov.cn/news_list.asp? lbid=104&lbbh=104112

国外政府信息资源管理与立法经验研究，见：http://www.digitalanhui.gov.cn/news_list.asp? lbid=104&lbbh=104112

国家信息化领导小组关于我国电子政务建设的指导意见（7.30），见：http://www.shidz.com/Public/show.jsp? id=20040324131280

图书在版编目（CIP）数据

公共管理学（精编版）/王乐夫，蔡立辉主编. —北京：中国人民大学出版社，2012.3
21世纪公共管理系列教材
ISBN 978-7-300-15068-0

Ⅰ. 公… Ⅱ. ①王…②蔡… Ⅲ. ①公共管理-高等学校-教材 Ⅳ. D035

中国版本图书馆CIP数据核字（2011）第274250号

21世纪公共管理系列教材
公共管理学（精编版）
王乐夫　蔡立辉　主编
Gonggongguanlixue

出版发行	中国人民大学出版社		
社　　址	北京中关村大街31号	**邮政编码**	100080
电　　话	010－62511242（总编室）		010－62511770（质管部）
	010－82501766（邮购部）		010－62514148（门市部）
	010－62515195（发行公司）		010－62515275（盗版举报）
网　　址	http://www.crup.com.cn		
经　　销	新华书店		
印　　刷	北京密兴印刷有限公司		
开　　本	787 mm×1092 mm　1/16	**版　　次**	2012年3月第1版
印　　张	20.75 插页1	**印　　次**	2024年8月第26次印刷
字　　数	482 000	**定　　价**	48.00元

人大版公共管理类教材

公共管理类专业教材——学科基础课教材

书名	作者
现代管理学原理（第三版）（“十一五”国家级规划教材）	娄成武　魏淑艳
一般管理学原理（第四版）	张康之　周　军
管理学基础（第三版）	方振邦
政治学原理（第三版）	景跃进　张小劲
现代政治学原理（第四版）	石永义　刘玉萼　张　璋
公共管理学（第二版）	陈振明
公共管理学——一种不同于传统行政学的研究途径（第二版）	陈振明
公共管理学（第三版）（数字教材版）（“十二五”国家级规划教材）	蔡立辉　王乐夫
公共管理学（精编版）	王乐夫　蔡立辉
公共管理学（第二版）	张康之　郑家昊
公共管理概论（第二版）	朱立言　谢　明
公共政策导论（第六版）（数字教材版）	谢　明
公共政策概论（第二版）	谢　明
公共政策学——政策分析的理论、方法和技术（“十一五”国家级规划教材）	陈振明
公共政策学（第二版）	杨宏山
政策科学——公共政策分析导论（第二版）	陈振明
公共经济学（第三版）（“十二五”国家级规划教材）	高培勇
公共经济学教程	秦立建
政府经济学（第四版）（“十一五”国家级规划教材）	郭小聪
政府经济学（第四版）	潘明星　韩丽华

公共管理类专业教材——方法课教材

书名	作者
公共管理研究方法	何兰萍　张俊艳
行政学研究方法与应用案例	萧鸣政　等
管理定量分析：方法与技术（第三版）	刘兰剑

公共管理类专业教材——行政管理、公共事业管理专业教材

书名	作者
行政法学导论	姜晓萍
公共部门人力资源管理（第四版）	孙柏瑛　祁凡骅
公共部门人力资源开发与管理（第五版）（“十二五”国家级规划教材）	孙柏瑛　祁凡骅
公共部门人力资源管理（第三版）	滕玉成　于　萍
公共部门人力资源管理概论（第二版）	方振邦
公共部门人力资源管理案例	周均旭
行政管理学（第五版）（数字教材版）	郭小聪
公共行政学（第五版）	彭和平
公共行政学（第二版）	张康之　张乾友
行政学导论（第三版）	齐明山

书名	作者
行政管理学导引与案例	陈季修
管理心理学（第三版）	范逢春
公共组织行为学（第三版）（“十一五”国家级规划教材）	孙　萍　张　平
公共组织学（第四版）	李传军
行政组织学（第二版）	张　昕　李　泉
公共组织理论	陆明远　冯　楠
公共事业管理概论（第三版）	朱仁显
公共组织财务管理（第三版）（“十一五”国家级规划教材）	王为民
国家公务员制度（第五版）（数字教材版）（“十二五”国家级规划教材）	舒　放　贾自欣
国家公务员制度概论（第二版）	刘碧强　郗永勤
公务员制度概论	李如海
公务员制度	温志强　王彦平　郝雅立
当代国家公务员制度：理论与实践	胡春艳
行政领导学（第三版）	朱立言　李国梁
领导学（第五版）	邱霈恩
领导学	孙　健
现代市政学（第五版）（数字教材版）	王佃利
市政管理学（第五版）（“十一五”国家级规划教材）	杨宏山
社区管理（第四版）	汪大海　魏　娜　郇建立
社区管理原理与案例	魏　娜
电子政务教程（第三版）（“十一五”国家级规划教材）	赵国俊
电子政府与电子政务（第二版）（“十一五”国家级规划教材）	张锐昕
行政伦理学教程（第四版）（“十二五”国家级规划教材）	张康之　李传军
公共危机管理概论（第二版）	王宏伟
公共危机管理	唐　钧
当代中国政府与政治（第二版）	景跃进　陈明明　肖　滨
当代中国政府与行政（第三版）	魏　娜　吴爱明
地方政府学概论（第二版）	方　雷
地方政府管理（第二版）	陈瑞莲　张紧跟
管理秘书实务（第三版）	赵锁龙
行政秘书学	唐　钧
公文写作与处理	赵国俊
机关管理的原理与方法（第三版）	赵国俊　陈幽泓
公共部门绩效管理（第二版）	方振邦
政府绩效管理（第二版）	方振邦　葛蕾蕾
政府绩效评估	蔡立辉
政府公共关系（第二版）（“十一五”国家级规划教材）	廖为建　张　宁
西方行政学理论概要（第二版）（“十一五”国家级规划教材）	丁　煌
公共行政学史（第二版）	何艳玲
西方公共管理名著导读	汪大海
文化管理学（第三版）（“十二五”国家级规划教材）	孙　萍
文化创意产业导论	魏鹏举
卫生事业管理（第二版）（“十一五”国家级规划教材）	李　鲁
现代公用事业管理	崔运武

公共管理类专业教材——劳动与社会保障专业教材

书名	作者
社会保障概论（第七版）	孙光德　董克用
社会保障学	戴卫东
劳动经济学（“十一五”国家级规划教材）	董克用　刘　昕
劳动法与社会保障法	黎建飞
社会保险学（第四版）	孙树菡　朱丽敏
社会保障基金管理	李春根
社会保障国际比较	仇雨临

公共管理类专业教材——土地资源管理专业教材

书名	作者
土地经济学（第八版）（“十一五”国家级规划教材）	毕宝德
土地法学（中国人民大学“十三五”规划教材）	严金明
土地资源学	张正峰　赵文武
土地资源管理学（第二版）	张正峰
国土空间规划学	张占录　张正峰
不动产估价（第二版）（“十一五”国家级规划教材）	叶剑平　曲卫东
土地信息系统	曲卫东　韩　琼
地籍管理（第五版）（“十一五”国家级规划教材）	谭　峻　林增杰

公共管理类专业教材——城市管理专业教材

书名	作者
城市管理学（第四版）	杨宏山
城市管理学：公共视角	陆　军 等
城市管理法	王丛虎
城市总体规划原理	郐艳丽　田　莉

公共管理类教材——应急管理专业教材

书名	作者
应急管理导论：原理与案例	李燕凌　朱正威 张海波　章文光
应急管理概论	王宏伟
应急管理理论与实践	唐　钧
突发事件风险管理	张小明
应急管理新论	王宏伟
新媒体时代的应急管理与危机公关	唐　钧
公共安全风险治理	唐　钧

公共管理硕士（MPA）教材——核心课教材

书名	作者
全国公共管理硕士（MPA）核心课程教学指导纲要	全国公共管理专业学位 研究生教育指导委员会
社会主义建设理论与实践（第三版）	李景治　蒲国良

书名	作者
公共管理英语（修订版）	顾建光
学术规范和论文写作	胡宏伟
公共管理学（第三版）（全国优秀教材二等奖）	张成福　党秀云
公共管理学原理（修订版）	陈振明
公共管理导论	竺乾威　朱春奎　李瑞昌
公共政策分析	陈振明
公共政策分析导论	陈振明
公共政策分析概论（修订版）	谢　明
公共部门经济学（第三版）	高培勇　崔　军
公共经济学	唐任伍
行政法学（修订版）	皮纯协　张成福
行政法学概论（第三版）	胡锦光
非营利组织管理概论（修订版）	王　名
非营利组织管理	王　名　王　超
公共管理伦理学（修订版）	张康之
社会研究方法	陈振明
电子政务理论与方法（第五版）	金江军
公文写作概论	高永贵

公共管理硕士（MPA）教材——专业方向必修课、选修课教材

书名	作者
公务员制度教程（第六版）	舒　放　王克良
比较政府与政治（修订版）	卓　越
当代中国政府与政治（第三版）	吴爱明　朱国斌　林　震
公共部门人力资源管理及案例教程（第三版）	陈天祥
公共部门绩效评估（修订版）	卓　越
公共部门危机管理（第三版）	张小明
应急管理通论（第二版）	李雪峰
公共部门战略管理（修订版）	陈振明
MPA 学位论文写作指南	汪大海

中国人民大学出版社　管理分社

教师教学服务说明

中国人民大学出版社管理分社以出版工商管理和公共管理类精品图书为宗旨。为更好地服务一线教师，我们着力建设了一批数字化、立体化的网络教学资源。教师可以通过以下方式获得免费下载教学资源的权限：

★ 在中国人民大学出版社网站 www.crup.com.cn 进行注册，注册后进入“会员中心”，在左侧点击“我的教师认证”，填写相关信息，提交后等待审核。我们将在一个工作日内为您开通相关资源的下载权限。

★ 如您急需教学资源或需要其他帮助，请加入教师 QQ 群或在工作时间与我们联络。

中国人民大学出版社　管理分社

教师 QQ 群：648333426（工商管理）　114970332（财会）　648117133（公共管理）
教师群仅限教师加入，入群请备注（学校＋姓名）

联系电话：010-62515735，62515987，62515782，82501048，62514760

电子邮箱：glcbfs@crup.com.cn

通讯地址：北京市海淀区中关村大街甲 59 号文化大厦 1501 室（100872）

管理书社　　人大社财会　　公共管理与政治学悦读坊